10|18
12, avenue d'Italie — Paris XIIIe

Sur l'auteur

Bruce Alexander, né à Chicago en 1932, est le pseudonyme de Bruce Cook. Après des études de lettres, il entre dans l'armée et sert d'interprète en Allemagne, au milieu des années cinquante. À son retour, il s'occupe de relations publiques puis devient critique littéraire et critique de cinéma pour des journaux à Detroit, Washington et Los Angeles. Il publie dans le même temps plusieurs livres critiques, notamment sur la *beat generation* et le blues, et un premier roman — *Sex Life* — en 1978. Fervent lecteur de John Le Carré et de Ross Macdonald, il publie en 1988 *Mexican Standoff*, premier d'une série de quatre romans policiers qui ont pour héros un détective privé américano-mexicain, Chico Cervantes. Mais c'est véritablement avec les enquêtes de sir John Fielding, série inaugurée en 1994 par *Les Audiences de Sir John*, que Bruce Alexander rencontre un grand succès critique et public. Il vit aujourd'hui à Los Angeles.

BRIGANDS ET GALANTS

PAR

BRUCE ALEXANDER

Traduit de l'américain
par Jean-Noël CHATAIN

10|18

INÉDIT

« Grands Détectives »
dirigé par Jean-Claude Zylberstein

Du même auteur
aux Éditions 10/18

LES AUDIENCES DE SIR JOHN, n° 3001
LE FER ET LE FEU, n° 3051
L'ONDE SÉPULCRALE, n° 3110
VENELLES SANGLANTES, n° 3156
LE FOURBE ET L'HISTRION, n° 3205
LA VEUVE ET L'IMPOSTEUR, n° 3271
► BRIGANDS ET GALANTS, n° 3369

Titre original :
The Color of Death

Édité par G. P. Putnam, Inc., New York, N. Y.

Publié avec l'accord de Linda Michaels Limited,
International Literary Agents

ISBN 2-264-03378-9

Pour Harold Bordwell

CHAPITRE PREMIER

Où l'on porte une missive et où l'on tire un coup de feu

Cette journée de l'an 1772 devait s'achever par la mise en branle d'un enchaînement d'événements qui bouleverserait de manière considérable la vie au 4 Bow Street. Nous n'en avions toutefois pas encore la moindre idée, comme nous étions assis, à l'instar de toute famille digne de ce nom, à la table du petit déjeuner. Annie, la cuisinière, avait cuit une nouvelle miche de pain et nous la dégustions encore chaude, avec des tranches de lard et de généreux morceaux de bon beurre de campagne. L'humeur était à la réjouissance. Après tout, nous nous retrouvions rarement tous les cinq attablés d'aussi bonne heure. Le plus souvent, nous venions l'un après l'autre manger ce qui se présentait à nous, puis nous en allions chacun de notre côté. Ce matin-là, néanmoins, lady Fielding allait assister à une réunion du conseil du Foyer Marie-Madeleine pour les prostituées repenties, une œuvre de charité à laquelle elle avait elle-même donné le jour. Ses préparatifs pour cet événement lui avaient largement fait dépasser l'heure à laquelle elle avait coutume de s'y rendre. Cependant, elle trouva encore le temps de converser avec sir John, de donner à Annie et à moi-même ses instructions pour la journée, ainsi que de taquiner sa secrétaire, Clarissa, l'orpheline dont sir John avait fait sa pupille, afin qu'elle échappât à l'hospice pour indigents de Lichfield.

Tout en se levant, lady Fielding avala une dernière gorgée de thé et me fit un geste de la main, pour me signifier qu'elle était prête à s'en aller. Il m'incombait, cher lecteur, de la précéder au rez-de-chaussée, puis au-dehors, afin de m'assurer qu'un fiacre l'attendait devant notre porte. Je m'exécutai donc. Toutefois, comme je quittais l'office, j'entendis Clarissa s'enquérir de ce qu'elle avait à faire pour le reste de la journée.

Lady Fielding répondit alors :

— Ma foi, la duchesse dînera après la réunion, tu peux en être sûre, et qui sait ce qui s'ensuivra ! Bref, je risque d'être absente pour la journée entière, aussi tu peux l'occuper comme bon te semble. Elle t'appartient, ma chère Clarissa.

Je n'en perçus pas davantage, mais ce que j'avais entendu jusque-là me suffisait, ô combien ! Je savais pertinemment qu'en dépit de son jour de liberté Clarissa était censée en profiter sous ma garde. À treize ans, elle était bien trop jeune, selon lady Fielding, pour arpenter seule les rues de Londres, même en plein jour.

Je ne m'étais point trompé. À mon retour, sir John me héla et m'enjoignit de m'asseoir. De mauvaise grâce, je pris place à son côté, craignant le pire.

— Tu as conduit lady Fielding à une voiture de louage ?

— Oh, certes oui, monsieur.

— Mais elle ne t'a pas donné une idée précise de l'heure où elle pourrait s'en revenir ?

— Non, monsieur, je doute fort qu'elle en ait connaissance, sir John.

— Il est probable que non, soupira-t-il.

J'avais le sentiment qu'il cherchait tout simplement à gagner du temps, jusqu'à ce qu'il trouvât l'occasion d'aborder un sujet dont il aurait préféré ne pas discuter.

— J'aimerais qu'elle dispose d'un moyen quelconque pour nous dire quand elle s'en reviendra. De la sorte, je pourrais t'envoyer la quérir.

Il marqua une pause. Je me demandai s'il souhaitait quelque commentaire de ma part. Mais non, il enchaîna de plus belle :

— En d'autres termes, j'aimerais que les rues soient plus sûres.

— Mais grâce à M. Bailey et aux autres sergents de ville, elles le sont toutes, hormis dans certains coins !

— C'est là toute la difficulté, vois-tu, Jeremy. Je soupçonne certains quartiers d'être devenus plus dangereux le jour que la nuit. Les vols en pleine journée constituent un vrai problème. J'ai inclus dans le nouveau budget une requête pour deux agents supplémentaires. Si on me les refuse, alors je crains de devoir transférer deux hommes de nuit à un service diurne.

— La situation est-elle si grave, sir John ?

— Assez, répondit-il, pour que je doive te demander de veiller sur Clarissa aujourd'hui, son jour de liberté.

« Nous y voilà », songeai-je. Et je ne pouvais qu'admirer la maestria avec laquelle il m'avait manipulé, pour en arriver à ce que sa requête parût à la fois raisonnable et indispensable. Nul doute qu'elle l'était. Pour autant, je n'en appréciais pas davantage la tâche de chaperon envers celle qui, par nature, semblait incivile, acrimonieuse, et en général plus déplaisante que qui que ce fût de mon cercle de connaissances. Qu'elle fût sagace et intelligente, je n'en disconviendrai point. Toutefois, son intelligence et sa sagacité paraissaient le plus souvent destinées à me prendre en défaut et à m'embarrasser.

— Ton silence m'indique que ma demande est loin de te ravir.

Aussi aveugle qu'il pût être, sir John voyait davantage avec ses quatre autres sens que moi avec toute mon acuité visuelle. Comment pouvait-il en apprendre autant d'un moment de silence, d'une simple anicroche dans le temps ?

Voilà près de vingt ans que sir John Fielding exerçait en qualité de magistrat du tribunal de Bow Street, et il avait acquis parmi les marchands de fruits et légumes de

Covent Garden la réputation d'arbitre impartial et intègre de leurs querelles ; même les malfaiteurs du quartier semblaient le tenir pour équitable. Aussi ne pouvais-je guère m'avouer étonné, lorsqu'il entreprit d'arranger la situation avec moi. Je crois qu'en l'espèce il souhaitait à présent me persuader de me porter volontaire pour la tâche qu'on m'avait réservée. Il procéderait en me convainquant que la besogne se révélait dans tous les cas juste et noble, et, dans le même temps, fort généreuse de ma part.

— Tu sais, déclara-t-il de la voix posée du dialecticien, elle te tient en la plus haute estime. Tu représentes une sorte de modèle à ses yeux.

— Clarissa ? Certes non, monsieur !

— C'est pourtant le cas, Jeremy. Elle te porte une grande admiration pour la manière résolue avec laquelle tu t'es attelé à l'étude du droit.

— Oh ? fis-je, en guise d'interrogation, comme je considérais l'argument.

Je savais que sir John ne mentirait point en pareille matière, aussi acceptai-je le fait que Clarissa m'eût louangé. Mais il valait mieux convenir qu'elle n'avait pu formuler une opinion qu'à partir de ce que *lui* avait dit. *Il* avait dû le premier lui parler en termes flatteurs de ma personne.

— Ma foi, j'admets que c'est une fillette tenace, répondit-il (ce qui me surprit quelque peu). Elle exprimera son opinion sur le moindre sujet et soutiendra en dépit du bon sens qu'elle est dans le vrai. Cependant, je crois que tu pourrais lui apprendre à être différente.

— Mais, monsieur, protestai-je, j'ai essayé... maintes fois. J'ergote avec elle et cela ne mène à rien.

— En d'autres termes, vous vous disputez. Tu cherches à la corriger, tu lui fais observer ses erreurs. N'est-ce pas ainsi ?

— Eh bien... oui.

— À l'avenir change donc de tactique. Tâche de l'instruire non par le précepte, mais par l'exemple. Comporte-toi envers elle comme tu souhaiterais la voir se comporter envers autrui. Tu dois tenter d'être un frère aîné pour elle.

— Un frère aîné ?

Je réitérai ses propos d'un ton, je le crains, pour le moins dubitatif.

— Oui, pardi, déclara sir John. Serait-ce si difficile à concevoir ?

— Peut-être pas, si je m'applique à la tâche.

Ainsi, guère plus d'une demi-heure plus tard, Clarissa Roundtree et moi-même, Jeremy Proctor, tous deux vêtus de nos plus beaux atours, nous mîmes en route pour visiter Samuel Johnson. Lorsque Clarissa apprit que j'étais censé remettre ce jour-là une missive à cet éminent personnage (à dire vrai, rien d'autre qu'un billet en guise d'invitation, que j'avais rédigé la veille sous la dictée de sir John), elle oublia aussitôt tout projet qu'elle aurait eu en tête et sollicita la permission de m'accompagner. Elle formula sa requête avec tant de civilité, en vérité, que je me demandai si sir John ne lui en avait point touché deux mots, comme il l'avait fait avec moi. Quoi qu'il en fût, je ne le sus jamais.

Si je paraissais hostile à l'endroit de Clarissa, alors qu'auparavant nous étions tous deux parvenus en apparence à une manière de réconciliation, c'était parce qu'elle avait récemment suscité en moi consternation et colère avec ce qui, je dois l'admettre, n'était rien de plus qu'une farce. Depuis son installation au 4 Bow Street, elle restait en étroite compagnie avec lady Fielding, pour laquelle elle tenait aussi lieu de « secrétaire ». Je me suis permis l'usage des guillemets, car je demeurais alors toujours dubitatif quant à la nature et l'ampleur des travaux de secrétariat qu'elle accomplissait.

Ils devaient nonobstant s'avérer considérables, car lady Fielding déclarait n'avoir aucune idée de la façon dont elle s'était débrouillée jusque-là sans Clarissa ; elle louait notamment sa faculté d'organisation. Nous en avions eu la preuve un dimanche, peu de temps plus tôt, quand, en l'absence de toute personne au-dessous, au rez-de-chaussée, Clarissa prit la liberté de modifier entièrement le système de classement utilisé par M. Marsden, le greffier du tribunal. (Qu'il soit bien clair qu'en dépit de l'usage qu'il en faisait, il devait l'invention dudit système non pas à lui, mais à son prédécesseur, M. Brogden.) Le lendemain, quelle ne fut pas la confusion du greffier, en tentant de découvrir ce qui s'était passé ; mais quand Clarissa expliqua le principe selon lequel elle avait réorganisé les dossiers (par noms, et plus uniquement par dates), M. Marsden proclama la méthode supérieure et applaudit les efforts de la fillette. Toutefois, il regretta de ne pas disposer de temps pour approfondir davantage ladite méthode et me proposa à sir John, en qualité d'archiviste. Tâche supplémentaire, s'il en fut... laquelle s'ajoutait en effet à mes offices de scribe auprès du magistrat, aux commissions que j'effectuais chaque jour à Covent Garden pour la maisonnée, sans compter les courses de nature diverse et variée pour le tribunal. « À quel moment, songeai-je, suis-je censé trouver le temps d'étudier pour le barreau ? » Par ailleurs, s'occuper des dossiers s'avérait non seulement fastidieux, mais de surcroît assez embarrassant. Quel jeune homme de bonne constitution souhaiterait être archiviste ? Lorsque j'exprimai à Clarissa mon sentiment en la matière, elle ne fit rien de moins que ricaner... d'où mon hostilité à son endroit.

Comme nous cheminions tous deux en silence, je repensai à ce que sir John avait déclaré sur l'attitude de frère aîné que je devais adopter avec Clarissa. Je crus savoir ce qu'il voulait dire par là, mais n'en étais pas tout à fait certain. Que je sache, les frères aînés se montraient aussi cruels que plaisants envers les sœurs cadettes. Mais sir John m'enjoignait bien entendu d'être protecteur, pédagogue et amical avec elle. Tout cela était, je présume, en mon pouvoir. Pourtant, s'il me suggérait d'offrir à la fillette mon amour fraternel, alors cela dépasserait sans conteste le champ de mes possibilités. Ma foi, même si elle devait...

— Où as-tu dit qu'il habitait ? s'enquit Clarissa, en interrompant mes réflexions, comme elle l'avait souvent fait par le passé.

— Johnson's Court, répondis-je.

— Imagine un instant... vivre dans une rue à laquelle on a donné ton nom. Ce serait assurément la gloire.

— Certes, mais je crains qu'il ne s'agisse là d'une distinction que M. Johnson n'a point encore reçue.

— Qu'est-ce à dire ?

— L'artère s'appelait Johnson's Court avant qu'il ne s'y installe, et ainsi s'appellera-t-elle lorsqu'il en partira.

— En es-tu sûr ?

— Et comment, répliquai-je non sans une once de fatuité, je ne tiendrais pas de tels propos si je n'étais pas sûr de mon fait !

Elle me gratifia d'un regard sévère, mais ne rétorqua pas. Notre destination se situait juste par-delà Fleet Street. Nous poursuivîmes notre chemin le long du Strand. Sur le trottoir, la foule des hommes et femmes en route pour leur journée de labeur nous bousculait et nous brimbalait de-ci de-là, de sorte que nous ne pouvions guère avancer plus vite qu'en traînant les pieds.

Poussée vers moi, elle me demanda, d'un ton à peine plus haut que le murmure :

— T'es-tu souvent rendu là-bas ?

— Où donc ?

— Tu sais bien où ! Chez M. Johnson.

— Assez souvent.

— À quoi ressemble-t-il ?

— Eh bien... c'est-à-dire que...

Comment pouvait-on décrire Samuel Johnson ? Il était peut-être unique, mais...

— Eh bien, tu sais, à sa manière, il n'est pas si différent de sir John... dans sa façon déterminée de parler, et leurs voix, aussi, sont assez semblables.

— Graves ?

— Celle de Johnson l'est davantage.

Et j'éclatai de rire, stupéfait par l'image qui me traversa l'esprit. Elle ressemblait tout à fait à M. Johnson, mais c'était celle d'un homme un peu plus jeune et encore plus corpulent. Ce n'était qu'un rire de surprise, car ce visage évoquait la plus profonde des infortunes.

Au vu de mon attitude, Clarissa fronça les sourcils :

— Que trouves-tu de si drôle ? s'enquit-elle.

— Non, ce n'est pas drôle... rien de tout cela. L'espace d'un instant m'est apparu un visage du passé qui évoquait Johnson... un diacre de mon village dénommé Kercheval. Lorsque mon père... hésitai-je. Lorsque mon père est mort, M. Kercheval est venu me chercher pour me conduire au magistrat qui déciderait de mon avenir.

— Ton avenir résidait dans l'hospice pour indigents de la paroisse, dit-elle. Tu peux en être certain.

— J'ai dû m'en douter, car, à la première occasion, j'ai faussé compagnie à M. Kercheval et me suis enfui aussi vite que possible.

— Et où t'en es-tu allé ?

— Eh bien, ici, à Londres.

— Et par quel miracle as-tu rencontré sir John ?

Je ne lui avais jamais conté le récit de mon arrivée à la capitale ; comment j'avais été dupé par un chasseur de bandits et amené à comparaître, sous une accusation fallacieuse, devant le tribunal du 4 Bow Street, et comment sir John avait percé à jour cette cruelle supercherie, avant d'envoyer les conspirateurs se faire pendre ailleurs. Pourquoi m'étais-je gardé de le lui narrer ? Par fierté ? Avais-je le sentiment que cela me rabaisserait plus ou moins, si je dévoilais la vérité ?

Ma foi, quelle qu'en fût la raison, comme nous avions alors dépassé le Strand, avec Temple Bar en vue, et puisque Johnson's Court se rapprochait, je décidai qu'il était temps de raconter mon histoire. La version qu'elle entendit, comme nous avancions, toujours ballottés par la cohue, s'avéra tant soit peu abrégée — un résumé, disons

—, mais je n'en omis pas les faits marquants pour autant. Et par hasard, tandis que je concluais, l'angle de Johnson's Court se trouvait juste au-devant.

— Alors, déclara-t-elle, une fois qu'elle eut tout entendu, tu t'es retrouvé à Bow Street de la même manière que moi.

— En effet, admis-je. Pensais-tu le contraire ? dis-je en l'aidant à obliquer dans l'artère plus paisible.

— J'ignore ce que je pensais. Tu avais l'air si installé que je...

Comme Clarissa n'achevait point sa phrase, je désignai le perron de la résidence de M. Johnson et la guidai dans cette direction.

— Nous y sommes, dis-je.

— Comment ? Oh, je... oui, bien sûr.

Je heurtai l'huis de trois coups sourds et nous n'attendîmes guère, car des bruits de pas provinrent presque aussitôt de l'intérieur. La porte s'ouvrit et, pendant un long instant, je ne soufflai mot. M'attendant à voir apparaître Miss Williams ou l'un des autres membres de la domesticité, je fus pour le moins surpris — ébaubi, devrait-on dire — d'apercevoir la face d'un homme noir, jeune, tout sourire, et fort confiant. Il me regarda d'un air encourageant, hocha la tête et attendit que je m'exprime.

Clarissa s'avança alors et m'épargna davantage d'embarras :

— Nous sommes venus voir M. Johnson, annonça-t-elle.

— Ah, certes, vous attend-il ?

La voix de l'inconnu se révélait assez plaisante et avait l'authenticité de celle d'un Londonien. À moins qu'on n'y décelât une once de l'accent chantant des îles, que je percevais de temps à autre dans l'élocution de M. Burnham ? Peut-être... je n'aurais su l'affirmer.

— Non, mais j'ai avec moi une lettre pour M. Johnson, de la part de sir John Fielding, magistrat près le tribunal de Bow Street, déclarai-je.

— Je serai ravi de la lui remettre. Vous pouvez me la laisser et considérer que c'est chose faite.

Allais-je encore subir cette lutte d'influences, comme chaque fois que je portais une missive au président de la Haute Cour ? J'espérais que non, à dire vrai.

— Je serais heureux d'agir ainsi, précisai-je, mais sir John souhaiterait qu'elle soit lue, et qu'on y réponde sur-le-champ... si toutefois cela est possible.

— Oh, c'est possible, dit-il en ouvrant la porte en grand, mais vous devrez attendre, car il est levé depuis peu. Entrez, entrez, tous les deux, et nous allons nous asseoir et deviser. J'aimerais faire votre connaissance.

Clarissa et moi échangeâmes un regard, puis entrâmes le sourire aux lèvres. Il nous conduisit dans un petit salon, où j'avais auparavant attendu le grand homme. Tout en nous montrant nos places sur le sofa, notre hôte prit un siège non loin de la porte et s'enquit de nos noms. Il se présenta sous celui de Francis Barber.

— Toutefois, vous pouvez m'appeler Frank.

— Nous ne nous sommes jamais rencontrés, dis-je. Faites-vous partie depuis peu de la maisonnée de M. Johnson ?

— Non, mieux vaudrait dire que je suis récemment *revenu* en la maisonnée. J'étais à l'école, loin d'ici, voyez-vous.

— Quelle école ? m'enquis-je, en espérant à demi qu'il s'agirait d'Oxford ou de Cambridge, car il avait l'âge de les fréquenter.

Mais un Noir pouvait-il suivre les cours d'une de ces prestigieuses universités ? Je jugeai cela peu probable.

— C'est une école dirigée par un certain M. Desmoulins, qui est français.

Clarissa se pencha en avant avec ferveur.

— Et vous a-t-il enseigné le français ? J'aimerais l'apprendre. C'est une langue fort belle.

— Oh, elle l'est assurément, et j'en ai appris des bribes, mais je crains d'avoir rencontré quelque difficulté avec le latin. Et je dois avouer que le grec dépassait mon entendement. Tous deux me semblaient inutiles. Quand rencontrerais-je un Romain ou un Grec de l'Antiquité avec lequel causer ?

Clarissa et moi, tous deux autodidactes, l'approuvâmes de tout cœur, car, à nos yeux, seul comptait l'usage. (J'ignore ce qu'il en est pour Clarissa, mais je sais qu'aujourd'hui je serais moins à même de reléguer ces langues mortes au titre de leur inutilité.) En revanche, lorsqu'il poursuivit et décréta que toute instruction, au-delà de la « lecture, de l'écriture, et du calcul », s'avérait superflue et vaine, nous nous vîmes bel et bien contraints d'objecter.

Nous en discutâmes non sans véhémence avec lui pendant quelques minutes ; il maintint que ses six ans passés sous la tutelle de M. Desmoulins s'apparentaient ni plus ni moins à du temps perdu, et nous soutînmes le contraire. Clarissa déclara que Frank Barber lui-même était la preuve de l'efficacité de l'enseignement de M. Desmoulins. Elle le tint pour aussi éduqué que tout gentleman qu'on pût croiser dans St. James Park.

Ce fut alors qu'il m'apparut un soupçon vaniteux. Il se haussa quelque peu du col, la tête légèrement penchée vers la lumière.

— Oh, dit-il, vous le pensez vraiment ?

— Bien entendu que nous le pensons.

— Eh bien, merci de m'en faire part.

Sa suffisance parut en l'espèce d'une innocence toute juvénile.

À ce moment-là, avec force turbulence empreinte d'autorité, une femme corpulente que je connaissais bien apparut dans l'entrée et lorgna Frank d'un regard mauvais ; chaque fois que je l'avais croisée en ce lieu, elle paraissait toujours mécontente.

— M. Johnson souhaiterait te voir, Frank, déclara-t-elle. Il est à présent descendu pour le déjeuner.

Dès lors qu'elle eut transmis sa convocation, elle

tourna les talons et s'en alla aussi bruyamment qu'elle s'en était venue.

En se levant, Frank attendit qu'elle eût disparu et prononça d'un ton qui excédait à peine le chuchotement :

— C'est Miss Williams. Elle ne m'aime pas... pas du tout.

Il quitta à son tour la pièce, non sans se retourner vers nous pour déclarer :

— Je lui dirai que vous l'attendez.

Dès que nous nous retrouvâmes seuls, Clarissa se mit à marmonner au sujet de Francis Barber. Elle voulut savoir qui il était et la relation qu'il avait avec M. Johnson. Je lui assurai que je n'avais jamais rencontré l'individu, ni entendu parler de lui jusque-là. D'une manière assez pressante, elle répéta sa question, et je réitérai ma réponse. Nous aurions pu continuer de la sorte toute la matinée, si le sujet de notre discussion confuse n'était point hâtivement réapparu, nous priant de le suivre, pour retrouver M. Johnson. Dociles, nous lui emboîtâmes le pas, et il nous conduisit dans un petit corridor pour rejoindre une pièce contiguë à l'office, où j'avais rencontré Johnson pour le déjeuner, à une précédente occasion. Frank nous présenta et, dans un chaleureux au revoir, prit congé de nous.

M. Johnson posa son regard sur moi, puis sur Clarissa, avant de revenir sur moi.

— Eh bien, dit-il, toi, jeune homme, tu es déjà venu ici. Nous nous connaissons pour ainsi dire et j'ai cru comprendre qu'il y a une missive pour moi de la part de sir John Fielding, mais revêt-elle une si grande importance que vous soyez deux à la porter ?

Clarissa, jamais à court de repartie, s'exprima avec une crânerie sans nulle autre pareille :

— En aucun cas, monsieur. Je l'ai accompagné afin de pouvoir vous rencontrer et de poser mon regard sur votre physionomie.

— Si tel était ton dessein, mon enfant, tu dois être

amèrement déçue, répondit-il. Ce visage qui est mien en effraie certains... mais il offre à d'aucuns matière à divertissement.

Il avala une énorme gorgée de thé et lui sourit.

— Nous avons des points communs, poursuivit-elle.

— Oh ? Fais m'en donc part, je t'en prie.

— Ma foi, nous sommes tous deux originaires de Lichfield.

— Et nous avons témoigné d'une plus grande sagesse que toute sa population en quittant l'endroit, dès que nous l'avons pu.

— Vous êtes le fils d'un libraire, dit-elle, et je suis la petite-fille d'un libraire. Ma mère tenait souvent l'échoppe pour lui.

— Quelle en était l'enseigne ?

— Gladden. Peut-être en avez-vous souvenance ?

— J'aurais cru... mais en vain. Cela fait bien des années que je m'en suis allé.

Il parut chercher à conclure poliment sa conversation avec elle.

Mais Clarissa, qui ne s'en souciait pas le moins du monde, continua sur sa lancée.

— Enfin, déclara-t-elle, nous avons en commun la vocation de la littérature.

Il la dévisagea avec espièglerie.

— Ah, une personne aussi jeune que toi pourrait-elle être écrivain ?

— Pas encore, mais je me prépare à une carrière semblable à la vôtre.

— Eh bien, dans ce cas, j'ai deux conseils à t'offrir. Le premier, ne néglige point ton latin, car il n'existe rien de mieux pour le style qu'une familiarité avec ce langage et sa grammaire. Le second est d'ordre plus pratique : si tu souhaites sérieusement t'atteler à l'écriture, alors tu dois choisir un nom de plume du genre masculin, car en qualité de femme, tu limiteras grandement tes chances d'être acceptée... par les éditeurs, aussi bien que par le public.

Elle jugea l'idée des plus irrecevables.

— Alors, je dois ne pas être de votre avis... commença-t-elle.

Mais elle n'acheva jamais, car M. Johnson abandonna Clarissa pour se tourner vers moi, en l'ignorant complètement et avec ostentation :

— À présent, reprit-il d'un ton significatif à mon adresse (et non à celle de Clarissa), qu'en est-il de cette lettre émanant de sir John ? J'espère bien qu'il ne m'écrit pas à titre officiel.

— Rien de la sorte, monsieur, répondis-je, comme Clarissa se taisait enfin. Il ne s'agit que d'une invitation.

À mon tour d'avoir droit à son regard espiègle.

— As-tu donc l'habitude de lire les missives que tu apportes ?

J'exhibai la lettre en question et la lui tendit. Il s'essuya longuement les mains sur sa serviette, en se préparant à la lire.

— Non, monsieur, je n'ai point l'habitude de les lire. Toutefois, on a coutume de me les dicter.

Il gloussa comme pour approuver ma réponse et rompit le sceau de ladite missive. Johnson y voyait si mal qu'il devait tenir ce qu'il souhaitait lire à près de trois pouces de sa figure. Ainsi prit-il connaissance du contenu du billet. J'avais déjà assisté à la scène et ne fus pas le moins du monde surpris, mais comme j'observais Clarissa à la dérobée, je remarquai la consternation qui se lisait sur le visage de la fillette. Je craignis qu'à cet instant elle ne formulât quelque exclamation superflue de compassion, mais, en croisant son regard, je secouai la tête et elle ne pipa mot.

— Parfait, déclara M. Johnson en posant la lettre. Je serai ravi de me présenter à la date et à l'heure spécifiées par lui. Dans dix jours... cela devrait me laisser le temps et la possibilité de prendre les dispositions nécessaires.

Il marqua alors une pause, ou hésita peut-être, comme pour prendre le temps de parvenir à une décision.

— Tu n'as pas une invitation pour ce Boswell, n'est-ce pas ?

— Euh... non, répondis-je, mais il serait possible de lui en rédiger une, si vous le souhaitiez.

— Au contraire, répliqua-t-il, je ne le souhaiterais point. Il se trouve qu'il est descendu d'Édimbourg et se débrouille pour solliciter des invitations à chaque dîner où je suis invité. Il semble toujours se trouver sur mon chemin, à poser des questions, à m'interroger sur tous les sujets possibles. C'est fort irritant. Demande, je te prie, à sir John de ne pas inviter l'individu, veux-tu ?

Je le gratifiai d'un salut comme il sied.

— Entendu, monsieur.

— Dois-je répondre par écrit à la missive de sir John ?

— Oh non, monsieur Johnson. Je lui transmettrai votre réponse.

Je me tus un instant, puis repris :

— Ainsi, avec votre permission, nous allons prendre congé de vous.

— Je te souhaite le bonjour, jeune homme. Ainsi qu'à toi, jeune fille, ajouta-t-il à l'adresse de Clarissa. Je vais répéter mon conseil. En premier lieu, étudie bien ton latin, et ensuite, adopte un nom de plume masculin.

Allait-elle persister dans la défense de son point de vue ? Je me tournai et la vis exécuter une scrupuleuse révérence. Rassuré, je la pris par le bras et l'entraînai hors de la pièce à déjeuner, pour gagner le couloir, puis la porte. Ce ne fut point Frank Barber mais Miss Williams qui nous y raccompagna. Ce qu'elle fit en nous adressant un bref « Bonne journée », sans prendre la peine de s'arrêter, comme nous regagnions Fleet Street.

— Je suis allée trop loin, n'est-ce pas ?

Les paroles s'échappaient de la bouche de Clarissa, à l'instant où l'huis se refermait en claquant dans notre dos.

— Eh bien...

Étais-je censé lui dire la vérité ? Lui avouer qu'elle m'avait gêné, qu'elle avait agacé M. Johnson, et s'était couverte d'opprobre... et tout cela en une minute à peine de paroles oiseuses ? Non, je ne pouvais guère lui dire cela, n'est-ce pas ? Aussi me bornai-je à déclarer :

— Je pense que tu as peut-être oublié à qui tu t'adressais.

— Je crois que tu as raison. Oh, Jeremy, que dois-je faire ? Quand je songe que j'avais l'oreille de M. Johnson et que je n'ai fait que caqueter sur nos points communs — comme s'il s'en souciait ! —, et puis voilà que je tente de l'entraîner dans une discussion au sujet du nom de plume. Qu'est-ce qui a donc bien pu me traverser l'esprit ? C'est Samuel Johnson, après tout !

— Thesaurus Johnson, renchéris-je, comme nous revenions dans Fleet Street, rejoints par la marée humaine en direction de Temple Bar.

— Certes, c'est ainsi qu'on le surnomme. Imagine à quoi cela ressemble d'être l'auteur d'un dictionnaire de la langue anglaise !

— Ma foi, il avait des assistants... six, je crois.

— Mais Samuel Johnson *est* en général reconnu comme auteur.

— Si tant est qu'on puisse dire d'un dictionnaire qu'il possède un auteur... oui, je suppose.

— Mais bien sûr ! Chaque livre a son auteur. Et le pauvre M. Johnson s'est abîmé la vue dans son effort démesuré à rédiger son dictionnaire. Dis donc, il est presque aussi aveugle que sir John.

— Peut-être, mais j'ai entendu dire qu'il a souffert d'une infection des yeux lorsqu'il était enfant, à peine nourrisson. C'est peut-être pourquoi il doit lire avec le nez sur la page.

— Quelle qu'en soit la raison, je suis de tout cœur avec cet homme.

Clarissa marcha en silence pendant quelques instants. J'attendis, persuadé qu'elle n'avait pas tout dit. Elle reprit en effet :

— Jeremy, la prochaine fois qu'il te paraît manifeste

que je doive tenir ma langue, j'aimerais que tu me le fasses savoir. Pince-moi ou serre-moi la main, ou... agis d'une manière ou d'une autre, en tout cas, pour me faire signe d'arrêter.

— La prochaine fois, dis-tu? Mais la fois suivante, qu'en sera-t-il?

— Alors, agis de même... et la fois d'après encore, et ainsi de suite, jusqu'à ce que je contrôle ma langue.

— Cela peut prendre un certain temps, dis-je, dans le seul but de la taquiner. Ton bras risque d'être tout bleu, avec tous ces pincements.

— Peu importe, dit-elle.

Après avoir conclu ce qui, pour nous, s'apparentait à un serment, son visage prit une telle expression qu'elle sembla bien plus vieille que son âge, et elle avança d'un pas résolu.

Clarissa conserva la cadence pendant un certain temps, mais finit par ralentir un peu. Pourtant, elle gardait toujours le silence. Elle paraissait troublée.

Après que nous eûmes cheminé ainsi sur un assez long parcours, elle se tourna vers moi et sollicita mon opinion :

— Crois-tu, demanda-t-elle, que l'étude du latin puisse en effet améliorer mon style littéraire?

Plus tard, dans la soirée... après que Clarissa m'eut épuisé avec ses questions et remarques tout au long de la journée, après le retour tardif de lady Fielding de sa réunion du comité, quelque peu grisée par le vin de la duchesse servi au dîner... Plus tard, disais-je, on me manda dans mon nid d'aigle pour descendre à l'office, où sir John attendait.

— Nous devons partir, Jeremy, annonça-t-il. St. James Street vient d'être le théâtre d'un vol et d'un meurtre. M. Baker m'apprend la nouvelle à l'instant.

J'entendis en effet le sergent de ville susnommé descendre l'escalier.

— St. James Street! m'exclamai-je. Tout de même pas la demeure de M. Bilbo?

— Non... mais à un jet de pierre. Passe ton habit et prends ton tricorne. Nous devons y retrouver M. Bailey. Le nouvel agent, Will Patley, se trouvait le premier sur les lieux, et je crains qu'il n'oublie tout ce qu'on lui a enseigné sur la façon de protéger l'endroit contre les intrus, les curieux, voire les propres victimes du cambriolage.

— Certains ne retiennent jamais ces leçons, semble-t-il.

— Ce n'est que trop vrai, j'en ai peur.

Nous descendîmes de conserve, sa main sur mon épaule, tandis qu'il m'emboîtait le pas. (Il avait trébuché récemment et s'était mis à se méfier même de la volée d'escalier la plus familière.) M. Baker nous attendait à la porte, avec une paire de pistolets, dans leurs étuis et fixés à une ceinture. Je m'en emparai et les attachai sous mon habit. M. Baker prétendait que c'était pure folie de marcher dans la rue sans arme à partir de minuit; et moi, en qualité de compagnon de sir John, lors de ces sorties nocturnes, j'avais pour responsabilité de le défendre, aussi me munissais-je de pistolets. Sir John, pour sa part, réprouvait le principe du port d'armes à feu, hormis pour ses sergents de ville, aussi ne fit-il aucun commentaire. (C'était pour un aveugle une manière de détourner les yeux.) Par conséquent, aucun mot ne fut échangé entre nous trois, jusqu'à ce que je fusse armé comme il se devait.

Ce fut alors que M. Baker prit enfin la parole :

— Il y a un fiacre devant la porte. Je l'ai sifflé au coin de la rue et je lui ai dit d'attendre sous peine de mort.

— Sous peine de mort, monsieur Baker?

— Disons, sir John, que j'exagère parfois un peu, pour retenir leur attention.

— Et vos menaces portent leurs fruits?

— Je n'ai pas eu à tuer qui que ce soit jusqu'ici.

— Et plaise à Dieu qu'il en soit ainsi, répliqua le magistrat dans un gloussement. Voilà qui serait du plus mauvais effet pour le tribunal.

À ces mots, nous quittâmes le 4 Bow Street et grimpâmes dans la voiture à l'arrêt. Je m'étais si souvent rendu à pied à la résidence Bilbo de St. James Street et connaissais si bien le chemin que j'imaginais celle-ci peu éloignée. Elle ne l'était point, en réalité, mais le temps qu'il nous fallut pour rejoindre la rue suffit à peine à sir John pour me confier ce qu'il savait du vol. Il n'avait connaissance que de peu de chose au sujet de l'assassinat ; nous allions en apprendre davantage à notre arrivée.

Pour résumer : vers dix heures du soir, une bande d'hommes bien armés s'introduisirent par un subterfuge en la demeure de lord Lilley de Perth. Lord et lady Lilley étaient en l'occurrence absents de leur domicile ce soir-là et soupaient chez l'ambassadeur de Hollande. Les voleurs rassemblèrent toute la domesticité de la maison à l'office, au sous-sol, sous la surveillance d'un des leurs, puis entreprirent de dépouiller l'endroit de tout ce qu'il contenait de valeur... les bijoux de lady Lilley, peintures, statues, argenterie, quelques meubles, et cetera. Tant d'objets furent volés qu'il fut nécessaire de les transporter en carriole ; bien entendu, il y en avait une qui attendait à l'arrière de la maison. Il fallut moins d'une heure pour vider la demeure de ses trésors. L'homicide s'avéra des plus singuliers : on choisit l'un des domestiques, un valet de pied, parmi le groupe réuni en cuisine, et on l'abattit sans plus de cérémonie. Plus singulier encore était le fait que la bande de pillards se composât uniquement d'hommes noirs.

Lorsque le cocher s'arrêta au numéro de St. James Street qu'on lui avait confié, je répérai l'agent Brede debout en faction à la porte. J'en informai sir John. Il parut fort heureux de l'entendre.

— Cela signifie, dit-il, que le brigadier Bailey se trouve à l'intérieur. Il aura entendu chacun des témoins en la demeure et pourra nous dire exactement qui, parmi eux, mérite un entretien avec nous et qui nous pouvons éviter. Ce qui ne doit pas nécessiter autant de temps que je le craignais. En ce qui me concerne, Jeremy, j'étais tout à fait prêt à gagner le lit, lorsque j'ai eu vent de cet acte de violence.

— Mais, monsieur, vous avez toujours dit que, dans une enquête, l'ouvrage le plus important est accompli lors de la première visite sur les lieux du crime, et qu'il n'y a aucune raison de s'en acquitter à la hâte !...

— Ai-je toujours tenu ces propos ? soupira-t-il. Sans doute. Comme c'est fâcheux de me les remémorer !

M. Brede nous croisa, peu loquace, comme à son accoutumée. Et une fois à l'intérieur, nous découvrîmes que M. Bailey avait pris les dispositions prévues par le magistrat. Le chef des sergents de ville n'était peut-être guère doué pour les interrogatoires, mais, fort d'une longue expérience, il savait le genre de détails qui intéresseraient sir John ; il avait aussi appris à discerner ceux qui refusaient de divulguer des renseignements, tergiversaient ou tout simplement mentaient.

Selon Benjamin Bailey, bien qu'il n'eût pas entièrement fini de s'entretenir avec tous les témoins éventuels, seuls quelques-uns méritaient l'attention du magistrat.

— J'ai pensé que vous aimeriez causer avec le majordome en premier, déclara-t-il à sir John.

— C'est toujours un bon début.

— C'est lui qui a ouvert la porte à cette clique meurtrière.

— Ah certes, mais puisque vous faites allusion au meurtre, brigadier Bailey, cela me fait penser que... a-t-on envoyé chercher M. Donnelly ?

— Oui, monsieur, c'est chose faite, en effet. J'ai dépêché Will Patley chez lui, dès mon arrivée. Tout comme vous nous l'avez dit, monsieur, s'il y a meurtre ou même quelqu'un de blessé, nous envoyons chercher le médecin... sur-le-champ... n'est-ce pas ?

— Comme de juste. Mais à présent, si vous voulez bien me mettre en présence du majordome...

— Certainement, monsieur... par ici.

Ledit majordome, un certain M. Collier, était un homme mince, qui ne devait guère accuser plus de quarante ans, avec une bosse sanguinolente sur la tête. Il se tenait dans un coin du grand vestibule, un peu à l'écart des autres domestiques rassemblés dans la pièce. Ses petites mains étaient jointes devant lui, de sorte que s'il avait gardé les yeux clos et remué les lèvres, j'aurais juré qu'il priait. À dire vrai, il offrait l'image d'un individu en quête de prière. Jamais, je pense, n'avais-je vu un homme sembler aussi manifestement anéanti par le tourment. Sir John n'ajouta pas à son fardeau. Il le questionna de la manière la plus affable que je lui eusse jamais connue pour interroger un témoin.

Ainsi, il ne demanda pas tout de suite à M. Collier par quel miracle il avait ouvert la porte aux voleurs ; il prit plutôt une voie détournée et commença par solliciter l'opinion du majordome sur des sujets variés en relation avec l'intrusion dans la résidence de lord Lilley.

Sir John s'enquit, par exemple, du nombre d'individus que comptait le groupe de pillards. M. Collier répondit :

— C'est difficile à dire, monsieur, car, au début, ils ne paraissaient pas si nombreux, mais je suis sûr qu'il y en avait davantage à la fin.

— Tous étaient des hommes noirs ?

— Tous ceux que j'ai vus.

— Et s'exprimaient-ils comme le font des individus de couleur ?

Avant de formuler sa réponse à cette question, M. Collier marqua une pause ; il semblait troublé.

— Eh bien, c'est là où j'ai été trompé, voyez-vous, déclara-t-il. Je n'aurais pas ouvert la porte à un Noir, peu importe l'heure du jour ou de la nuit, ou même le récit de ses malheurs. Mais quel qu'il ait été, il a parlé à travers la porte — je dirais qu'il s'agissait sans doute du chef —, et il s'exprimait comme tout Londonien le ferait. Il m'a ridiculisé bel et bien... et maintenant, je crains pour ma place. On va me faire porter le blâme.

Ce fut alors seulement que sir John posa la question qui devait l'intéresser au plus haut point :

— Qu'a-t-il donc dit qui vous a persuadé de lui ouvrir la porte ?

Comprenant qu'on parvenait enfin au sujet qu'il désirait sincèrement éviter, le majordome hésita un assez long moment pour s'éclaircir la voix, puis se jeta à l'eau :

— Il m'a décrit un accident d'attelage des plus terribles, qui, disait-il, avait eu lieu non loin, dans St. James Street. Un médecin vivait-il dans le quartier ? m'a-t-il demandé à travers l'huis, car il y avait, disait-il, une femme clouée au sol, sous les débris, laquelle ne pouvait être libérée, à moins de redresser l'attelage. Des valets de pied ou des porteurs seraient nécessaires. Pouvait-on en prodiguer quelques-uns ? « La pauvre femme a presque été écrasée, ajouta-t-il. Il se pourrait qu'elle meure, si on ne lui vient pas bientôt en aide. »

Le majordome poursuivit :

— Tout cela, remarquez, fut prononcé d'un ton et d'une manière qu'on aurait pu entendre à Covent Garden ou dans toute rue de Londres... sauf qu'il y avait une gravité effroyable dans sa voix. Il semblait grandement inquiet et terrifié. Jusque-là, j'ai peine à croire qu'il jouait alors la comédie.

À ce moment-là, M. Collier prit une profonde inspiration, comme pour s'aguerrir en vue de la suite.

— Ma foi, que puis-je dire pour ma défense ? Convaincu par le ton de sa voix, j'ai ouvert la porte par pure bonté d'âme, compassion... et disons que la curiosité a dû jouer un rôle aussi.

— Mais vous avez en tout cas ouvert la porte, dit sir John.

— En effet, monsieur.

— Que s'est-il passé ensuite ?

— Je n'avais pas sitôt tiré le verrou de nuit et entrouvert la porte qu'on me l'a renvoyée en pleine figure. Je suis resté là dans le couloir, sans doute une minute à peine, car tout ce dont je me souviens ensuite, c'est d'avoir été traîné dans le corridor, puis en bas de l'escalier, dans la cuisine. Je n'ai recouvré mes esprits qu'une fois tous les domestiques rassemblés à l'office.

— Combien d'hommes sont-ils entrés par la porte donnant sur la rue ?

— Je ne saurais vous dire le nombre exact, car j'étais évanoui à ce moment-là, probablement guère plus de trois.

— Et étaient-ils tous noirs ?

— Je pourrais seulement dire que le visage que j'ai entr'aperçu un bref instant, en ouvrant l'huis, était celui d'un Africain. Les autres serviteurs m'ont néanmoins confié que tous ceux qui avaient pénétré, y compris certains que l'on a vus entrer par la porte de derrière, appartenaient sans l'ombre d'un doute à la race noire.

— Et que savez-vous au sujet de l'homme assassiné, monsieur Collier ?

— Fort peu, répondit le majordome. Walter Travis n'était pas depuis longtemps au service de la maisonnée. Je l'ai engagé voilà trois mois pour remplacer un porteur tombé mortellement malade de la vérole. Lord Lilley ne souhaitait pas quelqu'un qui souffrît de la sorte sous son toit. Travis est arrivé, avec de bonnes références de son dernier employeur. J'ignore tout à fait pourquoi il fallait tuer quelqu'un et pourquoi ils l'ont choisi.

— Hum... fit sir John, voilà qui est étrange, en effet.

Il médita un instant, puis reprit la parole :

— Vous pouvez disposer, monsieur Collier. À propos, si lord Lilley vous blâme, comme il le fera, selon vous, je serai heureux de lui faire entendre raison en la matière. Je présume qu'on l'a envoyé chercher ?

— Certes oui, monsieur. Oh, merci, monsieur. Je vous suis grandement obligé, monsieur.

Et tandis que le majordome se confondait en remerciements, il reculait et branlait du chef telle une marionnette. Je ne le plaignais plus comme je l'avais fait de prime abord. Il me semblait trop se soucier de sa personne, et faire peu de cas d'autrui. Qu'était-il advenu, par exemple, du portefaix ayant succombé à la vérole ? Collier paraissait ne point s'en préoccuper. Pourquoi affirmait-il ne jamais ouvrir la porte de la résidence de lord Lilley, quelles que soient les circonstances, de jour comme de nuit, à un homme noir ? Et pourquoi se sentait-il trompé de manière si déloyale, pour la simple raison qu'un individu se révélant noir s'exprimait comme n'importe quel Londonien blanc ? N'avais-je pas, ce même jour, dans la matinée, rencontré Frank Barber chez le Dr Johnson et ne l'avais-je pas entendu parler comme tout promeneur dans Fleet Street ? Tous ceux qui ressemblaient à des Africains ne s'exprimaient pas comme tels, après tout.

Il me sembla alors que sir John s'était montré dans l'ensemble *trop* affable envers le majordome. J'allais formuler une plainte mûrement réfléchie au magistrat, lorsqu'il grommela dans sa barbe.

— Quoi donc, monsieur ?

— Je disais : « Je n'ai jamais eu affaire à un pareil faiseur de courbettes. »

— Mais... mais... vous l'avez encouragé, sir John. Vous vous êtes montré bien plus aimable à son endroit qu'il n'était nécessaire.

— Je puis avoir besoin de lui par la suite.

Au même moment apparut l'agent Bailey avec une femme — encore fort jeune — dans son sillage. D'allure impertinente, elle appréciait, semblait-il, l'attention qu'on lui portait. Elle couvait le chef de la brigade de Bow Street avec des yeux de courtisane. Pour sa part, M. Bailey avait pour elle une indifférence de marbre. Il la présenta à sir John avec un bref : « Mary Pinkham, camériste attitrée de lady Lilley, monsieur. Il se peut qu'elle ait des renseignements susceptibles de vous intéresser. » Cela dit, il s'en alla, pour reprendre la tâche qu'il s'était lui-même assignée.

— Eh bien, Miss Pinkham, déclara sir John, qu'avez-vous donc à déclarer ?

— Rien qui puisse vous intéresser, Vot'Magistrat, sauf que...

— Peut-être me confondez-vous avec le roi, répliqua sir John. Et, bien que cela soit des plus flatteurs à mon égard, il vous suffit d'utiliser « monsieur » pour vous adresser à moi.

— Oui, monsieur, dit-elle, en le gratifiant d'une révérence irréprochable. Ma foi, comme je l'disais, monsieur, la seule et unique chose qui pourrait vous intéresser, c'est qu'j'ai été la dernière à êt'prise.

— Prise ? Je ne comprends pas tout à fait.

— C'est tout simple, monsieur. Quand les voleurs sont entrés, ils ont attrapé la plupart des domestiques qu'étaient en bas, où qu'c'est qu'ils finissaient de manger, et M. Collier, ils l'ont eu quand ils sont entrés. J'étais la seule à êt'là-haut. J'me trouvais dans la chamb'de milady, j'arrangeais tout pour son r'tour, en disposant sa ch'mise de nuit et tout ça.

— Je vois, dit le magistrat, et quand vous êtes-vous rendu compte que quelque chose clochait au-dessous ?

— Oh, j'l'ai vite su. Y a eu comme qui dirait des cris et un terrib'vacarme, et j'me suis dit que qu'è'qu'chose clochait. J'voulais point en faire partie.

— Et comment avez-vous réagi ?

Elle le considéra, l'air interdit. De toute évidence, le mot n'était pas dans son vocabulaire.

— « Réagi », monsieur ?

— Qu'avez-vous donc fait ?

— J'me suis cachée dans l'placard d'lady Lilley, celui-là où qu'elle range toutes ses robes et tout ça. Elle a tant d'toilettes, monsieur. Franchement, vous avez pas idée.

— Je n'en doute point, rétorqua sir John, quelque peu agacé par le témoin, mais tenons-nous-en à l'affaire qui nous occupe. Or donc, comme vous étiez dissimulée dans le placard, parmi toutes ses toilettes, avez-vous pu entendre les voleurs, tandis qu'ils allaient d'une pièce à l'autre ?

— Oh, oui, monsieur. Pour sûr, monsieur. Ils beuglaient et braillaient à hue et à dia dans toute la maison. Ils m'ont flanqué une belle frousse, pardi !

— À présent, Miss Pinkham, je vous demande de bien réfléchir à la prochaine question.

Il marqua une pause, pour donner du poids à ce qui suivit :

— Diriez-vous que ces hommes venus piller la demeure connaissaient leur chemin ? Pensez-vous qu'il serait possible qu'ils aient eu un plan des lieux leur indiquant où se trouvaient les objets ?

Elle accorda quelque réflexion au sujet, mais sa réponse, lorsqu'elle la formula, pouvait sans doute décevoir sir John :

— Non, monsieur, dit-elle, je n'pense pas qu'ils soient jamais v'nus dans la maison avant, et je n'pense pas qu'ils avaient un plan. Pour la bonne et simple raison qu'une fois là-haut, j'ai pu les entendre fort bien, et v'là c'qu'ils disaient : « Où ça se trouve ? » et « Où est-ce que dort la duchesse ? ». Ils cherchaient dans tout l'étage la chambre où c'que j'me cachais.

— Et ils ont fini par vous trouver ? intervint-il.

— Pour sûr, monsieur, mais ils ont mis du temps, et s'ils avaient eu un plan, ou comme vous l'dites, s'ils avaient connu leur chemin, alors ils y s'raient allés tout d'suite.

Sir John soupira :

— Je comprends votre raisonnement et je dois admettre qu'il n'est pas dénué d'une certaine pertinence.

— Pardon, monsieur ?

— Oh, peu importe. Bien entendu, toute cette fouille n'a pas été accomplie dans le seul but de vous dénicher.

— Non, monsieur. Ils ont juste ouvert la porte du placard et j'y étais.

— Ils cherchaient quelque chose de tout à fait différent.

— Pour sûr, monsieur, et même que c'étaient les bijoux d'milady.

— Et ils les ont découverts.

— Oui, monsieur, j'ai dit aux voleurs où qu'c'est qu'ils étaient cachés.

Son visage et sa voix ne trahirent pas une once de honte ou d'embarras, tandis qu'elle faisait cet aveu. Elle arborait même un léger sourire, comme l'eût fait quiconque engagé dans une causerie courtoise.

— Vous le leur avez dit, vraiment?

Le magistrat paraissait plus amusé que choqué par son audacieuse révélation.

— En effet, monsieur, et vous auriez fait d'même, si on vous avait brandi un couteau sous l'nez. Ils disaient qu'ils me le trancheraient si je n'disais rien.

Elle haussa les épaules, comme si le choix qu'elle avait fait s'avérait le seul raisonnable en l'occurrence.

— Alors, j'leur ai dit.

À cette réplique, sir John partit d'un grand rire.

— Vous êtes, commenta-t-il, d'une logique imparable. Je veux dire que vous pouvez sans doute être sûre d'avoir fait le bon choix. Toutefois... (et il baissa le ton) je ne répéterais point cela à vos lord et lady Lilley, tel que vous me l'avez confié. Dites-leur seulement que vous vous êtes débattue, que vous avez hurlé, et ainsi de suite, et que l'un des voleurs est tombé par hasard sur les bijoux, alors qu'ils allaient vous torturer sans pitié. Est-ce que cela ne sonne pas mieux, dites-moi?

— Oh, de beaucoup, monsieur... Je vais tâcher d'en faire autant, pardi.

— Faites-le donc, Miss Pinkham.

Sur ces paroles, il la remercia. Mais tout bien considéré, il la rappela :

— Il reste encore un point dont je dois m'entretenir avec vous, et il a un lien avec la manière de parler des pillards.

— Pardon, monsieur?

— La façon dont ils s'exprimaient. On m'a dit qu'ils étaient tous noirs... africains. Est-ce exact?

— Tous ceux que j'ai vus l'étaient.

— Et parlaient-ils comme le feraient des Noirs ?

— Ça, je ne saurais vous l'dire, monsieur. J'n'ai jamais causé à un homme noir avant. Ils avaient l'air de causer comme tout l'monde.

— Merci, ça sera tout.

Et elle s'en alla, non sans exécuter une révérence et bredouiller ses remerciements.

— Eh bien, Jeremy, reprit sir John, en se tournant dans ma direction, que penses-tu d'elle ?

— Je dirais, monsieur, qu'elle comble son manque d'intelligence par du bon sens.

— Bien formulé, déclara-t-il, mais dis-moi, M. Bailey se trouve-t-il dans les parages ? À présent que je me suis entretenu avec deux d'entre eux, je me sens d'humeur à en interroger d'autres... je suis dans cette disposition d'esprit, disons.

— Oui, monsieur, M. Bailey se trouve de l'autre côté de la pièce.

À dire vrai, il causait depuis quelque temps avec un individu presque aussi grand que lui.

— Fais-lui signe de s'approcher, veux-tu ?

J'obtempérai et M. Bailey vint, accompagné de l'homme à la haute stature.

— Sir John, annonça le brigadier, j'ai ici avec moi quelqu'un capable de vous fournir quelques renseignements sur l'homme qu'on a assassiné.

— Ah, enfin !... commenta le magistrat. J'espérais que vous trouveriez un tel témoin. Le majordome l'a certes engagé, mais il affirme ne rien savoir à son sujet.

— Ma foi, je sais des p'tites choses, mais pas tout, déclara le nouveau venu.

— Ces petites choses seront fort bienvenues, monsieur... monsieur... Comment vous appelez-vous, monsieur ?

— Burley, répondit l'autre. Tom Burley, pour n'rien vous cacher. Walter Travis et moi, on étaient porteurs ensemble. On s'occupait d'tous les déplacements d'meubles, des lourds fardeaux à soulever et à charger... rien qu'nous deux.

— Alors vous deviez bien connaître notre homme.

Tom Burley soupira et secoua la tête.

— Personne ne l'connaissait vraiment *bien*. C'était un homme difficile à connaître.

— Certes, il en existe. Mais peut-être pourrez-vous me dire, monsieur Burley, quelque chose au sujet de ses origines. D'où venait-il, par exemple ?

— D'ici même, à Londres, d'après c'que j'en sais. Il n'a jamais causé d'un aut'endroit, faut dire. Y a des choses qu'il disait qui m'font penser qu'il aurait passé un peu d'temps en prison.

— À la prison pour les endettés ? La Fleet ? Bridewell ?

— Non, j'pense qu'il a connu Newgate de l'intérieur. Je sais pas pourquoi ni pendant combien d'temps, mais il s'est mis à en causer, un jour ; il m'a parlé des sales tours que f'saient les geôliers aux détenus, et il m'a raconté ça de telle manière que j'ai eu comme qui dirait la certitude qu'il causait par expérience.

— Humm... fit sir John, en prenant le temps de réfléchir, et pourtant on l'a engagé. Le majordome a déclaré qu'il lui a remis une bonne recommandation de son dernier maître.

— Bah... ça ne veut rien dire, monsieur. Il l'a fabriquée, il l'a écrite lui-même de bout en bout, puis l'a donnée à un secrétaire pour qu'elle soit rédigée en bon anglais et qu'elle ait l'air comme il faut.

— Vous en êtes sûr, monsieur Burley ?

— Je sais qu'il m'a dit que c'est c'qu'il a fait. Et si vous vous d'mandez pourquoi j'ai point mouchardé, j'dirais que c'est point dans ma nature. Tant qu'il f'sait sa besogne — et il la f'sait —, je n'pipais pas mot sur l'affaire.

— Pourquoi, selon vous, l'a-t-on choisi comme victime ? Était-ce en guise d'avertissement pour le reste d'entre vous, là-bas à l'office... en guise de menace ?

— Oh, p't'ê't' ben qu'è'qu'chose comme ça. Y a eu des paroles prononcées. Une menace. C'était juste au moment où ils étaient prêts à partir ; ils l'ont emmené avec eux. Mais c'était pas la raison... à mon avis.

— Alors pourquoi l'a-t-on emmené ? Pourquoi l'avoir tué ?

— J'ai ma p'tite idée sur la question, dit Burley. Je pense qu'il était p't'ê't' au courant du pillage d'la d'meure... qu'il leur a dit quand v'nir et c'qu'il y avait à prend'et où ça ; alors il s'attendait à s'en aller avec eux. Il n'a pas eu l'air si inquiet, quand il a monté c't'escalier. On l'abat et ça fait une part en moins, au moment d'diviser le butin.

Pensif, sir John hocha la tête et réfléchit longuement à ce qu'il venait d'entendre.

— Avez-vous vu le corps ? s'enquit-il enfin.

— Oh, oui ! On a tous entendu le coup d'feu par-derrière, alors on savait fort bien où r'garder. Travis a été abattu d'un coup dans la nuque... par surprise, comme qui dirait. L'pauv'gars n'a jamais su c'qui lui arrivait.

— Je me demande si vous...

— Pardon, sir John.

C'était M. Bailey. D'ordinaire un parangon de bienséance, il n'aurait jamais songé à interrompre son chef, hormis en cas d'urgence.

— Oui, monsieur Bailey, qu'est-ce ?

— Le sergent Patley s'en revient à l'instant avec M. Donnelly, et M. Donnelly aimerait savoir où se trouve le cadavre.

— Montrez-le-lui, voulez-vous, monsieur Bailey ? Ou si vous l'ignorez, prenez Burley ici présent avec vous. Il vous montrera.

— À vos ordres, sir John, répondit le brigadier en saluant.

Il virevolta aussitôt et s'en alla quérir M. Donnelly.

— Tout cela nous laisse sans M. Patley, me dit sir John. Le vois-tu alentour?

Je balayai la pièce du regard... en vain. Ledit sergent ne demeurait nulle part en vue.

— Non, monsieur, répondis-je. Dois-je me renseigner au-dehors, auprès de l'agent Brede?

— Non... enfin, peut-être. Essayons d'abord ainsi. *Sergent Patley!* tonna-t-il. *Venez ici tout de suite!*

À ces mots, toutes les têtes qui se trouvaient dans la vaste entrée (et la plupart des domestiques y grouillaient) se tournèrent en direction du magistrat, surprises par ses criailleries intempestives. Moi-même en fus fort étonné, pour ne l'avoir jamais vu user de pareilles méthodes dans le passé. Ah certes! il avait plus d'un tour dans son sac.

— Dis-moi, Jeremy, me confia-t-il avec douceur, le vois-tu à présent?

— Je crains que non, sir John.

Mais j'avais parlé avec trop de hâte, car il était là, en train de se séparer de la friponne Miss Pinkham. Ils venaient de surgir de derrière le grand escalier tournant qui dominait la pièce; ainsi avaient-ils échappé aux regards.

— Non, je me suis trompé, monsieur. Je l'aperçois maintenant. Il vient par ici.

Le sergent Patley se présenta au garde-à-vous et porta une main raide à son front, en guise de salut militaire. (Il avait été soldat, disait-on, aux colonies.)

— Me voici, monsieur!

— Agent Patley, n'est-ce pas?

— Oui, monsieur!

— J'ai quelques questions à vous poser.

— Et je serai ravi d'y répondre, monsieur.

— J'en suis fort aise, reprit sir John. À présent, dites-moi, monsieur Patley, où vous trouviez-vous lorsqu'on vous a informé de cette intrusion illicite en la résidence Lilley?

— À un jet de pierre, monsieur, en train d'arpenter Pall Mall, pardi.

— Et qui donc s'est présenté à vous ? Lequel des domestiques ?

— Ma foi, je ne me rappelle point son nom, mais il est venu en courant vers moi et m'a dit qu'il y avait eu un féroce brigandage et un meurtre chez lord Lilley. Je l'ai dépêché à Bow Street et je suis venu ici moi-même. Ai-je bien agi ?

— Fort bien, mais je voulais m'entretenir avec celui qui s'en est allé prévenir Bow Street. Le voyez-vous ici ?

M. Patley, d'une stature raisonnable s'il en fut, se dressa sur la pointe des pieds pour scruter les visages des personnes présentes dans la pièce. Il devait s'en trouver plus d'une dizaine là, dans l'entrée, mais du beau sexe pour la plupart... femmes de chambre, bonnes, cuisinières, aides de cuisine, et cetera. Après les avoir regardées avec soin, il redescendit à notre niveau et secoua la tête.

— Non, monsieur, dit-il, je ne le vois nulle part.

— Eh bien, la prochaine fois, lorsqu'un tel crime est commis, vous devez à tout le moins prendre le nom de celui qui vous en informe.

— Je promets de le faire à l'avenir, déclara M. Patley.

— Veillez-y, monsieur, car il vous faudra des noms et des faits pour le rapport que vous devez rédiger.

— Un rapport, monsieur ? Quel rapport ?

— Celui-là même que vous rédigerez et donnerez à M. Marsden, le greffier du tribunal, demain matin. M. Bailey ne vous a-t-il point dit que lorsque vous vous trouviez le premier sur les lieux d'un crime, vous deviez alors dresser un rapport ?

— Il en a certes causé, monsieur.

— Eh bien, il semble que votre tour soit venu, n'est-ce pas ?

— Puisque vous le dites, monsieur.

— Oh, à propos, vous devez y consigner une estimation de la valeur des biens dérobés. Inutile que cela soit précis ; le chiffre peut par la suite être réévalué à la hausse ou à la baisse. Vous pouvez sans doute obtenir ces renseignements de la bouche du majordome, M. Collier. Sinon, dites-lui alors que j'insiste pour que nous les ayons. Tout cela est-il bien compris ?

L'agent Will Patley poussa un profond et pitoyable soupir.

— Tout est bien compris, monsieur.

— Y a-t-il certains points dont vous souhaiteriez discuter ?

— Non monsieur, c'est seulement que... je ne me rendais pas compte qu'il y aurait autant de tâches d'écriture. Je ne suis guère habile de ma plume.

— Ma foi, faites du mieux possible. M. Marsden donnera son avis demain matin.

— Tout comme à l'école, monsieur ?

À mes yeux, il y avait, semblait-il, davantage qu'une pointe d'impudence dans ces propos.

— Non, pas tout à fait.

Sir John se tut et se frotta le menton, songeur, avant de poursuivre :

— Monsieur Patley, cela fait peu de temps que vous êtes parmi nous. Vous n'êtes pas encore rompu à nos manières de procéder, mais dès lors que vous le serez, je crois que vous comprendrez leur utilité.

Puis, dans un hochement de tête :

— Ce sera tout.

Le sergent le gratifia du même salut militaire qu'un peu plus tôt et aboya un « Oui, monsieur ! », avant de tourner les talons, pour s'en aller tambour battant, le visage moins enjoué qu'à son arrivée. Ses mouvements immodérés attiraient beaucoup l'attention. Miss Pinkham, pour ne citer qu'elle, le contemplait avec tant d'intensité qu'elle offrait l'impression de désirer l'embraser de son seul regard. Il me vint alors seulement à l'esprit que les femmes, en particulier les plus jeunes comme elle, devaient le tenir pour fort séduisant... un fieffé luron, comme dirait Jimmie Bunkins ; « fringant », pourrait-on affirmer à son propos.

Sir John se pencha vers moi et murmura :

— M'a-t-il de nouveau salué ?

— À deux reprises, monsieur. Une fois à son arrivée et une autre à son départ.

— J'aimerais qu'il s'en dispense. Peut-être pourrait-on lui en toucher deux mots. Dis-lui que... oh, je ne sais trop... qu'une attitude moins *rigide* conviendrait mieux.

— Ma foi, je tâcherai, répondis-je.

— Jeremy...

— Oui, sir John ?

— Allons-nous-en d'ici. Je suis soudain bien las.

— Ne souhaitez-vous point attendre lord Lilley ?

— Non, nul ne sait quand il s'en reviendra. Il est, m'a-t-on dit, timide en société, et il se pourrait qu'il juge par trop offensant envers l'ambassadeur de Hollande de prendre congé trop tôt de lady Lilley. Il est sans doute prêt à patienter, peu importe le fléau qui ait pu s'abattre sur sa demeure.

— Alors, qu'attendons-nous pour nous en aller ? dis-je.

— En effet, allons-nous-en, approuva-t-il.

Sir John laissa néanmoins la consigne à M. Brede d'annoncer à lord et lady Lilley qu'il s'en reviendrait le lendemain matin, afin de pouvoir s'entretenir en détail des offenses commises en leur maisonnée. Dans le même temps, sir John requérait que nul membre de la domesticité ne fût chassé ou sanctionné, car il n'avait point fini de les interroger. Comme nous partions, l'agent nous conseilla de cheminer en direction de Pall Mall, si nous désirions prendre un fiacre.

— Un fiacre, approuva sir John. Et comment !

Nous nous dirigeâmes donc tous deux d'un bon pas vers Pall Mall. Bien que l'artère se dévoilât à mes yeux au bout de la rue, je savais pourtant qu'elle se situait à une assez bonne distance ; je proposai de courir jusqu'au coin et de revenir avec une voiture de louage.

— Il en passe fort souvent par là, dis-je. Je ne devrais m'absenter que quelques minutes tout au plus.

— Non, dit-il, je trouve l'air du soir assez réconfortant. Il m'a revigoré quelque peu.

Nous poursuivîmes donc dans St. James Street et, chemin faisant, j'observais ici et là les grandes demeures. Même au clair de lune, elles semblaient imposantes... ou peut-être, précisément à cette heure-là, car les ombres nocturnes paraissaient cacher les imperfections et les endroits dégradés, visibles en plein jour. (Les maisons de ce quartier n'étaient pas toutes dans le même état de réfection.)

Comme nous approchions de celle de M. Bilbo, je vis que les lumières brûlaient à un certain nombre de fenêtres. C'était en vérité la plus grandiose de la rue, pour avoir au préalable appartenu à lord Goodhope. M. Bilbo, le propriétaire, tenancier de l'une des maisons de jeu les plus courues de Londres, avait acquis la demeure afin de solder les dettes de jeu du patricien. Depuis lors, je m'étais souvent rendu là-bas, car mon ami, Jimmie Bunkins, était devenu le pupille de M. Bilbo, et, par mon entremise, notre cuisinière, Annie, avait été acceptée comme élève par le précepteur de Bunkins, M. Burnham. Tout bien considéré, j'étais fort connu en la maisonnée, quoique guère mieux que sir John en personne, qui entretenait une curieuse relation avec le maître des lieux, M. Bilbo. En sa qualité de joueur et de patron d'un établissement de jeu, il ne serait jamais accepté comme un gentleman respectable de la société londonienne. D'aucuns exprimaient leur réprobation envers l'amitié de sir John pour un tel individu. À ceux-là, le magistrat répliquait d'un ton bourru : « J'apprécie l'homme, alors n'en parlons plus. »

Tandis que nous passions devant la maison en question, j'en fis mention à sir John et notai le sourire qui éclaira son visage.

— Ah oui, dit-il, elle se trouve ici dans la même rue que la résidence de lord Lilley. J'ai failli l'oublier. M'est avis que Black Jack compte les jetons à son club en ce moment.

— Il y a quelques lumières qui brûlent, dis-je. Bunkins et M. Burnham, sans aucun doute.

— Sans aucun doute. Il est fort tard, tout de même. Ma foi, il doit bien être minuit passé.

Nous poursuivîmes notre chemin en silence et passâmes devant l'habitation voisine de celle de M. Bilbo. Pall Mall se rapprochait, ou du moins le semblait-il.

— Je me demande ce que M. Bilbo fera lorsqu'il saura qu'une maison de sa rue a été cambriolée, dis-je.

Sir John y réfléchit un instant, puis gloussa :

— Il distribuera sans doute pistolets et coutelas à tous ceux de la maisonnée. À moins qu'il n'édifie une redoute devant la porte d'entrée. Ou les deux.

Nous rîmes tous deux de sa saillie. L'idée de fortifications construites dans St. James Street ne manquait pas de sel. Que diraient les voisins ? Qu'avaient-ils dit, du reste, lorsque M. Bilbo avait emménagé, suivi par ces rumeurs tenaces, selon lesquelles il aurait réalisé sa première fortune en étant pirate dans les eaux espagnoles du Nouveau Monde ?

Mais à mes yeux il y avait, semblait-il, matière plus pressante à éclaircir :

— Dites-moi, tout de même, monsieur, qu'avez-vous pensé de ceux que vous avez interrogés ?

— En vérité, répondit-il, je n'en pense pas grand-chose. Le majordome paraissait uniquement soucieux de se défendre. La caméariste... ma foi, elle a bien agi, je suppose, et je n'aurais certes pas souhaité qu'on lui tranche le nez pour protéger ces bijoux, mais... Oh, disons qu'ils nous ont appris quelque chose... le porteur s'est montré fort sensé et serviable, mais... mais... quelle calamité ! Cela ne s'arrêtera donc jamais ! Trop de cambriolages ! Trop de tueries !

Je n'avais pas le souhait de lui causer pareil émoi. Je n'avais seulement pas mesuré toute la profondeur de son exaspération. Ces badineries caustiques dont il avait le secret, lesquelles semblaient fuser désormais avec une fréquence plus grande, l'aidaient en un sens à supporter son accablement. Ce matin-là il avait dévoilé ses véritables sentiments en disant souhaiter que les rues fussent plus sûres. Pourquoi ne l'avais-je alors point pris davantage au sérieux ?

J'aurais pu lui dire tout cela, mais n'en fis rien. J'étais simplement en quête de la réponse la plus adéquate. (Encore que, comme vous le verrez, peu importait ce que je tentai de dire à ce moment précis.) Je parvins tout juste à énoncer :

— Eh bien, peut-être que la visite de demain se révélera plus fructueuse.

— Je suppose, convint-il. Après tout, nous...

Il retenait toute mon attention lorsqu'il s'exprimait, aussi fut-ce à la lumière d'un réverbère que je surpris un mouvement violent du coin de l'œil. Je me retournai, regardai et aperçus à guère plus de douze pieds de distance un homme debout au-devant de nous, les jambes fermement plantées au sol, le bras tendu, et un pistolet au poing.

Je poussai incontinent sir John sur le trottoir et m'efforçai de relever mon habit, de sorte à pouvoir extirper l'une de mes armes de son étui. Comme je la dégainais, l'individu devant moi fit feu. Je levai mon pistolet, libérai le chien, et tirai à mon tour. Si j'avais pris ne fût-ce qu'un instant de plus pour viser, j'aurais atteint ma cible à une distance aussi courte. Je dégainai le second pistolet et visai pour tenter une nouvelle fois ma chance. Mais dans l'intervalle notre agresseur avait pris ses jambes à son cou et disparu aussitôt dans une allée parallèle à l'une des grandes demeures de St. James Street. Je me lançai à sa poursuite, en espérant mieux réussir cette fois. Puis, tout à coup, je m'arrêtai net.

Grands dieux ! Sir John ! Je ne pouvais prendre en chasse le criminel et le laisser tout seul. Pas plus que je ne pouvais vider mon pistolet, car d'autres membres de la bande rôdaient peut-être alentour.

Je revins à la hâte auprès du magistrat, dans l'espoir qu'il serait debout et alerte, prêt à poursuivre son assaillant de son propre chef, invoquant la colère divine pour qu'elle s'abattît sur le misérable. Que nenni, il gisait à terre, tout recroquevillé, à l'endroit même où je l'avais poussé. Était-il touché ? Mort ? Je n'avais même pas songé à semblable éventualité.

En m'agenouillant à ses côtés, je constatai qu'il respirait... faiblement, certes, mais il respirait tout de même.

— Sir John, murmurai-je, la voix impérieuse, vous êtes blessé. Pouvez-vous me dire où la balle vous a atteint ?

— À l'épaule, répondit-il, pantelant, à l'épaule...

J'écartai son habit avec délicatesse et vis le sang étalé sur sa chemise de lin blanc.

— Je dois vous emmener auprès de M. Donnelly.

— Chez M. Bilbo. Emmène-moi là-bas.

Il semblait à présent recouvrer quelque force.

— Jeremy, reprit-il, à quoi ressemblait l'individu ?

— Je... je ne saurais être affirmatif, monsieur.

Et c'était la stricte vérité, car tout s'était passé avec une telle promptitude... Je me concentrai nonobstant sur l'image que je conservais à l'esprit. Il me vint alors une pensée... certes, des plus inattendues... que je pouvais lui livrer.

— Monsieur, je crois qu'il s'agissait d'un homme noir.

CHAPITRE II

Où sir John me désigne en qualité de suppléant

De tout ce qui suivit cet événement suscitant aussi bien la stupeur que l'effroi, je ne parlerai que brièvement, à savoir sous une forme condensée.

Après avoir livré ma déclaration à sir John, je perçus quelqu'un qui s'approchait au pas de course depuis le lieu d'où nous venions. J'armai le pistolet chargé et me tins prêt à tirer, au cas où un second assassin viendrait achever l'ouvrage du premier. Mais non, il s'agissait de M. Brede, qui, après avoir entendu les coups de feu, arrivait en toute hâte. Ensemble, nous amenâmes le magistrat à la maison de M. Bilbo, laquelle se situait à proximité. M. Burnham vint répondre, après que M. Brede eut heurté l'huis non sans véhémence. Comme on nous sommait de nous expliquer de l'autre côté de la porte, je relatai ce qui s'était produit. On nous ouvrit à la volée, et M. Burnham apparut, pistolet au poing, comme si, d'une certaine façon, il venait à peine de rentrer. Je notai l'étonnement du sergent à la vue de la face noire du précepteur. Dès que nous eûmes étendu sir John sur un confortable sofa, M. Brede s'en alla aussitôt quérir Gabriel Donnelly, l'expert médical de Westminster qui, par chance, se trouvait encore dans les parages, en train de s'acquitter de sa tâche officielle chez lord Lilley.

Pendant tout ce temps, sir John n'avait point perdu connaissance. En réalité, comme nous l'installions sur le canapé, il réagissait et parlait davantage qu'au moment où nous l'avions relevé du trottoir de St. James Street. Il nous gratifiait d'un flot constant de recommandations et de mises en garde. En dépit de sa blessure — dont nous ignorions encore la gravité —, c'était toujours lui le chef.

M. Donnelly, qui, quelques années plus tôt, officiait en qualité de médecin de bord dans la marine royale, avait en son temps traité bon nombre (des centaines, disait-il) de semblables blessures à l'arme à feu. Après avoir stérilisé ses instruments — Jimmie Bunkins réveilla la cuisinière, qui veilla à faire bouillir l'eau —, il retira la balle et pansa la plaie. Entre-temps, sir John avait pris soin de s'enivrer grâce au meilleur cognac de M. Bilbo. Lorsque le praticien eut fini, il déclara la blessure « assez grave, mais en aucun cas mortelle ». Il exhorta cependant à ce qu'elle fût gardée propre et qu'on changeât le pansement une fois par jour. (Une injonction inutile dans mon cas, car j'avais vu, en la personne de M. Cowley, l'exemple des risques encourus, lorsqu'on négligeait de prendre soin d'une blessure; un état de gangrène qui conduisit à l'amputation de sa jambe gauche.)

— Et où serez-vous donc? s'enquit le médecin auprès du magistrat.

— Où serai-je? Quelle question!

Toujours ivre, sir John articulait si mal que ses paroles s'avéraient à peine compréhensibles, même pour moi.

— Je me trouverai au 4 Bow Street, là où je demeure.

— Il n'en fera rien! Il séjournera ici même!

Ainsi avait parlé M. Bilbo, qui faisait une entrée tonitruante, avec le panache dont il raffolait, comme il sied à un maître de céans digne de ce nom. Bunkins était parti chercher son maître à l'établissement de jeu, afin de l'informer de l'accident de son ami.

— Je rentrerai chez moi si je le souhaite... si je le souhaite.

On le comprenait décidément à peine.

— Certainement pas. Vous êtes trop gris pour rentrer chez vous.

Nul doute que M. Bilbo présentait un argument irréfutable. Même si sir John n'avait point pris une balle dans le corps et perdu une énorme quantité de sang, je doutais que ses jambes l'eussent porté jusqu'à un fiacre ou à la propre voiture de M. Bilbo.

On l'appelait Black Jack Bilbo, en partie à cause de la barbe noire qu'il arborait, ou peut-être en raison des humeurs sombres qui l'envahissaient inopinément. À présent qu'il se tenait là, avec ses robustes jambes écartées et les poings sur les hanches, il évoquait un taureau grognant et fulminant, prêt à charger. La seule vision de cette posture menaçante eût terrifié la plupart.

Même si sir John avait pu le voir ainsi, il n'aurait certes pas sourcillé ; son ami ne l'effrayait guère et n'en avait pas la capacité. Toutefois, en ses qualités de magistrat et d'homme, il était toujours le premier à reconnaître la vérité lorsqu'il venait à l'entendre, et, après avoir réfléchi un moment à la situation, il déclara, comme l'air surpris :

— Suis-je ivre ? Jeremy, es-tu là ? Dirais-tu que je suis soûl ?

— Je le crains, répondis-je.

— Votre ébriété est répugnante, renchérit M. Bilbo. Souhaiteriez-vous rentrer chez vous en pareil état ?

Il y songea un long moment. Je crus un instant qu'il pourrait sombrer dans le sommeil. Mais pas du tout.

— P't'ê't'que... que... non. Je... j'vais rester, j'suppose. Mais t... toi, Jeremy, tu rentres à... à la maison et préviens Kate à son réveil. Est-ce qu' c'... c'est clair ?

— Limpide, sir John.

— Fff... ort bien. Main... maint'nant j'crois... que qu'j'vais dormir.

Ce qu'il fit dans la seconde qui suivit.

Black Jack Bilbo promit à M. Donnelly qu'on s'occuperait comme il sied de sir John. Il proposa ensuite de nous déposer à nos domiciles respectifs au moyen de sa voiture. Nous acceptâmes de bonne grâce et roulâmes avec fière allure vers les artères plus humbles qui avoisinaient Covent Garden. Après que j'eus rendu la paire de pistolets à M. Baker et que je lui eus narré les événements de la soirée, je grimpai tant bien que mal les marches menant à l'office... mais n'allai pas au-delà. Attablé avec un verre de lait et un quignon de pain, je songeai à assouvir la faim ardente dont j'étais subitement la proie. Le lendemain matin, Annie me trouva endormi sur la table, le pain à moitié mangé et le lait à moitié bu.

Annie, en premier lieu, puis Clarissa, ensuite, tentèrent de m'arracher au sommeil... sans succès. Seule lady Fielding, lorsqu'elle s'éveilla seule dans le lit, puis découvrit que je m'en étais revenu sans sir John, parvint à m'extirper des bras de Morphée, quoique non sans difficulté.

Elle hurla :

— Jeremy ! Jeremy ! Tu dois me raconter ce qui s'est passé !

Elle me tambourinait de ses poings.

— Réveille-toi ! Réveille-toi, chenapan ! Qu'as-tu fait de mon Jack ?

Tels furent, je crois, les propos qui me firent recouvrer mes esprits. Non point les cris à mes oreilles, pas même les horions qu'elle faisait pleuvoir sur ma tête et mes épaules... mais de m'entendre accuser avec une telle injustice par quelqu'un d'aussi proche de moi... voilà qui exigeait sur-le-champ une rectification. Qu'avais-je fait de son Jack ? Franchement !

Me levant d'un bond, je me défendis avec une impétuosité sans nulle autre pareille.

— Lady Fielding, répliquai-je, s'il vous est attaché, il me l'est aussi. Et je n'ai rien fait à son encontre. *Celui* qui en voulait à sa vie, hier au soir, n'était autre qu'un agresseur armé. Bref, on a tiré sur sir John à bout portant et il a été blessé.

— Tiré ! s'exclama lady Fielding. Blessé ?

Annie et Clarissa, debout derrière elle, firent écho à son inquiétude.

Je leur relatai alors les circonstances en détail, de même que je n'écourtai pas le récit de mes efforts pour le défendre et le mettre à l'abri chez Black Jack Bilbo. Je citai de surcroît M. Donnelly sur l'état de la blessure du magistrat : « assez sérieuse, mais en aucun cas mortelle ».

— Oh, Dieu merci ! fit lady Fielding.

— Il lui faudra des soins, précisai-je. Son bandage doit être changé chaque jour.

— Oh, nous y veillerons, reprit-elle.

Puis, lorgnant dans son dos en quête de confirmations, elle ajouta :

— N'est-ce pas, mesdames ?

— Bien sûr, dit Annie.

— Soyez-en certaine, renchérit Clarissa.

Et la décision fut bientôt prise : toutes les trois m'accompagneraient chez M. Bilbo, après le déjeuner : lady Fielding et Clarissa pour s'assurer de l'état de sir John, et Annie pour sa leçon quotidienne de lecture avec M. Burnham. (Notre cuisinière comptait près de deux années d'instruction dans les lettres, et puisqu'elle se montrait brillante et avide d'apprendre, elle pouvait désormais lire et comprendre presque tous les textes d'une densité si grande qu'ils eussent défié la quasi-totalité des étudiants d'Oxford.) Et moi ? Eh bien, j'allais bien entendu agir selon les souhaits de sir John, afin de poursuivre l'investigation débutée la veille au soir. Il me demanderait sans doute de porter une missive, stipulant que, dans un avenir proche, toutes les affaires jugées d'ordinaire au tribunal de Bow Street le fussent devant le magistrat du Grand Londres et ses environs, à savoir Saunders Welch. Ce dernier risquait de le déplorer amèrement, mais je ne voyais aucun autre moyen de traiter la situation.

Le déjeuner s'avéra fort plantureux, quoique moins insouciant que celui de la veille. Quand bien même, il était presque neuf heures avant que lady Fielding et les autres « dames » (ainsi qu'elle les nommait) fussent prêtes au point de pouvoir héler un fiacre et qu'il se postât devant la porte pour les attendre. Et ce fut à moi qu'il incomba d'aller quérir ledit fiacre.

Il se trouva pourtant que M. Marsden, le greffier du tribunal, m'arrêta en chemin, souhaitant s'enquérir de la santé de sir John. Je le rassurai par mes propos et citai une nouvelle fois M. Donnelly... sérieuse mais non mortelle.

— L'agent Brede m'a appris la nouvelle, déclara M. Marsden. J'étais anéanti, pardi, quand on m'a mis au courant. Cela fait près de vingt ans que je travaille pour le magistrat, à présent, et je l'ai vu plus d'une fois en fâcheuse posture, mais il n'a jamais pris une balle dans le corps.

Semblables paroles me mirent fort mal à l'aise. Après tout, n'étais-je point le gardien de sir John ? N'était-il pas sous ma responsabilité ?

— Je... je crains de n'avoir pas sorti mon pistolet assez promptement. J'étais armé, voyez-vous. Le sergent Baker y a veillé.

— Oh, chasse donc cette idée de ton esprit, Jeremy, répliqua M. Marsden. Au dire de M. Brede, tu t'es fort bien acquitté de ta besogne. Tu as tenté d'écarter sir John de la ligne de tir, pardi, afin de rendre la pareille à l'assaillant.

— Et le manquer !

Cela n'émanait pas de moi, cher lecteur, mais d'une voix plus grave, sise dans mon dos, et des plus familières à mes oreilles.

— Ou c'est ce que, *moi*, j'ai entendu, du moins.

Je me retournai vivement et lui fis face.

— Vous avez fort bien entendu, monsieur Fuller. Et lorsque j'ai voulu dégainer mon second pistolet, l'assaillant a tourné les talons et s'est enfui.

— Grand bien lui en a pris. Même un moricaud a assez de bon sens pour ne point rester là et te laisser lui tirer une deuxième fois dessus. C'était *bien* un moricaud, n'est-ce pas ?

— Si j'en ai bonne souvenance, dis-je, oui, en effet.

À ces mots M. Marsden émit un long sifflement.

— Incroyable ! fit-il, tout ébaubi. Je l'ignorais.

— Eh bien, maintenant vous le savez, rétorqua M. Fuller, en se tournant brusquement pour s'éloigner.

M. Marsden le regarda un long moment, perplexe. Puis, s'arrachant à sa torpeur, il reprit :

— Ah, Jeremy, j'ai failli oublier. J'ai quelque chose pour toi.

— Qu'est-ce donc, monsieur ?

— C'est le nouveau gars, l'agent Patley, qui me l'a laissé. On l'a mis au courant au sujet de sir John, alors il a pensé que je ferais mieux de te le donner.

Ce disant, il sortit de la poche de son habit un papier plié et tant soit peu froissé, qu'il me tendit.

— Il dit qu'il s'agit de son rapport sur le cambriolage de la résidence de lord Lilley.

Je m'en emparai et y jetai un œil. Le billet ne me concernait guère, aussi le remisai-je par-devers moi.

— Je le consulterai plus tard, dis-je.

— Je n'y ai pas trouvé grand-chose pour le dossier, dit M. Marsden. Un nom et guère plus.

— J'en ferai lecture à sir John quand il sera prêt. Mais pour l'heure, je ferais mieux d'aller quérir un fiacre. Nous allons le voir chez Black Jack Bilbo.

Je pris alors congé de lui avec un signe de la main et gagnai la porte donnant sur Bow Street.

Ce fut M. Burnham qui répondit au coup que je frappai à l'huis de la demeure de M. Bilbo. À première vue, je constatai qu'en dépit de sa veille aussi longue que la mienne, il semblait bien mieux reposé. Souriant, il ouvrit la porte en grand et nous dévisagea tous les quatre qui nous tenions sous le porche. Comme ses yeux s'attardaient sur lady Fielding, le sourire se dissipa pour se muer en appréhension. Et j'eus l'impression qu'il ne s'écarta pour nous laisser entrer qu'au terme d'une longue hésitation ; à dire vrai, on eût cru qu'il regimbait quelque peu à nous accueillir en la demeure. Je ne pus que me demander pour quelle raison.

En commençant par lady Fielding, il salua chacun d'entre nous de façon nominale dans l'entrée. Il regarda ensuite alentour, comme dans l'espoir de trouver un tiers à qui nous confier... mais il n'y avait personne dans les parages.

Lady Fielding s'avança vivement vers lui et, d'une voix à la fois impérieuse et confidentielle, demanda :

— Monsieur Burnham, vous devez nous dire, comment va-t-il ?

— Euh... vous voulez parler de sir John, bien sûr.

— En effet ! Oui ! Bien sûr !

— Je crois qu'il se porte aussi bien que tout un chacun puisse l'espérer. Voire mieux. Encore que je doive vous avouer que je ne suis point passé le voir ce matin.

Lady Fielding recula et considéra M. Burnham d'un air songeur, sans doute s'interrogeait-elle sur son étrange conduite.

— Mais bien sûr que vous ne pouvez l'avoir vu ce matin, car vous êtes précepteur, monsieur, et vos obligations s'arrêtent là. Vous n'êtes pas ici pour soigner sir John, mais nous, oui. Nous avons fait tout ce long chemin depuis Bow Street à dessein. Nous serons ravis de prendre la responsabilité de nous occuper de lui.

— Certes, oui. Je comprends tout à fait.

Elle le lorgna non sans âpreté.

— Vraiment ?

— Oui... tout à fait.

Alors une idée lui traversa l'esprit :

— Ah, mais sans doute voulez-vous vous rafraîchir, mesdames. Par ici... *je vous prie* !

Il ouvrit la porte de la petite pièce qui donnait dans le corridor, jadis destinée aux travaux d'aiguille, à présent tenant lieu de salle de classe, où M. Burnham faisait réciter à Jimmie Bunkins et Annie leurs leçons. Bunkins, en fait, s'y trouvait déjà, et il leva le nez de l'ouvrage qu'il tenait en main, à l'évidence surpris par l'intrusion.

— Il y a un cabinet de toilette derrière cette autre porte, poursuivit M. Burnham, ainsi qu'un miroir de belle taille.

— Un cabinet de toilette ! s'écria Clarissa. Oh, laissez-moi le voir, s'il vous plaît. Tirez-vous la chasse pour le faire fonctionner ?

— Viens-t'en, dit Annie. Je vais te montrer comment ça marche.

Bien que cette dernière ne pût deviner la nature précise de l'embarras de M. Burnham, je la soupçonnai d'avoir compris que quelque chose clochait et qu'il voulait gagner du temps. (Cela semblait manifeste, même pour moi.)

Annie saisit Clarissa par le bras et l'entraîna prestement, pour lui faire franchir la porte qu'on leur avait désignée.

Sourcils froncés, lady Fielding se tenait au milieu de la pièce. La curiosité qu'elle avait pu nourrir à l'endroit de M. Burnham semblait désormais avoir cédé la place à la suspicion.

Je m'avançai à mon tour, songeant à saluer mon ami Bunkins, quand je sentis quelqu'un me retenir dans mon élan. Je regardai alentour et constatai que M. Burnham me grippait fermement à l'épaule. Il se pencha alors pour me glisser, non sans gravité, à l'oreille :

— Jeremy, monte sur-le-champ à l'étage... deuxième porte à droite. Tu verras bien ce qu'il faut faire.

À ces mots, il me flanqua une grande claque dans le dos et me laissa partir. Je trottinai vers l'escalier, puis gravis les marches deux par deux. Je me sentais comme contraint par l'extrême urgence des propos du précepteur.

Toutefois mon esprit s'avéra plus véloce que mes jambes. De toute évidence, on avait déplacé sir John. Je l'avais quitté la veille au soir, alors qu'il était allongé sur le sofa de cette même petite pièce du dessous. Et cela ne faisait aucun doute qu'on l'avait emmené dans celle se trouvant derrière la seconde porte à main droite. Mais qu'étais-je censé voir, afin *d'agir* ? Qu'est-ce qui pouvait bien clocher chez sir John ? Lorsque je l'avais laissé, il paraissait pouvoir résister à tous les effets secondaires de la blessure par balle. Fort de son art de la médecine, M. Donnelly était certes capable de traiter une telle plaie. N'avait-il point déclaré en avoir soigné des centaines du même acabit, dans sa période d'activité au sein de la marine royale ? (Mais peut-être aurais-je dû lui demander combien avaient survécu à ses soins.)

L'esprit ainsi préoccupé, je me rendis compte que j'avais dépassé la fameuse porte et allais atteindre la troisième. À dire vrai, j'allais même y frapper quand je compris ma méprise. En toute hâte, je revins sur mes pas, et, me dispensant de toute formalité, je ne me donnai pas la peine de frapper mais ouvris l'huis en grand et fis irruption dans la pièce.

Je n'exagérerai guère, cher lecteur, si je vous dis que je n'avais jusque-là — ni ne l'ai fait depuis lors — vécu pareil moment de stupéfaction. Car dans le lit, qui occupait une grande partie de l'espace de cette modeste chambre, je trouvai sir John confortablement installé sous un édredon ; il se reposait ainsi que quiconque pouvait l'espérer. Certes, je m'y attendais. Mais à son côté, dormant tout autant du sommeil du juste, se trouvait une femme, jeune et avenante. Je la reconnus en réalité ; elle s'appelait Nancy Plummer et officiait comme hôtesse dans l'établissement de jeu de M. Bilbo. À l'instar de certains autres employés de ce dernier, elle avait élu domicile à la résidence Bilbo. Je la savais d'un commerce plaisant et serviable. J'espérai de tout cœur qu'elle se montrerait assez plaisante et serviable pour comprendre pourquoi je devais la déloger de la couche et l'emmener n'importe où mais ailleurs... ne fût-ce que le temps de la visite de lady Fielding.

Je tendis la main et la secouai vivement par l'épaule. (Je notai que celle-ci était nue et cela ne me dit rien qui vaille.) Elle réagit en se détournant de moi, pour se rapprocher encore davantage de sir John. Il ne pouvait certes en être ainsi, me dis-je.

— Nancy ! m'écriai-je en la hochant une nouvelle fois. Vous devez vous réveiller et filer aussitôt hors du lit.

Mais j'étais trop timoré et ma voix ne portait pas assez. J'aurais dû lui beugler à l'oreille afin d'avoir la moindre chance de la réveiller. Je lorgnai la porte d'un œil inquiet, de crainte qu'elle ne s'ouvrît et qu'on ne m'entendît au rez-de-chaussée. Mais elle demeurait bien close et j'avais tout loisir d'aboyer à la face de l'endormie.

— *Réveillez-vous ! Réveillez-vous ! Réveillez-vous !*

Elle s'y refusait complètement. Elle se borna à grogner un peu, renifler, et toussoter. Que faire ? Je la secouai derechef, toujours sans succès. À mesure que les minutes s'écoulaient, la situation ne faisait qu'empirer, semblait-il.

À cet instant, la porte s'ouvrit et Jimmie Bunkins se rua dans la chambre. Il paraissait aussi agité que moi, encore que pas aussi pitoyable.

— Je ne puis la réveiller, lui dis-je. M'est avis que rien n'y fait.

— Ne jamais céder aux circonstances, répondit Bunkins. C'est ce que M. Burnham dit toujours. Je suis ici pour te prêter main-forte, l'ami. Nancy a toujours été grosse dormeuse.

— J'ai eu l'occasion de le constater.

— Je viens aussi te prévenir que M. Burnham ne peut pas les retenir plus longtemps. Elles devraient être ici d'une minute à l'autre.

— Qu'allons-nous faire ?

Bunkins prit le temps de réfléchir, puis hocha la tête avec une assurance inopinée que je jugeai fort réconfortante.

— Sortons-la du lit, dit-il. Si l'on arrive à la remettre sur ses pieds, faut bien qu'elle se réveille, non ?

— Nous pouvons essayer, dis-je.

Et nous le fîmes. Bunkins souleva l'édredon et en révéla beaucoup plus que ce à quoi se préparaient mes yeux. Je restai un instant interdit, comme paralysé par l'embarras.

— Qu'est-ce qui t'arrive ? s'enquit Bunkins, saisissant avec vigueur Nancy par les pieds. Attrape-la donc et mettons-nous à l'ouvrage.

— L'attraper ? où cela ?

— Là où bon te semble, mais sortons-la du lit pour la mettre debout.

J'hésitai encore et ne fis qu'éprouver davantage la patience de mon ami.

— Écoute, reprit-il, ne regarde point, si ça te dérange autant. Mais allons-y maintenant, ensemble, toi et moi, Jeremy, *ho... hisse* !

Je la saisis par les aisselles et tirai comme Bunkins lui soulevait les pieds hors du lit pour les poser au sol ; j'empoignai ensuite Nancy par les bras et l'attirai à lui de cette manière. À force de tirer, pousser, soulever, nous parvînmes à la mettre en position verticale, plus ou moins sur ses deux pieds. Bunkins et moi échangeâmes un regard plein d'espoir. Il hocha la tête, je reculai et il m'imita. Mais Nancy ne devait-elle point ouvrir les paupières ? Je l'observai de plus près. Peut-être que celles-ci commençaient à tressaillir tant soit peu. Tout à coup, je sentis mon cœur battre la chamade. Pourtant, juste au moment où nous avions réussi notre entreprise, sembla-t-il, la jeune femme s'effondra sur le lit, d'abord en position assise, puis elle dégringola de côté pour finir à l'horizontale. Sachez, cher lecteur, que pendant tout ce temps elle n'avait pas soufflé mot, pas plus que je ne pourrais prétendre qu'elle eût ouvert les yeux. Le plus surprenant, néanmoins, c'est que sir John lui-même continuait à dormir dans l'intervalle. J'en étais sûr, car alors que nous nous échinions en vain à réveiller Nancy, le magistrat ronflait avec la même vigueur et la même constance qu'un musicien s'initiant à la viole de gambe, à jouer sans cesse les deux mêmes notes. Rrrr... Ssss... Rrrr... Ssss... Rrrr... Ssss...

— J'ai une dernière idée, déclara Bunkins. Si celle-ci ne marche pas, on...

Et comme beaucoup d'autres choses dans la vie, celle-ci sombra dans l'oubli, car, au moment où Jimmie Bunkins s'apprêtait à me confier sa « dernière idée », la porte derrière lui, qui donnait dans le couloir, s'ouvrit en douceur et lady Fielding entra sur la pointe des pieds. Après tout, il s'agissait pour elle de visiter un malade. Sir John serait-il éveillé ? À l'agonie ?

Ni l'un ni l'autre, et elle eut tôt fait de le découvrir. Il dormait comme un bienheureux, avec une femme nue auprès de lui. Lady Fielding y regarda à deux fois ; il lui fallut quelques instants pour comprendre ce qu'elle avait sous les yeux, et ce fut alors qu'elle poussa un cri. C'était, cher lecteur, un hurlement de fond de gorge, l'un de ceux dont on dit qu'ils « réveilleraient les morts ». S'il n'existe aucune preuve qu'un tel miracle fût accompli, il semble probable que ledit hurlement réveilla tous ceux qui dormaient en la demeure du sieur Bilbo.

Sir John rejeta drap, couvertures, et bondit hors du lit, pour apparaître dans son caleçon de lin blanc. Comme il ne pouvait saisir *de visu* la raison du cri ou sa provenance, il beugla une semonce à l'encontre des Espagnols et battit l'air avec un sabre imaginaire. Il me vint plus tard à l'esprit qu'il revivait en songe le siège de Carthagène.

Pour sa part, Nancy réagit à l'inverse. Se découvrant dans le plus simple appareil, elle ramena l'édredon jusque sous son menton. Elle lança des regards rageurs à Bunkins et moi ; nul doute qu'elle soupçonnait le pire. Elle réserva cependant sa plus grande hargne pour lady Fielding, qu'elle jugeait à juste titre fautive de la clabauderie l'ayant réveillée.

— Qui êtes-vous et que faites-vous dans ma chambre à coucher ? demanda-t-elle.

— Qui êtes-vous et que faites-vous nue dans le même lit que mon époux ? contra lady Fielding.

— La manière dont j'dors n'vous r'garde point. Et

qu'est-ce qu'vous voulez dire par « dans l'même lit qu'vot'époux » ? Je suis fort chicaneuse sur les personnes avec qui j'dors et j'suis sûre que je n'dormirais point avec quelqu'un qu'est marié avec vous.

— Fort bien, alors regardez-le et dites-moi s'il satisfait à vos hauts critères de choix.

À ces mots, lady Fielding désigna sir John d'un geste théâtral. (Entre-temps il était sorti de son rêve et paraissait à présent quelque peu abasourdi et désorienté.)

— Kate, prononça-t-il d'une voix faible, est-ce toi que j'entends ? Je... j'ai une terrible migraine.

— Silence, Jack, je te prie, répliqua-t-elle. Nous en causerons plus tard.

Nancy ne put réprimer un rire.

— Ben quoi, c'est l'Curieux, pardi ! Même s'il a l'air sacrément déboussolé, j'n'aurais jamais l'audace de l'détourner du droit ch'min. J'n'essayerais même pas.

— Alors par quel miracle s'est-il retrouvé dans votre lit ?

— Comment que j'le saurais ?

Les deux femmes échangèrent des regards féroces, tandis que s'accroissait le petit groupe formé sur le palier. Au début, ils n'étaient que trois : M. Burnham, Annie et Clarissa. Maintenant, on en dénombrait quatre, voire cinq. Un nouveau venu apparut, vêtu d'une robe de chambre richement brodée, quoique par ailleurs assez débraillé et chiffonné ; sa barbe était emmêlée et ses cheveux (ceux qui lui restaient) se dressaient telles des hallebardes. J'ai nommé le daron de la place, Black Jack Bilbo. Il sembla saisir de quoi il retournait, dès lors qu'il pénétra dans la chambre.

— Ah, lady Fielding, dit-il en jouant les pacificateurs, permettez-moi de vous assurer que Nancy n'est pas à blâmer (puis il lança un coup d'œil furtif et réprobateur à son employée), hormis pour son dévergondage et son irrespect.

— Alors qui l'est, monsieur Bilbo ?

— Je crains que je ne sois le seul à l'être, milady. Voyez-vous, juste après le départ du médecin, votre mari a été parcouru de terribles frissons, à dire vrai. Il tremblait comme une feuille et claquait des dents. M. Burnham, qui est plus instruit que moi, ne savait que faire, n'est-ce pas, monsieur Burnham ?

— Oh, certes non, monsieur, je ne savais pas, confirma le précepteur.

— Mais comme je suis un homme pratique et que je possède un peu d'expérience en la matière, j'ai décidé de le coucher auprès de Nancy Plummer, laquelle dormait alors depuis quelque temps. À présent, sachez que, dès que Nancy dort, elle dort comme nulle autre en ce bas monde. Aussi ne pouvait-elle point s'opposer à ma décision ou déranger sir John. Tout ce qu'elle pouvait faire, c'est lui procurer, à son insu, la chaleur de son corps. Il semble que cela ait eu un effet bénéfique sur lui, en dépit de sa blessure.

— Espérez-vous que je vais croire à une chose pareille ? s'enquit lady Fielding avec certes moins de hardiesse que son ton ne l'indiquait.

Elle s'exprimait avec hésitation, semblant requérir en lui quelque réconfort. Cela ne faisait aucun doute que M. Bilbo l'avait influencée.

— J'espère seulement que vous croyez à la vérité toute simple, à savoir celle que je vous ai confiée. J'ai moi-même été guéri d'un refroidissement mortel et de la même manière par une princesse de la tribu des Siboni.

Un silence s'installa entre eux deux pendant un moment qui parut interminable. Mais alors sir John intervint d'une voix manifestant le regain de sa vigueur d'antan et de son autorité.

— Tout cela est fort bien, monsieur Bilbo, mais qu'avez-vous fait de ma culotte ? Je vais en avoir l'usage pour rentrer chez moi.

Il fallut près d'une heure de préparatifs, avant que sir

John pût effectuer le trajet de retour à Bow Street. On dut non seulement aller quérir sa culotte, mais il avait de surcroît besoin d'une nouvelle chemise, car M. Donnelly avait mise l'ancienne en lambeaux, afin de procéder à l'extraction de la balle dans l'épaule et soigner la plaie. On décida en définitive que la chemise offerte par M. Bilbo ferait l'affaire, quand bien même ses manches s'avéraient bien trop longues. Comme par fierté, sir John arbora son habit maculé de sang, bien que lady Fielding affirmât s'en trouver fort gênée.

Une fois réglé le problème vestimentaire, sir John tint conciliabule en la salle de musique... deux, en l'occurrence. Le premier avec lady Fielding. Bien qu'assis près de la porte, dans l'attente de causer avec le magistrat, je n'entendis rien des propos échangés entre eux. Leur conversation se déroula *mezza voce* pour le bénéfice de leurs seules oreilles. Ainsi installé, je me souvins par hasard du rapport du cambriolage de la veille au soir, rédigé par l'agent Patley et transmis à moi par M. Marsden, juste avant notre départ pour la résidence de M. Bilbo. Je l'extirpai de la poche de mon habit, le lissai sur mon genou (on me l'avait tendu froissé, il l'était encore davantage, après son séjour dans ma poche) et, non sans peine, lus ce qui suit :

J'été an train de marché dans Pal Mal, quant un hindividu é venu de St. James Street pour m'annoncé qu'on avé cambrioler la méson de lord Lili et que c'était l'euvre de Nouards. Je lui ai dis d'allé à Bow Street et d'informé Sir Jon, pendan que je me suis rendu là d'ou y venez. Il a dis qu'il s'appelé Wiyam Woters. J'ai prix la situasion en main à la demeure du lord. J'ai découvers qu'il y avé un mors aussi, mais jé pas notez son non.

À l'évidence, cher lecteur, le sergent Patley ne brillait pas par sa maîtrise de l'orthographe. Après avoir déchiffré le billet, je songeai à M. Marsden qui se plaignait de n'avoir obtenu qu'un seul nom sur le rapport de Patley. Il avait plus de chance que moi, en vérité, car je ne parvenais pas à décrypter le patronyme contenu dans ce supposé compte rendu. Quel pouvait-il être ? William Waters semblait le plus probable, mais il pouvait tout aussi bien s'agir de William Walters, voire encore de William Walker... selon que la mémoire fît défaut à Patley, ou qu'il eût du mal à reproduire un tel nom par écrit. Était-ce important ? Probablement pas. Mais pour ma part, fier de mes lettres comme je l'étais, je me sentis offensé par une semblable ignorance. Après tout, sir John avait stipulé que tous les sergents de ville de la brigade de Bow Street fussent aguerris à l'écriture et au calcul. Lui avait-on fait passer quelque examen ? Nul doute que le brigadier Bailey avait cru Patley sur parole, lorsque ce dernier lui avait affirmé être instruit... et d'une certaine manière, il l'était. J'avais, bien sûr, saisi le sens de son message. J'admis qu'il avait au moins étudié tant soit peu pour en arriver là. La question était de savoir si l'on pouvait ou non l'instruire plus avant. M. Burnham l'accueillerait-il en qualité d'élève ? Patley accepterait-il ?

Sir John et lady Fielding sortirent alors de la salle de musique. Les yeux de cette dernière étaient cernés de rose et brillaient. Elle avait pleuré. Sous le bandeau de soie noire qu'il arborait, je savais que ceux de sir John étaient meurtris ; il ne pouvait verser de larmes, ni même ne l'aurait souhaité. Il serrait la mâchoire et sa bouche s'affaissait de sorte que sa face offrait un aspect sévère.

Je bondis de la chaise où j'étais assis et m'approchai de lui, dans l'espoir de le retenir quelques minutes, afin de m'entretenir avec lui. Mais il m'émerveilla une fois de plus par sa clairvoyance d'aveugle.

— Est-ce toi, Jeremy ?

— Certes oui, sir John. Si vous en avez le temps et la force, j'aimerais vous parler. Cela ne sera pas long.

— Bien sûr, répondit-il.

Puis, se tournant vers lady Fielding :

— Kate, ma chère, va-t'en quérir Clarissa et prépare-toi à prendre congé. Nous rentrons tous ensemble à Bow Street.

Elle acquiesça dans un murmure et, fort accablée, s'en alla dans le couloir, en quête de la jeune personne dont elle avait la charge. Sir John me fit signe de gagner la porte et me prit par le bras.

— Installe-moi dans un siège, dit-il. Je manque d'assurance dans cette pièce. Il semble que je n'arrive pas à m'y diriger.

J'accédai à sa requête et, d'un coup de pied, refermai l'huis derrière nous. Je lui trouvai un fauteuil au rembourrage confortable et en approchai un second de facture plus grossière pour mon propre usage.

— Que veux-tu donc, Jeremy ?

— J'ai deux points à traiter avec vous, monsieur. En premier lieu, je jugerais sage que vous me dictiez une missive destinée à M. Saunders Welch, en lui demandant de prendre à son compte toutes vos affaires, jusqu'à ce que vous soyez à même de recouvrer votre charge. Il aura sans conteste eu vent des événements survenus hier au soir.

— En effet, répondit sir John d'un ton quelque peu distrait.

— Si nous devons le persuader de vous remplacer aujourd'hui, nous devrions peut-être l'en aviser incontinent. Je puis écrire sous votre dictée ici même, monsieur.

Curieusement, il ne dit rien et se borna à demeurer assis là.

— Euh... je ne vois pas comment il pourrait refuser, monsieur.

De nouveau, aucune réaction. Puis :

— Là n'est point la question, mon garçon. M'est avis que quel que soit celui qui m'a tiré dessus, il n'est pas absolument certain que je sois mort ou vivant. Je pense qu'il est d'une importance capitale que je me présente ce jour au tribunal de Bow Street, afin de prouver que je vis encore.

— Mais ne risque-t-il pas de récidiver ?

— De me tirer dessus ? Oh, le danger demeure, je suppose. Mais je pense que c'est hautement improbable. Il n'existe qu'une sortie sur la rue et il y aura des hommes armés alentour.

— M. Fuller ?

— M. Marsden aussi. Je veillerai à ce qu'il porte une paire de pistolets... peut-être que toi aussi, ma foi ? Pardessus tout, Jeremy, il est fondamental de démontrer qu'un magistrat blessé ne va pas cesser, même de façon momentanée, de dispenser la justice à Bow Street.

— À votre guise, alors, sir John.

— Et je ne souhaite rédiger aucune lettre à M. Saunders Welch. À présent, quelle est la seconde affaire dont tu souhaitais deviser ?

— Au sujet de l'enquête d'hier au soir, répondis-je.

— Eh bien, qu'en est-il ?

— Vous désiriez parler à celui qui a signalé le cambriolage et le meurtre à M. Baker.

— Oui, et j'étais plus que déçu que notre agent Patley ne puisse nous le présenter pour interrogatoire. À dire vrai, il ne pouvait même pas fournir le nom de l'individu.

— Alors, il a dû l'apprendre de la bouche du majordome de la résidence Lilley, car il le cite dans le rapport qu'il a remis à M. Marsden.

— Vraiment ? Et quel est-il donc ?

— Waters... ou éventuellement Walters, quelque chose dans cette veine. C'est assez difficile à comprendre.

— Ce Patley écrit d'une piètre main, je présume ?

— On peut le dire, certes, monsieur, mais aimeriez-vous que j'interroge Waters ou Walters, ou quel que soit son patronyme ?

Sir John prit le temps d'y réfléchir.

— Oui. En effet, je le souhaiterais. En toute honnêteté, Jeremy, si je dois siéger au prétoire chaque jour, comme j'ai l'intention de le faire, je suis certain que cela va absorber toute la vigueur que je puis rassembler. Si nous devons poursuivre l'investigation — et nous le devons —, alors je crains que sa conduite ne t'incombe. Je la remets entre tes mains. Tu peux venir solliciter mes conseils... me consulter, si tu le désires. En vérité, j'espère que tu le feras, mais tu auras à accomplir toute la besogne qui consiste à interroger, collecter les faits, et ainsi de suite.

Je ne sus que répondre, tant j'étais transporté par le témoignage de confiance que traduisait ce geste de générosité... toutefois je sentis qu'il me fallait dire quelque chose.

— Je vais tâcher de faire du mieux que je puis pour... bredouillai-je, justifier la créance que vous m'accordez.

— Eh bien, c'est entendu.

— Merci, sir John.

— Veille à ce que tu puisses encore me remercier lorsque tu en auras fini. Mais à présent va-t'en, Jeremy. Rends-toi à la résidence de lord Lilley et flanque-leur une frousse de tous les diables. Parle à tous ceux que tu as besoin d'interroger. Ne sois pas craintif. Montre-toi véhément, s'il le faut, mais ne sois pas craintif.

À ma grande surprise, ce ne fut point le majordome, M. Collier, qui répondit au coup que je portai à l'huis de la demeure Lilley, mais bel et bien le porteur, M. Burley, qui nous avait causé assez longuement de l'homme assassiné. Bien plus surprenante se révéla l'attitude qu'il me témoigna. Je fus accueilli par un froncement de sourcils. Comme je tentais de m'exprimer, il secoua la tête avec sévérité et s'apprêta à me fermer la porte en pleine face. Ce que je n'allais point permettre.

— Ôte ton pied d'l'embrasure, dit-il.

— Vous vous souvenez de moi, non ?

— Oui. T'étais là hier soir avec le magistrat aveugle de Bow Street, qui posait toutes les questions.

— Comme de juste, dis-je. Et comme vous le savez peut-être, on a tiré sur ce même magistrat aveugle de Bow Street, juste en bas de la rue. Il m'a désigné pour poursuivre l'investigation à sa place. Il m'a accordé les pleins pouvoirs.

— Tu parles avec une belle autorité pour quelqu'un d'aussi jeune. Quel âge as-tu ?

— Cela n'a pas la moindre importance, répliquai-je du tac au tac. Tout ce qui était en son pouvoir l'est désormais en le mien.

Peut-être étais-je par trop exalté par ma nouvelle compétence.

— Cette nuit, je puis faire venir céans toute une brigade. Cela vous plairait-il ?

— Bien mieux qu'd'avoir une escouade de soldats dans les jambes.

Je ne comprenais pas.

— Que voulez-vous dire ?

Il soupira et, à contrecœur, ouvrit la porte juste assez pour que je puisse me faufiler à l'intérieur.

— Entre dans l'vestibule, dit-il. J'vais t'expliquer la situation.

Comme je pénétrais, il referma l'huis avec soin et sans bruit derrière moi. Il reprit alors la parole d'un ton à peine plus haut que le chuchotement.

— Lorsque lord Lilley s'en est revenu hier soir, il est passé d'pièce en pièce pour dénombrer ses pertes. On sait quand la colère monte en lui, car c'est l'moment où il d'vient tout calme. Et quand il a fini son tour du propriétaire, milady et lui sont montés aussitôt à l'étage. C't'un homme d'une grande froideur, ma foi. Tôt c'matin, il nous a tous rassemblés, puis v'là qu'il annonce ceux qui sont renvoyés et ceux qui restent.

— Mais sir John a requis que nul domestique ne soit congédié avant qu'il...

— Je sais. J'en ai entendu parler. Mais v'là la réponse de lord Lilley à ton chef. Quant au reste d'entre nous —

ceux qu'il flanque pas au-dehors dans la froidure —, il a dit qu'en aucun cas, on n'devait parler à sir John ou à ses sergents d'ville, ou aider à l'enquête. Alors, tu vois qu'je cours un grand risque en conversant céans avec toi.

— Mais cela n'a aucun sens. Comment sommes-nous censés... ?

— C'est vrai, c'est vrai, je sais. Le maître s'en est allé à la Tour, pour exiger qu'des soldats patrouillent St. James Street. Il dit qu'Bow Street peut plus s'occuper du crime.

— Mais... mais ce n'est pas vrai. Je veux dire, sir John va... enfin... Existe-t-il la moindre chance pour que lord Lilley puisse obtenir gain de cause ?

— J'sais pas, peut-être... Il est duc, non ?

— Mais j'ai absolument besoin de m'entretenir avec au moins un membre de la domesticité qui était évidemment absent lors de notre visite d'hier soir... un certain William Waters.

Le porteur me décocha un regard interdit :

— Il existe personne de c'nom-là ici, dit-il.

— Alors il s'agit peut-être de William Walters.

— Non, navré.

— William Walker ?

Il secoua la tête d'un air assez grave.

— N'y a-t-il donc personne avec un nom qui, même de façon éloignée, ressemblerait à celui-ci ?

— Non, mon garçon, y a pas de William du tout. Et pour c'qui est des noms d'famille avec un « W », on n'a qu'un Wiggins, mais c'est une Elizabeth. C'est la cuisinière.

Il restait planté là, sidéré, et muet de désappointement. Il me sembla utile de faire confirmer tout cela par le majordome. Il s'agissait, après tout, du responsable de la domesticité.

— Pourrais-je parler avec M. Collier ? repris-je.

— J'ai bien peur que non. Il a été chassé. C'est pourquoi j'réponds à la porte. J'suppose que j'vais l'faire jusqu'à ce qu'ils engagent un majordome comme il sied.

— Et Pinkham ?
— Renvoyée.
— Il y en a eu d'autres ?
— Piper et Albertson... filles de cuisine.
— Pour quels motifs ? Ces deux dernières, je veux dire.
— Elles se sont plaintes du renvoi des deux premiers... et lord Lilley a surpris la conversation. Mais à présent, tu dois t'en aller, jeune homme, car j'ai aucune envie d'marcher sur leurs brisées et d'me r'trouver à la rue.
— Je comprends. Et je n'ai plus qu'une seule question, c'est la suivante : Qui donc est allé porter la nouvelle du cambriolage à Bow Street ?
Burley y réfléchit quelques instants.
— Je suis pas tout à fait certain qu'quelqu'un y soit allé, répondit-il. Mais pour t'en assurer, tu d'vras interroger M. Collier là-d'sus.

Je me tenais debout, bras croisés, sourcils froncés, et un pistolet à chaque flanc. J'étais placé en évidence, devant l'entrée publique du tribunal de Bow Street, à l'intérieur même de la salle d'audience. La foule habituelle de spectateurs ne me prêta guère attention, de même qu'à M. Fuller, armé à l'identique, devant l'autre porte ; sir John et M. Marsden faisaient comme si de rien n'était. L'activité du prétoire suivit son cours comme à l'ordinaire.

À mon retour de la résidence Lilley, c'était M. Marsden qui m'avait fait harnacher ainsi et assigné mon poste. Lui, en sa qualité de greffier, était assis à côté du magistrat, un gros pistolet de cavalerie posé avec ostentation sur la table sise devant lui. Ce déploiement d'armes à feu cherchait bien sûr à décourager toute autre atteinte à la vie de sir John. Je doutais pour ma part qu'une nouvelle attaque ait lieu en un endroit aussi public. Il n'y avait après tout aucun visage noir parmi les nombreuses personnes présentes dans le prétoire, et je savais pertinemment que son agresseur de la veille au soir était un Africain.

Quoi qu'il en fût, la séance de sir John s'était déroulée avec une aisance toute routinière, ce jour-là. Aucun coup de feu ne fut tiré et l'on n'assista à aucune perturbation. Le magistrat, quant à lui, condamna un détrousseur à soixante jours de prison, mit à l'amende les deux adversaires d'une échauffourée pour avoir troublé la quiétude de Bedford Street, puis il régla des différends mercantiles entre deux marchands de fruits et légumes de Covent Garden et leur client. Bref, ce fut une journée ordinaire, voire plus tranquille que certaines. Quand bien même, lorsque sir John eut fini d'entendre la dernière affaire, il était visiblement épuisé. Je le vis se lever de son siège et notai alors que son bras gauche, plié au coude, était soutenu par une étroite écharpe de toile. Je détournai le regard et me concentrai sur les derniers spectateurs, lesquels défilaient devant moi pour franchir la porte. Quand je revins vers sir John, j'eus la stupéfaction de le voir s'écrouler sous mes yeux. Par chance, M. Marsden se trouvait à proximité et, en lui tendant la main, réussit à tout le moins à amortir sa chute. Je me précipitai vers eux, dans l'espoir d'être d'un quelconque secours.

— Monsieur Marsden ! m'écriai-je avant d'arriver à leur hauteur. Que se passe-t-il ?

— Que se passe-t-il, en effet ! gémit-il. Je n'ai rien pu faire pour l'empêcher de choir.

Je vis que sir John avait glissé en posture assise, à même le sol, et possédait toute sa connaissance.

— Tout va bien, dit-il, hormis un bref étourdissement. Enfin, quoi, cela peut arriver à tout le monde !...

Grognant et maugréant, il évoquait quelqu'un ayant chu dans l'escalier.

— Mais la vérité, sir John, c'est que cela *vous* est arrivé, répliqua M. Marsden, à l'évidence troublé. Nous devons vous faire surveiller. (Puis, à mon adresse :) Jeremy, va-t'en dire à Fuller de venir sur-le-champ. Puis tu dois courir chercher le médecin... l'Irlandais de Drury Lane.

Je lui obéis et dépêchai M. Fuller dans la salle d'audience, d'où il venait de sortir, puis m'en allai coudes aux corps quérir M. Donnelly. Heureusement, je le trouvai à son cabinet et disposé à suivre le même train que moi, comme nous revenions en toute hâte à Bow Street.

Nous découvrîmes sir John toujours au prétoire, assis dans le fauteuil où il avait présidé la séance de ce jour-là. M. Marsden rôdait non loin. M. Fuller, après avoir apporté son concours dans la mesure de son possible, s'était excusé et préparait sans doute son unique prisonnier (le détrousseur) pour son voyage vers la maison d'arrêt.

— Eh bien, fit M. Donnelly, en portant un regard des plus sévères sur le magistrat, que vous ai-je prescrit hier au soir, avant de quitter la résidence de M. Bilbo ?

— Je n'en ai pas la moindre idée, répondit sir John. J'étais ivre à ce moment-là... comme vous le savez fort bien.

— Jeremy, reprit le praticien en se tournant vers moi, qu'ai-je donc prescrit ?

— De garder le lit, répondis-je avec quelque emphase.

— Exact, admit-il. Et vous voilà payant le prix de votre indiscipline. Mais laissez-moi vous examiner, afin de voir si vous avez commis d'irréparables dommages à votre personne.

Et sans plus attendre, il ouvrit l'habit de sir John, releva sa chemise et écouta le cœur de son patient avec une sorte de cornet auditif, qu'il avait sorti de son sac. Satisfait, il défit le pansement qu'il avait appliqué la veille au soir et examina la blessure proprement dite.

— Vous vous remettez, commenta-t-il.

— Je me remets ? Qu'est-ce à dire ?

— Cela signifie, sir John, que si vous prenez soin de vous, de la manière que je vous ai prescrite, alors vous pouvez fort bien vous rétablir promptement. Sinon, vous risquez de subir de façon chronique les effets de la blessure par balle... sans pour cela mourir, vous comprenez, mais sans jamais vous guérir tout à fait.

Sir John demeura quelques instants silencieux et réfléchit au choix qu'on lui présentait.

— Entendu, déclara-t-il. Je m'en vais là-haut me coucher et, j'espère, pour aller mieux.

— Mais pas avant que je ne change le bandage de cette blessure.

Sir John n'objecta point et M. Donnelly accomplit sa besogne avec son aisance coutumière. Quant à l'ascension à l'étage, lorsque le praticien suggéra de monter le malade dans l'escalier, ce dernier refusa tout net et affirma que moi, Jeremy, le précéderais de la manière habituelle, de même que MM. Marsden et Donnelly le suivraient de près, afin de le retenir, au cas où il tomberait à la renverse.

Nous procédâmes ainsi sans anicroche. La main de sir John cramponna mon épaule avec fermeté et son pas se révéla plus sûr que je ne l'aurais cru. Lorsque j'ouvris la porte de l'office, je trouvai Annie assise à la table, lisant l'ouvrage que M. Burnham lui avait donné ce jour-là. Comme elle vit que sir John m'accompagnait, elle se leva et fut auprès de lui en un clin d'œil.

— Monsieur, dit-elle avec une grande sollicitude, que puis-je faire pour vous ?

— Ah, c'est Annie, n'est-ce pas ? Ils sont sur le point de me mettre au lit... et je dois avouer que je suis fort las. Mais je me demande, chère enfant, si tu pourrais me préparer quelque chose à manger. Je n'ai rien avalé depuis le souper. Un peu de viande froide, du pain et du thé me conviendraient fort bien.

— Préparez-lui du pain, du bouillon, et rien de plus, contra M. Donnelly. Voyons s'il le supporte.

Annie regarda l'un et l'autre d'un air indécis, mais l'instant d'après nous étions déjà dans cette petite volée de marches, puis dans la chambre à coucher que sir John partageait avec lady Kate. Il n'eut alors plus besoin d'aide : la pièce lui était des plus familières. Il s'assit sur le lit et ôta d'abord son soulier droit, puis le gauche.

— Monsieur Marsden et vous, monsieur Donnelly, je crains de ne devoir vous demander de partir, à présent. Jeremy m'apprêtera pour le lit. Je vous sais gré tous les deux de votre considération et de votre secours. Je vous reverrai assez tôt, je n'en doute pas.

Cela prononcé, cher lecteur, avec grande autorité.

Le greffier de la cour et le médecin se dévisagèrent, haussèrent les épaules, et, bredouillant d'humbles adieux, quittèrent la pièce.

Sir John s'assit sur le lit, écouta leurs pas dans l'escalier puis dans la cuisine. Il se tourna dans ma direction et me dit :

— Aide-moi à enlever mon habit et ma culotte, Jeremy, et narre-moi ce que tu as appris à la résidence Lilley.

Je m'exécutai, bien qu'il me peinât de l'informer des actions entreprises par lord Lilley et, par conséquent, de mon incapacité à collecter davantage de renseignements là-bas. Je sentais que j'avais échoué en la matière.

Sir John prit toutefois la nouvelle avec sérénité et, comme il s'installait sous les draps et couvertures, me déclara :

— Ne te tourmente pas à ce sujet. Cela fait belle lune que lord Lilley souhaite voir l'armée jouer un rôle dans le maintien de l'ordre sur la voie publique. Il y aurait peu à y gagner... et quiconque doté d'une once de sens commun le sait. J'aimerais nonobstant que tu tâches de voir si tu peux retrouver le majordome. Je ne sais pas s'il est utile de nous mettre en quête de Pinkham ou des deux autres. Un personnage désobligeant... ce lord Lilley... ne le penses-tu pas ?

— Oh, certes oui, monsieur.

Je ne suis pas certain, à dire vrai, qu'il m'eût entendu, car entre-temps sa tête avait sombré dans l'oreiller, et, comme il achevait ses derniers propos, sa voix s'affaiblissait et les mots se formaient avec peine. Je prononçai son nom avec douceur et n'obtins pour toute réponse que sa profonde respiration cadencée. J'étais ravi de le savoir endormi. Je quittai la chambre en tapinois et croisai Annie dans l'escalier; elle avançait avec précaution et tenait le plateau des aliments que sir John avait sollicités (la viande l'ayant emporté sur le bouillon).

— Est-ce qu'il dort? chuchota-t-elle.

J'acquiesçai d'un hochement de tête.

— Ah, ma foi, dit-elle, je ne peux pas dire que cela me surprend. Descends et nous boirons le thé. Je remiserai le reste. Rien ne sera gâté.

Je suivis sa suggestion et, quelques minutes plus tard, nous nous retrouvions attablés, à siroter le thé préparé pour sir John. Moi-même j'eusse volontiers fait un somme et le breuvage était le bienvenu pour me fortifier, bien qu'une tasse de café eût été encore davantage la bienvenue. Malgré tout, mon esprit se remit à fonctionner comme il sied et, à mesure que mes idées s'éclaircissaient, je me surpris à conter à Annie tout ce que j'avais entendu de Burley, le porteur et majordome *pro tempore*. J'avais, semblait-il, de bonnes raisons de le faire.

— Annie, dis-je, une fois mon récit terminé, sir John souhaite me voir persister et dénicher le maître d'hôtel pour le questionner plus avant.

— Mets-toi en quête de la camériste de la duchesse, répondit-elle. Maintenant qu'elle n'est plus à leur service, il se peut qu'elle ait davantage de choses à dire.

— C'est exactement le problème, vois-tu. Comment vais-je faire pour les chercher? Où vais-je les trouver, à présent qu'on les a chassés? Je me suis dit que tu pourrais peut-être le savoir. Tu as toi-même été au service d'une maison, après tout.

— Je croyais que je l'étais encore, répliqua-t-elle avec un sourire singulier.

— Eh bien... oui, je suppose que tu l'es... et je le suis aussi, bien sûr... mais je veux parler de ceux qui œuvrent dans les grandes demeures. Où vont-ils donc dès lors qu'on les congédie ? Où devrais-je me renseigner ?

À ces mots, elle rejeta la tête en arrière et fixa le plafond, comme dans l'espoir d'y trouver la réponse écrite. Elle garda cette posture et réfléchit vivement pendant de longs instants. Puis elle avala une gorgée de thé, le front toujours plissé, et m'adressa un regard des plus francs.

— Tu devrais te rendre dans tous les hôtels particuliers de St. James Street et demander de leurs nouvelles de porte en porte. Ceux qui sont domestiques là-bas restent en relation. Souviens-toi que j'ai moi-même besogné dans cette rue. Je me rappelle comment cela se passait alors. Mais tu dois les convaincre que tu ne veux aucun mal au majordome... ou à la bonne. Et c'est à ce moment-là qu'ils pourront t'envoyer vers ceux que tu cherches.

Je découvris le majordome, M. Collier, à trois maisons de chez les Lilley, au domicile d'un certain M. Zondervan, riche négociant hollandais de son état. Il n'avait point trouvé de place parmi les domestiques (pas plus qu'il n'était susceptible de le faire), mais ses amis de l'office de M. Zondervan, au sous-sol, s'étaient rassemblés autour de lui pour lui témoigner leur soutien et offrir leur avis quant aux endroits où il pourrait dénicher une nouvelle situation. Cela, je l'avais appris auprès du majordome de la maison, qui me laissa entrer seulement après que je l'eus convaincu que je représentais en réalité sir John Fielding du tribunal de Bow Street, et que ce dernier était fort mécontent que lord Lilley eût fermé sa porte à l'investigation.

— Il avait bien spécifié que lord Lilley ne prenne aucune décision avant la fin de l'enquête, avais-je déclaré au maître d'hôtel de M. Zondervan. Il jugeait M. Collier et Miss Pinkham dénués de toute culpabilité en la matière. Il sentait que les faits les laveraient de tout blâme.

Ce passage, je le concède, était un peu loin de la vérité.

Néanmoins, il me permit d'avoir accès à la demeure, car je conclus en lui demandant de bien vouloir transmettre à M. Collier mon désir de m'entretenir avec lui, dans l'optique où je saurais où il se trouvait.

Le majordome, un homme grand, me regarda attentivement, comme pour jauger de la véracité de mes propos (ce qui, en un sens, correspondait exactement à son attitude). Puis il déclara :

— Tu peux le lui dire toi-même, si tu le souhaites. Par ici, jeune homme.

Comme nous cheminions vers l'escalier de service, il me dit combien j'avais de la chance d'être venu à ce moment-là. Était-ce parce que M. Collier venait d'arriver et ne resterait guère longtemps ? Non, j'étais seulement chanceux, semblait-il, de passer lorsque M. Zondervan (« le maître », ainsi qu'il l'appelait) venait de partir pour un bref séjour sur le Continent.

— Dans le cas contraire, précisa-t-il, il m'aurait été tout à fait impossible de te laisser entrer.

J'en déduisis donc que M. Collier était tout aussi fortuné d'être venu. Il n'offrait toutefois pas l'impression de se considérer ainsi. Au contraire, il parut de prime abord plus agité et plus troublé qu'il ne l'avait été la veille au soir, lorsque sir John l'avait interrogé. Il se tenait assis tout au bout de la longue table de l'office, et pas moins de quatre de ses collègues au service de M. Zondervan l'entouraient. Je repérai à ses côtés une femme d'aspect négligé (sans doute la cuisinière) et un homme vêtu de serge rustique qui jouait avec une grande cravache (sans conteste le cocher), ainsi que deux serviteurs dont je n'aurais su déterminer la charge. M. Collier retenait l'attention de tout ce petit monde, tandis qu'il pestait contre la perfidie... que dis-je !... la déloyauté des employeurs. Pareils propos suscitèrent l'approbation générale de son auditoire. Il prit une profonde inspiration et s'apprêtait à se répandre en de nouvelles injures, lorsque je me débrouillai pour croiser son regard. Il ne dit rien pendant tout le temps qu'il me dévisagea, le front plissé, tout à fait incapable de se rappeler où il m'avait vu.

— Voyons, fit-il, je te connais, pas vrai ?

— Certes oui, monsieur, répondis-je. Lorsque sir John Fielding vous posait des questions hier au soir, je me tenais à ses côtés.

— C'est ma foi vrai, pardi.

— Il m'a dépêché pour vous en poser quelques autres.

M. Collier se tut à nouveau, à l'évidence pour réfléchir à ma requête. Puis, tout à coup, il me rétorqua, cinglant :

— Oh, vraiment ? Eh bien, il n'a guère œuvré pour ma cause auprès de lord Lilley, alors pourquoi devrais-je l'aider, à présent ?

Sa déconfiture personnelle l'aiguillonnait... et le rendait bien plus hardi qu'il ne l'était auparavant. Et le fait de bénéficier d'un public devait de surcroît l'encourager. Ses quatre auditeurs participaient avec ardeur au spectacle. Ils encensèrent à voix basse sa dernière réplique, tandis que je cherchais les paroles idoines pour apaiser son courroux. Une chose était sûre, il me fallait réagir.

— Vous devez savoir qu'il a laissé à l'un des sergents de ville un message destiné à lord Lilley. Il a demandé à ce qu'aucun membre de la domesticité ne soit renvoyé ou puni, repris-je.

— Je sais qu'il *a dit* vouloir formuler une telle requête, mais pourquoi n'est-il point venu ce matin, afin de présenter au maître des arguments en notre faveur ?

— Parce que, mon bon monsieur, l'un des voleurs lui a tiré dessus, ici même, dans St. James Street, lors d'une ignoble attaque. Lui, qui a manqué perdre la vie, est bien plus victime de ces brigands que vous, monsieur, qui n'avez perdu que votre place !

Était-ce ainsi que j'escomptais calmer l'émoi de ce petit homme susceptible ? C'était peu probable, je le crains. Après tout, me rappelai-je, ma visite consistait à poser quelques questions à cet individu et non point à l'admonester. Pourtant, je me souvins aussi qu'en m'envoyant accomplir cette besogne, sir John m'avait instruit de ne pas me montrer craintif — véhément, au besoin, mais pas craintif.

Lorsque M. Collier reprit la parole, la nature de sa réponse me surprit néanmoins par son changement subit de ton et d'humeur.

— Oui, dit-il, eh bien... je... euh... j'en ai entendu parler. Comment va-t-il ? J'espère qu'il...

— Il survivra, dis-je.

— Je suis fort soulagé de l'apprendre.

En regardant alentour, je vis que l'auditoire, qui avait grossi d'un ou deux spectateurs, affichait la même compassion fervente. Leurs visages s'allongeaient, leurs têtes s'étaient baissées. Pourquoi pas ? Ils étaient serviteurs, après tout... à l'instar de M. Collier, en définitive. Si je m'étais exprimé avec brusquerie en raison de mes sentiments envers sir John, alors je m'étais aussi adressé au majordome avec la voix de l'autorité. Et lui, en sa qualité de domestique, réagissait à l'expression de l'autorité.

Je m'avançai d'un pas et me penchai au-dessus de lui d'une manière quelque peu menaçante.

— J'ai des questions à vous poser, déclarai-je à M. Collier. Allez-vous y répondre ?

— Absolument, jeune homme, dans la mesure de mes capacités.

— Fort bien. Aviez-vous parmi la domesticité une personne du nom de William Waters ?

— N... n... nooon, certainement pas.

— William Walters ? William Walker ?

— Rien de la sorte. Personne n'ayant aucun de ces noms n'a été employé au service de lord Lilley.

Puisqu'on m'avait confirmé le renseignement de Burley, je passai à la question suivante :

— En votre qualité de majordome de la résidence de lord Lilley, vous aviez la responsabilité des gens de service. Quand vous avez su que les voleurs étaient partis, qui avez-vous envoyé pour chercher de l'aide ? Pour ramener un agent ? Pour prévenir le magistrat ?

M. Collier me regarda, battit plusieurs fois des paupières et répondit :

— Ma foi, je ne suis pas très sûr.

— Prenez le temps d'y réfléchir.

Ce qu'il fit de manière ostensible, sa face se comprimant en un masque de concentration, les yeux clos pour éviter toute distraction. Il garda cette attitude pendant une minute ou davantage et m'impressionna tout à fait par l'intensité de sa réflexion.

Ce ne fut qu'ensuite qu'il se détendit assez pour déclarer :

— Je n'ai envoyé personne.

— Vous en êtes certain ?

— Eh bien... oui. J'avais reçu un horion si fort à la tête, quand les voleurs avaient franchi la porte, que j'étais incapable de rassembler mes pensées, après leur départ. Ce... c'est sans doute quelqu'un d'autre qui a envoyé chercher du secours.

— Ou quelqu'un qui a décidé d'y aller de son propre chef.

— Oui, ce serait possible, je suppose.

— Monsieur Collier, dis-je, vous avez livré à sir John un compte rendu fort détaillé au sujet de ce qui s'est passé avant l'entrée des brigands... et avec une grande fidélité, j'en suis sûr. Je me demande si vous voudriez bien à présent réfléchir à ce qui s'est déroulé ensuite.

— Ensuite ? Mais... comme je l'ai dit, le coup de porte que j'ai reçu sur la tête m'a quelque peu embrouillé l'esprit, je le crains.

— Je sais, mais j'ai peur qu'il ne vous faille faire un effort.

Il le fit et sans doute dans la mesure de ses capacités. Il narra en premier lieu comment on l'avait traîné dans la demeure, puis fait descendre l'escalier de service, pour le laisser choir sur le plancher de l'office. Ce qui s'était déroulé, en tout cas, lorsqu'il avait repris connaissance. Les domestiques, à l'exception de Pinkham (qui les rejoignit plus tard) et des cochers (qui attendaient lord et lady Lilley à la résidence de l'ambassadeur), étaient tous rassemblés dans la cuisine, où un homme noir, anneau à l'oreille, pistolet au flanc, et coutelas en main, les tenait prisonniers. M. Collier expliqua alors qu'à partir de ce moment-là tout ce qu'il pouvait glaner, au sujet des activités des pillards, lui était parvenu à l'oreille. Il entendit des pas d'autres hommes au-dessus d'eux, comme ils pénétraient par l'arrière de la maison. Combien? Il n'aurait su le dire; peut-être trois en plus de ceux qui avaient franchi la porte d'entrée... voire davantage. Quoi qu'il en fût, les voleurs étaient fort bien organisés, car ils ne s'attardèrent pas. Combien de temps restèrent-ils? Quelques minutes à peine... quinze au pire, encore que dix serait sans doute plus exact.

— Et sur ces entrefaites, intervins-je, à quel moment Pinkham a-t-elle rejoint les autres à l'office?

— Vers la fin seulement, répondit M. Collier. Dans les dernières minutes, je dirais.

— *Combien* de minutes après?

Il sembla prendre ombrage de mes questions insistantes.

— Je possède une montre, mais je ne l'ai point consultée. Je ne puis être plus précis que je l'ai été.

— Nous en resterons donc à *quelques* minutes.

Une idée lui avait traversé l'esprit. C'était manifeste à en croire la vague expression qui, tout à coup, se lisait dans son regard.

— Qu'est-ce donc? m'enquis-je. À quoi pensez-vous, à présent?

— Je pense à présent que je puis peut-être affirmer avec quelque certitude qu'on l'a amenée à l'office tout à fait à la fin, car celui qui s'en est chargé a tenu un conciliabule à voix basse avec celui qui nous avait surveillés.

— Avez-vous idée de la teneur de leurs propos? insistai-je sur ma lancée.

— Oh, certes oui, car c'est alors qu'ils ont choisi Walter Travis pour l'emmener.

— Walter Travis ?

Je savais que ce nom me disait quelque chose, mais...

— L'homme qu'ils ont assassiné.

— Ah oui, dis-je.

Heureusement que sir John n'était point présent pour m'entendre commettre semblable bévue.

— L'a-t-on simplement arraché au groupe et emmené ? Aucune parole n'a été prononcée ?

— Si, nombre de propos ont été tenus. Celui qui a fait descendre Pinkham a proféré une grande menace. Il a annoncé qu'ils s'en allaient et que personne ne devrait les suivre. Et si d'aventure nous agissions ainsi, il abattrait cet individu qui devenait désormais leur otage, comme quiconque les suivrait. À présent, je ne puis le jurer, car tous ces moricauds se ressemblent à mes yeux, mais, au son de sa voix, je dirais que c'était celui-là même qui s'est joué de moi pour que j'ouvre la porte à ses comparses et à lui-même.

— Êtes-vous en train d'affirmer, monsieur Collier, que Walter Travis fut abattu parce que ceux de l'office ont suivi les brigands par l'arrière de la demeure ?

— Non, pas le moins du monde, répondit-il avec une vive certitude, parce que dès qu'ils se sont trouvés au rez-de-chaussée et qu'ils ont franchi la porte de derrière, nous avons entendu la détonation et avons compris que ce pauvre Travis avait été tué. Nous sommes restés un moment à attendre à l'office. Burley, l'autre porteur, était le seul d'entre nous à montrer quelque impatience à se rendre au-dessus. Il s'entendait bien avec Travis. On aurait même pu dire qu'ils étaient amis. J'ai mis en garde Burley, en le retenant jusqu'à ce qu'il n'y ait plus lieu de le faire. Et ensuite, ce fut le premier au rez-de-chaussée. Il a découvert le corps où nous nous attendions à le trouver... là-bas, dans le jardin de derrière.

— Et vous l'y avez vu vous-même ? demandai-je.

— Ma foi, oui, en fin de compte. En premier lieu, j'ai arpenté la maison de pièce en pièce, pour voir ce qu'il manquait. Je dois bien porter au crédit de ces jeunes moricauds qu'ils en ont dérobé beaucoup en fort peu de temps.

— Pour combien ont-ils dérobé ? À combien évalueriez-vous le montant en espèces ?

— Ce serait difficile à dire, mais entre les tableaux, l'argenterie, les vases chinois, et le reste, je devine que cela avoisine des milliers de livres... une dizaine, peut-être. Dieu sait combien valaient les bijoux... peut-être un montant similaire, mais à l'évidence davantage. J'ai dressé une liste pour mon maître... ou plutôt mon ancien maître.

Les auditeurs de M. Collier restaient décontenancés par de telles estimations. On entendit un grognement d'appréciation, un sifflement, tandis que des sourcils se haussaient ici et là.

Il ajouta ensuite :

— Je suppose que c'est parce que j'étais trop occupé à jauger l'étendue des pertes de lord Lilley que j'ai manqué d'envoyer chercher un sergent de ville. Mais, comme par miracle, peu de temps après le départ des cambrioleurs, il s'en trouvait un à la porte. Je présume que tu connais la suite.

Je le présumais aussi, car je n'avais pas encore appris une doctrine prônée par tous les enquêteurs : peu importe le nombre de fois qu'on a pressé le navet, il reste toujours du jus à extraire. Aussi, en supposant que je puisse de nouveau le rencontrer par l'entremise des domestiques de M. Zondervan (« Je vais m'assurer qu'ils sachent toujours où je me trouve »), je pris congé de tout le monde, en remerciant M. Collier pour sa coopération.

Mon attente persévérante porta ses fruits lorsque lady Fielding m'apprit que sir John était enfin réveillé et avait demandé à me voir en rouvrant les paupières. Comme les trois femmes s'affairaient gaiement à l'office, à préparer un plateau de souper pour celui qui n'avait rien avalé depuis douze heures ou plus, je grimpai à la hâte les marches menant à sa chambre, impatient de tout lui relater.

Mais avant que je puisse commencer, il m'interrogea avec précision au sujet de la nourriture :

— T'ont-elles donné la moindre idée du temps que cela nécessiterait ? J'ai grand-faim, vois-tu.

— Non, monsieur, elles n'en ont rien dit. Mais toutes les trois s'en occupaient. Vous ne devriez guère attendre.

— Il n'a pas été question de cette niaiserie de bouillon, n'est-ce pas ?

— Je n'en ai point causé avec elles, monsieur, je sais en tout cas qu'Annie s'est rendue tout exprès chez M. Tolliver, à Covent Garden, pour une côte de bœuf. Je l'ai aperçue par hasard, monsieur, et elle est d'une taille monstrueuse.

Il s'en lécha les babines comme un enfant.

— D'une taille monstrueuse, dis-tu ? Rien ne saurait mieux me satisfaire. Mais presse-toi, mon brave garçon, et dis-moi si tu as réalisé quelque progrès dans l'affaire Lilley. Livre-moi ton compte rendu.

Je me pressai en effet pour le lui livrer. Comme je savais que j'avais moult renseignements à rapporter, j'avais tout agencé pendant son sommeil. Je lui narrai d'abord ma découverte de M. Collier dans la résidence de M. Zondervan, grâce à l'aide d'Annie, puis l'interrogatoire qui avait suivi. Je ne pris pas la peine de répéter questions et réponses durant tout l'exposé, mais préférai confier les détails que je jugeai les plus importants, lors de ma causerie avec le majordome.

Par exemple, ceci :

— M. Collier a estimé la valeur de tout ce qui fut volé à une vingtaine de milliers de livres.

— Tant que cela ? gémit sir John. Dieu du ciel ! Quoi d'autre, encore ?

— Eh bien, ceci, monsieur : à en croire M. Collier et la

souvenance qu'il a du temps passé dans la cuisine avec les autres, à attendre le départ des voleurs, la caméristе de la duchesse, Miss Pinkham, n'a point rejoint ses collègues avant que la maison ne soit mise à sac. Ce n'est qu'à leur départ qu'ils l'ont emmenée à l'office avec le reste du groupe.

— Hum... fit-il, ce n'est pas la version qu'elle a offerte lorsqu'elle nous a parlé, n'est-ce pas ?

— Certes, non, monsieur. Il y a peut-être matière à suspicion.

— Cela se pourrait bien. Continue de la chercher. Nous devons de nouveau lui parler. Qu'as-tu obtenu d'autre ?

— Guère plus de la part de M. Collier qui mérite d'être mentionné. Cependant, j'ai interrogé l'agent Patley, comme il venait prendre son service du soir.

— Et qu'as-tu découvert ?

— Que le prétendu domestique de la résidence de lord Lilley, lequel aurait prévenu le sergent Patley du grand cambriolage, était plus ou moins fictif.

— Plus ou moins ? Qu'est-ce que cela signifie ?

— Cela signifie, monsieur, que si nous pouvons accorder foi au fait que quelqu'un s'est présenté à M. Patley pour lui signaler le brigandage, nous ne connaissons point l'identité de ce quelqu'un. Le nom fourni par l'agent dans le document assez grossier qui prétend être son rapport écrit sur l'affaire ne correspond à aucun membre de la domesticité de la demeure de lord Lilley. De même que M. Collier ne se souvient pas d'avoir envoyé quiconque signaler les méfaits de vol et de meurtre ; il affirme avoir été trop occupé à estimer la valeur marchande des objets dérobés pour songer à faire ce qui devait être fait.

— Et où tout cela nous mène-t-il donc ? s'enquit sir John.

— À une situation assez malcommode, dis-je.

— Et quelle est-elle, Jeremy ?

— Monsieur, j'ai expliqué tout cela à l'agent Patley...

enfin, on pourrait dire que je l'ai mis en présence des faits.

— Pour aboutir à quel résultat ?

— Il a admis avoir inventé le patronyme.

Sir John se dressa dans son lit jusqu'à parvenir à une position presque assise. L'espace d'un instant, il demeura sans voix... mais un instant, à peine, car il beugla ensuite de toutes ses forces :

— *Il a fait quoi ?*

— Comme je vous le dis, monsieur. À la fin, il s'est confondu en excuses, mais au début il insistait sur le fait que cela n'avait guère d'importance, puisque le renseignement fourni se révélait tout à fait exact. « Après tout, un cambriolage avait eu lieu chez les Lilley, pas vrai ? » Tels furent ses propos. Il ne pouvait vraiment pas comprendre pourquoi il vous fallait le nom de celui qui avait signalé le méfait. Mais puisqu'il vous en fallait un, il a supposé que William Waters ferait aussi bien l'affaire que tout autre. En vérité — il l'a admis en dernier lieu —, il n'avait point demandé son nom au porteur du message, mais s'était borné à lui indiquer la direction de Bow Street.

— Crois-tu que nous devons renvoyer cet individu maintenant ou attendre qu'il cause de sérieux préjudices à des tiers ou des biens ?

— Je pense qu'il vaut mieux attendre, sir John, comme vous le penserez aussi, dès lors que vous aurez dompté votre colère. Mais j'ai encore d'autres choses à vous dire.

Il soupira :

— Alors, je t'écoute. Rien ne me sera épargné.

— Fort bien, dis-je. Le mystérieux messager a donc poursuivi sa route, comme nous le savons, pour arriver à Bow Street. Il a frappé à l'huis et M. Baker est venu répondre. L'individu, quel qu'il soit, lui a livré les détails du forfait avec grande diligence et a dit qu'il devait s'en retourner à la résidence Lilley, car on avait besoin de lui là-bas. M. Baker a simplement demandé à son émissaire d'attendre, le temps de quérir papier et plume, pour noter les renseignements importants. Mais l'homme a refusé de rester et s'est enfui à St. James Street, en entraînant avec lui M. Brede en chemin. Et, comme vous le savez, M. Baker...

— Est monté à l'étage pour m'informer des événements, compléta le magistrat.

Il y réfléchit un instant, puis ajouta :

— Aussi je doute que M. Baker soit lui aussi parvenu à obtenir son nom. A-t-on la moindre description de l'individu ?

— Un des rares détails sur lesquels ils s'accordent, c'est que l'homme accusait une stature peu commune. Mais sir John, que MM. Patley ou Baker aient réussi à lui soutirer son nom n'est pas important, selon moi, car il se serait sans doute agi d'un faux, de toute manière.

Soudain conscient de toutes les éventualités, sir John médita à voix haute :

— Je crois pouvoir suivre le cheminement de ta pensée. Il m'était venu à l'esprit, après tout, que si aucun résidant de la demeure des Lilley n'est sorti en quête de secours, seuls les fauteurs de troubles — à savoir les voleurs eux-mêmes — pouvaient avoir porté la nouvelle. La question qui se pose est la suivante : pourquoi auraient-ils souhaité agir de la sorte ? Étaient-ils fiers de leur œuvre au point de vouloir inviter les sergents de ville et le magistrat à l'admirer ? M'est avis que non, Jeremy.

— J'ai une idée, monsieur. En livrant à la police un récit aussi criminel que celui-ci — un brigandage à grande échelle avec meurtre, de surcroît —, ils pouvaient en effet être sûrs qu'on vous manderait. À dire vrai, ils se sont donné beaucoup de peine pour s'en assurer.

À ce moment-là, je marquai une pause, pour ménager mes effets, pris une profonde inspiration et enchaînai :

— Serait-il possible, sir John, que tout ce qui s'est passé chez les Lilley ne soit qu'un piège minutieux qui, une fois posé, était destiné à vous faire venir — vous, en particulier — là même où vous constitueriez une proie facile ?

— Un complot ?

— Quelque chose de cet acabit, oui.

Ce fut alors que lady Katherine entra, apportant le souper du magistrat sur un plateau. Il s'agissait plus que d'un simple repas... un somptueux festin, en réalité.

— Allons, Jeremy, dit-elle, tu lui as suffisamment causé. Je lui ai apporté quelque chose qui devrait éloigner son esprit de ces sinistres affaires judiciaires.

Il me chuchota :

— Nous en deviserons plus tard... demain, peut-être. Mais va-t'en donc, mon garçon. Tu as bien œuvré pour la journée.

CHAPITRE III

Où l'enquête suit son cours
et où une autre demeure
est mise à sac

Le lendemain, je pris de bonne heure le chemin de Covent Garden. Les marchands de fruits et légumes rafraîchissaient leurs réserves, afin qu'elles parussent provenir tout droit des jardins maraîchers. Quelques gaillards ivres sortaient en titubant de la maison de café *Carpenter*, pour achever leur nuit de bamboche en un morne silence ; je passai devant eux, méfiant, comme je traversais la place en diagonale. Le but de ma visite dominait tout le Garden, non point par sa taille ou sa décoration criarde (il n'était ni imposant ni peint de couleurs vives), mais tout bonnement parce qu'il était unique en son genre, à l'inverse du marché de Smithfield.

M. Tolliver était boucher ; il avait transgressé une tradition, et sans doute une ou deux règles tombées dans l'oubli de longue date, en ouvrant son étal dans un coin du plus grand marché aux fruits et légumes de Londres. Il y avait prospéré. Et s'il ne jouissait pas toujours d'une grande popularité auprès de ses voisins commerçants, qui lui enviaient sa clientèle, il demeurait nonobstant fort estimé en tant qu'homme et fort respecté pour la qualité de sa viande par ceux qui se servaient chez lui. Et au chapitre de l'estime et du respect, les résidents du 4 Bow Street comptaient parmi les premiers.

C'était un homme grand, comme le sont tant de ceux qui entrent dans le négoce de la boucherie, de même qu'il possédait une grosse voix, d'une puissance et d'une intensité qui portaient jusqu'à l'autre bout de l'esplanade, comme il en fit montre ce matin-là.

— Bonjour, Jeremy ! s'écria-t-il. Et quel bon vent t'amène si tôt le matin ?

Je lui fis signe en guise de réponse, sachant que ma voix ne portait pas aussi loin. Mais dès que je me jugeai assez près, je lui lançai :

— Je suis venu quérir une autre côte de bœuf !

À ces paroles, les visages affamés des hommes et femmes alentour se retournèrent ; il s'agissait de journaliers du marché aux légumes qui connaissaient pareilles pièces de viande pour en avoir uniquement entendu causer. Ne souhaitant pas attirer sur moi une attention envieuse, la situation m'attrista quelque peu. Je me promis de ne plus rien dire avant d'être parvenu à l'étal. Lorsque ce fut chose faite, je m'exprimai d'une voix à peine plus haute qu'un chuchotis, car sir John constituait le sujet de notre conciliabule.

— Est-ce Annie qui a choisi la dernière ? m'enquis-je. Celui qui l'a mangée l'a grandement appréciée.

— Non, ce fut lady Kate en personne, répondit M. Tolliver. Elle m'a demandé de lui dénicher le morceau et de le couper, comme elle l'a toujours fait dans le passé.

— Alors, je vais faire de même.

À ces mots, il décrocha une pièce de bœuf entière dans son armoire et la flanqua sur le billot. Il prit le temps de l'examiner en la retournant, puis choisit un morceau vers le milieu. D'un œil sûr, il brisa l'os en deux endroits, à l'aide d'un couperet, puis sortit sa scie et commença la découpe.

— Comment va-t-il ? demanda le boucher. Lady Kate a dit qu'il avait chu hier, après son audience au tribunal.

— C'est vrai, mais il semblait s'être bien rétabli, même *avant* de manger votre côte de bœuf.

— Ma foi, rien ne vaut le bœuf pour redonner du sang neuf à un homme. Il a dû en perdre beaucoup.

— Oh, certes oui ! La balle qui a transpercé son épaule devait être d'un calibre quarante ou supérieur.

— Je suppose donc qu'il aura encore besoin de garder le lit. Mieux vaut qu'il ne tienne pas séance tous les jours. Dieu sait ce qui pourrait bien arriver.

— Nous sommes tout à fait d'accord sur ce point, monsieur. J'ai mon idée. Peut-être bien que je *pourrais* le persuader.

— Eh bien, bonne chance dans ton entreprise. Une fois qu'il a pris sa décision, il n'est pas homme à changer d'avis... comme nous le savons tous les deux.

Lorsqu'il eut fini, il brandit la côte :

— Voilà, Jeremy, que dis-tu de ça ?

À mon retour, je constatai qu'Annie avait préparé un plateau pour le déjeuner et s'apprêtait à partir pour sa leçon de lecture chez M. Bilbo.

— Il est réveillé, me confia-t-elle. Je l'ai entendu remuer et tousser, puis il a appelé pour son déjeuner.

— Et que lui as-tu répondu ?

— J'ai dit qu'on le lui apporterait sur place. C'est prêt, maintenant. Tu peux le lui monter à ta guise.

— Merci, Annie. Sauve-toi, à présent.

Et elle prit congé en m'adressant un signe de tête.

Je portai le plateau à la chambre du magistrat et trouvai ce dernier sur son pot, en train de soulager sa vessie au réveil. Lorsqu'il eut fini, il se leva, rabaissa sa chemise de nuit et se laissa choir dans le lit.

— Avez-vous bien dormi, sir John ? questionnai-je.

— Je suppose que oui, répondit-il, assez impatient. Car dans mon état, c'est parfois difficile à dire.

— Oh ? Comment cela, monsieur ?

— Sans la vue, comment peut-on être tout à fait certain de rêver ou d'avoir des pensées conscientes ?

Je ruminai l'idée dans mon esprit, comme je posais le plateau, puis arrangeais les oreillers, afin qu'il pût s'asseoir plus commodément dans le lit.

— Est-ce si complexe de distinguer les deux ? m'enquis-je.

— Ça l'est quelquefois.

J'attendis, dans l'espoir qu'il exposât plus avant cette affirmation (laquelle me plonge encore à ce jour dans la perplexité), mais il n'en fit rien. Je levai donc la petite table et la plaçai devant lui. J'y mis le document que j'avais élaboré et écrit la veille au soir.

— Qu'as-tu donc déposé là ? fit-il en palpant l'objet d'une main suspicieuse. En suis-je donc réduit à me nourrir de papier ?

— Que nenni, monsieur ! répliquai-je en riant malgré moi. Il s'agit d'une lettre rédigée à votre manière. J'aimerais que vous la signiez, monsieur.

— Et seulement après pourrais-je prendre mon déjeuner ?

— Bien sûr que non, sir John. Tenez, je vais disposer le plateau devant vous, à présent... du pain, du beurre, quatre tranches de lard, et du thé.

— Non, attends, me rétorqua-t-il d'un ton assez sec. Suis-je autorisé à connaître le contenu de la missive ?

— Certainement. Il s'agit d'un courrier à l'intention de M. Saunders Welch...

Il m'interrompit :

— Peut-être ferais-tu mieux de m'en faire lecture.

Et je le fis, non sans m'éclaircir la voix avant de commencer :

— « Cher Monsieur Welch. Comme vous l'avez appris, dans l'exercice de mes fonctions, j'ai souffert d'une blessure par balle à l'épaule, voilà deux soirs. Hier à midi, j'ai tenu séance en mon prétoire comme à l'accoutumée, mais le médecin qui me soigne, Gabriel Donnelly, m'a mis en garde contre toute poursuite de mes activités. Aussi je crains qu'il ne me soit nécessaire une fois encore de requérir votre aide. Je vous demande seulement d'entendre les affaires criminelles qui, d'ordinaire, m'incomberaient. En ce qui concerne les autres, je les reporte jusqu'à ce que je sois de nouveau en pleine possession de ma vitalité et puisse reprendre mes fonctions. Veuillez, je vous prie, apposer votre réponse dans l'espace ci-dessous. Je reste votre dévoué... et cetera. »

— Ma foi, dit-il, c'est intéressant, n'est-ce pas? J'avais fait allusion à mon éventuelle difficulté à distinguer l'état de veille de celui de sommeil. Mais il existe toujours des indices qui m'aident à faire la différence. Par exemple, à présent que tu m'as lu cette lettre, je sais que je suis en train de rêver.

— Qu'est-ce à dire, monsieur? Est-ce encore l'une de vos astuces?

— Je rêve, décidément! Car je sais fort bien qu'au cours de mes heures de veille, je t'ai confié hier à peine que je poursuivrais mes audiences au tribunal de Bow Street. Je me souviens de t'avoir expliqué toute l'importance de démontrer à mon assaillant que ce qu'il a fait n'interrompra en aucune manière l'accomplissement de la justice. Je pensais l'avoir assez bien exposé, n'est-ce pas?

— Enfin oui, mais...

— Voyons, je sais, Jeremy, que tu es un garçon bien trop sagace pour oublier le lendemain ce que l'on t'a dit la veille... par conséquent, je dois être en train de rêver! Seul un songe pourrait modifier la situation de façon aussi radicale.

Il se moquait de moi, me prenait pour un niais. À ma manière juvénile, je m'en offensais. Mais j'étais encore plus peiné de voir avec quelle insouciance il traitait sa propre personne. Savait-il combien il était important pour nous tous? Que ferions-nous sans lui? Comment Londres pouvait-il s'en dispenser?

— Oui, dis-je, vous avez tenu ces propos sur le fait de ne point interrompre la dispensation de la justice, puis vous vous êtes rendu en votre prétoire, avez entendu quelques affaires, et vous êtes rondement effondré.

— Je ne me suis *pas* effondré, répliqua-t-il. J'ai simplement souffert d'un étourdissement passager, comme je l'ai alors expliqué.

— Mais pourquoi ne *pas* permettre à M. Welch de prendre vos affaires ? Il est de son devoir d'agir de la sorte. Il aurait dû se présenter hier et vous le proposer.

— Pourquoi pas, en effet ! Je m'en vais te le dire. En premier lieu, il est mauvais juge, piètre magistrat, et il s'en faudrait de peu qu'il se laisse corrompre. Il préférerait mettre un meurtrier à l'amende que libérer un innocent, car il pourrait soutirer de l'argent à ce dernier.

Je ne l'avais jamais entendu parler d'autrui en des termes aussi impitoyables, certes pas d'un juge ou d'un magistrat. Mais il n'en avait point fini :

— Quant à ta dernière remarque, Jeremy, tu as raison... il aurait dû se proposer. Mais il ne l'a *pas* fait, ce qui nous montre quelle sorte d'homme il est. Cela me donne une autre bonne raison de poursuivre mes audiences à Bow Street.

— Et comment donc ?

Entre-temps, nous en étions venus l'un et l'autre à nous aboyer à la face.

— Cela devrait être clair : puisqu'il ne s'est *pas* porté volontaire, il serait fort malséant pour moi de le lui demander. Je ne quémanderai pas à un individu tel que lui.

— Mais... mais... mais... bredouillai-je de rage, alors que tout était dit, en tout cas pour ma part. Entendu, ajoutai-je. Considérez que j'ai retiré la lettre. L'affaire est close.

À ces mots, je m'emparai du plateau et le donnai à sir John.

— Votre déjeuner, dis-je, en lui flanquant les victuailles sous le nez.

— Voudrais-tu me verser mon thé, je te prie ? répondit-il, en apparence aussi imperturbable qu'à mon entrée dans la chambre.

J'acquiesçai en marmonnant et m'exécutai. Dès lors que ce fut fait, j'entrepris de lui beurrer son pain.

— C'était bien écrit, commenta-t-il.

— Pardon ? De quoi parlez-vous ?

— La missive destinée à cet individu, Welch.

— Comment ? Oh... ça... eh bien... merci.

— Mes objections portaient uniquement sur son contenu.

— Oui, bien sûr, je comprends.

— Ma foi, je l'espère. J'espère franchement avoir exposé mes raisons en toute clarté. Mais assieds-toi, veux-tu, Jeremy ?

Je saisis un siège et l'approchai du lit. Comme je m'installais, je notai qu'il avait commencé à manger, une tartine beurrée dans une main, une tranche de lard dans l'autre. J'attendis qu'il eut avalé. Ce fut alors qu'il reprit la parole.

— Tout d'abord, commença-t-il, au sujet de cette hypothèse que tu as émise hier au soir.

— Oui, monsieur ?

— Intéressante, vraiment intéressante, mais je crois que tu n'as qu'en partie raison. Là où tu fais erreur, je pense, c'est lorsque tu suggères que cet énorme brigandage a été prévu et mis en œuvre aux seules fins que je serve de cible. Le butin qu'ils ont dérobé à lord Lilley s'avère par trop considérable pour qu'on le considère comme un simple exercice dans un tel but.

« À mes yeux, cependant, poursuivit-il, il me semble que tu as tout à fait raison pour le reste. C'est-à-dire que peu importe celui qui a préparé ce cambriolage — et il y a quelque chose de familier dans la manière de procéder —, il était sans conteste impatient de l'utiliser pour m'amener là-bas. J'admets que celui qui a signalé le méfait a sans doute été envoyé ici pour faire en sorte que je me déplace. Eh bien, je me suis déplacé, et nous connaissons le résultat. Et je dois de nouveau te demander de monter la garde, pistolets à tes flancs, durant la séance d'aujourd'hui.

— Je le ferai. J'y serai.

— Et qu'avais-tu prévu pour la suite de l'enquête ?

Qu'avais-je prévu, en effet ? J'y avais certes réfléchi... quoique peut-être pas assez, tant je tenais à dissuader sir John de siéger comme à l'ordinaire en son prétoire. Je lui livrai cependant ce qui m'avait traversé l'esprit.

— Eh bien, monsieur, dis-je, deux champs d'investigation me paraissent possibles, mais je crains de ne savoir comment m'y engager... du moins d'un point de vue concret, j'entends. Le premier consisterait à découvrir tout ce que je puis à propos de Walter Travis, l'homme que les brigands ont laissé pour mort. S'il avait un passé criminel, comme le soupçonnait M. Burley, en savoir plus à son sujet permettrait peut-être de nous conduire à ceux qui l'ont assassiné... et nous indiquerait peut-être la raison de leur geste.

— Hypothèse raisonnable, commenta-t-il. J'en causerai à M. Marsden. Bien que Travis soit sans doute un sobriquet, il se peut que Marsden ait eu vent de quelqu'un ayant évité les poursuites judiciaires pour mener une vie de domestique. Pareille fantaisie devrait supposer que la nouvelle circulât dans Bedford Street. Une bonne histoire ne s'oublie pas de sitôt. Oh, et adresse-toi aussi à M. Bailey, ajouta le magistrat. Il a vu l'individu, n'est-ce pas ?

— En effet, monsieur... et je vais agir selon vos conseils. Mais pour ce qui est de mon second champ d'investigation...

— Oui, oh oui, qu'en est-il, Jeremy ?

— Il m'est en outre venu à l'esprit que si nous trouvions le butin, nous pourrions aussi dénicher ceux qui l'avaient dérobé. Mais hormis une visite chez tous les receleurs de Field Lane, je ne sais trop où enquêter, ni auprès de qui.

— Oui, ma foi, pour inspecter Field Lane, il te faudrait quelqu'un qui connaisse les objets volés de vue... le majordome devrait convenir, si tu peux à nouveau le trouver. N'a-t-il point dressé une liste quelconque ?

— Je crois bien.

— Mais en vérité, poursuivit-il, je ne suis pas certain

que tu découvres quoi que ce soit dans Field Lane. Aucun des receleurs installés là-bas ne saurait s'occuper d'une prise aussi énorme... quand bien même ils se rassembleraient tous. Il ne s'agit au mieux que de petites échoppes. Ils ne sauraient que faire des bijoux de lady Lilley, par exemple. Les bijoux sont assez particuliers.

À ces mots, il marqua une longue pause, s'adossa aux oreillers et médita amplement sur le sujet. Ce ne fut qu'ensuite qu'il reprit la parole.

— Cela te surprendra peut-être, Jeremy, mais en ce qui concerne les bijoux, tu ferais mieux de t'entretenir avec M. Moses Martinez.

— Le *comptable* ?

— Ah, certes, il exerce cette profession entre autres... tantôt investisseur, tantôt banquier, voire conseiller financier. Mais avant tout, il est juif, et les Juifs contrôlent en grande partie le négoce des pierres précieuses à Amsterdam. Je ne cherche aucunement à inclure M. Martinez dans le vol, ni même dans le recel des biens dérobés, mais il a des relations là-bas, dans le quartier des diamantaires, et s'il devait effectuer quelques recherches discrètes...

— Je vois. J'agirai donc ainsi, monsieur.

— Quant au reste des biens volés l'autre nuit, pourquoi ne pas te rendre à la maison de café *Lloyd* et te renseigner auprès de M. Humber ?

— Alfred Humber ? Vraiment ? Que pourrait-il bien connaître à ce sujet ?

— M. Humber en sait beaucoup sur de nombreux sujets, répondit le magistrat de manière quelque peu énigmatique. Tente ta chance auprès de lui et vois s'il a la moindre information à offrir. Voilà qui devrait te tenir occupé, hein, mon garçon ?

Je le reconnus volontiers et me levai pour m'en aller.

— Encore un détail, dit-il, en me retenant à son chevet. Es-tu sûr que l'homme qui m'a tiré dessus, là-bas, dans St. James Street, était *noir* ?

— Ma foi, dis-je, un peu décontenancé, aussi sûr que

je puis l'être de la plupart des choses. C'est-à-dire que nous nous trouvions sous un réverbère, et lui non. Et lorsqu'il est apparu, je n'ai pu concentrer toute mon attention, car je tentais de vous écarter du chemin, tout en cherchant à lui tirer dessus. Malgré tout, je conserve une certaine image de lui, et c'est celle d'un homme noir... un Africain.

— Entendu, conclut-il, j'accepte tes dires... il le faut bien. Pourtant je ne vois pas le moins du monde quel homme de couleur j'aurais offensé, au point qu'il veuille m'abattre.

Il soupira, car l'idée le tourmentait réellement.

— Mais sauve-toi, à présent. Viens me faire ton rapport quand tu auras matière à le faire. Et pas avant.

Et ainsi la journée s'écoula assez vite. En quelques minutes à peine, on m'avait attribué moult tâches : un jour de labeur à tout le moins, voire à l'évidence deux ou trois. Cela me plaisait qu'il m'eût confié l'exécution des besognes. Dès qu'Annie s'en revint en milieu de matinée, je partis d'un bon pas vers le bureau de Moses Martinez, dans Leadenhall Street, en pleine Cité de Londres. La seule difficulté que je connus là-bas fut celle que j'avais prévue, dont sir John m'avait plus ou moins averti. J'ai encore bonne souvenance de l'expression incrédule et peinée de M. Martinez, quand je lui annonçai que le magistrat espérait qu'il pouvait m'être utile pour retrouver les joyaux de lady Lilley, dérobés dans la demeure du même nom, l'avant-veille au soir.

— Il ne s'imagine tout de même point que je sois mêlé, de quelque manière que ce soit, à cet abominable cambriolage !

— À dire vrai, non, répondis-je, d'un ton que je souhaitais rassurant. Il fait grand cas de votre amitié et je l'ai moi-même entendu vous décrire auprès d'autrui comme le plus honnête des hommes.

Ce à quoi M. Martinez parut soulagé comme il se doit.

— Fort bien, déclara-t-il. Que pourrais-je faire pour toi ?

— Sir John pensait seulement que, par l'entremise de vos relations avec les gens du négoce des pierres précieuses à Amsterdam, vous seriez en mesure de nous apporter votre aide dans cette affaire.

— Ah, je le puis peut-être, en effet. Quelle est la valeur de ces bijoux ?

— Dans les dix mille livres.

— Vraiment ? Eh bien, alors, ils devraient dans la plupart des cas être revendus à Amsterdam. Accorde-moi quelques jours, jeune homme... le temps nécessaire à mener mon enquête... et j'aurai peut-être quelques renseignements pour toi et ce brave sir John.

À ces mots, je lui fis mes adieux les plus civils et m'en allai au pas de course rejoindre la maison de café *Lloyd*.

Sur place, mon entrevue avec M. Alfred Humber se déroula encore plus rondement. Je le trouvai assis à sa table coutumière de la salle, qui, même à cette heure du jour, était gorgée de fumée de tabac. Ses mains étaient croisées sur sa bedaine proéminente et ses yeux avaient des paupières si lourdes qu'il semblait sommeiller, tel un gros et vieux matou. George, son assistant toujours fidèle, était attablé à son côté ; le jeune garçon de courses issu de la plèbe, que j'avais rencontré la première fois, était certes devenu avec l'âge un jeune assureur onctueux, qui ne témoignait que dédain pour les gars comme moi. Peu importe ; nous nous ignorâmes l'un l'autre, comme je m'asseyais et sollicitais l'attention de M. Humber.

— Eh bien, me dit-il en s'arrachant à sa somnolence, que me veux-tu donc en ce jour, jeune Proctor ?

— Des renseignements, monsieur Humber. Sir John m'a suggéré de venir vous voir à propos d'un vol de grande ampleur, survenu voilà deux soirs. Toutes sortes d'objets précieux ont été dérobés : peintures, argenterie, vaisselle, même des bijoux. On s'interroge toutefois sur l'endroit où l'on pourrait écouler ces biens. Il m'a laissé entendre que vous auriez peut-être votre idée sur la question.

— Vraiment ? Je me demande ce qui lui a mis pareille pensée en tête !

La lumière étincela alors dans ses prunelles assoupies et un sourire étira ses pesantes bajoues.

— Attends, dit-il, j'ai peut-être en effet une ou deux idées à ce sujet... quelque chose dont j'ai bavardé il y a quelque temps avec Jack. Grands dieux, sa mémoire ne lui fait certes pas défaut !

Je me penchai, impatient, désireux de ne point manquer une bribe de ce qui allait suivre.

— Oui, certes, dit-il, mais je crains qu'il ne te faille attendre. Un jour ou deux seront nécessaires pour causer avec tout le monde. Et pour être sûr de mon fait, je dois à tous leur parler. Reviens-t'en demain... ou peut-être dans deux jours, ce serait mieux.

Je soupirai.

— Comme il vous agrée, monsieur.

À ces paroles, je me levai, présentai mes remerciements et pris congé. George daigna alors me gratifier d'un semblant de regard. Je répondis par un sourire méprisant.

Ainsi me débrouillai-je pour rentrer au 4 Bow Street, juste à temps pour me ceindre la taille d'une paire de pistolets et prendre place à la porte de la salle d'audience, comme sir John donnait du marteau et demandait le silence. De nouveau, ce qui suivit se révéla assez peu mouvementé, et je priai le Seigneur pour qu'il en fût ainsi. La séance dura pourtant un peu plus qu'à l'accoutumée ; à la fin, le magistrat, visage blême de fatigue, accusait à l'évidence un certain abattement. Il attendit que le dernier spectateur fût sorti. Je fermai ensuite la porte et y mis la barre, avant d'assister M. Marsden pour aider sir John à se mettre debout. Il se leva avec assez d'aisance et ses jambes ne flageolaient point, mais lorsqu'il gagna l'huis, puis l'escalier, son allure se fit lente et laborieuse. Rejoints sur place par M. Fuller, nous entreprîmes de le faire monter jusqu'au logement du dessus, de la même manière que la veille. J'ouvrais la marche, suivi par le magistrat, une main sur mon épaule, tandis que MM. Marsden et Fuller montaient dans son sillage, prêts à le retenir si d'aventure il chutait.

Nous le menâmes ainsi jusqu'à sa chambre à coucher, où nous le fîmes asseoir sur le lit et l'aidâmes à ôter son habit. D'une ruade, il se débarrassa de ses souliers, puis lança ses jambes sur le lit et, en culotte et gilet, s'installa contre les deux oreillers que je lui avais préparés. Je fis un signe de tête aux deux hommes qui avaient aidé à le coucher et ils se retirèrent en silence. Sur ces entrefaites, Annie apparut.

— Puis-je vous apporter quelque chose, sir John? s'enquit-elle. Quoi que ce soit?

— Annie? Eh bien, oui, mon enfant. Une bonne tasse de thé bien chaud me conviendrait à merveille.

— Je vous l'apporte tout de suite, monsieur.

Tandis qu'elle sortait, sir John se tourna dans la direction où il savait me trouver, puis sollicita mon aide pour ôter ses effets et se glisser sous l'édredon.

— Et je t'en prie, suspends mes vêtements hors de toute vue. Je ne supporterai point un nouveau sermon de M. Donnelly sur le mal que je me fais à oser m'aventurer hors du lit.

— Bien, monsieur, dis-je.

— Et s'il venait à te demander — ou à demander à Annie — si j'ai observé sa règle, tu dois lui assurer que je m'y suis strictement conformé.

— Vous n'espérez tout de même pas que nous allons mentir! répliquai-je, en souhaitant qu'il ne décèle pas dans ma voix le sourire impertinent qu'affichait mon visage.

— Je désire que vous agissiez comme je te le dis, rétorqua-t-il, sévère. Tous les médecins sont des tyrans, et, à ce titre, ils méritent qu'on leur mente.

— À votre guise, sir John.

— Maintenant, file, Jeremy. Et dis à Annie que si elle

ne se hâte pas avec cette tasse de thé, je serai endormi avant qu'elle ne me parvienne.

Je ne répétai rien de la sorte à la cuisinière, car, au moment où j'allais me sauver, elle se trouvait à la porte, avec en main une grande tasse de thé fumante sur une soucoupe. Je lui lançai une œillade qu'elle me rendit par un hochement de tête, et j'étais parti.

Je m'en retournai à la résidence de M. Zondervan, dans St. James Street, en quête de M. Collier, ancien domestique de lord Lilley. Je le trouvai à l'endroit où je me serais le moins attendu à le voir. Le majordome, qui se présenta à moi sous le nom de M. Hill, affirma que M. Collier avait demandé à voir la collection de tableaux de M. Zondervan, et il se tenait dans la pièce sise à l'écart et faisant office de galerie de peintures.

— Il se targue d'être un expert, déclara M. Hill, d'un ton signifiant qu'à l'évidence il ne jugeait certes pas M. Collier comme tel. Si tu veux bien me suivre, je vais te mener à lui.

On me guida dans le long corridor central jusqu'à une pièce en face de l'escalier conduisant à l'office et aux logis des domestiques. Il me surprit alors en exhibant une clé qu'il glissa dans un trou de serrure, juste au-dessus de la poignée de la porte.

— Vous l'avez enfermé à l'intérieur? fis-je, un peu choqué de cette découverte.

— On ferme toujours ici, hormis quand le maître s'y trouve. C'est lui qui en a décidé ainsi.

Puis, ouvrant l'huis en grand, il révéla M. Collier à l'autre bout de la pièce, le dos tourné, en train d'examiner une peinture avec une intensité qu'elle ne semblait guère mériter. Ce n'était rien de plus qu'une scène montrant des paysans qui dansaient... hauts en couleur, certes, mais éparpillés, difficiles à fixer avec l'œil, et d'une piètre composition (au moins en avais-je l'impression). M. Collier se tourna vers nous et nous gratifia d'un signe de tête. M. Hill et moi nous plaçâmes de chaque côté de sa personne, puis prêtâmes nous aussi attention à l'œuvre.

— C'est fort joli, n'est-ce pas? commenta M. Hill d'un air assez désinvolte.

— Splendide, répondit M. Collier. C'est un Bruegel, ajouta-t-il, comme si ceci expliquait cela.

— Il doit être très ancien, renchéris-je.

— Il a plus de cent cinquante ans, précisa M. Collier, mais comment as-tu pu le déterminer?

Il se tourna vers moi, dans l'attente de ma réponse.

— Les gens ne s'habillent plus ainsi.

Il soupira, comme pour signifier sa déception.

— Non, en effet...

J'attendis, comme il continuait de contempler le tableau. Il y en avait d'autres suspendus dans la pièce, dont un grand nombre que je préférais. Je me demandai pourquoi il ne s'y intéressait pas.

Après m'être éclairci la voix à deux reprises pour solliciter son attention, je lui suggérai de m'accompagner à Field Lane, pour faire le tour des prêteurs sur gages, lesquels étaient réputés agir en qualité de receleurs.

— Des receleurs? fit-il. Je ne saisis pas tout à fait le terme.

— Ce sont des individus qui acceptent les biens dérobés, que les voleurs déposent, et ils les revendent au public à moindre prix que leur valeur véritable.

— J'ignorais que pareils endroits existaient. Pourquoi ne les ferme-t-on pas? Pourquoi ne punit-on pas leurs tenanciers?

— La justice les protège, expliquai-je, tant qu'ils peuvent montrer qu'on a dûment rempli une reconnaissance de mise en gage pour les objets volés, et si le boutiquier jure qu'on les lui a présentés comme la propriété personnelle de l'individu qui les dépose en gage.

— Hum... fit-il. La justice est assurément bien étrange.

— Elle peut parfois le sembler, admis-je. Mais si vous m'accompagnez et que vous identifiez le moindre objet comme appartenant à lord Lilley, on pourra les saisir comme des biens volés et les lui rendre. Cela pourrait fort bien l'amener à vous reprendre à son service.

Il se dressa de toute sa hauteur, se haussa du col, et répondit :

— Je n'accepterai point une telle invitation si elle m'était présentée.

— Toutefois, monsieur Collier, vous vous trouvez dans une position unique pour aider dans l'enquête. Puisque vous avez fait l'inventaire et dressé la liste de tout ce qu'on a dérobé, alors vous savez sans doute même mieux que lord Lilley ce qu'il manque.

— Ha ! Et comment ! Il ne connaissait presque rien de ce qu'il possédait. Ce n'était que lorsqu'il avait déboursé une somme exorbitante qu'il prêtait la moindre attention à un objet.

— Eh bien, dans ce cas...

— Harry, dit M. Hill à M. Collier, je crois que ce garçon tente de te dire que tu *dois* l'aider, que cela te plaise ou non.

M. Collier se tourna brusquement vers moi.

— Est-ce vrai ?

— Ma foi...

— Oh, c'est entendu, alors, pourquoi pas ? Cela me fera du bien de sortir un peu, si tant est que toi, Charles, ajouta-t-il explicitement à l'adresse de M. Hill, tu me laisses finir ici une autre fois.

— Demain, je te le promets, répondit M. Hill, d'un ton des plus rassurants.

— Eh bien, assez parlé, jeune homme, me dit M. Collier. Laisse-moi prendre mon chapeau et nous nous mettons en route.

Ainsi, nous nous retrouvâmes peu de temps après dans une voiture de louage, en direction de Field Lane. C'était assez loin pour justifier un trajet en fiacre ; la distance se révélait d'autant plus grande depuis St. James Street, quand on la mesurait en guinées, couronnes et shillings. En quelques miles, nous passâmes du haut du pavé au ruisseau, du luxe à la misère. Lorsque le trajet s'acheva enfin, M. Collier descendit du coche, regarda alentour et tressaillit.

— Est-ce donc ce qui m'attend ? gémit-il.

Ne sachant que répondre, ni même ce qu'il avait voulu dire, je me tus.

À bien des égards, peut-être, l'endroit ressemblait à tout autre quartier misérable de Londres... il n'était pas pire que la plupart. (Les lieux sordides étaient bien plus légions de l'autre côté du fleuve, disait-on.) Malgré tout, le désespoir semblait flotter dans l'air ambiant, aussi nauséabond que l'odeur qui s'élevait de la Fleet, un véritable égout, située non loin. Ceux qui arpentaient la rue, hommes et femmes, marchaient le dos rond et la tête baissée ; même les enfants jouaient avec indolence, sans jamais rire ou hausser la voix. Les quatre commerces de prêt sur gages se répartissaient le long de la ruelle étroite, deux dans la partie est et deux autres à l'ouest. Pourquoi s'étaient-ils ainsi regroupés, je n'en avais nulle idée. Mais ils se trouvaient bel et bien là et nous devions les visiter chacun à tour de rôle, et les fouiller de fond en comble. Nous nous tenions sur Holborn Hill ; j'indiquai la direction et nous nous attelâmes à la tâche qui nous avait menés jusque-là.

Le contenu des échoppes ne me ravit guère, pas plus que les échoppes elles-mêmes, hormis à de rares exceptions, ne suscitèrent mon intérêt. À cette époque, j'avais déjà amené suffisamment de victimes de larcins à Field Lane pour connaître chacun des quatre tenanciers, de même qu'ils me connaissaient de vue. Il n'y avait pas lieu de montrer le mandat que j'avais dans la poche de mon habit. Ils ne disaient rien et se retiraient, pour nous laisser mon compagnon et moi musarder à loisir dans la boutique. M. Collier agit en effet avec minutie. Il parcourut chaque pile d'objets, fouilla le moindre recoin, et inspecta le contenu des tiroirs et casiers. Nul besoin pour moi d'attirer son attention sur le moindre endroit qu'il aurait négligé, car il n'en négligea aucun. Je l'aidai simplement par ma connaissance de l'agencement de chacune des échoppes et en lui indiquant des coins de rangement qu'il n'aurait sinon point soupçonnés.

Nous parcourûmes ainsi les quatre boutiques. Puis nous revînmes à Holborn Hill, où je hélai un fiacre. Comme nous montions à l'intérieur, je dis à M. Collier :

— Il n'y a plus qu'une seule échoppe que j'aimerais vous voir visiter. Elle se trouve sur notre chemin du retour à St. James Street.

— Je n'y vois pas d'inconvénient, répondit-il, bien que j'espère que ce ne sera pas aussi triste que cette rue où tu m'as conduit.

— Bedford Street ! lançai-je au cocher.

— On dit que c'est un endroit dangereux.

— À la nuit tombée, peut-être, mais pas à cette heure.

Il se tut comme nous amorcions notre trajet. Il avait observé le même silence à l'aller.

Notre destination n'était autre, bien entendu, que le commerce ayant appartenu dans le passé à George Bradbury, qui faisait du recel pour les voleurs les plus habiles et les plus notoires de Covent Garden. M. Bradbury mourut pour ses péchés, et sa veuve vendit la boutique de prêt sur gages avec tout son contenu lorsqu'elle émigra aux colonies d'Amérique du Nord. Depuis lors, j'étais peut-être passé deux ou trois fois, pour effectuer le genre de recherches qui m'appelaient plus souvent à Field Lane. Le nouveau propriétaire, un individu du nom de Garland, s'avérait trop honnête, voire trop timide, pour s'engager dans le genre d'entreprise clandestine à laquelle les anciens patrons s'étaient adonnés avec tant de ferveur.

Quoi qu'il en fût, le voyage ne dura guère, et l'on nous déposa au beau milieu de Bedford Street, devant le négoce de M. Garland.

— Nous y sommes, annonçai-je à mon compagnon.

Je descendis et réglai la course au cocher.

— Eh bien, dit M. Collier, comme il sortait à la

lumière et considérait la rue de haut en bas, elle n'a pas l'air si affreuse.

— Ainsi que je vous le disais, c'est une rue semblable à la plupart de celles de Londres jusqu'au crépuscule, puis scélérats et vauriens y arrivent, pour s'approprier les tavernes et les bouges.

Au même moment, un misérable ivrogne franchit avec fracas la porte d'un établissement miteux, voisin de la boutique de prêt sur gages. Le tenancier sortit à son tour et proféra quelques injures à l'endroit du pauvre hère, avant de regagner l'obscurité de l'estaminet.

M. Collier observa le fauteur de troubles tenter en vain de se remettre debout. Il se tourna vers moi :

— Tu dis que c'est pis à la nuit tombée ?

— Oh, bien pis.

Désignant la porte du prêteur sur gages, je guidai mon compagnon vers l'échoppe, puis à l'intérieur. Le tenancier, M. Garland, vint incontinent à notre rencontre.

— Nous aimerions regarder ici et là, dis-je. C'est le magistrat qui m'envoie.

— Je sais qui t'es. J'me souviens d'toi à ta dernière visite, répondit-il.

M. Collier avait déjà commencé son inspection, en regardant les pendules, vases, et autres objets divers placés sur le devant de la boutique.

— Nous allons examiner l'arrière-salle aussi, prévins-je.

— Fort bien, répliqua le patron, en luttant pour contenir sa colère, mais j't'ai dit un jour que j'ne m'engageais pas dans pareil négoce illégal. Pourquoi est-ce que tu n'me croirais pas ?

— En un mot, monsieur Garland, parce que celui qui vous a précédé avait un long passé en la matière. Et sa veuve, à laquelle vous avez acheté l'échoppe, s'est dévouée corps et âme dans de telles transactions. Je puis vous en causer pour en avoir moi-même connaissance.

— Je te demand'rai point d'quoi il s'agit. J'en ai assez

entendu à son sujet... elle a tué son mari, pardi, ou du moins c'est c'qu'on dit. J'l'ai entendu une centaine de fois, à tout l'moins.

Il haussa les épaules et agita la main, comme pour écarter toute remarque :

— Tout c'que j'sais, c'est qu'elle m'a vendu à bon prix la boutique et son contenu. Et c'est bien tout c'que j'ai b'soin d'savoir.

Tandis que nous échangions ces propos, M. Collier passa devant nous pour gagner l'arrière-salle, laquelle contenait — je le savais pour être déjà venu — la plupart des objets portant une preuve de dépôt. Nous lui emboîtâmes le pas. Et je remarquai d'emblée que M. Garland avait fourni de gros efforts pour mettre de l'ordre dans l'invraisemblable fatras qui régnait auparavant dans la vaste pièce du fond. Ce qui facilita beaucoup la besogne de M. Collier. Il inspecta la salle avec la même promptitude qu'à Field Lane. Il s'attarda seulement sur les deux piles de tableaux encadrés, posés contre le mur. Mais il n'y resta pas des heures. Il eut fini aussi vite que j'aurais pu l'espérer. M. Garland était ravi de nous voir partir et ne s'en cacha point.

Il me fallut peu de temps pour persuader M. Collier de poursuivre le chemin à pied. Nous eûmes tôt fait de quitter Bedford Street pour rejoindre le Strand et nous replonger dans la foule qui y grouillait. Si la foule s'y pressait, l'ensemble avait quelque peu meilleure allure et plus suave odeur que ce que nous avions laissé derrière nous. Mon compagnon commenta :

— Ah, dit-il, comme il est bon de retrouver ma portion de ville !

— *Votre* portion de ville, monsieur ?

— Eh bien oui, en effet ! Je ne suis peut-être qu'un humble majordome, mais toutes mes places se sont trouvées dans ces quartiers où tu m'as trouvé... St. James Street, St. James Square, Great Jermyn Street, les meilleures adresses de Londres. Rares sont ceux qui me contrediraient sur ce point.

— Ma foi, nul doute qu'il s'agit là de fort bonnes adresses, monsieur Collier, mais serait-ce bien honnête d'affirmer qu'il s'agit des *vôtres* ? Après tout, monsieur, pour ne prendre que l'exemple le plus évident, lord et lady Lilley réfuteraient sans conteste vos dires.

— Oh, ils n'hésiteraient certes pas !

— Ils diraient qu'il s'agit de *leur* adresse.

— Ah, mais j'y ai vécu aussi et c'est *moi* qui ai dirigé la maison.

— Cela vous donne-t-il le droit de vous l'arroger ?

Il réfléchit à ma question.

— Pas la demeure entière, peut-être.

Il se redressa alors, menton en avant, torse bombé, s'attirant ainsi les regards curieux des passants.

— Mais l'adresse était autant la mienne que celle du duc et de la duchesse.

— Je vous l'accorde volontiers, mais...

— Tu sembles un garçon intelligent, dit-il en m'interrompant. Permets-moi de te dire que je me suis livré à quelque réflexion, depuis qu'on m'a chassé avec tant de froideur de cette demeure de St. James Street. Je crois que je vais t'en faire profiter un peu.

Il se tut un instant, puis enchaîna de plus belle :

— J'exècre celui que j'étais là-bas : bien trop désireux de plaire, craignant toujours d'offenser. Je caressais dans le sens du poil... ou, pour me qualifier de façon moins triviale... disons que j'étais un courtisan, un flagorneur, un...

— Un lèche-bottes ?

— Tout à fait ! Et pourquoi jouais-je un tel rôle ? Eh bien, pour m'insinuer dans les bonnes grâces de mon employeur, pour avoir sa reconnaissance, afin qu'il m'apprécie, me traite comme il sied, me confie de plus grandes responsabilités. Et, posons-nous la question : qui était donc cet individu ? Quelqu'un d'inférieur, hormis dans deux domaines. C'est-à-dire qu'il possédait d'abord un titre et ensuite une grosse fortune, plus importante que ce qu'il n'aurait su dépenser dans toute son existence.

— Je ne saisis pas, dis-je. Puisqu'il avait un titre et jouissait d'une grosse fortune, comment pouvez-vous vous prétendre supérieur à tout autre égard ? Ce n'est peut-être pas juste, mais c'est ainsi que le monde estime la grandeur. Quels sont les autres critères ?

— Eh bien... disons... bredouilla-t-il, le goût, pour commencer. Je crois t'avoir confié, jeune homme, que lord Lilley attachait de la valeur à ses biens uniquement selon l'argent déboursé pour les acquérir. Il n'est certes pas le seul à penser ainsi. Il n'existe pas un duc ou un comte dans le royaume qui puisse se flatter de posséder ne fût-ce qu'une once de goût personnel. Si ce n'étaient les Italiens et les Français en résidence ici à Londres, et, à l'occasion, le commentaire d'un majordome (il ponctua ce passage d'un clin d'œil espiègle), leurs demeures seraient privées de meubles et leurs murs nus. Ils sont tant dépourvus de goût que, livrés à eux-mêmes, ils ne sauraient quoi acheter.

Son interminable rodomontade me plaça quelque peu sur la défensive. Après tout, je savais fort bien que notre logis du 4 Bow Street était dénué de toute ornementation. Nous n'avions pas le moindre tableau au mur, pas la moindre statue, de même que les chambres contenaient des meubles dépareillés, laissés par Henry, le frère de sir John, à son départ pour le Portugal (et après sa mort qui avait suivi). En quoi un aveugle pouvait-il avoir usage de pareils objets ? Et lady Fielding, en dépit de toutes ses prétentions, n'avait que faire des arts décoratifs ou visuels. Bref, nous vivions fort bien sans faire preuve de goût.

— Pourquoi cela serait-il si important ? m'enquis-je d'un ton que je souhaitais volontiers dédaigneux.

Je commençai alors à me mettre en quête d'un endroit où je pourrais aisément me séparer de cet individu plus orgueilleux qu'un paon.

— Important ? Mon cher jeune homme, le bon goût s'avère plus qu'important ! *Le bon goût, c'est tout !*

déclara-t-il, en rimant en français pour l'occasion, avant de me traduire l'adage avec obligeance.

Nous étions parvenus au bout du Strand et à l'entrée de Charing Cross Road, lieu idéal à mon sens pour me débarrasser de M. Collier, sourire aux lèvres, en le gratifiant d'une solide claque dans le dos. J'avais déjà plus ou moins pris congé de lui et même accompli ce geste, lorsqu'il me regarda droit dans les yeux en disant :

— Jeune homme, tu me déçois.

— Navré de l'entendre, monsieur.

— Pas plus que je ne suis navré de le dire. En voyant ton regard vagabonder sur les Vermeer et les Rubens de la galerie de M. Zondervan, je me suis dit : « Voilà un jeune gars qui n'y entend peut-être pas grand-chose, mais que l'on peut sans doute instruire. » Malheureusement...

— Je dois en réalité me sauver, répondis-je, mais vous retrouverez facilement votre chemin à partir d'ici.

— Bien sûr que je le retrouverai. Mais considérons M. Zondervan. Certes, l'homme a du goût, sans l'ombre d'un doute... je serais le dernier à le lui contester. Néanmoins, conserver ces trésors de peinture sous clé, comme il le fait, me semble tout à fait fâcheux. À qui les dissimule-t-il donc ?

— Monsieur Collier, je vous ai remercié pour votre coopération, mais je dois à présent m'en retourner à Bow Street, rétorquai-je avec fermeté. Au revoir.

— Comment ? Oh oui, je suppose. Oui, au revoir.

À ces paroles, je tournai les talons et le laissai là, au milieu de deux files de piétons qui affluaient de part et d'autre de sa personne. Au bout de quelques pas, je me retournai et l'aperçus qui marchait maintenant en agitant les mains, si bien que je fus certain qu'il parlait encore, quand bien même je ne me trouvais plus avec lui pour écouter. Puis la foule l'engloutit ; il avait totalement disparu.

Il devait être sans doute un peu courroucé de son renvoi brutal. Il m'avait irrité, certes, mais plus encore, j'éprouvais de la pitié pour le vieil homme (il devait avoir quarante ans ou davantage).

J'avais grande envie de parler de lui avec quelqu'un. Mais avec qui ? Cela ne semblait pas convenable de causer de lui avec sir John ou lady Katherine. Il m'apparut qu'Annie n'aurait que peu d'intérêt pour l'individu. Ce qui ne me laissait plus que Clarissa. Eh bien, pourquoi pas ? Elle, au moins, verrait tout le drame de la situation. Je me demandai vaguement ce qu'elle aurait à en dire.

Aussi, voyez-vous, cher lecteur, mon premier jour d'investigation s'était-il déroulé promptement, comme je l'ai dit, mais ne fut guère fructueux. En me couchant, ce soir-là, je fis le vœu de mieux réussir le lendemain.

Je ne saurais dire quelle heure il pouvait bien être quand des pas dans l'escalier menant à ma mansarde m'arrachèrent d'un seul coup à un profond sommeil.

— Qui est là ? lançai-je à l'intrus.

— C'est moi, Jeremy.

Je reconnus la voix de lady Fielding. Elle se pencha par la porte entrouverte de ma chambre, silhouette à peine perceptible se détachant dans la pénombre du palier.

Je me dressai dans le lit, pour montrer que je ne dormais plus du tout.

— Qu'est-ce donc ? m'enquis-je. Sir John va-t-il bien ?

— Oh oui, mais l'un des sergents est venu nous prévenir d'un nouveau grand cambriolage. Jack ne saurait s'y rendre, il ne peut pas, tout simplement.

— Je suis d'accord.

— Je ne le réveillerai même pas pour le lui dire. Je crains que tu ne doives y aller et agir à sa place.

— Je serai prêt en un tournemain. Si quiconque attend au-dessous, vous pouvez lui dire que je le rejoins dans quelques minutes.

Et ce fut en effet le cas. Entièrement vêtu, souliers en main, je descendis l'escalier. Devant la chambre à coucher de sir John et lady Fielding, je m'attardai un instant, pour écouter la respiration régulière du magistrat. Milady apparut et murmura :

— Sois prudent, Jeremy.

Puis elle me surprit par le baiser maternel qu'elle déposa sur ma joue. Et je poursuivis mon chemin.

Au-dessous, l'agent Patley en personne m'attendait. M. Baker, pour sa part, se tenait prêt pour moi, avec deux pistolets dans leurs étuis, qu'il entreprit de fixer à ma taille. Tandis qu'il accomplissait cette tâche, il me recommanda d'éviter le plus longtemps possible de tirer et de viser avec soin le buste. Cela me parut de bon conseil. J'espérai seulement que, le cas échéant, j'aurais la présence d'esprit de le suivre. À présent paré au pire, je pouvais m'en aller. Après avoir remercié M. Baker, nous nous mîmes en route dans la nuit.

Le sergent Patley se révéla mon compagnon et mon guide. Comme nous cheminions, il me narra ce qu'il savait du crime. Le brigadier, M. Bailey, partageait sa ronde avec lui, semblait-il, lorsqu'un domestique les accosta encore, lequel provenait cette fois d'une demeure de Little Jermyn Street, qui venait d'être pillée par une bande de Noirs. Y avait-il des blessés ? Certes, un homme était étendu mort, bien qu'on ne l'eût pas, à proprement parler, assassiné. Au cours du cambriolage, l'un des membres de la domesticité avait été saisi d'une attaque quelconque — apoplexie ou arrêt du cœur —, au point de sombrer dans un état dont il ne pouvait réchapper.

Après avoir entendu ce récit, j'énonçai la question que sir John aurait, selon moi, sans doute posée à ma place. À savoir :

— A-t-on mandé le médecin ?

— Oui, répondit M. Patley. Dès qu'Bailey et moi, on est arrivés, il a j'té un œil sur le cadavre, à l'endroit où il gisait, et il a dit au garçon d'écurie d'partir à ch'val quérir le médecin.

— Gabriel Donnelly, dans Drury Lane ?

— J'crois bien qu'c'était le même que l'aut'fois.

Patley s'interrompit, avant de confirmer :

— Oui, c'est bien ça.

Il s'était un peu renfrogné.

— Et vous êtes allé à Bow Street chercher...

— Eh bien, pas *toi* exactement... pas seul, en tout cas. J'ai pensé — et p't'ê't'que M. Bailey y a songé aussi — qu'le magistrat s'rait assez vaillant pour v'nir.

— Mais il ne l'est point, répliquai-je avec une grande assurance. Il m'a dépêché à sa place.

— Tu sais comment procéder à tous ces interrogatoires et ainsi d'suite ?

L'agent paraissait assez dubitatif.

— Oui.

Cela semblait suffire. Je ne ressentais nul besoin de le convaincre de mes qualifications.

Il demeura un long moment silencieux. Nous dûmes traverser un certain nombre de rues, avant qu'il ne reprît la parole. Puis il s'écria de manière fort inopinée, comme s'il avait pris le temps d'y réfléchir, quoique en gardant l'idée par-devers lui :

— J'veux t'poser une question !

— Demandez-moi ce que vous voulez.

— Quel âge as-tu, au juste ?

— Mon âge ? Quelle importance ?

— T'as dit que j'pouvais tout te d'mander.

— Mais je n'ai pas dit que je répondrais.

J'hésitai un instant, puis me ravisai :

— Oh, c'est entendu, dis-je. J'ai dix-sept ans.

— Eh bien, sache pour ta gouverne, monsieur l'magistrat en herbe, que c'est l'âge que j'avais quand j'ai accepté l'shilling du roi [1]. Et j'avais alors une bonne opinion d'ma p'tite personne, comme tu sembles en avoir une bonne de la tienne.

En entendant cela, j'allais contre-attaquer. Toutefois, la curiosité me persuada de tenir ma langue.

— Pourtant, j'étais différent d'toi sur un point,

1. La coutume voulait que chaque nouvelle recrue reçoive alors un shilling le jour de son enrôlement. *(N.d.T.)*

continua-t-il. En c'qui concerne le respect des aînés. J'ai eu tôt fait d'découvrir que si j'avais envie d'survivre à mon engagement, il était important pour moi d'prêter attention aux paroles de ceux qui s'trouvaient dans l'régiment d'puis un certain temps et de n'pas essayer d'leur dire comment *moi* je pensais qu'*ils* devraient agir. J'leur en savais gré.

« Je sais bien qu'tu t'es forgé une mauvaise opinion sur le rapport que j'ai rédigé à propos d'ce premier grand brigandage de St. James Street. Je l'tiens d'ce Marsden, le greffier du magistrat.

Au bout du compte, cher lecteur, je ne pus me retenir plus avant :

— M. Marsden avait aussi une mauvaise opinion en la matière, déclarai-je, et il en eût été de même pour sir John s'il n'avait point souffert de cécité. Ma foi, il n'aurait pu le lire — nul ne l'aurait pu —, pas de la manière dont les mots étaient orthographiés. Vous avez écrit quelque chose d'unique ! On eût dit une toute nouvelle langue. Sans parler de l'absence quasi totale des faits et des détails.

— Eh bien, dit-il, j'm'applique à mieux rédiger ces rapports... avec M. Bailey. Il me montre comment les écrire à la manière dont sir John le souhaite.

— Peut-il vous instruire de la manière de les mieux orthographier ?

La question, je l'avoue en rougissant, se révélait moins destinée à susciter une réponse logique que de l'hostilité. Et celle-ci s'éveilla.

— T'as pas l'intention d'passer outre là-dessus, pas vrai ? Tu s'rais bien capable de m'mépriser pour guère plus qu'une poignée de mots qui sont pas orthographiés à ta convenance. Eh bien, soit, jeune homme, tu découvriras p't'ê't'qu'on juge un homme sur beaucoup d'aut'choses. Je dis pas que je s'rai celui qui t'l'enseignera, mais diable ! j'peux t'garantir qu'un beau jour tu l'apprendras d'quelqu'un, et sans doute d'ici peu.

Je l'avais offensé, certes — et c'était déjà assez grave

—, mais pis encore, j'avais agi à dessein. Tout à coup, j'eus à l'esprit une image distincte de ma personne, à savoir sous la forme d'un jeune chiot arrogant. L'image me consterna et j'aurais bien pu faire amende honorable (ce n'eût été que bienséant) s'il ne m'avait saisi brusquement par le bras pour m'enjoindre de m'arrêter. D'instinct je levai les mains et serrai les poings. S'il fallait en venir là, j'étais prêt à me défendre.

Mais non. M. Patley pointa l'index derrière moi sur la droite.

— Nous y sommes, dit-il. C'est la maison.

Je me tournai et la regardai, en plissant le front. Je connaissais l'endroit et même fort bien. J'y avais porté plus d'une missive et y étais entré à maintes reprises.

— Il s'agit de la demeure Trezavant, n'est-ce pas ?

— Oui, admit-il, c'est c'nom-là.

Je songeai alors qu'il eût assurément mieux valu que sir John se déplaçât, car M. Trezavant officiait en qualité de coroner pour la Cité de Westminster. Cela supposait des considérations politiques, des points de préséance, que je ne me sentais guère compétent à traiter. J'allais cependant m'en occuper du mieux possible.

— Venez, monsieur Patley, dis-je. Faisons ce qui doit être fait.

CHAPITRE IV

Où M. Trezavant profère une accusation des plus effroyables

Ce fut un solide gaillard en bras de chemise qui nous ouvrit l'huis... porteur, sans conteste, ou peut-être valet de pied (je serais encore incapable de les distinguer). En tout cas, il nous invita à entrer avec précaution. Sitôt la porte refermée, je compris la raison de cette mise en garde.

Le corps de l'individu décrit par M. Patley comme ayant succombé à une crise d'apoplexie ou un arrêt du cœur gisait étendu dans l'entrée. Pareille vue me laissa quelque peu interdit.

— Le maître nous a dit de point l'déplacer, jusqu'à que l'docteur l'ait examiné, déclara l'homme robuste.

— Tout à fait, approuvai-je. Je présume donc que le médecin n'est pas encore arrivé ?

— Non, jeune homme, pas encore.

Je m'agenouillai près du cadavre, recouvert d'un linge noir, et sollicitai de la lumière. À l'aide d'une seule chandelle dans un bougeoir, j'inspectai la face du mort et découvris qu'il s'agissait, comme je le craignais, du majordome de M. Trezavant, un vieil homme de nature affable qui ne m'avait témoigné qu'aménité lors de mes fréquentes visites en la demeure.

— Le maître d'hôtel, annonçai-je, bien que ce fût inutile.

— En effet, et c'était un brave homme, avec ça, renchérit celui qui nous avait ouvert. V'là un an ou deux qu'son cœur lui causait des soucis. J'parie que c'est ça qui l'a emporté.

Si c'était bien un arrêt du cœur, il avait dû causer plus de dégâts que je ne l'aurais supposé, car les traits du visage, figés par la mort, trahissaient une expression de douleur intense. Il ne s'était point éteint en paix.

Je me levai et rendis la bougie. Je demandai où se trouvait M. Trezavant. (J'étais assez au fait des règles de convenance en usage dans cette situation pour savoir que je devais en premier lieu m'adresser au maître de céans.) Et l'on me dirigea vers un bureau, où je l'avais toujours rencontré jusque-là. Avant de m'y rendre, je déclarai, d'un ton que j'espérais empreint d'une courtoise autorité :

— Sergent, vous allez sans doute retrouver M. Bailey, à présent. Dites-lui que je suis ici, prêt à causer avec toute personne susceptible d'être interrogée.

— Certainement, répondit-il (réponse convenable, s'il en fut).

Assurant au portefaix (à moins, une fois encore, qu'il ne fût valet de pied) que je connaissais le chemin, je m'engageai dans le corridor, en direction du bureau. Lorsque j'y arrivai, je demeurai un instant derrière l'huis, le temps d'agencer mes pensées, afin de me préparer à ce qui m'attendait.

Je n'étais cependant pas prêt pour ce que je découvris derrière la porte. J'y frappai et l'on m'invita à entrer. La voix avait-elle des sonorités singulières ? La manière de parler ? Peut-être, mais j'ouvris l'huis à la volée et pénétrai à grandes enjambées dans la pièce, impatient de déceler tout ce qui pourrait sensiblement m'aider dans la capture de cette bande d'impitoyables voleurs.

M. Trezavant se tenait à son bureau, comme il semblait l'être toujours, sa taille énorme et sa corpulence gigantesque éclipsant tout à fait le siège où il était assis. Il avait la tête baissée et, en m'approchant, je vis sa mâchoire affaissée et sa bouche béante.

Il était ivre. J'avais vu suffisamment d'hommes — et

de femmes — en proie à l'ébriété dans les rues de Londres pour en reconnaître l'apparence. Lorsqu'il leva les yeux sur moi, ceux-ci témoignaient de l'expression hébétée habituelle. Puis m'apparut la preuve : à peine cachée derrière une pile considérable de registres sur le bureau, je repérai la bouteille de cognac dont il avait avalé le contenu.

Il me porta un regard oblique, sans doute afin de concentrer son attention sur moi.

— Qui es-tu ? questionna-t-il enfin.

— Jeremy Proctor, je suis venu quand...

— Oh oui, je... Je te re... connais, maintenant. Tu.. tu... sir John...

— Oui, monsieur, je suis l'assistant de sir John.

— Où... ss'qu'il est donc ?

— Je crains qu'il n'ait pu venir. Il a été blessé voilà deux soirs, dans l'exercice de ses fonctions. Je suis venu à sa place.

— Toi ? répliqua-t-il en riant. Tu... tu n'es... que... qu'un...

— Un garçon ? Certes, il est vrai, monsieur, mais sir John m'a bien instruit en la matière et, avec votre permission, je vais vous interroger, ainsi que les membres de votre domesticité, afin de collecter des renseignements pour notre enquête.

— Tout ce que je puis te dire...

Et s'établit alors un silence qui parut interminable ; près d'une minute s'écoula, peut-être davantage, pendant que j'attendais. Ma patience se vit en fin de compte récompensée :

— Tout ce que je puis te dire... c'est qu'il s'agissait d'une bande de scélérats noirs et cruels.

— Oui, monsieur, dis-je. Ce sera noté.

Je voyais bien que son témoignage ne me serait guère utile.

— Mais dites-moi, monsieur, Mme Trezavant se trouve-t-elle céans ? Serait-elle disponible pour quelques questions ?

— Mon épouse, répondit-il, se trouve chez elle.

Il semblait avoir l'impression d'avoir tout expliqué.

— Et où est-ce, monsieur ?

— À... à la maison.

— Ici ?

Ma réplique parut quelque peu l'irriter. Il me lança un regard furieux. Était-il fâché de ma question ou envers sa femme, en raison de quelque outrage non expliqué ?

— Non... dans... dans l'Sussex, et elle a pris le... l'attelage de... de quat'chevaux, ce matin.

— Eh bien, merci, monsieur, conclus-je en regagnant la porte. Je ne vous importunerai pas plus avant

— Tu ne m'as pas im... portuné, ce... ce fut un plaisir. T'as... toujours été un... un gars... d'une... d'une grande civilité. Mes... mes respects à sir John... tu peux causer à... à qui bon te semble.

J'avais atteint l'huis. Je tâtonnai dans mon dos en quête de la poignée.

— Je vous en sais gré, monsieur, dis-je.

— Je... j'crois que... qu'j'vais faire un somme.

Et, ce disant, il croisa les bras sur le bureau et y posa sa grosse tête, semblable à celle d'un poupon.

Sans demander mon reste, je quittai la pièce en douceur et rejoignis le couloir. M. Benjamin Bailey m'y attendait et, en sa qualité de brigadier, dirigeait les opérations courantes des sergents de ville. En termes plus clairs, disons qu'il œuvrait tel un sergent-major, sous la houlette de sir John, le colonel. Ce dispositif paraissait le satisfaire.

Il m'attira dans le corridor désert un peu à l'écart du bureau de M. Trezavant, afin que nous puissions deviser en toute liberté.

— As-tu obtenu quoi que ce soit de la bouche du coroner ? s'enquit-il.

— Rien du tout. Il était fort abruti par l'alcool.

— Soûl ?

— Complètement.

Je le regardai alors et mon attente devait sans doute se lire sur mon visage :

— Et les domestiques ? Cela vaut-il la peine de s'entretenir avec eux ?

— Oh, je suppose que oui, répondit-il. Oui, tu devrais causer avec quelques-uns, mais tu vas découvrir que ce cambriolage ressemble en tout point au dernier, hormis un ou deux détails.

— Et quels sont-ils ?

— Tu le découvriras, Jeremy. Il ne sied point que je tire des conclusions à ta place.

Je soupirai. Même mon vieil ami, M. Bailey, avait l'intention de me mettre à l'épreuve, semblait-il. Ah, ma foi, je n'aurais guère pu m'attendre à l'inverse.

— Montrez-moi le chemin, repris-je. Trouvez-moi une pièce et amenez-les-moi à tour de rôle.

J'étais prêt à relever le défi.

Le premier détail qui distinguait ce brigandage du précédent résidait dans la question cruciale de l'accès à la demeure. C'était un individu, à l'évidence un Noir, qui avait convaincu par duperie M. Collier d'ouvrir la porte, en livrant le triste récit d'un accident d'attelage... et, qui plus est, avec le ton et le style d'un natif de Londres ; aucune inflexion africaine, pas même l'accent monotone et désormais familier des colonies d'Amérique du Nord.

Mais là, en la résidence de M. Trezavant, le maître d'hôtel ne sut nous rapporter les propos échangés, de quelle façon ni pour quelle raison il fut décidé d'ouvrir la porte. Il s'avéra qu'un témoin avait assisté à la scène... et lui put nous la raconter.

M. Bailey m'amena un dénommé John Mossman, lequel n'était autre, en réalité, que celui-là même qui nous avait accueillis, M. Patley et moi. Il déclara que le majordome, du nom d'Arthur Robb, et lui-même conversaient alors dans le couloir de ce qu'ils comptaient faire de leur maître. Je l'interrompis aussitôt et lui demandai ce que cela signifiait. Qu'était-il nécessaire de « faire », au juste, avec M. Trezavant ?

— Eh bien, vu la tournure des événements, jeune

homme, répondit le porteur. L'maître avait bu une bonne partie d'la journée, et il avait r'mis ça après l'souper. Il s'était affalé à son bureau... comme qui dirait qu'il avait perdu connaissance, pardi. Alors Arthur et moi, on s'demandait juste comment qu'on pourrait l'am'ner dans son lit à l'étage ; faut dire qu'le maître est très gros et tout ça.

Il poursuivit en m'expliquant qu'il était l'unique porteur de la domesticité et les seuls qui auraient pu lui prêter main-forte, comme les valets de pied et le cocher, avaient accompagné Mme Trezavant à la demeure de campagne, dans le Sussex, et ils ne s'en reviendraient pas avant le lendemain. Arthur se révélait trop vieux et trop frêle pour porter un fardeau aussi imposant. Tout cela n'était certes pas dénué d'intérêt et s'avérerait sans doute pertinent par la suite, mais je pressai M. Mossman de continuer son récit, afin d'apprendre comment les brigands avaient eu accès à la maison.

— On s'trouvait un peu à l'écart dans l'couloir, dit-il, mais on a entendu tous les deux distinctement qu'on frappait à l'huis. C'était fort et, comme qui dirait, violent. Alors, on s'est précipités sur la porte, et Arthur a crié : « Qui est là ? »... car c'était tard et plus l'heure où qu'c'est qu'on peut ouvrir au premier qui frappe. En réponse, v'là qu'on entend comme une plainte terrible, un cri au s'cours, et c'était une voix d'femme.

— Une voix de femme ? m'exclamai-je. Vous en êtes sûr ?

— Aussi sûr que j'suis là d'vant toi. Elle a dit qu'on l'avait attaquée dans St. James Street, qui s'trouve à quelques pas d'ici, et qu'on l'avait pourchassée. Oh, pour sûr qu'elle avait l'air épouvanté. Alors, Arthur et moi, on s'est r'gardés. Tout c'que j'ai pu faire, c'est de hausser les épaules, en disant qu'c'était à lui d'décider, ma foi. Mais Arthur, il a pas réfléchi longtemps. Il s'en serait voulu d'laisser une pauvre âme tambouriner sur not'perron, alors il s'est mis à tirer les verrous. Dès qu'il a eu fini, il a ouvert la porte... il l'avait à peine entrebâillée que v'là qu'on la pousse à toute volée. Arthur l'a r'çue d'plein fouet à la tête, mais j'étais derrière et j'me suis débrouillé pour m'écarter du ch'min. Alors tout d'un coup, quat'hommes noirs se ruent dans l'entrée, pistolets et couteaux dans les mains, et l'pauv'Arthur qui tournicotait sur lui-même en s'tenant la caboche où qu'c'est qu'il avait r'çu l'coup. En un clin d'œil, le v'là qui s'cramponne le cœur et plus la tête, cette fois, et il a dégringolé tout bonnement là-bas, près d'la porte, où qu'c'est que tu l'as vu. J'ai même pas pu amortir sa chute, car un des moricauds avait mis son pistolet sur ma figure.

— Avez-vous eu le temps de voir la femme qui avait frappé ?

Il y réfléchit un instant, comme pour la première fois.

— Non, j'peux point dire que oui. Ils m'ont brimbalé bien trop vite jusqu'à l'office, au sous-sol.

— Se pourrait-il que la voix de femme que vous avez perçue ait été imitée par un homme ?

— Tu veux dire qu'il aurait transformé sa voix comme si c'était une femme qui causait ? Non, j'pense pas. J'vois pas comment qu'ça aurait pu être un homme.

À l'exception de l'heure exacte de l'agression (« Peu après dix heures, dit-il, mais pas encore à la demie »), le portefaix et moi en avions fini. M. Bailey amena dans la pièce (un réduit, tout au plus, sous l'escalier, devant la cuisine) l'une des bonnes, une sorte d'aide de la femme de chambre attitrée de Mme Trezavant. Elle s'était peu ou prou portée volontaire, selon le brigadier, car elle souhaitait éclaircir certains points... du moins l'affirmait-elle.

— Que voulez-vous tirer au clair ?

Je jugeai probable qu'elle tînt à être interrogée simplement sur son sujet de préoccupation. J'étais par conséquent déterminé à passer le moins de temps possible en sa présence.

— J'souhaite qu'ce soit clair que c'est point moi qu'a

prév'nu les voleurs pour c'qui est arrivé aux bijoux d'milady, déclara-t-elle.

Une fille hardie, guère plus âgée que moi, séduisante par son côté effronté.

— Si ce n'est pas vous, répliquai-je, dans l'espoir de préciser plus avant, alors qui est-ce ? Ils ont disparu, je présume.

— C'est personne, décréta-t-elle avec conviction. Ils ont disparu, mais on les a jamais volés.

— Alors qui les détient ?

— Mme Trezavant, pardi. Je l'ai vue les prend'avec elle quand elle est partie pour la campagne. Sa bonne a rangé ses robes et ses effets dans les bagages, mais elle a pris le coffret à bijoux toute seule. Je l'ai vue l'faire d'mes propres yeux.

C'était plus intéressant que je ne l'aurais imaginé de prime abord. Je me demandai où cela nous mènerait, si je poussais davantage l'interrogatoire.

— M. Trezavant n'a-t-il pas vu le coffret à bijoux dans les mains de sa femme lorsqu'il lui a fait ses adieux ?

— Il a jamais dit au r'voir. Il est resté là où il était à bouder. Faut dire qu'ils avaient eu une terrible querelle dans la matinée et qu'elle est partie peu d'temps après.

— Sur quoi portait la dispute ?

— Sur l'argent... c'est toujours ainsi entre eux. J'devrais sans doute point l'dire, mais vous l'entendrez d'la bouche d'un ou d'l'aut' des domestiques, pour sûr.

— Reprochait-elle à M. Trezavant de ne lui point donner assez d'argent pour diriger la maison ?

(J'improvisais, cher lecteur. Je savais depuis peu qu'il en allait ainsi dans nombre de couples.)

— Oh non, répondit-elle, fort amusée de mon erreur. Elle est plus riche qu'il l'est... ou du moins sa famille à elle. Elle a d'l'argent... des loyers et tout ça... qu'il peut pas toucher, et ça l'rend fou, pardi. Il veut qu'son beau-père lui fasse un gros prêt, mais pas question pour elle de l'quémander, comme lui l'voudrait.

— Elle a donc pris les bijoux avec elle, méditai-je à haute voix. Voyons, pourquoi a-t-elle agi ainsi?

— Sans doute de peur qu'il les vende ou qu'il les donne en gage. Elle lui fait pas confiance, et j'peux pas dire que j'l'en blâme.

— Vous ne semblez guère l'aimer, commentai-je.

— Qui l'aimerait, quand on pense qu'il a donné mon nom aux brigands?

— Et que voulez-vous dire par là?

— J'veux dire que lorsqu'ils ont commencé à lui d'mander sous la menace où c'qu'étaient les bijoux, il leur a dit qu'il savait point, mais moi oui.

— C'était peu galant de sa part, n'est-ce pas?

— Et comment!

— Comment vous êtes-vous débrouillée pour les convaincre que les bijoux avaient disparu de la demeure?

— Ça n'a pas été facile, dit-elle. D'abord, ils m'ont flanqué un couteau sous l'nez et ont m'nacé d'me l'trancher.

Je me souvins que Miss Pinkham avait subi la même menace, dans la résidence Lilley.

— R'gardez donc! Juste ici, on voit bien qu'ils m'ont fait une entaille.

Elle pencha la tête en arrière et désigna du doigt une croûte ensanglantée qui s'était formée à la pointe d'une de ses narines. Ce n'était guère important, néanmoins impressionnant.

— Comment que j'les ai convaincus? poursuivit-elle, comme en écho à ma question. J'leur ai dit la vérité. J'leur ai montré où c'que la maîtresse les cachait et j'ai juré que j'l'avais vue emporter l'coffret avec elle, pour qu'son mari touche pas à c'qu'y avait d'dans.

— Et ils ont consenti à vous croire?

— Fallait bien. C'était la vérité.

Elle se ravisa ensuite :

— Ma foi, c'était point aussi simple que ça. L'un d'entre eux voulait à tout prix m'couper l'nez là, sur-le-champ. Mais l'aut'a dit : « Non, j'la crois. » Il a dit seul'ment ça et puis il m'a fait un clin d'œil.

Elle sourit à belles dents.

— Un vrai gars d'Southwark. J'l'ai d'viné à sa manière de causer. C'est là d'où c'que j'viens moi-même.

— Vous avez deviné qu'il venait de Southwark ?

— Est-ce que j'viens point d'vous l'dire ?

— Ce n'était pas un Africain, alors ?

— Ma foi, c'était *comme qui dirait* un Africain, j'suppose.

— Comment cela ?

— Je veux dire qu's'il veut s'bagu'nauder avec la face peinte en noire pour r'sembler à un Africain, alors c'est *comme qui dirait* un Africain, non ?

Nul doute qu'elle soupçonnait fort l'un des voleurs, du moins, de ne pas être un vrai Africain, mais un imposteur.

Elle ajouta :

— L'autre... le cruel... il f'sait un peu plus authentique.

Je pris le temps d'y réfléchir, puis lui posai une nouvelle question :

— N'étaient-ils que deux ? M. Mossman a déclaré en avoir vu quatre franchir la porte.

— Oh, ils étaient bien plus qu'ça, une fois tous ensemble. Ils sont passés par la porte de d'vant et par celle de derrière. Pour ma part, j'en ai même vu passer par les f'nêt'. Et ça beuglait à qui mieux mieux, pendant qu'ils décrochaient les tableaux des murs, ou qu'ils emportaient les vases et l'argenterie, même des meubles, pardi ! Ils ont bien besogné... pendant qu'ils étaient là.

— Et combien temps cela a-t-il duré ?

— Oh, dix minutes, guère plus d'un quart d'heure.

— Et ils étaient tous noirs ?

— Ma foi, c'est l'impression qu'ils ont donnée, en tout cas, dit-elle en me décochant une œillade.

— Où vous trouviez-vous au moment où cela s'est déroulé ?

— J'étais à l'étage avec deux d'entre eux. Ils m'ont

fait sortir d'l'office, où c'que j'me trouvais avec le reste des domestiques.

— Et c'est parce que M. Trezavant leur avait déclaré que vous saviez où étaient dissimulés les bijoux, n'est-ce pas ?

— Comme de juste, approuva-t-elle.

Puis, curieusement, elle détourna le visage, ainsi qu'elle l'eût fait pour cacher ses larmes... bien qu'elle n'eût pas jusqu'alors paru sur le point de pleurer.

— Maint'nant, il dit que j'leur ai révélé la cachette et qu'c'était d'mon devoir de pas l'faire... comme si j'avais point risqué mon nez pour lui !

— Oh, il était ivre et nul doute qu'il changera d'avis demain matin, fis-je, assez ému alors pour lui tapoter l'épaule.

— Seulement si la maîtresse s'en revient avec le coffret.

J'avais pris quelques notes durant l'interrogatoire. Comme j'allais remiser mon crayon, je me rendis compte que je n'avais pas encore noté son nom. Je le lui demandai donc.

— Je m'appelle Jenny, répondit-elle en me regardant soudain droit dans les yeux, un sourire séduisant sur les lèvres (et son changement d'humeur me laissa perplexe). J'ai cru que vous alliez jamais le d'mander.

Mais c'était chose faite et, comme on disait souvent en ce temps là : « Autant battre le fer quand il est chaud. »

— Et quel est votre nom de famille, Jenny ?

— Crocker, dit-elle avec une audace non feinte.

— Il se peut que j'aie besoin de vous interroger plus avant.

— Eh bien... soupira-t-elle. Le dimanche est mon jour d'liberté. P't'ê't' que si vous passez en début d'après-midi...

— Ou le matin ?

— J'ai un rendez-vous.

— En début d'après-midi, alors, conclus-je en inclinant la tête. Ce sera tout. Vous pouvez disposer, avec mes remerciements.

Ce qu'elle fit, non sans décocher un dernier sourire par-dessus son épaule, juste en franchissant la porte, tandis que j'attendais patiemment qu'elle disparût. Je songeai à point nommé qu'il me fallait quérir M. Bailey, afin de savoir si quelqu'un d'autre méritait d'être interrogé. J'entendis une porte se fermer et présumai (à juste titre) que Miss Crocker avait quitté l'office. Je sortis du réduit, regardai à la ronde et, ne voyant personne, montai au rez-de-chaussée en quête du brigadier.

La perspective de revoir Miss Crocker ne me déplaisait aucunement et j'étais certain d'avoir assez de questions à poser pour justifier une flânerie en sa compagnie dans le parc. Cependant, c'était surtout son rendez-vous de la *matinée* qui m'intéressait. Qui pourrait-elle bien voir, au juste ? Je méditais sur la question en gravissant les marches. Je n'aurais su dire ce qui suscitait autant ma curiosité... une expression subreptice, singulière et fugace, quelque subtil changement dans son attitude. Bref, nul doute que cela m'intriguait.

Une fois en haut de l'escalier, j'obliquai à l'angle et me retrouvai au bout du long couloir central. De là, à en croire les bavardages et le petit attroupement à l'autre extrémité du corridor, je devinai qu'un événement d'importance venait d'avoir lieu. Je rejoignis prestement le groupe, afin de voir de quoi il retournait.

Je n'étais pas sitôt arrivé à hauteur des spectateurs en bordure que je remarquai qu'ils appartenaient tous à la domesticité, ou du moins fut-ce mon impression. Je repérai ensuite M. Donnelly, au milieu du cercle, à genoux et penché au-dessus d'une silhouette inerte... le majordome, Arthur, bien entendu. Les deux sergents de ville scrutaient le corps par-dessus son épaule, chacun affichant un visage inquiet. M. Donnelly releva alors la tête et son regard se posa incontinent sur moi.

— Jeremy ! s'écria-t-il, en faisant taire les murmures des badauds. Approche-toi.

J'obtempérai en me faufilant entre M. Mossman, le porteur, et une grosse femme qui devait être la cuisinière. Je m'agenouillai en face du médecin et baissai les yeux sur le maître d'hôtel, sans trop savoir à quoi m'attendre.

— Cet homme est vivant, me dit M. Donnelly.

Pourtant il n'en avait pas l'air, selon moi. Ses paupières demeuraient closes et les commissures de ses lèvres étaient rétractées en une grimace que j'avais déjà eu l'occasion d'observer auparavant. En tout point, il ressemblait à celui que j'avais vu plus tôt, à dire vrai.

— Je sais qu'il ne le paraît pas, mais tu dois me croire sur parole. J'ai tenu à plusieurs reprises un miroir en face de sa bouche et, chaque fois, la glace s'est embuée.

— Il ne s'agit donc point d'un arrêt du cœur.

— Non, non, plutôt d'une crise d'apoplexie. Je dois l'emmener à St. Bartholomew. Mais je viens d'apprendre à l'instant que l'attelage des Trezavant se trouve à leur demeure de campagne, dans le Sussex. Pourrais-tu te rendre sans tarder à la demeure de M. Bilbo et demander qu'on nous prête leur voiture, avec cocher, attelage, et le reste ? Explique la situation et dis-leur que sir John leur saura gré de cette faveur.

— Ils n'hésiteront pas, j'en suis sûr.

— Alors, file !

— Comme le vent ! dis-je en bondissant.

Je jouai des coudes pour gagner la porte et, l'instant d'après, me retrouvai dans Little Jermyn Street, en train de courir vers St. James.

À la résidence de M. Bilbo, ils n'hésitèrent point, en effet. Une fois encore, ce fut M. Burnham qui m'ouvrit la porte et, comme l'autre jour, donna l'impression d'être revenu d'une longue promenade. Il me fit entrer et m'amena auprès du cocher et du valet de pied qui jasaient à l'office en buvant du thé. Je leur présentai ma requête, et le cocher se leva en déclarant qu'il leur restait plus d'une heure avant d'aller quérir M. Bilbo.

— Pourquoi ne pas rendre service à un cœur bon ?

— De toute manière, les chevaux ont besoin de se dégourdir.

Sachez donc, cher lecteur, que les montures purent se dégourdir leur content. Ce fut au galop qu'elles transportèrent ce pauvre Arthur à l'hôpital, comme M. Donnelly et moi le maintenions, à mesure que l'attelage nous brimbalait sur les pavés.

Le médecin dut rester à St. Bartholomew afin de discuter du traitement que subirait le patient (peu de chose, en vérité). On me ramena pour ma part à vive allure à Bow Street, et je m'agrippai de toutes mes forces au banc du cocher, où l'on m'avait convié, mais le trajet me plut davantage qu'à l'aller.

Le lendemain matin, après avoir avalé mon déjeuner, je pris le plateau qu'Annie avait préparé pour sir John et le portai à la chambre du magistrat. Je pensais le réveiller avec une bonne tasse de thé chaud, mais, en pénétrant dans la pièce, je le trouvai déjà assis dans le lit. Depuis combien de temps se trouvait-il ainsi ?

— Ah, fit-il, comme je franchissais le seuil, Jeremy, n'est-ce pas ? Entre donc, entre donc. Je t'attendais.

— Oh ? Vous ne dormez plus depuis longtemps ?

— Je n'en ai aucune idée, en fait. Mais, à en croire Kate, il y aurait eu un nouveau cambriolage hier soir, de la même veine que celui qui s'est déroulé chez lord Lilley, et tu as répondu à sa requête pour te rendre là-bas à ma place.

— Exact, monsieur.

Je posai le plateau devant lui et, avec la petite théière d'argile fournie par Annie, m'affairai à remplir la tasse. Je la plaçai entre les mains du magistrat et attendis qu'il en bût une gorgée. Je trouvai ensuite un coin libre sur le plateau, afin qu'il pût y reposer la tasse.

— J'aurais aimé être là, dit-il, car, comme tu le sais, on apprend beaucoup sur le lieu du crime, lorsque la mémoire est encore fraîche. Toutefois, j'ai confiance en toi et tu as de toute manière poursuivi l'investigation, n'est-ce pas ?

— Certes, monsieur. Si vous souhaitez que je vous en relate la progression...

— Non, non, répliqua-t-il, en me faisant taire d'un geste de la main, livre-moi ton rapport quand tu seras prêt uniquement. Il me faut cependant quelques détails au sujet du brigandage d'hier soir. Tout d'abord, qui a été cambriolé ?

— Il s'agit du domicile de M. Trezavant.

— Le coroner ? Dieu du ciel ! Nul doute que mes oreilles vont tinter. Était-il présent ? A-t-il rencontré les voleurs ?

— Oui, monsieur, ce fut le cas et, selon lui, il s'agirait de cruels bandits noirs, ce qui m'a laissé entendre qu'on l'avait torturé d'une façon ou d'une autre. Je n'en ai vu pour autant nulle preuve, et je dois avouer qu'il était fort ivre lorsqu'il me l'a annoncé.

— Il l'était, dis-tu ? À quelles fins l'ont-ils torturé... si tant est qu'ils l'aient fait ?

— Probablement pour le contraindre à révéler où son épouse cachait ses bijoux.

— Elle ne se trouvait point là ?

— Non, sir John, elle était partie bien plus tôt, après une violente dispute, et elle avait pris les bijoux avec elle, de sorte que M. Trezavant ne puisse les vendre ou les gager.

— Elle... *comment donc* ? Jeremy, l'affaire me semble un peu plus complexe que je ne l'aurais supposé. Je crois que tu ferais mieux de me la conter depuis le début. Ne néglige aucun détail. Laisse-moi seul juge de ceux dont on peut se passer.

Et je m'exécutai donc. Il me fallut près d'une heure pour lui narrer l'histoire au complet, et pourtant j'omis la dispute entre M. Patley et moi. Pendant une bonne partie du temps, sir John dégusta allégrement son déjeuner et mâchonna son pain beurré et son lard croustillant. Repas mis à part, il m'accorda toute son attention.

Lorsque j'eus terminé, il hocha la tête, mais resta muet

pendant un moment, paraissant réfléchir à tout ce que je lui avais confié. Il s'exprima enfin :

— En résumé, Jeremy, l'attaque de la résidence de M. Trezavant s'apparente à celle de la maison de lord Lilley, hormis le fait qu'une femme a supplié qu'on lui ouvre la porte, à l'inverse de l'homme qui, deux ou trois jours plus tôt, a décrit le terrible accident d'attelage dans St. James Street.

— C'est ce qui semblerait, monsieur.

— Pourtant, tu n'as réussi à t'entretenir qu'avec trois membres de la maisonnée : le porteur, qui se trouvait là, quand les brigands sont entrés de force ; la bonne de l'étage, qui t'a livré le récit des incessants troubles conjugaux de ses maître et maîtresse ; et enfin, M. Trezavant en personne, qui n'a pu t'en dire beaucoup en raison de son état d'ébriété. Est-ce correct ?

Présenté ainsi, je devais bien admettre que je donnais l'impression d'avoir perdu mon temps là-bas. Tel n'était pas mon sentiment, au moment des faits.

— Ma foi, sir John, j'ai jugé significatif que Miss Crocker trouve qu'au moins l'un des Africains ne correspondait pas tout à fait à son apparence. En un sens, j'ai songé que ce *détail* se révélait le plus important de mes interrogatoires. Vous-même avez demandé à ceux que vous interrogiez dans la demeure des Lilley si les voleurs ressemblaient vraiment à ce qu'ils paraissaient.

— Et tous, répondit sir John, étaient d'accord pour affirmer que les Noirs semblaient bel et bien des hommes noirs. Seule ta Miss Crocker, Jeremy, a estimé que l'un d'entre eux ne l'était point. Et après tout, Jeremy, ce n'est qu'une *opinion*.

— Il est vrai, reconnus-je, mais tous ceux qui s'accordaient à dire que les brigands étaient en effet noirs ne faisaient de même que livrer leur seule opinion.

— Hum...

L'expression qui se lut sur la face du magistrat trahissait l'exaspération.

— Je crains que cette discussion ne puisse se poursuivre *ad infinitum*, et il n'y a nul besoin de la prolonger, puisqu'il n'existe aucun moyen de prouver que l'un a raison et l'autre tort. Mais j'ai une idée.

Et là, cher lecteur, il s'interrompit, comme s'il croyait en avoir assez dit.

Je soupirai.

— Et quelle est-elle, sir John?

— Je consulterai M. Burnham.

Sa réponse me laissa pour le moins perplexe.

— Je ne vous suis guère, monsieur, avouai-je.

— Voyons, c'est assez simple. Pourquoi sommes-nous si dépourvus — pour ne point dire désorientés — dans cette affaire?

C'était une pure question de rhétorique. Il s'élança alors :

— Parce que, Jeremy, mon garçon, nous ne savons quasiment rien de la population noire de notre ville. Nous ignorons son nombre, ses coutumes, ses habitudes, et même ses propensions à la criminalité... comme je le disais, nous ne savons quasiment rien. Toutefois, nous connaissons quelqu'un qui compte parmi ses membres, en vertu de la couleur de sa peau. Il s'agit, bien entendu, de Robert Burnham, précepteur de ton ami, Bunkins, et de notre Annie. J'aimerais que tu ailles voir M. Burnham ce matin et l'invites ici. Persuade-le de venir nous rendre visite.

— Je doute qu'il vienne avant d'achever son cours de lecture avec ses deux élèves, répondis-je. Devrai-je l'amener ici dans votre chambre à coucher?

— Oh, en aucune façon! Je me sens plus robuste aujourd'hui. Je resterai en bas, après mes audiences, et l'attendrai tout bonnement dans mon cabinet. Ce serait bien plus séant, ne trouves-tu pas? Si je me souviens bien, il est homme à apprécier la stricte observance de l'urbanité.

Ainsi, au milieu de la matinée, je pris la direction de la

maison de Black Jack Bilbo, après avoir frotté et nettoyé notre logis à l'étage. Ma dernière tâche du matin consista à offrir assistance à sir John pour se vêtir (une besogne guère ardue, s'il en fut) ; le soir, lorsqu'il allait se coucher, ses effets pour le lendemain étaient disposés dans l'ordre précis par lady Fielding, afin qu'il pût s'habiller au matin. À l'occasion, sa chemise ou son gilet était boutonné de guingois ou ses bas avaient besoin d'être remontés. Lorsque je ne me trouvais pas alentour pour apporter ces touches finales, M. Marsden y veillait. Une fois ces menus agencements accomplis, sir John et moi descendîmes l'escalier de conserve. Je l'abandonnai à son greffier et ils entamèrent leur discussion quotidienne à propos du rôle des causes.

Compte tenu du temps dont je disposais, je n'avais pas lieu de me hâter à St. James Street, et, à dire vrai, je ne me pressai pas. La grande vague matinale des individus en route vers leur travail avait cessé peu de temps auparavant. Et si l'on ne pouvait affirmer que les rues étaient dénuées de piétons (les artères de Londres n'étaient *jamais* désertes), il s'avérait néanmoins possible de marcher d'un pas tranquille, sans crainte qu'on ne vous ballotte ou vous bouscule de-ci de-là, ou même qu'on vous marche sur les talons.

J'avais ralenti mon allure, car j'étais plongé dans mes pensées. En chemin, je me renfrognai et me tourmentai, en songeant à la suite éventuelle de l'enquête. Si je ne me trouvais pas encore dans une impasse, j'étais, me semblait-il, quelque peu limité. Je devais attendre que M. Martinez et M. Humber me fournissent des renseignements... si tant est qu'ils en eussent à m'offrir. Pour autant, je n'avais pas exploité un certain champ d'investigation : je compris qu'il me fallait m'informer sur Walter Travis, le porteur assassiné au cours du pillage de la demeure des Lilley. Mais que *pouvait-on* bien apprendre... et comment ? Je méditai sur le sujet et me promis d'y consacrer plus ample réflexion, dès lors que la situation se serait tant soit peu calmée... mais se calmerait-elle jamais ? Je commençais à estimer toute l'utilité de ces longues heures que sir John passait seul dans la pénombre de cette petite pièce, face à sa chambre, qu'il nommait son bureau. C'était là, compris-je, qu'il menait ses investigations ; c'était là qu'il réunissait les différents éléments de l'énigme.

Ainsi voguaient mes pensées, comme je m'acheminais vers la résidence de M. Bilbo. Il y avait des boutiques à une extrémité de St James Street... et au-delà, les imposants hôtels particuliers, parmi lesquels celui de Black Jack se révélait le plus somptueux. Il n'en demeurait pas le mieux tenu pour autant, car il se passait des offices d'un majordome, pas plus qu'il n'employait de jardinier dans sa domesticité. Il jugeait les deux inutiles. Un individu qui œuvrait dans St. James Park venait de temps à autre tailler les buissons et effectuer l'entretien nécessaire du jardin de derrière. M. Bilbo se dispensait aisément d'un maître d'hôtel, pour avoir institué la règle selon laquelle quiconque présent en la demeure ayant entendu frapper à la porte d'entrée était tenu d'aller répondre.

Ce fut en l'occurrence mon bon ami Jimmie Bunkins qui se trouvait à proximité, lorsque je frappai fort à l'huis à l'aide du heurtoir en cuivre. Son visage apparut, quand la lourde porte s'ouvrit. Cela signifiait que la classe était finie pour la matinée, d'où l'heure de ma visite bien calculée.

— Ah, l'ami ! s'exclama-t-il. Ramène donc ta carcasse à l'intérieur. Entre ! Entre ! Entre ! Que j'sois l'premier à t'poser la question. Comment va ton daron ?

— Sir John ? Oh, il se porte comme un charme ! Il frétille de la nageoire comme il faut, à présent.

(N'ayez crainte, cher lecteur, car si certains des mots, dont je me souviens et que je rapporte ci-dessus, vous paraissent inhabituels, il ne s'agit que de bribes de « flash », l'argot des malfaiteurs de Londres. En vérité, Bunkins avait occupé une place de choix dans la grande cohorte des voleurs de Covent Garden, jusqu'à ce que M. Bilbo le prît à sa charge et améliorât sa condition. Bref, j'avais répondu que le magistrat allait bien et pouvait désormais remuer son bras sans difficulté.)

J'entendis alors des notes de clavecin dans le salon et, l'instant d'après, la voix d'Annie se joindre aux accords. Il s'agissait d'un nouvel oratorio de Haendel. Voilà certes quelques jours qu'elle fredonnait un air approchant. Mais à présent, grâce à l'accompagnement de M. Burnham et à la voix de la jeune fille dans toute sa splendeur, j'avais quelque idée des sonorités de l'hymne qu'on entendrait chanté par le chœur entier à l'Académie de musique ancienne. Mon impression se révélait des plus favorables.

— Elle s'améliore de jour en jour, non ? commenta Bunkins dans un hochement de tête approbateur. Pour sûr que cette donzelle s'y entend à remuer les badigouinces pour la ritournelle.

— En effet, approuvai-je. Est-ce qu'ils en ont encore pour longtemps ?

— Je ne pense pas. Cela fait déjà un moment qu'ils chantent.

— Parfait, alors, faut que je jaspine avec toi.

— Et de quoi donc, l'ami ?

— J'ai besoin de savoir si à l'époque où tu étais galopin, tu as croisé un gaillard du nom de Walter Travis.

Bunkins fronça les sourcils en réfléchissant, puis secoua fermement la tête.

— Non, je peux pas l'affirmer.

— Ce n'est peut-être pas son vrai nom.

— Alors, ça pourrait être n'importe qui.

— Je sais bien, mais écoute. Il avait environ dix ans de plus que toi et moi, un grand bonhomme, de six pieds de haut voire plus, et fieffée fripouille de surcroît. Il a purgé une peine à Newgate.

— Eh bien, ça nous ramène à une centaine de gars.

— Entendu, ceci peut t'aider. Travis est sorti du trou pour être en service.

— Comme majordome, tu veux dire ?

— Pas une place aussi prestigieuse... comme simple porteur, mais dans une grande maison qui appartient à un lord, pas moins.

— Ce serait-y point le gaillard qui s'est fait tuer chez lord Lilley, l'aut'soir ?

— Celui-là même.

Bunkins se gratta le menton.

— Maintenant, j'y vois plus clair, dit-il. Une fripouille qui besogne pour un duc... c'est rare, je dirais. Voilà qui me donnera matière à causer avec les canailles que je fréquentais... c'est le genre de choses qu'ils devraient se rappeler. Puisqu'il est mort et enterré, y a pas de raison qu'ils restent, comme qui dirait, la bouche cousue. Qu'est-ce que tu veux savoir sur lui ?

— Eh bien, son nom véritable, pour commencer, et s'il a collaboré à la mise à sac de la maison du duc, en bas de la rue. Et si tu obtiens ça, tu apprendras peut-être aussi les noms de ceux qui ont participé au pillage.

— Oh, ça m'étonnerait qu'on me dise leurs noms. Je connais point de mouchards et si c'était le cas, j'ai rien à offrir en retour, si tu me saisis.

— Oui, je vois. Si tu peux obtenir quoi que ce soit, je t'en saurai gré.

Et nous en restâmes là. Plus ample discussion au sujet de Walter Travis (ou quelle que fût sa vraie identité) n'était pas nécessaire. En outre, le clavecin s'était tu, de même que la voix d'Annie, hormis le murmure de la conversation qu'on percevait dans le couloir.

— Ils ont fini, dit Bunkins. Tu veux ramener Annie avec toi ?

— Sans doute, répondis-je, si elle souhaite venir. Mais j'ai un message de la part de sir John pour M. Burnham.

— Alors, viens-t'en, l'ami. Autant battre le fer quand il est chaud.

Comme je marchais dans le sillage de Bunkins, je cherchais les paroles idoines pour présenter l'invitation du magistrat. Je compris qu'en la lui formulant avec désinvolture, il risquait de venir comme bon lui semblait — quelques heures plus tard ou le lendemain — ou, connaissant M. Burnham, pas du tout. Par ailleurs, si je lui livrais l'affaire avec par trop d'empressement, il pouvait fort bien s'effaroucher et aller jusqu'à songer que sir John le tenait pour un suspect, membre de la bande de brigands. M. Martinez, que le magistrat connaissait depuis des années, avait tiré la même conclusion hâtive, sans doute à cause de ma manière abrupte de solliciter ma requête. « Tu dois être circonspect, me dis-je, mais pas trop... direct, certes, mais non brutal. »

Bref, je me fis moi-même la leçon. La question que je me posai ensuite, c'était pourquoi je ne l'avais pas suivie.

— Euh... monsieur Burnham, commençai-je, en m'approchant de lui, sourire aux lèvres, j'ai une invitation à vous transmettre de la part de sir John.

— Eh bien, quelle agréable surprise ! répondit-il en me rendant mon sourire. De quelle nature ? Est-ce pour dîner, souper ?

— Ni l'un ni l'autre, je le crains. Il désire vous rencontrer après ses audiences.

— Pour me poser quelques questions ?

— Ma foi... oui. Je suppose qu'il le fera.

— À propos des cambriolages récents qu'on attribuerait à des hommes de ma couleur ?

— Euh... quelques questions à ce sujet et d'autres de nature plus générale.

— Hum... fit M. Burnham, en réfléchissant. Ai-je le choix ?

— Bien sûr, répondis-je. Vous pouvez venir ou non, selon votre bon vouloir. Mais sir John souhaite sérieusement vous parler et comme il ne peut venir à vous, en raison de sa blessure, il espérait que vous iriez à lui.

— Si c'est le cas, alors je me ferai un plaisir d'y aller, déclara-t-il avec un sourire éblouissant, qui me soulagea beaucoup.

En ce qui concerne notre retour à Bow Street, il n'y a qu'un seul événement qui mérite d'être relaté. Il se trouva que nous empruntâmes un itinéraire passant par Little Jermyn Street et devant la résidence de M. Trezavant. Agissais-je à dessein ? J'espère que non, car si nous avions pris un autre chemin, nous aurions alors évité bien des ennuis et quelques tourments.

Nous marchâmes tous les trois sur le vaste trottoir, M. Burnham du côté de la rue, moi du côté des habitations, et Annie entre nous deux. Si j'ai bonne souvenance, nous abordâmes nombre de sujets chemin faisant et je crois qu'en l'occurrence nous discutions du brigandage survenu dans cette artère précise. Je remarquai qu'au-devant de nous un fiacre était arrêté devant la demeure Trezavant. J'attirai l'attention de mes compagnons sur ce fait et nous nous tûmes en nous approchant de l'endroit. Nous fûmes bien inspirés d'agir ainsi, car, au moment même où nous allions passer, la porte de la maison s'ouvrit et M. Thomas Trezavant en sortit. Il descendit l'escalier avec lourdeur, en déplaçant son gros embonpoint avec soin, jusqu'à ce qu'il parvînt à la dernière marche. Il se planta alors fermement au sol et nous dévisagea. Dans ma hâte, j'ai noté qu'il « nous » regardait, mais c'est faux. Il contempla ouvertement et d'une façon des plus hostiles M. Burnham et lui seul. Même lorsque je tentai de distraire l'attention de M. Trezavant en le saluant d'une manière enjouée et cordiale, il continua à fixer le précepteur et ne me répondit que par un grognement.

Nous n'échangeâmes tous les trois aucune parole, jusqu'à ce que nous fûmes hors de portée de voix. Annie rompit alors le silence :

— Avez-vous jamais vu quelqu'un vous lancer pareil regard, monsieur Burnham? Si les yeux pouvaient tuer, vous seriez étendu mort devant son perron.

— En effet, reconnut M. Burnham. Il semble tenir tous ceux de ma race pour responsables de son infortune.

Nous en causâmes encore un peu, mais en arrivant à

St. James Square nous devisions déjà de sujets plus plaisants. Bien que je ne puisse m'exprimer en lieu et place des deux autres, j'avais pour ma part tout à fait oublié l'incident comme nous parvînmes au 4 Bow Street. Annie nous laissa alors et grimpa à l'office, tandis que nous poursuivions pour rencontrer sir John dans son cabinet. M. Burnham ne cacha pas son intérêt pour ce que le magistrat appelait les « coulisses » de son tribunal et il fut en particulier fasciné par la chambre de sûreté. Il examina les deux détenus qui l'occupaient, de telle manière qu'il paraissait se demander quel crime ils avaient bien pu commettre pour se voir emmener en un semblable endroit. Je saluai M. Marsden, le greffier, et M. Fuller, le geôlier, avec civilité et sourire aux lèvres. Le premier me rendit la pareille ; le second, qui semblait entretenir une aversion à mon endroit, se borna à froncer les sourcils.

Sir John se tenait debout derrière son bureau lorsque nous franchîmes la porte ouverte de son cabinet. Il tendit la main droite en un geste d'amitié.

— Ah, monsieur Burnham, est-ce vous ? s'enquit-il, comme le précepteur la lui prenait pour la serrer chaleureusement.

— En effet, sir John, répondit M. Burnham. Et je suis fort flatté de votre invitation. En quoi puis-je vous aider ?

— Asseyez-vous donc.

Le magistrat indiqua le siège qu'il savait placé face à lui, de l'autre côté du secrétaire. Il attendit d'être lui-même installé dans son fauteuil pour se pencher en avant et, d'un ton des plus sérieux, déclara :

— Vous pouvez m'aider, monsieur, en répondant à quelques questions.

— À votre guise, sir John, tout ce que vous voudrez.

— Monsieur Burnham, j'ai un ami du nom de Moses Martinez, qui est juif. Lorsque j'ai des questions concernant les Juifs, qu'il s'agisse d'un individu ou de la communauté, je les lui pose. Mais, comme vous le savez, je suis désormais en présence d'une affaire inquiétante où sont mêlées des personnes de la race africaine. Comme je ne connais nul autre que vous dans ce domaine, j'ai bien peur de devoir m'adresser à vous pour les renseignements dont j'ai besoin.

— Voilà qui me semble bien fondé.

Les deux hommes constituaient une captivante étude de contrastes. Sir John, penché en avant, l'air tendu, doigts entrecroisés ; et Robert Burnham, détendu, presque insouciant, adossé à son siège, dans l'attente des questions du magistrat. Il me vint alors à l'esprit que le précepteur ne considérait point l'occasion avec la gravité nécessaire.

— Par quel miracle se fait-il qu'il y ait soudain tant d'Africains ici, à Londres ? Oh, et à propos, combien sont-ils ? En avez-vous la moindre idée ?

— Je tiens de source autorisée que nous sommes environ quatorze mille en Angleterre, et certes à Londres, pour la plupart.

— Oh, tant que cela ? Mais vous avez sans doute raison, admit sir John. Et Londres constitue sans conteste leur lieu de prédilection.

— Toutefois, précisa M. Burnham, je m'offenserai de votre usage du mot « soudain ». Je gage que des Noirs peuplent Londres depuis que les vaisseaux anglais ont commencé à naviguer autour de l'Afrique pour atteindre l'Orient. Depuis deux siècles, à tout le moins.

— Oui, mais la présence même d'Africains en Angleterre constitue une contradiction. Ils sont ou étaient des esclaves, et l'esclavage est aboli en Angleterre depuis le XIIIe siècle.

M. Burnham bondit en avant sur son siège, impatient de livrer son raisonnement :

— Tout à fait ! Une contradiction ! Et c'est sur cette contradiction que se fonde l'argument de la liberté pour tous. C'est sur cette contradiction que je me suis prévalu de ma propre liberté auprès de mon père.

— Oh ? Voilà un récit qu'il me faut entendre, déclara sir John. C'est-à-dire, monsieur, si vous ne voyez pas d'inconvénient à le conter.

— Aucun, car c'est en soi un bon exemple de certains aspects de cette situation confuse.

— Souffrez donc que je vous écoute.

— Je suis venu à Londres, comme beaucoup, ou sans doute la plupart, de ma couleur y sont venus en ce siècle. Ce qui revient à dire que nous avons été amenés ici par notre maître blanc. J'étais différent des autres, hormis quelques-uns, en ce sens que mon maître n'était autre que mon père, et il m'a élevé en qualité de fils et non d'esclave. J'étais aussi bien instruit que quiconque pût l'être en Jamaïque, et lorsque mon père a épousé une veuve anglaise ayant déjà des enfants, je leur ai servi de précepteur. Grâce à mes bons offices, ils lisaient tous à l'âge de sept ans.

Ce fut non sans fierté qu'il prononça cette phrase, puis il marqua une pause, sourire aux lèvres, comme s'il se remémorait sa première expérience de professeur.

— Et ensuite ? fit sir John, impatient.

— Et ensuite, poursuivit M. Burnham, nous avons navigué tous ensemble de la Jamaïque à Londres. Mon père avait besoin d'obtenir un prêt, lequel lui permettrait d'accroître ses actions aux Antilles. Il était devenu riche et désirait le devenir davantage. Il n'a eu aucune peine à obtenir son prêt, mais, au cours de mon séjour ici, j'ai pris conscience de la contradiction dont nous débattons. Je me suis présenté à mon père et lui ai dit que, puisque nous étions dans une contrée où l'on déniait à tout être humain le privilège de posséder son prochain, il serait dans mon bon droit de réclamer ma liberté. Il en est resté décontenancé et un peu blessé d'apprendre que je souhaitais ma liberté à Londres... et non pas à Kingston, comme il le proposait. Mais dès lors qu'il a été convaincu que tel était mon désir, il a fait rédiger un document d'affranchissement par un avocat et m'a fait verser une somme loin d'être négligeable.

— Vous avez de la chance d'avoir un tel père, commenta sir John.

— Je n'en disconviens certes pas... et il connaît mon sentiment à ce sujet, car nous nous écrivons une fois par mois, pour échanger des nouvelles et nos opinions sur les grandes questions du monde. Cela vous intéressera peut-être d'apprendre que, sur le principe du moins, il s'oppose à l'esclavage.

— Cela m'intéresse mais ne me surprend point. Nombre de ceux qui se livrent à des pratiques immorales se justifient en disant que seules les nécessités de l'économie les y ont conduits. Ils déclarent souvent que, s'ils avaient eu le choix, ils auraient agi de manière plus respectable.

Le magistrat s'était exprimé avec un calme de bon aloi. M. Burnham n'eut pas de réponse immédiate à lui fournir. Il lança un regard dans ma direction, le premier depuis le début de son conciliabule avec sir John. Jusqu'ici, je ne le voyais que de profil et voilà qu'il m'apparaissait de face ; il n'avait pas l'air ravi.

— Mon père est un homme de moralité, finit-il par déclarer.

— Oh, je n'en doute pas un instant ! Mais vous avez aussi dit qu'il était prospère, n'est-ce pas ? Je crois que votre phrase était : « Il était devenu riche et désirait le devenir davantage »... et je suis certain qu'il l'est devenu. Mais pas assez pour affranchir tous ses esclaves.

— Peut-être le fera-t-il un jour, répliqua M. Burnham, d'un ton quasi provocant.

Mais il enchaîna d'une voix plus raisonnable :

— J'ai utilisé ma propre histoire en guise de simple exemple, sir John. D'autres de ma race ont réclamé leur liberté comme moi, et on les a mis au fer et rembarqués pour la Jamaïque, quand on ne les a pas vendus sans plus de cérémonie à un autre maître, ici même en Angleterre. D'aucuns encore, sachant l'ambiguïté de leur situation légale, se sont tus, puis enfuis à la première occasion.

— Certes, et nos tribunaux ont été le théâtre d'affaires où il a fallu traiter certains aspects de cette... cette contradiction dont nous discutons. Le président de la Haute Cour doit d'ailleurs en juger une qui...

— Que je connais fort bien, interrompit M. Burnham avec passion. L'affaire Somerset* risque en réalité de mettre un terme à l'esclavage ici et dans les colonies.

Je perçus toute sa vive émotion eu égard à cette affaire de justice. Il n'était point seul en la matière. Tout Londres en parlait durant ce printemps de l'an 1772.

Les deux hommes avaient un peu plus tôt troqué l'un l'autre leur attitude pendant l'entretien. À présent, M. Burnham se tenait en avant sur son siège, pleinement captivé par le sujet de la discussion. Quoique tout aussi intéressé, sir John avait adopté une posture plus sereine : bien calé au fond de son fauteuil, il se frottait le menton d'un air méditatif.

Tout au bout du couloir, j'entendis claquer la porte donnant sur la rue. Quelqu'un venait-il de partir ? D'entrer ?

— Il se peut, comme vous l'affirmez, que ce procès se révèle décisif. Mais tel que je connais lord Mansfield, le verdict risque fort de porter sur les seules pièces du dossier. Il ne croit pas qu'une cour de justice puisse résoudre les grandes questions sociales et politiques.

Des pas résonnaient dans le corridor. Bien que le président de la Haute Cour fît souvent ses entrées de cette manière, l'allure — lente et circonspecte — n'était point la sienne. Sir John plissa le front à la perspective d'être interrompu.

M. Burnham, qui fronçait aussi les sourcils, reprit la parole pour répondre :

— Eh bien, monsieur, tout ce que je puis dire, c'est que j'espère que vous vous trompez.

La voix de M. Marsden nous parvint alors, comme il tentait d'intervenir. Il se proposa d'annoncer le visiteur inconnu. Mais les pas continuaient de se diriger avec pesanteur vers le cabinet du magistrat.

* Nous y reviendrons plus tard, cher lecteur.

Enfin ledit visiteur apparut ; il fit irruption dans la pièce et bouscula le greffier au passage. C'était une silhouette fort imposante. Il s'agissait en réalité de M. Trezavant, vêtu comme nous l'avions vu plus tôt, avec certes un visage beaucoup plus congestionné, tandis qu'il soufflait bruyamment en inspectant les lieux.

— Sir John, commença-t-il, mais il ne put guère poursuivre.

— M. Trezavant, est-ce vous ? Qu'avez-vous donc à débattre de si important qui ne puisse attendre que mon greffier, M. Marsden, vous annonce ?

Cela aurait dû l'intimider, mais en vain. Il tint bon et continua de sa voix tonitruante à nous beugler presque en pleine face :

— Je suis venu ici vous dire que j'ai vu votre jeune assistant en parfaite connivence avec un criminel, mais à présent je comprends mieux. Il vous a amené l'individu, n'est-ce pas ? Êtes-vous en train d'interroger le coupable ?

— Monsieur, votre discours n'a aucun sens. Je n'ai aucune idée de ce que vous voulez signifier... pas la moindre.

— Enfin, j'ai vu ces deux-là en compagnie d'une jeune personne, alors qu'ils passaient devant mon domicile de Little Jermyn Street. Je pouvais à peine en croire mes yeux.

— Soyez plus clair, je vous prie.

— Cet homme, l'Africain, celui-là même qui a dirigé la bande de voleurs ayant dépouillé ma demeure de ses trésors, m'a assailli et causé à mon majordome un malaise, dû à une attaque d'apoplexie.

Ayant proféré son accusation, il désigna M. Burnham, afin qu'il n'y eût pas d'erreur sur la personne.

— J'exige qu'il soit déféré au parquet. Je veillerai à ce que cet homme soit pendu et veux savoir le pourquoi et le comment de toute l'affaire. Sir John, clama-t-il de toutes ses forces, je m'en rapporte à vous !

CHAPITRE V

Où M. Burnham livre un récit peu convaincant

Après nous avoir laissés tout ébaubis, M. Trezavant tourna les talons et quitta avec fracas le cabinet du magistrat (en faisant ainsi montre d'un sens théâtral que je ne lui connaissais point). Dans sa hâte, il heurta de nouveau M. Marsden. Le greffier l'observa s'en aller d'un air fort perplexe.

— Navré de l'incident, monsieur, dit-il. Je n'ai pas du tout pu le retenir.

— Ne vous tracassez pas, répondit sir John. Cet individu m'indispose depuis le premier jour où je l'ai rencontré.

Tandis que le greffier disparaissait, M. Burnham se leva dans un mouvement que je qualifierais de prudent et s'adressa au magistrat :

— Et qu'en est-il de moi ? Dois-je moi aussi ne point me tourmenter ?

— Ma foi, peut-être un peu... mais guère plus. Je présume que vous savez où vous étiez hier au soir ?

— Oui... oui, bien sûr.

— Et où était-ce, monsieur ?

— Eh bien...

Le précepteur hésita... pas trop longtemps pour éveiller les soupçons, mais assez pour attirer l'attention.

— Eh bien, je suis resté à la maison toute la soirée. Je lisais dans ma chambre, pardi. C'est ce que j'étais en train de faire, lorsque Jeremy ici présent a frappé à la porte pour solliciter l'emprunt de la voiture de M. Bilbo.

— Quand était-ce, Jeremy ? me demanda sir John.

— Ce devait être aux alentours de minuit, dis-je. Juste un peu avant, mais les douze coups n'avaient pas sonné.

— Mais entre-temps, dit-il, les voleurs étaient venus et partis, les sergents de ville étaient prévenus, et Patley était allé te quérir. N'est-ce pas ?

— Eh bien... oui, monsieur.

— Peut-être pourriez-vous trouver une ou deux personnes capables d'attester votre présence en la demeure pendant la soirée, monsieur Burnham ?

— Oh, j'en suis sûr, affirma-t-il avec certitude. Le jeune Bunkins ? Le cocher ?

— Ils conviendront à merveille, monsieur, déclara le magistrat. J'enverrai Jeremy à la résidence pour s'entretenir avec eux.

— Et dans le même temps ?

— Qu'est-ce à dire ? Je ne vous saisis point, monsieur.

— Suis-je censé être mis en détention ?

— En aucun cas, monsieur Burnham. Jeremy ici présent a bien stipulé que M. Trezavant était tout à fait ivre, à la fois pendant et après l'invasion de son domicile par cette bande de brigands. Mon brigadier, M. Bailey, l'a confirmé dans son rapport écrit. Je doute que dans un pareil état M. Trezavant puisse avoir souvenance de ses assaillants. Et, en toute franchise, croire à ses dires s'il était à jeun exigerait de moi plus de conviction que je n'en suis capable. Vous êtes libre de vous en aller, monsieur.

Bien que sir John ne pût voir le salut dont le gratifia M. Burnham, le geste n'en demeurait pas moins gracieux. Plus qu'une simple inclination de la tête, le précepteur se pencha fort bas et, dans cette singulière posture, déclara :

— Je vous sais gré de la confiance que vous me portez.

Puis, se redressant de toute sa hauteur, il se tourna et prit la direction de la porte.

— Oh, mais, monsieur Burnham, un instant. J'allais vous poser un certain nombre de questions quand on nous a interrompus de façon si grossière.

S'arrêtant dans son élan, le grand Jamaïcain virevolta et accorda au magistrat toute son attention.

— Alors ? Qu'avez-vous à me demander, sir John ?

— Êtes-vous en relation avec d'autres personnes de votre couleur de peau à Londres ?

— Certes oui. Bien que je ne les aie point recherchées, car il y en a tant alentour qu'il était inévitable que j'en rencontre quelques-unes. Parmi ces individus, il s'en trouve un ou deux que je considère comme des amis et que je vois de temps en temps.

— Quelles sont leurs conditions ?

— La plupart œuvrent en qualité de domestiques, encore que vous puissiez en trouver dans moult métiers et professions.

— Même le vol ?

— Peut-être, répondit M. Burnham, car, avec une telle multitude dans cette ville, il y en a forcément parmi nous qui transgressent la loi.

— En connaissez-vous certains qui ont cette réputation ?

— Non, pas même ceux dont la rumeur prétend qu'ils sont tombés dans l'infamie. Permettez-moi de vous dire, sir John, qu'il y a sans doute moins d'Africains malfaisants qu'il n'en existe dans d'autres groupes semblables.

— Oh ? Et pourquoi donc ?

— Car, monsieur, si un Noir commet un acte de violence ou un impudent larcin, il sera aussitôt identifié comme un homme de couleur et par là même plus facile à découvrir et à arrêter. Puisqu'il ne s'agit en rien d'une vue de l'esprit et que les Africains que vous avez en tête sont ceux qui entrèrent et pillèrent les domiciles de lord Lilley et de ce Trezavant, alors je dirais que s'il s'agit *vraiment* d'hommes de couleur, je crois qu'ils eussent été bien mieux avisés de se blanchir la face.

— Laissez-vous entendre que... ?

— Je ne laisse rien entendre du tout, sir John. C'était une simple opinion.

À ces mots, M. Burnham tourna de nouveau les talons et se dirigea vers l'huis. Il le franchit et se retrouva dans le couloir en un clin d'œil. Nous écoutâmes ses pas marteler le sol en toute hâte.

Puis la porte donnant sur Bow Street résonna et il avait quitté le tribunal.

— Dois-je le rattraper, sir John ? demandai-je. Je pourrais avoir l'occasion de converser avec Bunkins, avant que ne débutent les cours de l'après-midi.

— Non, répondit le magistrat, laissons-le causer avec ton ami Bunkins, le cocher, ou quiconque susceptible de mentir pour lui.

— Monsieur ? Je ne saisis pas tout à fait.

— Il ne dit pas la vérité. C'est manifeste. Pourtant, on ne découvre souvent la vérité qu'en écoutant avec soin les mensonges que l'on nous livre.

— Sur quels points pensez-vous qu'il mente, monsieur ?

— Eh bien, je veux dire au sujet de l'endroit où il se trouvait hier au soir. Oh, oui. Mais cela ne signifie pas qu'à l'instar de M. Trezavant je tienne M. Burnham pour le capitaine de cette bande de voleurs.

— Comment en êtes-vous arrivé à ces conclusions, sir John ?

— Ma foi, je crains qu'il ne s'agisse davantage que d'une simple impression de ma part. En général, mes sentiments se révèlent justes dans ces cas-là. Toujours, en vérité.

— En effet, avouai-je, en me haussant quelque peu du col. J'avais moi aussi une impression à propos de M. Burnham. Par deux fois, monsieur, lorsque je me suis rendu à la résidence de M. Bilbo, à l'issue des cambriolages, M. Burnham m'a ouvert la porte et j'ai eu le sentiment bien précis qu'il venait à peine de rentrer à la demeure. Il transpirait et paraissait tant soit peu essoufflé.

— Alors tu crois aussi qu'il a passé ces soirées-là hors de la maison ?

— Certes oui, monsieur.

— Bien. Nous sommes par conséquent d'accord. Sors donc et va leur parler à tous. Écoute-les avec soin et peut-être pourras-tu déceler les brèches dans les récits qu'on te livrera ; à travers elles, nous risquons de pouvoir nous frayer un chemin vers la vérité.

Aussi, après avoir aidé sir John à monter à l'étage, puis à se mettre au lit, j'empruntai un trajet que je connaissais trop bien depuis quelques jours. Je décidai de modifier un peu l'itinéraire, en passant par Hay Market et Picadilly, pour m'engager dans St. James Street par le haut. Si je n'avais pas choisi ce détour, je ne serais point parvenu au coin de Little Jermyn Street, où je croisai une silhouette et un visage qui m'étaient familiers. Ce n'était autre que John Mossman, le portefaix présent lors de l'entrée spectaculaire des pillards dans la résidence de M. Trezavant. Il m'aperçut aussi et me fit un signe de la main, ponctué d'un « Holà ! », alors qu'il se pressait vers le lieu même où je l'attendais. Il s'agissait d'une rencontre fortuite ; il avait des nouvelles à m'apporter... un certain nombre, comme la suite le prouva.

— Quelle chance de t'trouver ici ! dit-il à son arrivée. J'allais m'rend'à Bow Street plus tard pour te chercher.

— Oh ? Avez-vous des choses à ajouter à ce que vous m'avez confié hier soir ?

— Pas moi, mais quelqu'un d'aut'. La cuisinière, une vieille fille du nom d'Maudie Bleeker, a d'mandé à t' voir, pour t' livrer quelques renseignements. C'est pas si aisé pour une cuisinière de s'absenter en pleine journée, tu sais, et j'lui ai dit qu'j'irais chez l'magistrat pour te prév'nir, afin qu'tu puisses venir la voir.

Voilà qui aiguisait un peu ma réflexion. J'avais hâte de m'entretenir avec quiconque pouvait enrichir les maigres bribes d'information que j'avais collectées la veille au soir ; toutefois, ce ne serait pas sans peine.

— Monsieur Mossman, dis-je, je serais fort content de causer à cette dame, mais, en toute honnêteté, je souhaite éviter de croiser votre maître, en raison d'un malentendu récent.

— Ah, répondit-il, alors tu es bien chanceux, mon garçon, car il s'en est allé c'matin même dans le Sussex par la malle-poste.

— Mais je l'ai vu plus tôt à bord d'un fiacre !...

— Il devait l'amener au départ de la diligence. Ma foi, j'le sais, car il m'a d'mandé si j'voulais bien aller là-bas pour dire que l'coche passe le prend'. Quand j'lui ai répondu qu'ils ne f'raient point une chose pareille, ça l'a rud'ment fâché, pardi. C'est là qu'il m'a d'mandé d'lui dénicher une voiture de louage, pour aller au départ d'la diligence.

— Il s'en allait prévenir sa femme du cambriolage, je suppose.

— Plutôt pour la supplier d's'en rev'nir, oui, dit-il en souriant tout net des malheurs de son maître. Faut qu'j'aille remettre un grand vase du genre de ceux qu'sa femme collectionne. Il doit remplacer celui qu'les brigands ont volé.

Il acheva sa phrase dans un éclat de rire.

— Eh bien, puisqu'il est parti, je vais rendre visite à Miss Bleeker.

— Fais-le donc, dit M. Mossman. Elle s'ra ravie de te voir, et p't'ê't' même que c'qu'elle a à t'dire t'aidera vraiment. Elle a pas pipé mot avec moi, pas question d'me dire de quoi il retournait.

Je le remerciai et fis quelques pas dans Little Jermyn Street, lorsqu'il me rappela en agitant la main :

— Encore une chose, déclara-t-il. Que sais-tu du pauv'Arthur ? Est-ce qu'il est encore de c'monde ?

— S'il est vivant ? Ma foi, il l'était encore la dernière fois que je l'ai vu. Ils feront tout leur possible à St. Bart pour le sauver.

— C'qui n'est pas grand-chose, j'en ai peur.

— Non, pas grand-chose, au dire de M. Donnelly.

— C'est sacrément fâcheux, moi j'dis, car Arthur était un homme plaisant. Jamais un mot plus haut que l'aut'sur personne. J'me d'mande bien c'que tu vas penser du nouveau.

— Le nouveau ? Vous voulez dire qu'on l'a déjà remplacé ?

— Comme qui dirait, oui. Un gars s'est présenté à la porte ce matin et il a dit qu'il avait eu vent de not'infortune, alors s'il pouvait voir le maître... Il était d'jà vêtu en livrée de majordome et prêt à besogner. Je ne saurais pas dire si sa place est permanente ou non.

— Nul doute que cela dépend du rétablissement d'Arthur. Hum... fis-je, en imitant une fois de plus sir John, c'est intéressant, très intéressant. Je vous souhaite donc le bonjour, monsieur Mossman. Je suis tout à fait ravi de notre rencontre.

Nous nous séparâmes. Je me hâtai vers la résidence Trezavant et, ce faisant, essayai de faire correspondre peu ou prou mes espérances avec ce qui était d'ores et déjà connu. Qu'est-ce que Maudie Bleeker pouvait bien avoir à déclarer ? La situation en serait-elle beaucoup changée... voire modifiée du tout au tout ? Je me promis d'aller à l'hôpital St. Bartholomew et de voir sur place comment Arthur Robb se rétablissait ; peut-être aurait-il recouvré la parole.

Je frappai vivement à la porte à l'aide du heurtoir placé à peu près en son milieu. Un silence suivit, puis j'entendis le cliquetis répété des talons sur le plancher de bois dur. De l'intérieur s'éleva une voix masculine :

— Qui est là ? Veuillez déclarer la raison de votre visite.

Nul doute qu'elle avait des sonorités familières... je pus sur-le-champ la reconnaître.

— Jeremy Proctor, répondis-je, en haussant le ton jusqu'à en crier presque, du bureau du magistrat. Je suis venu poursuivre mon investigation.

La porte s'ouvrit et apparut alors M. Collier, qui, voilà quelques jours encore, était le maître d'hôtel de lord Lilley de Perth. Je m'exclamai à sa vue, manifestant ainsi ma surprise de le découvrir dans cette nouvelle fonction.

— Je suis tout aussi surpris de te voir, jeune homme, dit-il.

— Comment avez-vous su qu'il fallait vous présenter ici ? m'enquis-je.

— Le bruit a couru ce matin, au sujet des événements survenus ici hier soir. J'ai fait le tour du quartier de St. James. J'ai entendu dire que le majordome — qui s'appelait M. Robb, je crois — a été saisi par une attaque d'apoplexie, avant d'être transporté à l'hôpital St. Bartholomew. J'ai aussitôt compris qu'ils auraient besoin d'un maître d'hôtel, ne fût-ce qu'à titre provisoire. Aussi me suis-je simplement présenté céans et j'ai proposé mes services à M. Trezavant. Il a paru ravi de les accepter.

— Lui avez-vous confié comment s'était achevé votre dernier emploi ? demandai-je, sans doute avec peu de tact.

— Oh, certes oui. Il en aurait de toute manière entendu parler. Sa seule réponse fut de me demander si j'avais tiré une leçon de l'expérience. Je l'ai assuré que oui. Cela a semblé le satisfaire. Il est si aimable.

— Eh bien, vous êtes un homme chanceux, monsieur Collier.

— Plus que tu ne le sais, jeune homme, car M. Zondervan, le maître de la demeure où tu m'as visité, a fait savoir qu'il s'en reviendrait ce jour même. Et aussi hospitaliers que soient mes amis de sa domesticité, ils ne m'auraient point permis de demeurer là-bas au-delà de ce matin.

Il me gratifia d'un sourire radieux, heureux de partager ses bonnes nouvelles. Il était sans conteste devenu un tout autre homme, comparé à celui que j'avais rencontré auparavant. Il se montrait allègre, enthousiaste, et sans doute de nouveau un peu lèche-bottes.

— Mais entre donc, entre donc, dit-il, tandis qu'il

reculait avec force grands gestes pour m'inviter dans la demeure. En quoi puis-je t'être utile, jeune homme ?

Une fois à l'intérieur, j'attendis qu'il eût refermé l'huis et, baissant le ton, répondis :

— Je souhaite continuer à interroger les domestiques.

— Bien sûr, dit-il. À qui désires-tu causer ?

Pour une raison quelconque, je rechignai à le lui préciser.

— Pourquoi ne pas me conduire au sous-sol et je m'entretiendrai avec ceux qui sont disponibles.

— Eh bien, cela m'a tout l'air d'une excellente manière d'accomplir ta tâche. Par ici, je te prie.

Comme je le suivais dans le long couloir central, j'imaginai le pauvre Arthur allongé dans quelque lit de St. Bart. Quel avenir l'attendait ? En avait-il un ? Même s'il devait complètement se rétablir, il était peu probable qu'il pût récupérer sa place au sein de la domesticité des Trezavant. M. Collier ne le permettrait pas ; il était déterminé à rester.

Nous descendîmes l'étroit escalier et arrivâmes à l'office. Je regardai alentour et découvris trois serviteurs assis à la grande table commune. Parmi eux, une femme aux formes généreuses d'une quarantaine d'années m'adressa un regard assez perçant, mais n'offrit rien en guise de salutation. Leur conversation s'arrêta.

Je me tournai vers M. Collier :

— Fort bien, lui dis-je. Je vous remercie pour votre aide, monsieur.

— Tu en es sûr, alors ?

Il sourit ici et là, sans rien recevoir en retour des personnes attablées... mais, nullement intimidé, il sourit de plus belle.

— Je suis certain que tu obtiendras tous les renseignements souhaités de la part de ces braves gens. Je te laisse donc en leur compagnie.

Nul doute, selon moi, qu'il n'avait pas encore appris leurs noms.

Sur ces paroles, il me quitta et grimpa bruyamment l'escalier, comme pour annoncer son départ à haute voix... un peu trop haute, me sembla-t-il. J'eus à l'esprit l'image de M. Collier, debout en haut des marches, l'oreille tendue vers nous autres, en bas dans la cuisine. Je me souvins combien ses souliers glissaient avec élégance sur le parquet, à peine un peu plus tôt ; aucun bruit semblable n'avait suivi les pas lourds dans l'escalier.

— Qui es-tu ?

La femme que je supposais être la cuisinière avait brisé le silence en m'interpellant d'une voix forte. Pour toute réponse, je portai l'index à mes lèvres pour l'enjoindre au silence. Aussitôt, les trois personnes attablées se penchèrent en avant, m'accordant ainsi tout leur intérêt et toute leur attention.

Je m'approchai du petit groupe et dis à voix basse (quoique sans murmurer) à la femme :

— Êtes-vous Maude Bleeker ?

— Oui... alors, que me veux-tu ?

Elle avait à juste titre baissé le ton.

Je lui fis signe. Elle se leva et obéit à mon geste, pour me suivre dans le réduit à provisions, où j'avais interrogé M. Mossman et Miss Crocker. Les autres se tournèrent pour nous observer, sans pouvoir comprendre ce qui se passait, mais pas curieux au point de demeurer là. Ils se mirent à s'éloigner d'un pas traînant, tandis que je fermais la porte sur nous.

Une fois dans la petite réserve, je sentis qu'il me fallait recouvrer une voix normale. Ce qui, en tout cas, fut ma manière de m'adresser à la cuisinière, quand je lui annonçai :

— Je suis Jeremy Proctor, dépêché par le tribunal de Bow Street. Je crois savoir que vous avez une déclaration à me faire au sujet du brigandage.

— Pour sûr que t'as point lanterné. Mossie vient d'partir v'là à peine dix minutes.

— Je l'ai croisé par hasard au coin de St. James Street, dis-je.

— À l'instant ? Dis donc, c'est un heureux coup du sort... presque aussi heureux qu'ce majordome qui s'présente sans invitation pour prend'la place de c'pauv' Arthur.

— Ne croyez-vous pas que je suis qui je dis être ?

— Oh... si, je suppose. Oui, je te crois. Je t'ai vu hier au soir sous un mauvais éclairage, en train d'causer à Crocker et à Mossie. Tu es bien le même. C'est juste que ce Collier qui vient prend'la place d'Arthur, alors qu'il est même pas encore mort, ça nous a un peu r'tournés, comme qui dirait. Y a qu'è'qu'chose d'étrange dans tout ça.

— C'est peut-être votre impression, admis-je, mais je puis vous dire que je l'ai rencontré pour la première fois chez lord Lilley, dans St. James Street. Il a perdu sa place là-bas, pour avoir laissé entrer les voleurs de la même façon qu'Arthur l'a fait.

— Je sais, c'est c'qu'il prétend. Malgré tout, ça semble pas correct. Je r'marque que t'as pris toi-même certaines précautions... sinon est-ce qu'on cause pas ici pour qu'il nous entende pas ?

— C'est vrai, je nourris aussi quelques doutes. Mais, s'il vous plaît, Miss Bleeker, cessons là cette passe d'armes et venons-en à la raison de ma visite. M. Mossman a dit que vous aviez quelque chose à me confier.

— Chut ! Si c'est vraiment lui et s'il devait apprendre que je l'ai r'connu, alors j'serais morte sur-le-champ.

— Entendu, Maude, dis-je, dites-moi seulement ce que vous avez à me dire et finissons-en.

Il était clair qu'elle n'aimait pas qu'on la presse. Ses yeux me fustigèrent, mais rien qu'un instant. Elle recouvra son sang-froid, hocha la tête et poursuivit :

— C'est d'accord, on procède comme ça, alors. Je m'en vais t'dire c'que je sais et c'que j'pense, et j'mélangerai point l'un et l'autre.

Elle marqua une pause, incapable de continuer pendant quelques instants.

— Mais par où commencer?

Elle ne fut guère longue à se décider, et l'histoire qu'elle me narra commençait dans le Sussex où, selon ses dires, elle apprit tout ce qu'elle savait en cuisine auprès de sa mère, laquelle œuvrait pour le compte du sieur Leonard, châtelain de son état et père de Justine (la future Mme Trezavant). C'était l'homme le plus riche de cette partie du royaume, nobles et roturiers confondus.

Lorsque Maude eut vingt ans, elle avait appris tout ce que sa mère avait à lui enseigner, et excellait dans certains domaines précis. Comme il n'existait aucun endroit où elle pourrait exercer ses prodigieux talents de cuisinière, elle se décida à chercher un emploi à Londres. Sa veuve de mère lui permit de s'en aller à la grande ville, bien qu'en vérité elle éprouvât de grandes inquiétudes en la matière... et à fort juste titre. Le travail se faisait rare à Londres, notamment dans les grandes maisons, où Maude cherchait une place. Elle ne disposait que d'une lettre, dans laquelle un notable de province la recommandait pour son habileté à cuisiner, et sa nature avenante, ce qui signifiait peu de chose aux yeux des lords et des ladies... et encore moins à ceux de leur majordome. De guerre lasse, elle était prête à s'en retourner dans son comté, lorsque, à l'auberge où elle séjournait, *La Clé*, une violente dispute éclata à l'office entre le tenancier et le cuisinier, laquelle eut pour résultat le départ de ce dernier, un Irlandais sans grands talents culinaires. Maude Bleeker, qui, par hasard, se trouvait dans la salle à manger, au plus fort de la querelle, se proposa incontinent de remplacer l'Irlandais à l'office. Et l'aubergiste, qui n'avait guère le choix, l'y installa aussitôt. Dès ce jour, elle fit le succès de *La Clé*. Ses compétences en pâtisserie lui valurent sa plus grande renommée; les tartes et les scones qui sortaient de son four devinrent célèbres jusqu'à l'autre bout de la ville. Et *La Clé*, tout juste connue comme une hostellerie, où les voyageurs pouvaient toujours se restaurer, faute de meilleur endroit où aller, ne tarda pas à devenir la meilleure table publique de ce quartier de la capitale, avec accessoirement des chambres à louer pour les clients de passage.

La Clé se dressait en plein cœur de Covent Garden, à l'angle de Chandos Street et de Half Moon Passage. Comme l'essentiel de sa besogne en cuisine s'effectuait au petit matin et qu'elle était au fond une jeune fille aventureuse, Maude prit l'habitude de fréquenter le *Tom King*, l'insigne maison de café des environs, à l'heure où la majorité des habitants de la cité se levait. La majorité, disais-je, mais point la totalité... car les rues environnantes de Covent Garden abritaient un grand nombre de voleurs, joueurs, catins, et autres misérables de tout acabit... et le café *Tom King* constituait le dernier endroit de rassemblement de la soirée.

Au début, elle ne vint qu'en qualité de simple observatrice et nul doute qu'il y avait matière à observer. Si le spectacle offert par la clientèle se révélait bien plus divertissant que nombre de ceux qu'on pouvait voir dans Drury Lane, il s'avérait encore un peu plus haut en couleur. Comme elle allait souvent au *Tom King* (et le bruit courut bientôt qu'elle était la cuisinière ayant changé le destin de *La Clé*), elle ne tarda pas à participer aux jeux et aux distractions des clients, lesquels la surnommèrent « Maudie, la fille du Sussex ». Et elle finit par y rencontrer un jeune homme, auquel elle s'attacha plus ou moins. Il ne la courtisait pas à proprement parler mais la taquinait de manière affectueuse, la gorgeait de badineries et de récits extravagants, et prit l'habitude de la raccompagner à pied à *La Clé*. Il se passait des jours et des nuits, parfois des semaines, où il disparaissait sans crier gare, mais revenait sans explication, et elle l'accueillait chaque fois sans lui poser de questions, car il embellissait grandement sa morne existence.

Puis un jour, tout cessa sans qu'elle sût pourquoi. Pendant l'une des absences périodiques de son galant, une habituée du *Tom King,* une astucieuse petite voleuse, qui avait adopté le pseudonyme de Tollibon Lucy, se prit de compassion pour Maudie. Lorsqu'elle demanda pourquoi pareille sympathie lui serait due, on lui expliqua que son Johnny le Farceur, sobriquet sous lequel la voleuse connaissait le jeune homme, avait été appréhendé par les « sergents du Curieux » et passerait ce jour-là en jugement devant le « juge aveugle de Bow Street ». Mais pour quelle raison ? Qu'avait-il donc fait ? « Ne savais-tu pas que ton joli Johnny était un détrousseur ? s'enquit Lucy. Et pas *seulement* un voleur, mais un fieffé escroc, un véritable prince des voleurs ! »

Ce jour-là, elle laissa son aide s'occuper de la cuisine et se rendit au tribunal de Bow Street, afin de se présenter à l'heure convenue, pour voir son Johnny comparaître devant le grave magistrat, lequel le déféra à la cour d'assises de l'Old Bailey. Elle apprit alors un certain nombre de détails à son sujet. De prime abord, elle découvrit son véritable nom, John Abernathy, tel qu'énoncé par le greffier. Elle prit ensuite connaissance de la totalité des méfaits du prévenu : ils étaient multiples et variés, parmi lesquels toutes sortes de brigandages, du cambriolage au vol de grand chemin ; la plupart, toutefois, étaient du genre où Johnny le Farceur entraînait une bande d'individus armés dans la demeure d'un homme riche ou noble et pillait tout ce qui pouvait se collecter d'emblée. Il n'y avait cependant aucune accusation de meurtre à son encontre et elle s'en félicitait. Mais elle finit aussi par découvrir qu'elle n'était point la seule à lui témoigner une affection toute particulière. Tout un chœur de femmes compatissantes pleurèrent amèrement de le voir ainsi enchaîné et elles l'applaudirent avec courage lorsqu'on le présenta au magistrat. Le jeune Abernathy parut toutefois fort impétueux à l'endroit du pauvre juge aveugle, qu'il rendit responsable, sembla-t-il, de tous ses ennuis. À dire vrai, il proféra quelque menace lorsqu'on le déféra à la prison de Newgate, dans l'attente de son procès.

Maude sortit totalement anéantie de cette épreuve, car

en dépit de ses années passées à Londres, elle demeurait toujours au fond d'elle-même une fille de campagne, provinciale et innocente. Elle s'en retourna à *La Clé* et donna son congé ; quelques jours plus tard elle rentra chez sa mère, dans la grande demeure du sieur Leonard, à la sortie de Robertsbridge. Elle arriva juste à temps pour participer aux préparatifs des noces de Justine Leonard, unique héritière du châtelain, avec Thomas Trezavant. (Il s'agissait d'une ascension pour Justine, car s'il n'était point noble lui-même, son fiancé se révélait étroitement lié à une famille d'aristocrates ; le sieur Leonard paya cher pareille élévation sociale... et continuerait de débourser.) Maude contribua surtout au grand événement en préparant ses célèbres tartes et scones à profusion. M. Trezavant, quoique pas aussi corpulent qu'il le devint ensuite, en prenait bien le chemin. L'homme aimait les sucreries et déclara à Maude que les douceurs cuisinées par ses soins s'avéraient les meilleures qu'il eût jamais goûtées. Lorsqu'il apprit qu'elle se trouvait désormais libre et, de la bouche du châtelain, qu'elle possédait une nature affable, il l'engagea sur-le-champ, et elle suivit les jeunes époux jusqu'à leur nouvelle résidence de Little Jermyn Street.

Aussi, quelques années après sa première arrivée à Londres, Maude Bleeker obtint ce qu'elle avait toujours cherché : une place de cuisinière dans une des grandes demeures de la capitale. Elle s'avouait ravie, bien sûr, mais éprouvait aussi de l'amertume à son retour, car il n'y aurait plus Johnny le Farceur pour l'accueillir. Cela l'attristait, de même qu'elle se sentait trahie par lui ; l'étendue et la nature de ses méfaits connus la choquaient et l'effrayaient ; les femmes qui avaient témoigné avec tant de fougue leur sympathie pour le bandit l'avaient intimidée. Maude souhaitait avant tout le chasser de son esprit. Elle ne s'en revint pas au café *Tom King* pour demander des nouvelles de Johnny le Farceur. Elle supposa, sans doute à juste titre, qu'on l'avait pendu à

Tyburn, et nul ne lui donna matière à s'en dissuader, jusqu'à la veille au soir.

— Et parmi les voleurs, vous avez distingué celui que vous connaissiez sous le nom de Johnny le Farceur? intervins-je en songeant à lui faire hâter son récit.

Mais pas question qu'on la presse! Elle prit une profonde inspiration et poursuivit son histoire, en racontant comment, ce soir-là, elle avait tout à coup perçu une cavalcade au rez-de-chaussée, sans savoir ce qu'il pouvait bien arriver en haut de l'escalier. Puis, comme elle grimpait les marches pour tenter de voir ce qui se passait, elle faillit être renversée par une demi-douzaine de domestiques, pourchassés par deux Noirs, coutelas au poing. On arracha ses deux aides de cuisine de leur lit pour rejoindre les autres. Un autre brigand descendit alors et fit une petite déclaration à tous ceux qu'on avait entassés dans la petite cuisine, en leur assurant que tous seraient saufs, s'ils se tenaient tranquilles et patientaient « pendant qu'mes camarades et moi, on fait not'affaire ». Si, au contraire, le moindre membre de la domesticité tentait de résister ou de fuir, il serait à coup sûr abattu sur place.

— *Était-ce donc lui?* demandai-je en hurlant presque.

— Qui ça?

— Enfin quoi! Johnny le Farceur... John Abernathy, peu importe comment vous le nommez. C'est bien de lui que vous me causez depuis un quart d'heure, non?

— Pour sûr, dit-elle, que c'était lui, bien entendu. J'voulais juste que tu saches comment j'en étais v'nue à le r'connaît'après toutes ces années.

— Cela fait combien d'années, en fait?

— Plus de dix. Y a si longtemps?

Elle réfléchit, se pencha sur son passé, en quête d'événements marquants.

— Non... c'est plus qu'ça... ça fait près de douze ans.

— Comment l'avez-vous reconnu? Qu'est-ce qui vous a convaincue?

— Ma foi, j'crois qu'c'était sa voix, répondit-elle.

Faut dire qu'j'ai la mémoire des voix. Quand il a commencé à parler, j'avais les yeux ailleurs, et dès qu'j'ai entendu un mot ou deux, j'me suis dit : « Bon sang, j'connais cette voix ! » Et comme on fait tous dans c'cas-là, j'ai tourné la tête pour voir à qui elle appartenait. Ça m'est pas v'nu tout d'suite, à cause qu'il avait changé, mais j'suis sûre que c'était lui, car tu vois, je l'ai bien connu à l'époque.

— Il avait changé ? répétai-je. De quelle manière avait-il changé ?

— Eh bien, évidemment, il était plus vieux, et ça peut arriver à tout l'monde. Mais il m'a semblé froid, cruel... et il ne l'a jamais été dans l'temps. C'était quelqu'un d'chaleureux, d'adorable, un homme du genre amusant.

— Je vois.

Il y avait un détail précis que je désirais entendre de sa bouche, mais j'ignorais comment l'y amener, à moins de lui souffler les mots. Et je savais, pour avoir vu sir John interroger plus d'un témoin, que pareille tactique ne conviendrait pas. Quand elle avait relaté son histoire, un certain nombre de stratégies m'avaient traversé l'esprit... mais je les avais toutes rejetées. En définitive, je décidai de lui formuler ma question de la façon la plus simple possible :

— Miss Bleeker, voulez-vous bien me dire si John Abernathy, que vous connaissiez sous le sobriquet de Johnny le Farceur, était un homme blanc ou noir ?

Sachez, cher lecteur, qu'elle me décocha alors le regard le plus étrange qu'on m'eût jamais lancé, comme si elle me croyait tout droit échappé de Bedlam[1]. Puis, contre toute attente, elle éclata de rire.

— Je vois bien c'que tu veux dire, déclara-t-elle, une fois qu'elle eut quelque peu recouvré son calme. Tu veux

1. Surnom populaire de l'hospice pour aliénés St. Mary of Bethlehem. Le mot est resté dans le langage courant pour désigner un *chahut*, une *maison de fous*. (N.d.T.)

parler d'cette peinture idiote qu'il avait sur la figure, pardi ?

— Oui, je suppose.

— Eh bien, j'ai pas été dupe, pas un seul instant. Quand tu connais bien quelqu'un, comme j'ai connu mon Johnny, c'est pas un peu d'peinture qui va t'embabouiner. Non, il était blanc, pour sûr... aussi blanc que toi et moi. Mossman, le porteur, il a dit qu'toute la bande — du moins tous ceux qu'il a vus — étaient grimés d'cette manière et c'étaient p't'ê't' même pas des Noirs du tout. Mais Crocker, elle pense que çui-là qui lui a entaillé l'nez était un vrai Africain.

Il semblait donc que les domestiques avaient débattu de l'affaire en détail. Ce qui, je le craignais, pouvait s'avérer dangereux pour Maude Bleeker, et peut-être autant pour Crocker.

— Vous vous teniez assez près de lui, j'imagine.

— Assez pour le r'connaît'. Presque aussi près que je l'suis d'toi en c'moment.

— Pensez-vous avoir été assez proche de lui pour qu'il *vous* ait reconnue ?

Elle réfléchit à la question. Je n'eus d'autre choix que d'attendre. Elle secoua enfin la tête en signe de dénégation.

— Non, dit-elle, il a pas du tout donné l'moindre signe qu'il m'avait r'connue. J'doute même qu'il m'ait vue, bien que j'me t'nais juste d'vant lui. Même s'il... (elle baissa le regard :) j'suis bien plus forte que j'étais y a douze ans. Vingt-cinq à quarante livres de plus, ça peut drôl'ment changer l'apparence d'une personne.

— Malgré tout, déclarai-je, vous auriez tort de colporter son nom ici et là. À votre place, je n'en discuterais pas davantage avec les gens de service. Les voleurs ont déjà tué, vous savez.

Cela mit un terme à mon interrogatoire, si tant est qu'on puisse l'appeler ainsi. Je lui précisai que moi-même, ou peut-être sir John, nous pourrions revenir lui poser d'autres questions, à moins qu'à l'inverse elle ne fût conviée à Bow Street.

Mais il restait un détail. Je repris la parole, au moment où elle partait, et elle se retourna vers moi, dans l'embrasure de la porte du réduit.

— Puis-je vous demander une dernière chose?

— Je t'écoute, dit-elle.

— Il se peut que vous nous ayez apporté une aide considérable dans notre enquête, grâce à ce que vous m'avez confié. Pourquoi l'avez-vous fait?

— J'n'y ai pas trop réfléchi, avoua-t-elle. Mais ça m'semblait la seule chose à faire. Quand j'ai su c'que Johnny avait fait — tous les vols et à présent l'meurtre —, eh bien j'voyais pas comment j'aurais pu cacher tout ça.

— Merci, répondis-je, mais soyez très prudente.

On me conduisit à la porte de service, en haut d'une volée de cinq marches, pour quitter la cuisine et sortir dans le jardin. Nul doute que les amis de Maude souhaitaient que M. Collier ne sache rien de mes allées et venues. Ils nourrissaient des soupçons à son endroit. Peut-être aurais-je dû en avoir aussi, mais cet après-midi que j'avais passé en sa compagnie suffisait à me convaincre qu'il ne présentait aucun réel danger pour moi ou quelque domestique que ce fût. Au pis, il donnait l'impression d'un vieux fouineur de quarante ans : envieux, pleutre et velléitaire. Il avait peut-être eu tort de se présenter avec une hâte aussi inconvenante pour remplacer Arthur, mais je le savais désespéré, en dépit de la hardiesse de ses propos, lors de notre dernière rencontre. Il ne connaissait nulle autre façon de gagner sa vie, hormis d'exercer la profession de majordome, aussi quand l'occasion s'était présentée, il l'avait saisie, sans se soucier le moins du monde d'Arthur, ni de qui que ce fût. Je me dis que je ne pouvais guère le blâmer pour son attitude.

En me dirigeant vers la résidence de M. Bilbo, je

reconsidérai le but de ma visite là-bas. En mon for intérieur, je sentis que la mission confiée par sir John n'avait aucun sens. Si on était sûrs que Bunkins et le cocher nous mentiraient, à quoi bon les interroger sur les activités de M. Burnham, la veille au soir? Selon le magistrat, en examinant de près leurs mensonges, nous parviendrions à la vérité. J'avais quelques doutes sur le principe.

Si je m'abandonnais à ces pensées rebelles, c'est que mon entretien avec Maude Bleeker avait fourni les faits les plus importants jusqu'alors révélés par l'investigation. Mon propre succès en qualité d'enquêteur me transportait, sans jamais considérer que je n'avais guère le droit de me l'attribuer. Après tout, c'était le porteur qui m'avait envoyé auprès d'elle écouter ce qu'elle avait à me dire, n'est-ce pas? C'était elle qui avait formulé le vœu de me narrer ce qu'elle avait vécu et ce qu'elle avait vu, n'est-ce pas? Et pourquoi m'avait-on mandé, pourquoi m'en avait-on conté autant? J'avais suffisamment de bon sens pour ne pas croire à la raison qu'elle avait invoquée. Il semblait bien plus probable que son attitude fût motivée par cette longue succession de méfaits dont Abernathy avait été sans doute reconnu coupable, qu'elle eût été inspirée par quelque désir de se venger de celui qui l'avait trahie. Pourtant, quelle que fût sa raison, elle nous avait offert un présent de choix. C'était là toute la vérité; néanmoins, je m'étais convaincu de lui avoir arraché l'information avec grande ingéniosité, comme si je la lui avais soutirée par quelque ruse.

J'arrivai donc à cette demeure de St. James Street, qu'une singulière suite d'événements* m'avait amené à connaître, depuis mes premiers jours à Londres. Je sautai à cloche-pied sur les trois marches du perron menant à la porte à panneaux de chêne, aussi somptueuse que les

* Ces circonstances sont décrites dans le premier épisode de mes mémoires des enquêtes de sir John Fielding, ayant pour titre *Les Audiences de Sir John.*

autres portes de la rue, saisi le lourd heurtoir et frappai quatre coups. J'attendis et perçus des pas à l'intérieur ; puis ils cessèrent et, contre toute attente, l'huis ne s'ouvrit point. J'attendis néanmoins. Je frappai encore et encore, et de nouveau ce traînement de pieds de l'autre côté.

Me parvint alors une plainte agacée :

— Entendu, entendu, laissez-moi une minute et j'ouvrirai la porte. Je mets mon chapeau.

La voix était féminine, mais quelque chose me disait que je devais connaître sa détentrice. Certes, il ne s'agissait pas de Nancy Plummer, pas plus que de la cuisinière de M. Bilbo. Avait-il pris une nouvelle maîtresse ?

La lourde porte s'ouvrit enfin, avec une lenteur incroyable au début, puis plus vite ensuite, jusqu'à ce qu'apparût une jeune femme d'environ vingt ans ; elle était vêtue pour sortir.

— Qui êtes-vous et qui désirez-vous voir ? me lâcha t-elle, essoufflée et non sans désinvolture.

Puis elle marqua un temps d'arrêt, tandis que je faisais de même. Elle me dévisagea et moi aussi.

— J'te connais, dit-elle, sourcils froncés. Tu es... tu es...

— Et vous, dis-je, vous êtes... oh, je l'ai sur le bout de la langue. Vous êtes Miss Pinkham.

— Comme de juste. Et t'es l'garçon qu'était en compagnie du juge aveugle, quand il m'a posé toutes ces questions, pas vrai ?

— C'est tout à fait cela. Je m'appelle Jeremy Proctor. Sir John et moi étions des plus indignés d'apprendre que lord Lilley vous avait renvoyée, de même que le majordome. Sir John avait en particulier requis que nulle action ne soit entreprise, avant qu'il n'ait eu l'occasion de s'entretenir à nouveau avec vous.

— On voit le résultat !

— Où étiez-vous donc ? J'ai parcouru St. James de long en large, en vous cherchant vous et M. Collier, afin que nous puissions avoir notre causerie.

— Eh bien, j'me trouvais ici même. Nancy Plummer et moi, on est amies d'puis des années, pardi.

— M. Bilbo vous a-t-il engagée céans ?

— À son service, tu veux dire ? Oh non, il a si peu d'domestiques, et j'suis plus une femme de chambre, d'toute manière. J'ai juste couché là dans un des lits d'reste.

— Je n'ai jamais songé à demander de vos nouvelles ici, admis-je. J'y viens si souvent que M. Burnham, Jimmie Bunkins, ou même M. Bilbo en personne m'en auraient certes parlé.

— Ma foi, c'est là que j'habitais. Mais j'y suis plus pour longtemps.

— Oh ? Comment donc ?

— J'ai cherché une place et j'en ai comme qui dirait enfin trouvé une.

— Parfait, Miss Pinkham. Serait-ce à Londres ou...

— À Londres, pour sûr. Je n'pourrais pas viv'longtemps ailleurs, affirma-t-elle avec une grande certitude. J'pourrais p't'ê't' rester un moment dans une grande maison à la campagne. J'dis pas qu'ça m'dérangerait.

— Oh, certes non ! fis-je en la gratifiant d'un chaleureux sourire.

Pour sa part, elle me le rendit. Un silence embarrassant s'ensuivit.

— J'dois filer. J'ai rendez-vous avec mon nouveau maître, dit-elle en s'avançant, dans l'espoir que je m'écarterais.

Je tins bon, ne souhaitant pas la laisser me contourner.

— Où peut-on incidemment vous joindre, Miss Pinkham ? Ici ? Ou peut-être à votre nouvelle place ? Nous devons avoir cette entrevue, je le crains.

— Eh bien...

Elle tourna la tête de-ci de-là, à l'évidence pressée de s'en aller.

— Je pourrais vous retrouver ici ou peut-être à la demeure de votre nouveau maître. Qui est-il, à propos ?

— Euh... c'est pas certain qu'j'aie une place.

— Navré. J'ai dû mal vous comprendre, dis-je. Mais où serait-ce ? Où seriez-vous employée... *si* toutefois vous l'êtes.

Elle soupira.

— Bloomsbury Square.

— Et votre patron sera... ?

— Lord Mansfield.

— Merci. Je vais devoir rester un certain temps ici et je présume que vous serez rentrée bien avant l'heure du souper. Nous deviserons à votre retour.

Elle m'adressa alors un regard assez étrange, comme si j'étais quelque animal qui lui barrait le chemin et montrait les dents, alors qu'elle cherchait à passer. Je ne fis cependant aucun autre mouvement pour entraver sa route. Je m'écartai pour lui laisser la voie libre et, qui plus est, inclinai légèrement la tête sur son passage.

Une fois en la demeure, je refermai la lourde porte derrière moi. Debout dans le couloir, je me sentais l'âme d'un intrus. Personne ne m'avait invité et je n'étais pas tout à fait le bienvenu, si l'on avait eu vent de mon dessein. Toutefois, j'avais une tâche à accomplir et, mission inutile ou pas, je m'en acquitterais le mieux possible.

J'étais assez près de la porte de la salle de classe pour entendre M. Burnham entonner quelque leçon de géographie au profit de Bunkins. (Où se trouvait la terre de Van Diemen [1] ? Je n'en avais aucune idée.) Je n'allais, ne pouvais pas les interrompre. Il valait mieux me rendre directement auprès de M. Bilbo, afin de l'informer de ma présence en son logis, et annoncer sur-le-champ la raison de ma visite. Il serait malséant d'arpenter la demeure en tapinois et de poser des questions à son insu. Fort de cette décision, je parcourus le long couloir en quête de M. Bilbo, là où je serais le plus susceptible de le trouver.

1. Appellation de la Tasmanie jusqu'en 1853, du nom du gouverneur général des Indes néerlandaises. *(N.d.T.)*

Ce qui constituait la bibliothèque du temps de lord Goodhope était désormais le bureau de Black Jack Bilbo. Comme il avait navigué, l'endroit s'agrémentait de marines, tableaux de bateaux au port, et autres gravures de contrées exotiques. Dans un coin se trouvait un compas de mer et, installé sous les hautes fenêtres de la pièce, un gouvernail. Des cartes ornaient les murs et toutes sortes de souvenirs — pistolets, coquillages, fers de lance — étaient posés pêle-mêle sur les tablettes qui autrefois contenaient les ouvrages de lord Goodhope. Si le refuge de sir John entre deux chambres à coucher se révélait trop petit pour qu'on le qualifiât de bureau, alors celui de M. Bilbo était un peu trop vaste. Mais cela convenait à merveille au personnage. C'était à maints égards une silhouette imposante... hormis en ce qui concernait la stature. Sans être grand, il était néanmoins pourvu d'un large poitrail et d'une panse opulente : la circonférence de chacune de ses cuisses eût rivalisé avec le tour de taille d'un homme ordinaire ; il portait de surcroît une imposante barbe noire et avait grand cœur comme tout Londonien.

Il me suffit de frapper à l'huis et de passer la tête dans l'entrebâillement pour qu'il me fît signe d'approcher.

— Jeremy, mon garçon, entre, veux-tu ?

J'obtempérai et pris le siège sis en face de son secrétaire, qu'il me désigna d'un geste auguste (il se plaisait aussi à montrer pareille exubérance dans les mouvements).

— Toujours ravi de te voir, me dit-il, encore que je ne puisse affirmer que cette visite soit tout à fait inopinée.

— M. Burnham vous a confié ce qui s'est passé au cours de son entretien avec sir John ?

— En effet. Il m'a tout relaté... ou du moins ce qu'il en savait.

— Comment ce gros individu est arrivé au pas de charge et l'a désigné du doigt comme étant le chef de la bande de brigands ?

— Il s'appelle Trezavant, si je ne m'abuse.

— C'est le coroner de Westminster.

— Ah ! lâcha M. Bilbo en roulant des yeux devant la nouvelle que je venais de lui apprendre. *Voilà pourquoi* sir John n'a point osé l'envoyer paître.

— Certes oui, admis-je. M. Trezavant est un ami du Premier ministre et il doit sa nomination à ce poste au président de la Haute Cour.

— Ah, la politique...

Il secoua la tête d'un air consterné.

— Je me suis laissé dire qu'il est un voisin proche de chez nous.

— C'est exact... dans Little Jermyn Street.

— M. Burnham te soupçonne de l'avoir entraîné dans cette rue précise afin que ce Trezavant puisse bien l'observer et l'identifier de manière formelle.

Je sursautai d'indignation :

— Enfin, ce n'est pas vrai !

Je haussai le ton, certes, mais me contrôlai néanmoins.

— Ce n'était que pur hasard. Je ne ferais jamais une chose pareille, pas plus que sir John ne me demanderait d'agir ainsi.

— C'est ce que je lui ai dit. Rassieds-toi, Jeremy, je dois tirer certaines choses au clair.

Ce qu'il fit. Il attendit que je fusse de nouveau installé en face de lui pour s'exprimer. Il se pencha alors en avant sur le bureau, ses grosses mains jointes, ses yeux plantés dans les miens.

— J'ai confié à M. Burnham que je vous connaissais tous les deux, sir John et toi, Jeremy, fort bien et depuis assez longtemps pour être certain que vous ne vous livreriez point à de tels coups bas, comme il le décrit. Et je t'affirme à présent, mon garçon, que je connais bien M. Burnham et d'assez longue date pour être sûr qu'il ne commettrait ni larcin ni meurtre, comme ce M. Trezavant le prétend. Lorsque tu connais vraiment un homme, de la manière dont je le connais lui, ou toi, ou sir John, alors tu sais ce dont il est ou non capable. Qu'il soit noir ou blanc, je le croirais sur parole. Mais bien entendu, s'il s'agit de la parole de M. Burnham contre celle du coroner de Westminster, alors cela complique beaucoup la situation.

— Il y a un autre obstacle, monsieur Bilbo.

— Et quel est-il, mon garçon ?

— Ni sir John ni moi ne croyons M. Burnham coupable, comme l'accuse M. Trezavant. Pour autant, sir John — et moi aussi, je l'avoue — ne croit pas qu'il ait passé tout son temps tranquillement en la demeure, hier au soir, comme il le prétend. C'est la raison pour laquelle le magistrat m'a dépêché ici, à dessein de confirmer son histoire, eu égard aux remarques et témoignages de ceux qui se trouvaient céans à ce moment-là.

— Pour confirmer ou démentir ?

— Quelle que soit l'issue, je présume.

J'hésitai sur ce point, mais décidai ensuite d'être tout à fait franc envers M. Bilbo.

— Sir John s'attend à ce qu'on me dise des menteries, mais, selon lui, même celles-ci auraient un certain poids, car elles peuvent nous mener à la vérité. J'ignore encore comment il peut en être ainsi.

— Il est rusé, n'est-ce pas ? Seul lui pourrait inventer un moyen pour que les mensonges puissent conduire à la vérité.

Il rit de sa remarque, battit des mains et rit de plus belle. Puis son hilarité cessa soudain.

— Mais laisse-moi te dire, Jeremy, que sir John avait pleinement raison sur un détail, à savoir qu'on allait te mentir. En fait, je m'en vais te confier à présent que je suis resté moins d'une heure à mon cercle de jeu et tout le temps que j'ai passé ici — c'est-à-dire jusqu'aux alentours de dix heures et demie —, M. Burnham s'y trouvait aussi et j'en suis tout à fait certain.

— Est-ce la vérité, monsieur Bilbo ?

— Je suis prêt à le jurer, Jeremy.

Ce qui n'était pas, en l'espèce, la même chose que de dire la vérité.

— Ce serait donc ma parole contre celle de M. Trezavant, et bien que je sois un joueur, plus d'un duc ou plus d'un comte sont prêts à témoigner que je dirige la maison de jeu la plus soignée et la plus honnête de tout Londres. Ils ne continueraient pas à venir chez moi, dans le cas contraire.

D'un hochement de tête, il signala qu'il n'y avait plus rien à ajouter.

Je me levai de mon siège.

— J'ai donc votre permission de parler à tous ceux qui se trouvaient dans votre résidence la nuit dernière ?

— Bien sûr, répondit-il. Tu n'as jamais besoin de mon autorisation pour venir dans cette demeure et y causer avec quiconque.

— Merci, dis-je.

Je tournai ensuite les talons et traversai le bureau dans toute sa longueur. Ce ne fut qu'à la porte que je marquai une pause avant de m'adresser à M. Bilbo.

— Monsieur, déclarai-je, en entrant ici, j'ai croisé par hasard Miss Pinkham, que j'avais rencontrée auparavant chez lord Lilley. En savez-vous beaucoup à son sujet ?

Il soupira.

— Certes non. C'est une vieille connaissance de Nancy Plummer, ma foi. Nous accueillons parfois des orphelins qui n'ont nul autre endroit où aller... pas seulement quelqu'un trouvé dans la rue, tu me comprends. Une personne doit s'en porter garante et Nancy l'a fait. En dehors de cela, tu devrais demander à Plummer.

— Entendu, alors. Je vais commencer par Bunkins, s'ils en ont terminé avec la classe pour aujourd'hui.

Et j'agis ainsi. Point n'est besoin de m'attarder sur ma causerie avec Bunkins — notre vif embarras, son incapacité à fournir des détails —, pas plus que je ne vous ferai languir plus avant, cher lecteur, en vous rapportant tout à trac les propos échangés entre le cocher, le valet de pied, et moi-même. Tout cela constitua une vaste perte de leur temps et du mien... ou du moins me sembla-t-il. Et, bien sûr, cela me valut leur ressentiment et peut-être aussi l'inimitié de M. Burnham.

Ils racontèrent tous la même histoire, avec exactement les mêmes précisions. Au dire de tous et de chacun, M. Burnham s'était retiré dans le salon pour lire. Que lisait-il ? Un livre. Quel en était le titre ? *Le Vicaire* de tel ou tel lieudit. Qui avait écrit l'ouvrage ? Aucune idée. Alors comment pouvait-on être sûr qu'il s'agissait bien de ce livre particulier ? Parce qu'il ne cessait de s'épuiser à en lire à haute voix des passages qu'il appréciait. (Il y avait quelque ironie délibérée dans le choix de M. Burnham pour cet ouvrage qu'il prétendait avoir lu ce soir-là, car il s'agissait de l'exemplaire du *Vicaire de Wakefield*, d'Oliver Goldsmith, que je lui avais prêté.) À les croire, M. Burnham faisait fréquemment une ronde du salon à l'office au-dessous, où les hommes d'écurie étaient attablés, puis à l'étage, dans la chambre de Bunkins, tous les quarts d'heure, voire moins ; et ainsi étaient-ils tous certains qu'il avait été présent pendant la soirée entière et ne s'était point éclipsé, pour cambrioler une demeure du voisinage avec sa bande de malfaiteurs noirs, avant de s'en revenir en secret, à l'insu de tout le monde.

Tout cela me parut tant soit peu ridicule, je le crains.

Il se trouva que je causai aux cochers dans l'écurie derrière la maison. En toute honnêteté, ils ne me prêtèrent guère attention, comme je les questionnais, car ils s'affairaient à atteler les chevaux et à préparer la voiture pour une promenade en amont du fleuve, à Richmond, où M. Bilbo avait rendez-vous avec le duc ; excusez du peu, cher lecteur. Ils me laissèrent en vérité, quoique pas tout seul, car, tandis que je les regardais partir, je fus rejoins par le garçon d'écurie, un jeune gars de la campagne d'environ quatorze ans qui besognait là de fraîche date ; pendant que les deux autres fixaient l'attelage, il œuvrait à nettoyer les stalles. Il empestait à ce moment-là, mais je me tins à proximité, car au moment même où j'allais m'en aller, il se mit à parler. Je fus vivement intéressé par ce qu'il avait à dire.

— J'comprends pas pourquoi M. Bilbo fait pas c'voyage sur son ch'val de selle. Cette jument grise est bien la plus jolie et la meilleure qu'j'ai jamais vue. C'est dommage que l'maît'la monte jamais.

Je tentai de lui expliquer que les marins comme M. Bilbo s'avéraient souvent de piètres cavaliers et renâclaient à faire étalage de leur manque d'adresse. Toutefois, le garçon parut ne pas écouter mes propos. Il poursuivit sur sa lancée :

— S'il n'y avait point M. Burnham, cette jument ne s'rait jamais montée, dit-il. Il tient bien la selle, j'dirais. J'me d'mande où qu'c'est qu'il a appris.

— Est-ce qu'il soit souvent la monture ? m'enquis-je.

— Oh, pas souvent, j'dirais... deux ou trois fois la semaine, quatre au plus. Toujours le dimanche.

— Est-ce qu'il l'a prise hier au soir ?

— Et comment ! Il n'est pas rev'nu avant onze heures et demie environ et il m'a t'nu d'bout jusqu'à près d'minuit, à la bouchonner, la rafraîchir. Il a dû la faire galoper sur un sacré bout d'chemin.

Le gars s'interrompit, en réfléchissant à sa remarque.

— Ma foi, si c'était pas lui, personne le f'rait.

Je le remerciai et, avec un geste de la main, m'éloignai lentement. J'aurais dû au contraire empoigner l'adolescent et l'embrasser sur les deux joues, à la mode française, puis me mettre à faire la roue, car il avait transformé ma mission illusoire en une fructueuse enquête. J'avais peine à me contenir en retournant à la maison.

Je n'étais cependant pas ivre de ma réussite au point de ne pas remarquer une silhouette familière qui descendait l'escalier. Ce n'était autre que Nancy Plummer, que j'avais récemment beaucoup vue. Je me hâtai de la dépasser avant qu'elle ne disparût. Je l'interpellai par son nom. Elle fit volte-face et plissa le front en me reconnaissant.

— J'ai quelques questions à propos de Mary Pinkham, dis-je.

— Eh bien, moi j'ai des questions pour toi, au sujet de c'que tu lui as dit.

— Que voulez-vous dire ?

— J'veux dire qu'tu lui avais pas sitôt causé qu'elle est rev'nue vers moi et m'a interrogée sur toi. Et tout ça, pendant qu'elle j'tait tout c'qu'elle possédait dans sa valise. Et elle a filé, déclara Nancy. Elle est partie ainsi, en maudissant ton nom, pardi !

CHAPITRE VI

Où Frank Barber fait une apparition surprise

Souvent sir John semblait réagir assez peu aux nouvelles qu'un garçon de dix-sept ans considérait comme de la plus haute importance. J'en veux pour preuve ce qui se déroula à mon retour au 4 Bow Street. Je fis irruption à l'office, prêt à poursuivre mes pas jusqu'à sa chambre à coucher. Mais je le trouvai assis à la table, à demi vêtu, tandis que M. Donnelly lui pansait sa blessure. Le hasard avait voulu que je n'assiste pas à telle intervention auparavant. C'était la première fois que j'entrevoyais la plaie sous les pansements, depuis leur première application. À mes yeux, elle paraissait fort vilaine — rouge, plissée, et formant une croûte —, mais son état semblait satisfaire le médecin.

Après m'être assuré qu'Annie ne se trouvait point à portée de voix, je livrai le récit de ma visite à la résidence de M. Bilbo : je fis part de la manière étrange et de la complexité fort intolérable avec lesquelles on avait manigancé pour nous convaincre que M. Burnham avait été présent dans la demeure toute la soirée ; du garçon d'écurie qui, sans malice aucune et sans le vouloir, révéla que M. Burnham s'était trouvé dans la maison pendant le début de la soirée ; et je parlai enfin de ma singulière rencontre avec Miss Pinkham, ainsi que de son départ précipité qui avait suivi.

Sir John écouta avec attention, comme lui seul le pouvait, la lèvre inférieure légèrement pincée, tout en se caressant le menton. Toutefois, lorsque j'eus conclu cette partie de mon compte rendu, son unique commentaire me déçut quelque peu.

— Hum... oui, eh bien, voilà qui ne manque pas d'intérêt, n'est-ce pas ?

Mais j'étais trop enflammé et impatient de lui confier ce que j'avais à dire pour être grandement découragé. Aussi me lançai-je dans le reste de mon récit. Je commençai par lui raconter ma rencontre fortuite avec M. Mossman, le portier, et comment il m'avait appris que M. Trezavant était parti pour ramener sa femme du manoir familial dans le Sussex.

Ce détail parut davantage impressionner sir John que toutes les informations que j'avais rapportées du domicile de M. Bilbo. Ce qui l'incita à observer :

— Ah, certes, cela nous laisse en tout cas un ou deux jours.

Ce qui m'incita à me demander : « Un jour ou deux, à quelles fins ? » Mais je gardai pour moi cette réflexion et enchaînai directement sur la nouvelle de la réapparition soudaine de M. Collier, en qualité de majordome de la maison Trezavant, puis les confidences de Maude Bleeker. Je me souviens d'avoir rapporté celles-ci par le menu, quoique — je m'en honore — pas avec le luxe de détails dont me gorgea ce témoin. Comme pour instiller un semblant de drame dans l'affaire, j'achevai ainsi :

— Et elle a découvert que le véritable nom de l'homme n'était autre que John Abernathy, lorsqu'il a comparu devant vous, au tribunal de Bow Street, au-dessous.

— Et c'était l'homme qu'elle a reconnu parmi les brigands ?

— C'était l'individu qu'elle avait connu sous le sobriquet de Johnny le Farceur, oui monsieur.

— Elle en est certaine, n'est-ce pas ? Après tout, le bougre qu'elle a aperçu une minute voire un peu plus, dans la cuisine, avait la peau noire et non blanche.

— Certes, mais...

— Et il me semble, Jeremy, que même dans l'optique où elle eût été grimée de noir, sa face aurait peut-être fort changé sous ce fard sombre, en l'espace de douze ans.

— Tout ce que je puis affirmer, monsieur, c'est qu'elle semblait tout à fait affirmative.

— Oui, eh bien... peut-être.

Il se tut, mais je ne revins pas à la charge, car j'étais presque sûr qu'il aurait des remarques à ajouter.

— Le fait est, reprit-il (en accréditant ma supposition), que j'ai souvenance de ce John Abernathy. Je me rappelle sa voix, alors qu'il m'agonisait d'injures. Il pestait contre ma personne, eu égard au dossier que j'avais réuni à son encontre. Un certain nombre de victimes de ses vols depuis des années étaient alors présentes dans la salle. L'une après l'autre, elles l'ont identifié comme le brigand qui les avait détroussées sous la menace d'une arme blanche ou d'un pistolet, peu importe. Les chefs d'accusation portés contre lui se révélaient les plus solides que j'aie jamais présentés pour un renvoi à l'Old Bailey. J'ignore toutefois ce qu'il est advenu de lui ensuite. J'étais occupé par d'autres affaires. On l'aura sans doute condamné à la transportation plutôt qu'au gibet, je suppose.

Le magistrat y réfléchit un instant, puis il ajouta :

— Ce n'est guère vraisemblable, pourtant.

— Peut-être pourrais-je mander Maude Bleeker céans, suggérai-je, et vous pourriez ainsi entendre son histoire de vos propres oreilles.

— Non ! Non ! Non ! répliqua-t-il en agitant la main d'un air irrité. Cela ne servirait à rien, ou à peu de chose, à moins que nous ne sachions ce qu'est devenu M. Abernathy... à quelle peine il aura été condamné, et cetera. Et Jeremy, je crains de devoir te demander de dénicher ce renseignement pour moi. Il doit se trouver dans le dossier. Si la cuisinière dit vrai, et si tout cela s'est passé voilà douze ans, alors tu devras aller chercher dans la cave.

Mon cœur se serra. Dans le meilleur des cas, je détestais plus que tout compulser les dossiers. Mais le pire à mes yeux consistait à fouiller parmi ces chemises poussiéreuses, dans le sous-sol ; j'ignorais le temps que j'allais y passer, à présent que Clarissa les avait réorganisées.

Comme s'il avait lu dans mes pensées, sir John observa :

— Cela t'offrira l'occasion d'apprendre le nouveau système de classement. Je recommanderai à Clarissa de te prêter main-forte.

Pendant tout ce temps, M. Donnelly, à l'évidence tout à fait fasciné, se tenait debout et écoutait le rapport que j'avais livré à sir John et la discussion qui s'ensuivait. Le magistrat avait manifesté son intention de ne pas se mettre au lit et de souper « en famille ». Le praticien y avait consenti et, pour fêter l'événement, Annie s'était rendue tout spécialement à Covent Garden, afin de quérir chez notre boucher, M. Tolliver, une pièce de viande digne de l'occasion. Je reboutonnai donc la chemise de sir John et je l'aidai avec précaution à enfiler son habit.

M. Donnelly lui demanda la permission de m'emmener avec lui au rez-de-chaussée.

— J'ai quelques petites choses, dit-il, dont je souhaite m'entretenir avec Jeremy.

Songeant que ces « petites choses » auraient un lien avec son traitement, sir John accorda son autorisation avec indifférence, bien qu'il prévînt le praticien qu'il n'absorberait aucun des remèdes prescrits.

— Des aliments et de la boisson, voilà tout ce que j'autorise à mon estomac, décréta-t-il. J'ai vu ce que les docteurs émérites ont fait à ma pauvre Kitty.

(Il faisait allusion, cher lecteur, à sa première épouse bien-aimée, décédée d'une tumeur quatre ans plus tôt ; toute une kyrielle de médecins l'avait mal soignée avec force potions et médicaments, jusqu'à ce que se présentât M. Donnelly qui fit un diagnostic correct de la maladie ; mais il était trop tard pour agir autrement qu'en adoucissant son passage de vie à trépas.)

— Je garderai cela à l'esprit, sir John, répondit le praticien. Dans le même temps, souhaitez-vous qu'on vous conduise au lit, pour vous reposer avant le souper ?

— Non, je me reposerai ici, à la table. Annie ne devrait pas tarder à rentrer pour me tenir compagnie.

Je descendis donc avec M. Donnelly au rez-de-chaussée. Et ce fut à la porte donnant sur Bow Street, sous la chiche lumière de la petite fenêtre au-dessus du linteau, que nous tînmes notre conciliabule.

— Je t'ai fait descendre, annonça-t-il, parce que j'ai deux points dont je désirais discuter avec toi.

— Mais je vous en prie, parlez donc, monsieur.

— Le premier est en rapport avec M. Robb.

— Robb ?

Bizarrement, le patronyme ne me disait rien, prononcé de la sorte. Mais ma perplexité fut de courte durée et j'eus tôt fait de répondre :

— Ah, dis-je, vous voulez parler du majordome de la résidence de M. Trezavant. Je le connaissais sous le nom d'Arthur.

— Oui, celui-là même. Je l'ai vu plus tôt aujourd'hui, à St. Bart, et je dois bien avouer que son état ne m'a pas satisfait. Il parle et redevient conscient de temps à autre, quoique pas complètement, peut-être. À l'hôpital, les gardes-malades m'affirment que ces périodes, brèves au mieux, se font plus rares, et, ma foi, plus courtes. Je crois qu'il est en train de sombrer dans le coma... un profond sommeil dont il ne se réveillera jamais. La mort ne devrait pas tarder.

— Il n'y a donc rien qu'on puisse faire pour le sauver ?

— J'ignore ce qu'on pourrait faire. Il est vieux... je n'ai aucune idée de son âge. Son cerveau a subi un choc énorme. Il n'a pris qu'un peu d'eau depuis son arrivée à St. Bart et, s'il sombre dans le coma, il ne pourra même pas se désaltérer. Sans eau, sans nourriture, il est voué à périr de soif ou de faim.

— C'est terrible, commentai-je.

— Certes oui, mais je ne te confie pas seulement cela pour susciter ta compassion. Je sais que tu as des questions à lui poser. Je te conseille donc d'aller le voir à l'hôpital et de les lui soumettre, lors d'un de ses accès de conscience... c'est-à-dire, si tu peux lui parler pendant l'une de ces périodes.

— Je vais le faire, promis-je. J'irai demain.

— Demain, il sera peut-être trop tard.

— Oh... eh bien, autorisent-ils les visites de nuit ?

— J'ai prévu cela, répondit-il, en sortant une lettre de sa poche, et je t'ai rédigé une sorte de sauf-conduit qui devrait te permettre de visiter M. Robb à n'importe quelle heure du jour et de la nuit.

En prenant la missive, je le remerciai et promis de me rendre à St. Bartholomew le plus tôt possible.

— Mais vous avez entendu les tâches qui m'incombent ce soir, ajoutai-je.

— Certes et cela m'amène au deuxième point que je souhaitais aborder avec toi. Lorsque je t'ai trouvé là-bas, dans la demeure des Trezavant, occupé à accomplir le genre de besogne dont se chargeait toujours sir John dans le passé, je me suit dit : « Pourquoi pas, en effet ? Sir John ne pouvait se déplacer. Jeremy s'est toujours trouvé en sa compagnie, lors des visites sur les lieux du crime, et il sait quelles questions poser. » Et je suis certain que tu as fait du bon travail de professionnel, là-bas.

— Ma foi, je m'y suis efforcé, mais...

— Laisse-moi finir. Telle était alors mon impression, mais comme je t'écoutais livrer ton compte rendu au magistrat, j'ai été frappé par tout ce que tu avais effectué, lors de ton enquête. Tu te l'es appropriée. Tu lui as apporté des renseignements capitaux. Il le sait et en fera bon usage, même s'il n'en laisse rien paraître.

— Mais pourquoi ? protestai-je. Pourquoi se montre-t-il aussi circonspect à mon endroit ? Pourquoi ne manifeste-t-il aucun enthousiasme — pas même de la satisfaction — pour ce que je lui rapporte ? Quels que soient mes résultats, il me donne toujours l'impression que je suis d'une certaine manière en deçà de ses attentes. N'était-ce point le cas, aujourd'hui ?

Il le concéda. Mais il poursuivit alors :

— J'avais un professeur à l'université de Vienne, un professeur d'anatomie, et pour quelqu'un souhaitant devenir médecin, cela constitue sans doute la matière la plus importante de toutes. Il s'appelait Gräbermann, qu'on peut traduire, si je ne m'abuse, par : « fossoyeur ». En tout cas, j'étais certain qu'il creusait ma propre tombe. Alors que je tâchais de le satisfaire, que je travaillais sans relâche pour ses cours, et répondais correctement à toutes ses questions, j'étais sans cesse l'objet de ses sarcasmes. Il n'acceptait jamais ce que j'avais à déclarer sans quelque remarque de discrédit à mon endroit, et parfois sans le moindre motif. Son but ? Eh bien, je n'ai jamais pu tout à fait saisir lequel. Aussi tu peux imaginer ma surprise lorsqu'un de mes amis, étudiant en médecine, m'a annoncé avoir entendu notre professeur Gräbermann me louer auprès d'un autre membre de la faculté comme le « mieux documenté et le plus prometteur de tous ses élèves ». J'étais si étonné qu'à l'issue de sa série de conférences d'anatomie, je suis allé le trouver pour lui demander comment je pourrais réconcilier sa manière de me traiter et l'opinion qu'il avait de ma personne. Il a jugé cela des plus audacieux et m'en a fait part, mais, en raison de mon audace, il a répondu : « Mon cher jeune homme, je n'ai eu de cesse de riposter eu égard à vos réponses à mes questions, car j'étais certain que vous me livreriez les bonnes réponses. Mais je savais aussi que vous souhaitiez avant tout me satisfaire avec celles-ci. Vous sollicitiez mon approbation, alors que mon avis personnel n'avait rien à voir avec le sujet de l'anatomie, absolument rien. Aussi, Herr Donnelly, je vous ai raillé, j'ai plaisanté à vos dépens devant la classe afin que vous compreniez que seule l'anatomie importait, et non point mon agrément. »

Il me scruta. Son regard me défiait.

— Je crois comprendre, monsieur, dis-je.

— Vraiment ? Alors, souffre que je te parle sans ambages. Je pense que tu as plus à cœur de plaire à sir John que tu ne le devrais ou que cela n'est nécessaire. Sir John, en revanche, l'a remarqué et il semble te refuser son aval pour cette raison précise. Il souhaite que tu...

Au même moment le bruit de la porte nous interrompit. Annie se trouvait de l'autre côté et la poussait, car elle revenait de l'étal de M. Tolliver, avec une pièce de viande jugée digne de ce nom. Comme elle nous avait bousculés en ouvrant l'huis, elle s'excusa et s'empressa de passer. Quelque chose paraissait la troubler.

M. Donnelly et moi reprîmes notre causerie. Une fois Annie disparue, il tint la porte et me sourit.

— Eh bien, j'ai assez parlé, conclut-il. Disons seulement que tu te débrouilles bien... fort bien, même. N'aie point le souci de ne pas satisfaire sir John. Tâche de satisfaire tes propres exigences.

Et comme il avait dit ce qu'il désirait, il s'en alla et me laissa méditer ses propos.

Le souper, prévu comme une sorte de célébration, n'y ressembla guère, car Annie observa un silence inquiétant tout du long. Elle avait cuisiné avec son talent habituel, cela ne faisait aucun doute ; le rôti de bœuf qu'elle avait choisi était préparé à la perfection, avec une profusion de graisse pour les pommes de terre et les carottes. Pourtant, notre groupe, que sir John appelait sa « famille », était ainsi fait que lorsqu'un des membres était abattu ou préoccupé, il (ou elle, dans le cas présent) pouvait communiquer son accablement aux autres. Pas même la bouteille de bordeaux, débouchée par sir John, ne parvint à animer le festin.

Lorsque nous eûmes fini, Annie débarrassa la table et se proposa pour la vaisselle. Bien que lady Fielding objectât de prime abord (« Elle a suffisamment besogné à la préparation du repas, ne crois-tu pas ? »), Sir John ne prêta aucune attention à l'une comme à l'autre et nous dépêcha, Clarissa et moi, au sous-sol, en quête de John Abernathy.

— Qui est *donc* ce bonhomme, Abernathy ? s'enquit cette dernière, avide d'entendre le pire. Combien en a-t-il assassiné ?

— Peut-être aucun, ou du moins le clamait-il. Mais c'était cependant un voleur de vocation et fort zélé ; ce que Bunkins appellerait une « fieffée fripouille, toujours à détaler ».

— Ah, c'est du « flash ». Il faut que tu me l'apprennes.

J'ouvrais au même moment la porte qui menait à la cave. Sa profonde obscurité était assez redoutable, même pour moi ; elle suscita un cri de stupeur de la part de Clarissa.

— Oh, Jeremy, dit-elle, devons-nous y aller ? J'avais oublié combien cela pouvait être effrayant là, en bas. Il y a des rats... ou ce genre de créatures qui trottinent çà et là dans le noir.

— Eh bien, tu as dû y descendre un certain temps... assez pour changer le classement des dossiers, si j'ai bien compris.

— Certes, mais j'étais avec Annie la plupart du temps — sans vouloir t'offenser, Jeremy — et elle me tenait la porte ouverte.

— Eh bien, je peux m'en charger, déclarai-je, en m'apprêtant à le faire. Et j'ai une bougie allumée. Regarde, je vais allumer la tienne avec. Cela devrait nous suffire.

Et ainsi pourvus, nous descendîmes les marches, moi en tête, Clarissa derrière, chacun de nous portant nos chandelles ; la porte ouverte laissait aussi passer un peu de lumière, mais à peine, car la nuit était tombée sur Londres depuis longtemps.

L'amélioration du système de classement du tribunal

de Bow Street effectuée par Clarissa se révélait assez élémentaire, bien qu'elle facilitât sans nul doute la recherche de dossiers précis. Auparavant, les affaires étaient tout bonnement classées sous la date de leur audience. L'innovation de Clarissa consistait à noter sous cette date la liste de tous ceux dont les affaires se trouvaient dans la chemise ; il n'était désormais plus nécessaire de regarder à l'intérieur de chacune pour voir quelles affaires avaient été entendues ce jour-là. Je m'étonnai qu'on n'eût pas procédé bien plus tôt à cette modification. Ce qui me laissa supposer ce que je soupçonnais depuis longtemps, à savoir qu'on consultait rarement les dossiers ; la plupart du temps, on les remisait et on les oubliait.

De cette manière, Clarissa et moi pûmes rapidement parcourir ceux de l'année 1760, où, selon Maude Bleeker, Johnny le Farceur avait comparu devant sir John Fielding.

— Comment s'appelait cet individu, m'as-tu dit ? me lança Clarissa, qui parcourait la fin de ladite année.

— John Abernathy.

— Je l'ai ici, dit-elle. Jugé le 27 septembre.

— Vraiment ? Ce fut rapide, ma foi.

Étant parti du début de l'an 1760, je n'avais atteint que la mi-mars.

— Dois-je retirer de la chemise le compte rendu de l'affaire ?

— Non, je ne pense pas. Nous... *que s'est-il passé* ?

Soit je n'avais pas calé la porte comme il sied, ou quelqu'un avait, par ignorance ou malignité, flanqué un coup de pied dans la brique dont je m'étais servi. La porte claqua tout à coup avec fracas, créant ainsi un courant d'air qui balaya les marches et souffla nos bougies, et la cave se retrouva plongée dans l'obscurité totale.

Ce qui arracha un cri étouffé à ma compagne. Elle fit les quelques pas qui nous séparaient.

— Oui, dit-elle, que s'est-il passé ?

J'allais le lui expliquer quand soudain on entendit trottiner de minuscules pattes d'animal tout près de nous. Je me tus aussitôt pour mieux écouter. Clarissa, en revanche, laissa échapper le hurlement qu'elle avait réprimé peu avant. Elle se trouvait si proche et beuglait si fort qu'elle manqua me percer les oreilles. Puis elle m'entoura de ses bras et me serra de toutes ses forces, qui étaient considérables. (Elle n'était plus la fragile fillette en fugue de l'hospice pour indigents de Lichfield.)

— Viens-t'en, dis-je, lâche-moi et nous trouverons bien l'escalier.

— J'ai peur, dit-elle. Je déteste tant ces créatures !...

— Allons, viens, réitérai-je.

Et, tout en la tenant d'une main ferme par la taille, je l'entraînai vers les marches.

Leur emplacement était gravé dans mon esprit. Je chuchotai à l'oreille de Clarissa pour l'encourager et lui fis gravir la première marche, puis la seconde, et ainsi de suite, jusqu'en haut. Et une fois à l'étage, je trouvai l'huis verrouillé. « Eh bien, songeai-je, qu'on ne me dise pas qu'on a retiré ma cale par *mégarde*... »

Je tambourinai à la porte avec vigueur et en faisant un joli vacarme. Je haussai la voix et ne cessai de beugler : « Ouvrez ! » Et Clarissa de se joindre à ma psalmodie.

Peu de temps s'écoula avant que j'entende des pas, puis le bruit d'une clé dans la serrure. La porte s'ouvrit et nous apparut un M. Baker fort surpris. Il recula.

— Enfin, que fais-tu donc là, Jeremy ? Ou devrais-je dire : comment t'es-tu débrouillé pour te faire enfermer ?

— Je n'en ai aucune idée, répondis-je, bien que je lavasse sur-le-champ M. Baker de tout soupçon.

Nous avions toujours été en excellents termes.

— Tout va bien, Miss Roundtree ?

— Ma foi, j'ai eu un peu peur.

— Je n'en doute point, dit-il.

Puis il se tourna et me sourit. C'était un sourire de guingois des plus singuliers, lequel signifiait le doute, une indulgence amusée, et une certaine complicité virile entre lui et moi. Il me glissa une œillade. Je compris alors seulement qu'il pensait que Clarissa et moi étions engagés dans quelque version adolescente du badinage... bref, que nous avions eu un rendez-vous galant à de telles fins.

— Nous cherchions un dossier. Et puis la porte s'est refermée... vous voyez ? J'ai utilisé cette brique pour la caler... et nos bougies se sont éteintes.

Je tenais à ce que tout fût bien clair.

— Ah, ma foi, il n'y a pas de mal, conclut-il.

Et, sur un hochement tête, il nous laissa là debout, à la porte de la cave.

— Sais-tu ce qu'il pense ? lâchai-je d'une voix assez courroucée à l'adresse de Clarissa.

Je remarquai alors l'expression de son visage, laquelle n'était pas sans évoquer le sourire en coin de M. Baker. J'en étais des plus étonnés, voire un peu choqué.

— Oh, je puis le deviner, répondit-elle. Mais comme il l'a dit : « Il n'y a pas de mal. »

— Eh bien, j'espère que tu t'es débrouillée pour prendre le dossier avec toi. Tu ne l'aurais pas laissé tomber dans ta grande frayeur, au moins ?

— Non, répliqua-t-elle assez froidement. Sinon, je n'aurais plus qu'à retourner le chercher. Et je n'ai plus jamais l'intention de descendre cet escalier. Certes plus avec toi.

Elle acheva sa réplique en reniflant d'un air de dégoût.

— Parfait, dis-je. Mais laisse-moi donc voir ce compte rendu sur John Abernathy, veux-tu ?

Sans un mot, elle me tendit l'épais dossier. Je n'eus aucune peine à trouver les documents concernant notre homme et savais que l'objet de ma recherche se trouverait sur la toute dernière des nombreuses pages du contenu. Je le trouvai : « Le prisonnier, John Abernathy, fut condamné par le juge Francis Seward à la transportation à la colonie de Jamaïque, pour y accomplir des travaux forcés jusqu'au terme de son existence. Il fut embarqué enchaîné à bord du navire de Sa Majesté, le *Vengeur*, le 11 octobre 1760. » Cela s'était donc déroulé ainsi. Johnny le Farceur, que connaissait Maude Bleeker, n'avait pas été pendu. Il était donc probable que ce fût lui, tout comme elle le prétendait.

— Prends ceci, tout le dossier, et apporte-le à sir John, dis-je à Clarissa. Il peut fort bien désirer que tu le lui lises... ou peut-être pas. En tout cas, dis-lui que j'ai souhaité que tu lui lises la note au sujet de la condamnation, sur le dernier feuillet.

Une soudaine curiosité l'envahit :

— Entendu, mais toi ? Où seras-tu ?

— À l'hôpital St. Bartholomew, répondis-je. Je dois y visiter un ami souffrant.

Cet ami souffrant n'était autre, bien sûr, qu'Arthur Robb. Je traversai tout Londres à pied, lesté des deux pistolets que je portais dans les poches de mon habit. Je les avais demandés à M. Baker, armurier et geôlier de nuit. Quand il avait su où j'allais, il avait jugé sage pour moi de m'y rendre armé, sinon je m'attirerais des ennuis.

Le quartier de la ville où se situait St. Bartholomew ne s'avérait pas si dangereux, hormis le fait qu'il fût sombre et désert à cette heure tardive. C'était à proximité de Smithfield. Dans quelques heures, le marché serait rempli de clients et grouillerait d'activité ; mais à présent il était presque vide de bétail destiné à l'abattoir. J'allais devoir choisir mon itinéraire avec circonspection, en empruntant les artères les plus larges, les mieux éclairées, afin d'éviter les ruelles étroites et sombres, si nombreuses autour de l'hôpital.

L'essentiel de ce que j'ai écrit ci-dessus n'est rien de moins qu'une paraphrase des conseils prodigués par M. Baker, tandis qu'il vérifiait les deux armes et les chargeait.

— Es-tu certain de ne point les vouloir dans leurs étuis, fixés à une ceinture, de la façon dont tu as coutume de les porter ?

— Non, je rentrerai dans l'hôpital comme il sied, et je

gage qu'on n'apprécierait pas de me voir baguenauder parmi les patients avec des pistolets sous leurs regards.

— C'est logique.

Je me tus un instant, comme je me demandais si je devais ou non aborder la question suivante. Et, en dépit de mes atermoiements, la curiosité l'emporta.

— Monsieur Baker, avez-vous idée de celui qui aurait pu clore la porte d'un coup de pied et nous enfermer à clé dans le cellier ?

— Ma foi, ce n'est pas moi.

Il était formel.

— Oh, je sais bien. C'est pourquoi je vous le demande.

Il me regarda droit dans les yeux, se gratta la tête, et grimaça tout en méditant.

— Voyons... J'ignorais que vous étiez là, en bas, vous deux, alors vous avez dû descendre à la fin de la garde de Fuller.

— Je suppose.

Ce n'était pas si sot, car après tout, je ne m'entendais guère avec M. Fuller, et cela ne datait pas d'hier.

— Y avait-il d'autres personnes dans les parages ?

— Euh... laisse-moi réfléchir. Oui, Bailey et Perkins sont montés là-haut, mandés par sir John. Ils n'y sont pas restés longtemps. Ce nouveau gars... comment s'appelle-t-il ? Pat... quelque chose.

— Patley, dis-je.

— C'est cela, Patley. Il attendait ici et s'en est allé avec les deux autres. Mais à dire vrai, Jeremy, je ne sais pas trop pourquoi tu te tourmentes. Il n'y a pas mort d'homme. Ce n'était rien d'autre qu'une espièglerie, non ?

— Non, en effet. Je vais tâcher de l'oublier.

— Cela vaut mieux.

Je ne fus pas pour autant fidèle à ma parole. L'affaire me tracassa pendant plus de la moitié du chemin vers St. Bart. M. Baker avait raison, bien sûr. Ce n'était guère plus qu'une farce, assez méprisable de surcroît. Et il était vrai aussi que M. Fuller se plaisait à jouer semblables tours ; il était connu pour les indignités, grandes et petites, qu'il infligeait aux détenus. Toutefois l'agent Patley semblait mieux convenir dans le rôle du coupable... encore que je n'eusse pu dire au juste pourquoi. Était-ce simplement parce qu'il avait été soldat et que ladite « farce » me paraissait le genre de plaisanterie censée égayer d'ennuyeuses soirées à la caserne ? Ou était-ce encore plus grave ? J'admettais volontiers avoir agi avec quelque arrogance à son endroit, comme nous cheminions vers la résidence de M. Trezavant, encore que ce fût à juste titre. Était-ce sa manière de me rendre la pareille ? Ou mes soupçons trouvaient-ils un fondement plus profond ?

J'accordais à tout cela plus d'importance que cela n'en méritait, à ruminer l'idée en mon esprit, à opposer M. Fuller à M. Patley, tout en tentant d'exprimer mon malaise envers M. Patley, la vague hostilité que j'éprouvais à son égard... mais sans résultat.

À la longue, comme je ne trouvais aucune réponse à ce qui n'était, somme toute, que pure spéculation, je cessai d'y penser et m'intimai l'ordre de songer à autre chose... n'importe quoi. Je tournai alors à l'angle de l'Old Bailey et m'engageai dans Gilt Spur Street... non sans apercevoir (et sentir) le parc à bétail de Smithfield. Puis, de manière fort inopinée, Clarissa Roundtree me vint à l'esprit. Quelle étrange fillette ! La plupart du temps, elle se montrait d'une effronterie sans nulle autre pareille... comme en présence de Samuel Johnson et comme elle agissait si souvent le soir, à table. Elle semblait souhaiter que tout le monde la croie aussi compétente qu'un homme. Mais un homme se mettrait-il à hurler, à se cramponner à moi, comme elle l'avait fait lorsque les bougies s'étaient éteintes et qu'un rat s'était mis à trottiner alentour ? En toute franchise, je ne le pense pas. Et qu'avait-elle voulu signifier, en définitive, par ce regard sournois qu'elle m'avait lancé et par son propre commentaire sur la remarque de M. Baker ? À quoi songeait-elle donc ? me demandai-je. Ma foi, j'avais suffisamment fait le tour du sujet de Miss Roundtree, n'est-ce pas ?

Je la chassai de mes pensées, mais elle y demeura une minute ou deux... jusqu'à ce que (de nouveau sans préambule) je me rappelle par hasard la manière dont elle s'était jetée dans mes bras, là-bas, dans la cave assombrie. Comme j'aurais sans doute pu le remarquer en d'autres circonstances, elle était plutôt grande pour son âge et bien plus... disons... bien plus *développée* qu'elle ne l'était lorsqu'elle avait pris place au sein de la maisonnée, un an plus tôt. Le fait est qu'elle s'accordait assez bien avec moi pour quelqu'un de son âge. Mais étais-je seulement certain du sien ? J'avais pensé qu'elle avait douze ans, la première fois que je l'avais vue ; ce qui lui en faisait treize, n'est-ce pas ? Peut-être était-elle plus vieille. Elle se *sentait* certes plus âgée.

Et ce fut avec de telles idées extravagantes tourbillonnant dans ma tête que je parvins à l'hôpital St. Bartholomew, le plus ancien et le plus vaste de Londres. Je m'en voulus de ne pas me montrer plus sérieux en cette occasion des plus graves. La vie d'Arthur allait bientôt cesser — M. Donnelly l'avait attesté — et je lui devais sans conteste des pensées plus séantes que celles que je venais d'avoir à propos de Clarissa. Peut-être désirerait-il me voir prier avec lui... mais quelles prières connaissais-je ? Que pouvais-je dire pour le réconforter ?

Je franchis le grand porche en pierre et entrevis audessus la statue du roi Henri VIII à mon passage. Je gagnai aussitôt après le bureau où M. Donnelly avait signé les papiers d'admission, tandis que le valet de pied et moi soutenions Arthur, en faisant notre possible pour qu'il fût le mieux à son aise. Je frappai à la porte et attendis à peine, quand une grosse voix s'écria de l'autre côté :

— Qui est là ?

— Je viens du tribunal de Bow Street afin d'interroger l'un de vos patients.

J'avais de toute évidence prononcé les paroles idoines, car une clé tourna dans la serrure et l'huis s'ouvrit.

— Tu aurais dû venir plus tôt, me dit l'individu au visage anguleux qui me barrait le passage. Il te faut la permission d'un médecin pour venir après six heures.

— Je l'ai.

J'extirpai la lettre que m'avait donnée M. Donnelly et la lui tendis.

Le gaillard recula et me fit signe de pénétrer. Ce que je fis, comme il portait la missive sous la lumière de candélabres pour la lire.

Deux bougies éclairaient la pièce, laquelle, en dépit de sa taille moyenne, n'en demeurait pas moins encombrée de tiroirs à archives et de monceaux de documents, que je présumai être des dossiers médicaux. Ce ne fut qu'au bout d'une minute environ de ma présence en ce lieu qu'un mouvement dans un coin sombre, suivi d'une toux, fit apparaître un second individu. C'était un homme solidement charpenté, plus âgé et plus robuste que celui qui m'avait ouvert.

— Entendu, je la garde, déclara le lecteur de la lettre, tout en l'agitant. Tu es libre de monter pour parler à ton Robb, si toutefois tu en obtiens quelque chose. T'es déjà venu ici ? Tu connais le chemin ?

— Non, avouai-je, non.

— Dans ce cas, Will ici présent va t'y conduire. Pas vrai, Will ?

— Je vais le faire s'il le faut, répondit Will dans son coin sombre. Viens-t'en, mon garçon.

Bien qu'il eût les jambes courtes, comme souvent les hommes de sa taille et de sa carrure, il se déplaçait avec une telle agilité que je dus le suivre presque en trottinant pour ne pas me laisser distancer. Il me fit traverser une grande cour pour rejoindre la bâtisse sise à l'autre bout. En levant les yeux sur les murs sombres alentour, je me remémorai la maison d'arrêt de Newgate, que je savais proche ; mais St. Bart se révélait encore plus grand, plus ténébreux, et dans l'ensemble plus lugubre que cette prison de fort sinistre mémoire.

Will le râblé grimpa les marches quatre à quatre, franchit la porte et me laissa tout seul dans son sillage, comme il s'engageait dans l'escalier menant à l'étage au-dessus. Mais il m'attendit sur le palier suivant, alors que je le rejoignais, assez essoufflé. Il avait deux mots à me dire.

— À présent, jeune homme, me confia-t-il à voix basse, j'aurais un conseil à te donner.

— Et quel est-il, monsieur?

— Un collègue et moi-même avons transporté ton M. Robb jusqu'à cet étage, lorsqu'on nous l'a amené hier au soir. Je besogne ici depuis plus d'années que je ne saurais compter et j'en ai vu des centaines d'individus entrer et sortir, si bien que je sais qui va s'en aller debout et qui va s'en aller dans une boîte. M. Robb fait partie de ceux qui s'en iront d'ici peu et ce sera les pieds devant. S'il est vivant maintenant, il ne risque guère de passer la matinée.

— C'est ce qu'on m'a dit, déclarai-je. Le médecin qui l'a fait admettre ici a dit que je devais lui parler à présent, car l'occasion risquait de ne plus se présenter.

Et c'était pour cette raison précise que je souhaitais voir le vieil homme sans plus tarder. Je tenais à ce que Will me conduise au lit d'Arthur. Je piétinai sur place, dans l'espoir qu'il comprenne mon impatience à poursuivre.

Mais il continua sur sa lancée :

— Il est de ceux qui sont tantôt éveillés, tantôt endormis. Tu dois le surprendre éveillé, si tu veux qu'il te réponde correctement. Maintenant, voilà comment le ranimer...

Il s'interrompit et me dévisagea.

— Tu as un couteau sur toi?

— Non, pourquoi?

— Ma foi, un couteau convient mieux, tu vois... juste un petit coup vif avec la pointe, pas en profondeur, pas question de lui faire mal, juste assez pour qu'il ait une petite douleur. C'est la douleur qui les réveille, plus vite et plus sûrement que n'importe quoi. Mais t'as pas de couteau, alors ça n'ira pas. Sinon, un bon pincement bien vif, ça marche. Sur son cul, c'est le meilleur endroit... peut-être bien le seul, chez un luron aussi osseux que lui. Écoute bien ce que je te dis, mon gars, car c'est la seule façon qui te permettra d'obtenir quelque chose de quelqu'un qu'est déjà bien loin de nous.

Il me gratifia d'un hochement de tête.

— Viens-t'en, enchaîna-t-il, et il s'en alla d'un même pas allègre qu'auparavant, sans se retourner vers moi.

Je courus pour le rattraper, comme il passait devant une première porte, puis une seconde. Enfin, il obliqua à droite pour franchir la troisième, prenant le temps de s'arrêter, avant de s'éclipser pour me faire signe d'entrer. La salle était à peine éclairée par des bougies à chaque extrémité. Je n'eus pourtant aucune peine à distinguer la silhouette de mon guide, debout au pied d'un lit, environ à mi-chemin de l'allée centrale.

— Voilà ton homme, dit Will. Aurais-tu besoin d'autre chose ?

Je regardai autour de moi mais ne pus trouver ce que je cherchais.

— Y aurait-il une chaise ? Quelque chose sur quoi je puisse m'asseoir ? Je risque de demeurer ici un certain temps.

— Je vais voir ce que je peux faire.

Et il s'en alla au pas de charge, en cherchant ici et là entre les lits afin de satisfaire ma requête. Il dénicha non loin une chaise toute simple, au dossier droit. Il me l'apporta et accepta mes remerciements en singeant un salut militaire. Puis il disparut.

Mon attention se porta enfin sur Arthur Robb. Il est vrai qu'il respirait encore, mais à peine, à un rythme faible, quelque peu irrégulier, comme quelqu'un qui en eût perdu l'habitude. Je me penchai au-dessus de lui et le piètre éclairage me prouva qu'il ne montrait aucun signe de veille. Ses paupières étaient closes, mais sa face n'était guère reposée; il arborait la même grimace de douleur dont j'avais souvenance de la veille au soir.

J'effleurai son épaule la plus proche de moi... mais en vain; ses paupières n'eurent pas le moindre frémissement et sa respiration se poursuivit comme auparavant.

— Arthur, dis-je d'une voix douce, réveillez-vous. J'ai quelques questions à vous poser.

Aucune réponse. Je le secouai vivement... toujours aucune réponse. Non, pas le moindre battement de cil ou le moindre mot.

Je me rappelai alors mes efforts inféconds pour arracher Nancy Plummer au sommeil. Je ne pouvais pas le ranimer par un cri, comme lady Fielding, qui avait réveillé Nancy de la sorte, car je n'avais pas une telle puissance en moi. Et même si j'allais puiser ce hurlement tout au fond de ma gorge et le lâchais, je risquais fort de réveiller toute la salle, voire l'étage entier, avec Arthur. Je me laissai choir sur la chaise et accordai à l'affaire quelque réflexion.

Bien qu'il ne fût pas tard, tous les patients dans leurs lits semblaient dormir. Je n'entendais alentour que le bruit des respirations régulières. Seul Arthur, parmi eux, donnait des signes d'éreintement dans ses efforts. Que pouvais-je faire? Nul doute que le temps me manquait. Will avait fait écho au sombre diagnostic de M. Donnelly. Au-delà de cette nuit, il n'y avait guère d'espoir pour Arthur.

Je tentai de le secouer encore... mais sans succès. J'abandonnai le temps d'une minute ou deux, puis bondis de mon siège, saisis la silhouette inerte par les deux épaules et me mis à la hocher de façon prolongée... de haut en bas, de bas en haut. Si j'avais surpris quiconque en train de se comporter avec tant de cruauté envers le vieil homme frêle et vulnérable, je serais aussitôt intervenu pour l'arrêter. Pourtant je n'obtins rien à le malmener ainsi. Le seul changement ne fut autre qu'un long « Aaaahhh » du tréfonds de sa gorge. Mais cela ne signifiait rien, car dès lors que je le relâchai, il recouvra le même souffle malaisé et faible. Je me rassis, envahi par un sentiment de défaite.

Je restai là pendant un moment qui me parut des siècles et, ce faisant, une voix intérieure me répétait sans cesse : « Serait-ce plus inhumain de le pincer, comme Will le râblé le recommandait, plutôt que de continuer à brimbaler Arthur comme je l'ai fait ? » Lorsque j'avais entendu ce conseil, je l'avais jugé d'une brutalité sans égale. Je savais que je n'envisagerais pas de piquer Arthur à l'aide de la pointe d'un couteau, pas plus que je ne lui pincerais le fondement... quelles que fussent les circonstances. Cependant, je me trouvais là à méditer sur la question. Serait-ce plus cruel ? Non. Le jeu en valait il la chandelle ? Je décidai à contrecœur que oui.

Je glissai une main sous la fine couverture qui enveloppait son corps chétif, trouvai ses hanches minces en tâtonnant avec le pouce et l'index, puis me mis à pincer la chair aussi fort que possible... et je recommençai avec davantage de vigueur.

— Aïe ! Ooooh ! Ooooh !

C'était bel et bien Arthur. J'avais meurtri ce pauvre hère au point de le réveiller.

— Que me faites-vous ? gémit-il d'une voix des moins distinctes.

On eût dit qu'il ne contrôlait guère sa langue. Ses paroles ressemblaient davantage à : « Qu' m' fai' vous ? »

Enfin certain qu'il pouvait à tout le moins former des mots et se faire comprendre, je cessai de torturer le vieillard, m'approchai, et m'adressai à lui avec le plus de douceur et de gentillesse possible :

— Pardonnez-moi, Arthur, mais je ne savais comment vous réveiller. Je dois vous poser quelques questions.

— Des questions... pourquoi ?

Il semblait déjà sombrer.

— Soif...

Je jetai un rapide coup d'œil à la ronde et dénichai un gobelet et une cruche d'eau, sur la petite table au chevet du lit. Je remplis ledit gobelet, redressai Arthur et le tins ainsi, pendant qu'il buvait. Il n'en avala guère... moins que la moitié, en vérité. Mais lorsqu'il signala qu'il avait eu son content, je l'aidai à se recoucher et posai la timbale de côté.

— Arthur, repris-je, vous rappelez-vous que juste avant l'irruption des Africains une femme vous a appelé à travers la porte, en vous implorant de la lui ouvrir, car elle fuyait un assaillant ?

À ces mots, je m'interrompis, dans l'espoir qu'il manifesterait quelque signe de compréhension.

Mais il parvint seulement à répéter le mot « femme ».

— Avez-vous reconnu sa voix ?

Il répondit avec une surprenante promptitude quelque chose qui ressemblait à « carabiniers du roi ».

— Comment ? fis-je, pour le moins décontenancé. Voulez-vous répéter ?

Ce qu'il fit... mais lentement et au prix de mille efforts. Je sentis à nouveau que je le perdais.

— Voulez-vous encore un peu d'eau ? proposai-je.

Puis, sans attendre qu'il me répondît par oui ou non, je saisis la timbale et le relevai, afin qu'il pût se désaltérer. Mais il en avala encore moins, cette fois. Il parut en revanche fort satisfait ; un sourire se dessina sur son visage et ses traits se métamorphosèrent. Il ne prononça alors qu'un seul mot, un nom de famille.

— Crocker, dit-il, comme il me glissait des mains pour se recoucher.

Je tentai de l'arracher à nouveau à sa torpeur. J'essayai tout, à dire vrai, hormis de le pincer. Je ne voulais ni ne pouvais réitérer, car j'avais le sentiment d'avoir obtenu de lui tout ce qu'il avait à offrir. Plus tard, je me débrouillerais peut-être pour le ranimer, en lui proposant une nouvelle gorgée d'eau. Pour l'heure, je me contentai de réfléchir à ce qu'il avait dit et, en tout cas, à ce que cela pouvait bien signifier.

À force de ruminer et de ruminer encore, j'en vins à la conclusion que cela pouvait ne pas vouloir dire grand-chose. « Crocker » s'avérait peut-être prometteur. Cela pouvait fort bien dire qu'en ouvrant la porte, il avait aperçu Jenny Crocker, la femme de chambre, avant que les brigands ne se ruent dans la demeure. Comme j'avais quitté la résidence de M. Trezavant par l'entrée de service, lors de ma dernière visite, je savais que la jeune femme avait pu courir de la porte donnant sur la rue à celle de service, avant de pénétrer de nouveau dans la maison sans qu'on s'aperçût de sa disparition. Mais avait-elle agi de la sorte ? La manière peu distincte avec laquelle il avait dit le nom — quelque chose comme : « Cwokeu » — me faisait douter qu'il l'eût même prononcé ; je savais que je n'aurais su le jurer. Et je savais aussi qu'il serait difficile de concilier le sourire d'Arthur, lorsqu'il avait dit son nom, avec ce qui avait suivi sa supposée vision fugace de la jeune femme : l'irruption intempestive de cette bande de voleurs, la chute du majordome à terre et le choc apoplectique à son cerveau. Tous ces éléments ne concordaient point.

Venaient ensuite ces « carabiniers du roi »... qui n'avaient aucun sens. Je tâchai de songer à ce qu'il aurait pu voir en ouvrant la porte et aurait suscité cette réponse aussi prompte que précise à ma question. Je déployai tant d'efforts à percer ce mystère que j'en épuisai mon pauvre cerveau. Et, sans le vouloir, je sombrai dans un profond sommeil.

Ce fut Will le râblé qui me réveilla en me secouant. La lumière du matin entrait à flots par des fenêtres que je n'avais même pas remarquées plus tôt. Je me tournai alors à temps pour découvrir la couverture tirée sur le visage flasque et inanimé d'Arthur. Bien que cela ne fît aucun doute dans mon esprit, je sollicitai une confirmation de la part de Will :

— Cela signifie-t-il qu'il est...

— Mort, dit-il en achevant ma phrase. Oui, jeune homme. Il l'est bel et bien, comme je t'avais dit qu'il le serait au matin.

Une grande activité régnait parmi les patients de la salle. Tous ou presque semblaient se vêtir, se préparer à partir. Allait-on tous les évincer ? Je demandai à Will où ils pouvaient bien s'en aller de si bonne heure.

— À l'office du dimanche. Et ceux qui n'y vont pas, je dois les surveiller et leur dire qu'ils sont assez souffrants pour garder le lit. Et si je dis le contraire, alors ils n'auront pas de souper ce soir.

Pareil traitement me semblait fort sévère et j'allais me faire l'écho de cette pensée quand je me rendis compte, à ma grand consternation, de la portée de ce qu'on venait de me dire.

— Sommes-nous dimanche ? m'enquis-je, tout en émoi.

— C'est le jour où l'on a coutume de dire la messe du dimanche, pardi.

— Sauriez-vous par hasard l'heure qu'il est ?

— Ma foi, je sais qu'il n'est pas loin de huit heures, car dès que j'emmène ce groupe à la chapelle, je suis libre pour la journée. Je suis en congé pour le jour du Seigneur.

Je m'apprêtai à partir, vissai mon tricorne sur ma tête et remontai mon bas qui flottait. Enfin prêt à regagner Bow Street, je remerciai Will le râblé et pris la direction de la porte.

— Dis donc, jeune homme ! me lança-t-il. As-tu obtenu quelque chose de ce vieux bougre ?

— Certes, répondis-je, mais je ne sais pas encore quoi.

— As-tu fait comme je t'ai dit ?

— Oui et j'en suis navré.

— Ah... n'aie pas mauvaise conscience, jeune homme. Les morts n'en ont que faire.

Que voulait-il dire par là ? Qu'Arthur étant certain de mourir, cela importait peu ? Ou bien qu'il était d'ores et déjà mort? (La deuxième suggestion était à l'évidence fausse.) Quoi qu'il en fût, cela ne me plaisait guère. Dans le passé quelqu'un m'avait dit une phrase similaire. Qui était-ce?

D'un geste désinvolte de la main, je fis mes adieux à Will le râblé et repris le chemin du retour.

Mon trouble à la découverte du jour de la semaine était lié à mon rendez-vous avec Miss Crocker. À l'origine, je l'avais établi dans l'intention de lui poser d'autres questions. Je dois admettre qu'au moment de fixer la rencontre, j'ignorais ce que j'allais pouvoir lui demander. À présent, toutefois, il y avait beaucoup de choses que je désirais savoir, mais j'ignorais toujours comment m'y prendre. Comment étais-je censé exploiter les sous-entendus qui m'étaient venus à l'esprit, eu égard au nom de la jeune femme, prononcé par Arthur?

Je méditais sur ce problème, comme j'entrais au 4 Bow Street. Je gravis l'escalier, pénétrai à l'office et trouvai tout le monde hormis sir John assis à table en train de déjeuner. À dire vrai, je ne m'attendais guère à l'accueil injurieux dont me gratifia lady Fielding. Elle était fort courroucée à mon endroit et je n'aurais su en deviner la raison; elle se montra immodérée, outrageante. Était-ce parce que je ne m'étais point levé afin d'allumer le feu pour Annie?

Non, il s'avéra qu'elle m'en voulait d'avoir passé la nuit hors de la maison. C'était, d'aussi loin qu'il m'en souvînt, la première fois que cela se produisait, et il me semblait que j'avais une juste et noble cause pour m'être absenté aussi longtemps... mais encore fallait-il que lady Fielding eût été au courant.

Je me tournai vers Clarissa :

— Ne lui as-tu point dit où j'étais?

— Tu m'as dit de le confier à sir John... et je l'ai fait.

— Où étais-tu? s'enquit lady Fielding. Dans quelque soirée de beuverie avec ton ami Bunkins, sans nul doute.

— Non, je me trouvais à l'hôpital St. Bartholomew, en train d'essayer d'interroger un homme mourant.

— Un mourant, voyez-vous cela ! Comment pouvais-tu être certain qu'il était à l'agonie ?

— Parce qu'il est mort.

L'assaut de lady Fielding faiblit. Sa colère s'atténua soudain et la seule réplique qui lui vint aux lèvres fut :

— Oh, comme c'est triste !

— *Alors, as-tu obtenu quoi que ce soit de sa part ?*

Impossible de ne pas reconnaître cette voix. Il s'agissait bel et bien du ton féroce dont sir John usait en son prétoire, lorsqu'il faisait taire les foules indisciplinées et les rappelait à l'ordre. Il se tenait en chemise de nuit sur le palier du premier, les mains sur les hanches, dans une attitude des plus pugnaces.

— J'ai obtenu quelque chose, répondis-je en criant, mais ce n'est pas grand-chose !

— Eh bien, monte et livre-moi ton rapport.

À ces mots, il disparut dans sa chambre.

Je m'inclinai devant la gent féminine attablée (sans doute avec grandiloquence).

— À présent, si ces dames veulent bien m'excuser... dis-je.

— Voyons, Jeremy, reprit lady Fielding, il est inutile de faire une telle scène. Si je me suis montrée brusque à ton endroit, c'est parce que j'étais terriblement inquiète. Après tout, même si tu n'es pas d'accord, tu n'es encore qu'un garçon.

— Je veillerai à m'en souvenir, madame.

Je lançai alors un regard en direction de Clarissa, peut-être dans l'attente, ou du moins l'espoir, d'une excuse quelconque de sa part également. Rien ne vint, cependant.

— Eh bien, annonçai-je, je m'en vais rejoindre sir John.

Et, sur un hochement de tête, je les laissai.

Au sujet de mon compte rendu à sir John, il y a peu à dire. Il m'écouta avec soin, assis dans son lit, les mains jointes sur sa taille. Lorsque j'en eus fini, il ne suggéra aucune interprétation pour les étranges remarques d'Arthur, pas plus que moi, qui n'avais rien à suggérer non plus. Ce fut donc un bref entretien. Je me levai du siège à son chevet et m'apprêtai à partir.

— Si j'ai bonne souvenance, me dit-il, tu as pris des dispositions pour interroger plus avant cette jeune femme, dont le majordome fait mention. Est-ce exact ?

— En effet, sir John.

— Parfait, dit-il. Tâche d'en obtenir ce que tu peux. Use de tes charmes virils, au besoin.

— Mes *charmes virils* ! répétai-je en riant. J'ignorais que j'en possédasse.

— Bien sûr que si ! Conte-lui fleurette... ce genre de chose. Oh... encore un détail. Tâche de savoir auprès d'elle — ou de quiconque de la maisonnée Trezavant — quand le maître s'en reviendra du Sussex.

J'acceptai de découvrir tout ce qui serait en mon pouvoir et pris congé de lui.

J'ai inclus le récit de mon retour au 4 Bow Street à des fins purement égoïstes. Et ce, cher lecteur, afin de démontrer combien on n'hésitait pas à me ballotter dans ma propre maison entre « tu n'es encore qu'un garçon » et « use de tes charmes virils ». Nul doute que sir John et lady Katherine me considéraient chacun de manière bien distincte quant au degré de maturité que j'avais atteint ; et cela ne faisait aucun doute non plus que je préférais de loin le point de vue du magistrat. Après tout, *je* me considérais comme un homme et ne voyais pas pour quelle raison le reste du monde aurait dû penser l'inverse.

Je me présentai à la porte de la résidence de M. Trezavant un peu plus tôt que Jenny Crocker ne l'aurait prévu... tout cela faisait partie de mon plan. De cette façon, je risquais de voir avec qui elle avait rendez-vous dans la matinée. Je m'étais rasé de près et avec soin, j'avais brossé mes souliers et j'arborais mon habit vert bouteille, le tout venant compléter, je l'espérais, mes charmes virils.

M. Mossman, le portefaix, m'ouvrit la porte à la place de M. Collier et je jugeai cela assez curieux pour en faire la remarque.

— Ah, il est allé qu'è'qu'part, pardi, déclara Mossman. La plupart des domestiques sont absents pour la journée ou pour une grande partie. Le maît' a prévu de s'en rev'nir ce soir, ou d'main à midi au plus tard... c'est c' qu'il a dit quand il est parti. J'imagine qu'ils ont tous décidé qu'ils pourraient faire leurs visites en son absence. D'habitude, il garde qu' la moitié des serviteurs le dimanche.

— Alors tous sont sortis en vous laissant tout seul ?

— La cuisinière et moi, c'est tout.

— Eh bien, annonçai-je avec une mine de circonstance, j'ai une mauvaise nouvelle pour vous. Arthur s'est éteint dans la nuit.

— Ah... ma foi, aucun d' nous s'attendait à c' qu'il vive encore longtemps, même à l'hôpital... p't'ê't' même pas là-bas, justement. St. Bart a mauvaise réputation, tu sais.

— Non, je l'ignorais.

— Y en a peu qui en r'sortent vivants.

Il baissa les yeux d'un air lugubre.

— Est-ce que t'étais avec lui quand il est passé à la vie éternelle ?

— Eh bien, oui et non, répondis-je. Le médecin qui l'a mis à l'hôpital m'a dit d'y aller, si je souhaitais poser des questions à Arthur. Je l'ai un peu interrogé. Mais alors que je me tenais assis à son chevet, à réfléchir à ses réponses, le sommeil m'a envahi. Je crains de ne m'être endormi pendant ses derniers moments sur terre.

— Ah, mais au moins, il savait qu' y avait quelqu'un d'assez attentionné pour l' veiller dans sa dernière heure. Ça a dû êt' un réconfort pour lui.

— Hum... peut-être bien.

Bizarrement, M. Mossman et moi nous étions mis à flâner dans le couloir, tout en devisant. Je me dis qu'il me menait peut-être à l'escalier de service, mais en vain. Une fois parvenus aux marches, il me fit virevolter et nous reprîmes notre promenade en sens inverse.

— Arthur a prononcé une parole assez curieuse, dis-je. Il n'avait pas toute sa connaissance et peut-être que cela ne signifie rien du tout, mais je voulais vous demander : a-t-il jamais servi dans l'armée ?

Il s'arrêta un instant à peine, se tourna et me regarda d'un air singulier.

— Ma foi, oui. Pour sûr. Qu'est-ce qu'il a donc dit ?

Sans vouloir être trop explicite, je répondis :

— Le nom d'un régiment bien précis est sorti de sa bouche, en l'occurrence.

— Était-ce les carabiniers du roi ?

— Eh bien, en effet. Que savez-vous à ce sujet ?

— C'était son vieux régiment. On n'aurait jamais cru ça d' lui — vieux et chétif comme il avait l'air —, mais il a été soldat pendant longtemps, dans les années 1740. Il a d'abord été en Europe, en France, et tout ça... puis d' nouveau contre l' Prétendant[1].

— Et pendant toute cette période au sein des carabiniers du roi ?

— Comme de juste. C'était un régiment à ch'val, tu sais.

— Non, je l'ignorais.

— Oui, et l'vieil Arthur, il savait monter. Je me rappelle l'avoir vu en train d'parader un matin, à la grande demeure du Sussex. On était tous ébaubis.

— Voyait-il souvent ses anciens camarades pour sortir et boire avec eux... ce genre de choses ?

— Non, déclara Mossman comme à regret, quand on besogne au service d'une maison comme nous, on n'a pas vraiment la liberté d'sortir beaucoup. Mais tous les ans, y avait une réunion d'leur régiment. Pour rien au monde, il l'aurait manquée.

1. Jacques Francis Édouard Stuart, dit « le Prétendant » (1688-1766), reconnu par Louis XIV sous le nom de Jacques III, combattit pour la France, mais ne parvint pas à reprendre le trône des Stuarts. *(N.d.T.)*

— Alors il a dû rester en relation avec certains.

— Sans doute.

Je réfléchissais à la question quand nous atteignîmes la porte d'entrée, d'où nous avions commencé notre flânerie. Avant qu'il ne me fît tourner les talons et repartir dans le corridor, je m'immobilisai et posai la main sur la poignée.

— Je vous charge de transmettre la nouvelle concernant Arthur à Miss Bleeker et aux autres domestiques.

— Oh, j'y manqu'rai point, promit-il. Tu peux en êt' sûr. Ils s'ront tristes de l' savoir parti, mais on peut pas l' leur cacher.

J'allais ouvrir la porte, mais elle était plus lourde que je ne l'aurais cru ; je tirai sur la poignée, en vain.

— Laisse-moi donc faire, dit M. Mossman, en me poussant doucement de côté. Faut savoir s'y prend', comme qui dirait.

Il tourna vivement la poignée, poussa, et ensuite seulement tira la porte vers lui. Elle s'ouvrit avec aisance.

— Oh, à propos, dis-je, Crocker est-elle dans les parages ? J'aurais une ou deux questions à lui poser.

Il me dévisagea, à demi surpris.

— Non, elle est en baguenaude avec un gaillard, mais j'ai cru qu' tu s'rais au courant.

— Tiens donc ? Pourquoi cela ?

— Parce que c't' un des vôtres, pardi !

— Un des *nôtres* ? Je ne saisis point.

Il m'avait pour le moins déconcerté.

— Non, non... précisa-t-il. J' veux dire qu' c'est un sergent d' ville. En fait, c'est çui-là qu'est arrivé avec toi, le soir du brigandage.

L'agent Patley, bien sûr ! On ne voyait que lui dans le quartier, décidément ! Que voulait-il à Jenny Crocker ?

— Ah, eh bien, il ne me dit pas tout, répondis-je en m'efforçant de ne point trahir ma surprise, malgré l'expression de mon visage.

— Peu d' gens l' font, commenta le porteur, philosophe à ses heures.

— Quand sont-ils partis ? demandai-je.

— Oh, v'là plusieurs heures.

— Dans ce cas, ils ne devraient pas tarder. Je crois que je vais attendre leur retour devant la maison.

— Tu peux attend' au salon, si ça t'chante.

— Non, je ne pense pas, dis-je, car j'ai un message pour le sergent. Mais merci à vous, en tout cas.

À ces mots, je pris congé, sans dépasser la troisième marche du perron qui rejoignait le trottoir. Et je demeurai là à patienter. En dépit de ce que j'avais déclaré au sujet du message à transmettre à M. Patley, je n'avais nul désir de lui causer. Je désirais seulement qu'il me vît, de sorte à l'embarrasser... si toutefois c'était possible.

Je n'eus guère à attendre, en vérité. Toutefois, si j'espérais infliger quelque désappointement à Patley, j'allais être déçu, car lorsque Crocker s'en revint, elle était seule. Comme je l'observais qui s'approchait d'un pas leste et respirant une sorte de félicité teintée d'amusement, je compris que la confrontation n'aurait point lieu, et je dois avouer en avoir éprouvé du soulagement. Je m'avançai à sa rencontre. Elle porta sur moi un regard surpris.

— Eh bien, dit-elle, z'êtes rud'ment en avance !

— Pas vraiment, dis-je. Vous avez dit l'après-midi. Je crois qu'il est aux alentours de midi.

— Alors, c'est *juste* après midi, répliqua-t-elle dans un haussement d'épaules. Enfin, vous avez raison. Ça m'est égal, de toute façon.

Comme nous nous mettions en route, je lui fis part de mes projets :

— Si cela vous agrée, j'ai pensé que nous pourrions nous rendre au *Globe and Anchor*, sur le Strand. C'est une auberge fort respectable et une excellente table, de surcroît. Je me suis dit que du café et des gâteaux vous feraient plaisir.

— Oh, du café ! Ça m' flanque des picotements partout. Mais j' veux bien, si c't' endroit est respectable, pardi.

— Oh, il l'est.

— Alors, entendu. Une jeune fille peut pas êt' vue en train d'quitter un établissement qui l'est point.

— Certes non. Je comprends fort bien.

Et ce fut ainsi que, bavardant comme de vraies pies, nous cheminâmes jusqu'au *Globe and Anchor*. Elle était plus jolie que dans mon souvenir... ou peut-être devrais-je dire encore plus jolie. Je me rappelais avec précision les lèvres charnues, le nez à la parfaite inclinaison, les boucles, et les yeux bleus. Mais ma mémoire ne rendait pas justice au reste de sa personne... c'est-à-dire à cette partie située sous son cou exquis. J'étais en particulier frappé par son buste ample et galbé. Il était fort imposant pour quelqu'un de son âge, et, selon moi, elle devait être mon aînée d'un an à peine. Je fus des plus flattés, lorsque, quelque part dans Pall Mall, elle enroula son bras autour du mien, de telle sorte que je sentis mon coude comme enveloppé d'un généreux capiton. Je me souviens que nous devisions de ma dernière visite à la résidence de M. Trezavant.

— J'ai été fort déçue, dit-elle, quand j'ai su qu' vous étiez v'nu et qu'vous m'aviez point cherchée.

— Ah, ma foi, dis-je, je n'y suis pas resté longtemps. J'étais en chemin vers une demeure voisine.

— Mais vous êtes resté assez d' temps pour causer à la cuisinière.

— Oh, en effet.

— Diable ! Qu'aurait-elle donc à raconter ? C' n'est qu'une grosse vieille folle... elle mange trop d' sa propre cuisine, pardi.

— Qu'avait-elle à dire ? Oh, peu de choses, en réalité. Car en grande partie, elle m'a narré ce que vous aviez déjà dit.

— Comment ça ? questionna-t-elle avec une brusquerie surprenante.

— C'était au sujet de M. et Mme Trezavant, leurs querelles, et tout le reste. Il semble qu'elle ait grandi dans la maison même où a grandi votre Mme T. et elle a voulu tout me raconter sur celle-ci, son père, et cette affaire d'argent entre elle et M. Trezavant.

— Oh, ma foi, j' vous ai d'jà raconté tout ça, fit-elle d'un air dégagé.

— Comme je le disais.

— Oui, c'est vrai. Désolée.

(Je me rends compte, cher lecteur, que ce que je disais à Crocker eût été pris pour un mensonge par la plupart. Toutefois, puisque j'avais mis en garde Maude Bleeker de ne point narrer à d'autres personnes son histoire de Johnny le Farceur, la moindre des choses, me semblait-il, était de suivre le conseil que je lui avais moi-même prodigué.)

— Et comment progresse vot' enquête ? Vous pensez attraper les voleurs ?

— Peut-être, en définitive. Mais pour l'heure, nous n'avons pas beaucoup de renseignements... pas assez, en tout cas.

— C'est d'autant plus r'grettable.

— Dans l'immédiat, j'aimerais remiser ces questions par-devers moi et consacrer toute mon attention sur vous... car vous la méritez.

— Holà, monsieur, vous m' flattez ! Quel galant vous faites !

(Je pouvais à peine croire que je prononçais pareilles niaiseries, cher lecteur, mais il s'agissait sans doute de ce que sir John appelait « conter fleurette », car cela semblait plaire à la jeune fille, après tout.)

Nous poursuivîmes notre route. Je ne pus m'empêcher de noter combien ceux que nous croisions dans Pall Mall nous regardaient. Nous devions former alors un joli couple, moi dans mon habit vert bouteille et elle... ma foi, je l'ai décrite de mon mieux. Elle-même paraissait consciente de l'impression qu'elle produisait. Elle semblait acquérir encore davantage de confiance dans sa démarche. Elle accéléra l'allure en prêtant l'oreille à d'autres extravagances de ma part ; j'éprouve aujourd'hui un tel embarras au souvenir de celles-ci que je ne désire rien ajouter à leur sujet.

En tout cas, nous parvînmes bel et bien au *Globe and Anchor*. C'était, et c'est sans doute encore, l'hostellerie la plus raffinée du Strand, et sa salle à manger était renommée aux quatre coins de Londres. Dans la journée — et en particulier le dimanche — les habitants des meilleurs quartiers de Westminster pouvaient y consommer en couple du café et des gâteaux. Mais l'établissement n'était pas couru au point d'être bondé si tôt dans l'après-midi. On nous accueillit et nous guida à une table assez isolée pour une conversation en privé, mais pas au point que je puisse soupçonner qu'on nous tînt à l'écart. Non, nous étions en harmonie avec l'endroit, comme tout un chacun. Le café et les gâteaux se révélèrent aussi savoureux que ceux qu'on servait chez *Lloyd*. Jenny Crocker parut fort ravie du lieu et de mes attentions. Elle avoua que c'était sa première visite au *Globe and Anchor*.

— Non, dit-elle. J'étais jamais v'nue ici avant. Encore que j'y passe souvent, quand j' fais des commissions et tout ça. Avez-vous l'habitude d'y v'nir ?

— Eh bien, répondis-je dans un haussement d'épaules, peut-être pas fréquemment, mais j'y suis déjà venu.

Ce qui n'était pas, à proprement parler, un mensonge.

D'une manière générale, je semblais la convaincre qu'en dépit de ma jeunesse apparente, j'étais un parfait gentleman, ou, selon ses propres termes : un « galant ». Jouant ce rôle, je commandai notre collation et, lorsqu'on nous l'apporta, j'écoutai mon invitée roucouler et se trémousser de plaisir en décrivant les effets du café sur sa personne ; elle manifesta son appréciation des gâteaux de la maison lorsqu'elle en dévora plus en l'espace de cinq minutes que je n'aurais su le faire en une heure. C'était à moi qu'incombait toute la charge de la conversation. J'aurais pu continuer à la couvrir de louanges, mais, en vérité, je n'en voyais point d'autres à lui prodiguer.

Comme elle mâchonnait en silence, le moment sembla opportun pour présenter le sujet en vue duquel je l'avais prédisposée. Toutefois, au moment même où je m'y apprêtais, elle prononça quelque chose, la bouche pleine, et de si peu audible que je dus la faire répéter.

— Pensez-vous... réitéra-t-elle en avalant avec peine sa dernière bouchée de gâteau, pensez-vous pouvoir abandonner un jour vot' métier ?

La question me prit tellement au dépourvu que j'en éclatai de rire.

— Pourquoi donc ? Qu'y a-t-il de mal à ma besogne ?

— Ma foi, y a d'aut' façons d' gagner plus d'argent, non ?

— Je suppose.

— Z' êtes un genre d' sergent d' ville, non ? Ou une sorte d' magistrat assistant ?

— C'est exact, mais puisque vous en parlez, j'étudie pour devenir avocat. Cela peut s'avérer plus lucratif, si je me débrouille bien.

— Mais c'est toujours la loi, non ?

— Certes oui. Qu'y a-t-il de mal dans la loi ?

— Oh, rien, j' suppose, mais vous n' deviendrez pas riche.

Elle sombra alors dans une bouderie. Elle se tut et laissa pendre sa lèvre inférieure, jusqu'à ce qu'elle découvrît combien il était malaisé de mâcher ainsi. Je décidai qu'il était grand temps de m'atteler au sujet que j'allais aborder un peu plus tôt, bien que je n'eusse pas encore songé au meilleur angle d'approche. J'optai pour une attaque frontale.

— Arthur est mort la nuit dernière, déclarai-je.

Sa réaction à la nouvelle se révéla plus vive que je ne l'aurais escompté. Des larmes se formèrent au coin de ses yeux. Son menton se mit à trembler. Je sortis mon mouchoir, qui était tout propre, et le lui tendis. Elle se tamponna les paupières et se moucha presque sans bruit.

— C'tait un *amour*, c'vieil Arthur.

— Je me trouvais à ses côtés à ce moment-là.

— Tu... euh... vous y étiez ? Est-ce qu'il a dit qu'è'qu' chose avant d's'en aller ?

— Oui, répondis-je. Il a prononcé votre nom.

— *Mon* nom ?

Cette fois, les larmes coulèrent pour de bon, ses prunelles ne purent les contenir et celles-ci ruisselèrent à profusion sur ses joues ravissantes. Elle les essuya, mais ne put guère arrêter leur flux. Elle se moucha et cela parut l'aider. Elle recouvra, sembla-t-il, son aplomb... jusqu'à ce que je commette une erreur fondamentale.

— Et lorsqu'il a dit votre nom, ajoutai-je, le sourire le plus affable, le plus heureux que vous puissiez imaginer, a illuminé son visage.

À ces paroles, elle parut ne plus se contrôler du tout. Elle lança sa tête en arrière et laissa échapper une plainte tourmentée qui sembla résonner dans toute la salle. Elle pleura davantage, renifla et se moucha encore. Les convives de la table voisine nous lorgnèrent d'un air assez réprobateur. Le serveur se présenta et demanda tout net s'il pouvait être d'une quelconque utilité. Je pris cela pour une allusion au fait qu'il serait ravi de nous voir partir. Troublé et effarouché, je lui répondis que nous allions le faire et flanquai trois shillings sur la table, en ayant honte de régler plus que mon dû. J'aidai Miss Crocker à se lever et à tenir sur ses jambes, puis lui fis franchir la porte en un clin d'œil. Une fois dans le Strand, elle se débrouilla pour recouvrer assez promptement son calme. Elle se moucha une dernière fois, avant de se sécher quelque peu les paupières à l'aide d'un coin sec du mouchoir. Elle me le rendit et je l'exhortai à le conserver, au cas où elle en aurait à nouveau l'usage. Elle m'assura que non et insista pour que je l'accepte. Dans un haussement d'épaules, j'obtempérai. Nul doute que j'avais abandonné mon rôle de galant.

Nous parcourûmes une certaine distance en silence. Je notai que ceux que nous croisions nous regardaient désormais d'une manière différente. S'ils nous remarquaient, ils semblaient seulement nous observer à la dérobée, d'une façon qui trahissait une sorte de condescendance, puis leur regard se portait par-delà nos personnes. Nous quittâmes Pall Mall et nous promenâmes tant soit peu dans St. James Park. À mes yeux, du moins, Miss Crocker paraissait avoir surmonté ses débordements lacrymaux. Elle marchait d'un pas plus allègre et hasarda même un sourire à mon endroit. Je jugeai possible de poursuivre enfin.

— Miss Crocker... Jenny, je me demandais si vous pourriez justifier ceci.

— Pourquoi donc ? demanda-t-elle en me gratifiant d'un air des plus innocents.

— Pourquoi, en effet ? Ma foi, je faisais référence au fait que votre nom fut le dernier qu'il prononça, et en souriant. Pourquoi donc ? Quelle était votre relation avec lui ?

— Oh, j'avais une très bonne relation avec c' brave vieil Arthur.

Elle répondit de telle sorte qu'elle sous-entendait davantage que ses véritables propos.

— Vraiment ? dis-je. Pouvez-vous préciser ?

— Ma foi, j' suppose qu' y a pas d' mal d'en causer, maint'nant qu'Arthur est mort et tout ça, mais j' dois dire que ça m'gêne un peu.

Je restai muet et me contentai d'attendre la suite, une astuce à laquelle sir John avait eu recours sous mes yeux, un nombre incalculable de fois. Le silence, disait-il, peut s'avérer une arme puissante entre les mains de celui qui interroge.

Elle s'était arrêtée dans l'une des allées qui sillonnaient le parc. Celle-ci était parallèle à Pall Mall et offrait une certaine intimité, en ce sens que nous pouvions voir si d'autres personnes s'approchaient. Elle considéra le chemin ici et là puis, satisfaite de constater l'absence de tout auditoire, elle commença son explication.

— J'ai r'marqué, monsieur Proctor, que vous lorgniez souvent ma poitrine.

J'en restai tout interdit. Avais-je eu le regard trop appuyé ? Mon attention avait-elle été si manifeste ?

— Enfin... je... non... euh, eh bien... bredouillai-je, peut-être à une ou deux reprises. Je... euh...

— Oh, peu importe, dit-elle en chassant ma confusion d'un geste de la main. Vous y prenez plaisir et moi aussi. Ça semble parfait'ment naturel. Là où j' veux en v'nir c'est que, voyez-vous, Arthur l'aimait bien aussi. Et c'est peu de l'dire ! Combien de fois j' l'ai surpris en train de guigner mes rondelets, et un jour que j'essayais d'obtenir un peu d' liberté pour pouvoir visiter ma mère, j' l'ai surpris en train de plonger les yeux d'dans, comme vous l'avez fait, et j' lui ai dit comme ça : « Arthur, j' vois qu' vous n'arrêtez pas d' bigler mes rondelets. Si vous m'accordez la pause que j' veux, j' vous donnerai l'occasion de les r'garder comme ça vous chante. » Alors, le v'là qui réfléchit et il opine du chef, puis il répond : « Entendu ! » Alors, j' me suis dépoitraillée et j' les lui ai montrés comme ça, tout d'go.

« Alors, c'est dev'nu une sorte de jeu entre nous, pardi, poursuivit-elle. Chaque fois que j' voulais obtenir une faveur de c' brave vieil Arthur, j' le laissais r'garder. Mais comme c'était un homme, il a pas tardé à vouloir toucher c' qu'il voyait. Ah, mais pas question d' le laisser faire... pas si j' voulais qu'è'qu' chose de bien particulier comme un congé pour la Saint-Étienne ou pour Noël. Mais c'était pas souvent, et Arthur s'est toujours comporté en gentleman.

J'en restai muet. Et il ne s'agissait pas d'un stratagème quelconque pour la faire parler davantage. Au contraire, je songeai qu'elle m'en avait assez confié. J'étais stupéfait qu'elle m'en eût dit autant.

Elle me considéra, examina mon visage, et en vint à une conclusion fort logique :

— Je n'vous ai point choqué, si ?

Je niai, naturellement.

— Voyons, non, bien sûr que non.

Mais j'étais certain de ne pas l'avoir convaincue.

Certes non, car elle continua alors pour se justifier :

— Eh bien, sinon, vous n' devriez point l'être, car j'ai entendu dire qu'il existait bon nomb' d'endroits en c' bas monde, où les femmes n' portent rien sur la poitrine. Arthur lui-même m' l'a dit.

J'en savais non seulement beaucoup sur elle, mais voilà qu'elle m'en confiait plus que je ne l'aurais espéré à propos d'Arthur Robb. À mes yeux, c'était avant tout le majordome le plus sympathique — pour ne pas dire le plus gentil — de tous ceux que j'avais rencontrés, lors de mes tournées coutumières dans la ville, à remettre lettres et messages pour le compte de sir John. Je jugeai opportun de formuler alors un commentaire au sujet d'Arthur et me crus suffisamment remis de la surprise qu'elle m'avait faite pour agir ainsi.

— Euh... eh bien, je gage qu'Arthur était beaucoup plus un joyeux drille que je ne l'aurais imaginé, dis-je. Soldat de son état et... et...

— Ah, pour sûr, interrompit-elle en venant à mon secours. Il avait un grand sens de l'humour, pardi.

— Et comment cela se manifestait-il chez lui ?

— Pour commencer, c'était un fieffé chatouilleur. Oh, bon sang ! c' t' homme-là était sans merci ! Il suffisait qu'il entre à l'office et s'approche d' moi ou d'une des filles d' cuisine, en agitant les mains, comme s'il voulait nous chatouiller, pour qu'on s' mette à rire et à glousser, avant même qu'il nous touche. Et si l' maître et sa femme étaient sortis un soir, il rôdait dans la d'meure, en essayant d' nous surprend' par-derrière pour nous chatouiller jusqu'à c' qu'on d'mande grâce. Oh, il nous flanquait une peur bleue, pardi !

Elle conclut comme il se doit son évocation par un gloussement.

Nous reprîmes notre marche et bientôt rejoignîmes Pall Mall, puis St. James Street et Little Jermyn Street. Nous conversâmes peu en regagnant la résidence Trezavant, car nous avions quasiment fait le tour de la question, semblait-il. Restaient encore quelques détails.

— J'ai cru comprendre que vos maître et maîtresse s'en reviendraient ce soir ou demain matin au plus tard.

— C'est c' que j'ai entendu dire, répondit Jenny Crocker. L' nouveau majordome en a eu vent aujourd'hui.

— Alors M. Trezavant a dû dépêcher la nouvelle dès son arrivée. Cela signifie-t-il qu'il a aussitôt arrangé la situation ?

— Ça m'étonnerait. Ça veut sans doute dire qu'ils ont fait une trêve et qu'elle s'en r'vient pour faire l'inventaire de c'que les brigands ont pris.

Je ris de sa remarque, bien que je n'eusse pas dû. M. Trezavant avait causé bien trop de torts ces derniers jours pour être jugé amusant de quelque manière que ce fût.

— Je n'ai qu'une dernière question, Miss Crocker, dis-je comme nous nous engagions dans Little Jermyn Street, avec notre destination en vue.

— Et c'est laquelle ?

— Où vous trouviez-vous quand la bande de voleurs a fait irruption par la porte d'entrée ?

— J'étais en train d' causer avec la cuisinière, depuis une demi-heure environ. Vous pouvez l' lui d'mander, elle vous dira la même chose.

Sa réponse me satisfit. Je pouvais en effet demander confirmation à Miss Bleeker, mais Crocker n'allait pas mentir, quand on pouvait la prendre aussi aisément en défaut.

— Tout ça pour savoir si j'étais la femme qu'a raconté c' t' histoire à c' pauv' Arthur, pour qu'il ouv' la porte, pas vrai ? me rétorqua-t-elle comme par défi.

— Enfin, non, je...

Elle me coupa la parole :

— Parce que si c'était moi, vous vous êtes donné d' la peine pour rien. Vous auriez pu me d'mander l'aut' soir et j' vous aurais dit la même chose.

— Je sais, mais à ce moment-là je...

— Mais à ce moment-là vous n'aviez pas encore entendu l' pauv' Arthur prononcer mon nom, pas vrai ? déclara-t-elle en se faisant mon interprète.

Elle soupira :

— Ma foi, j' vous sais gré d' me l' dire. Que j'aie pu donner à c' brave vieux bonhomme du plaisir, au point qu'il s'est rappelé d' moi sur son lit d' mort, c'est qu'è'qu' chose dont j' me souviendrai jusqu'à ma propre mort.

Nous étions parvenus au domicile des Trezavant et j'en étais bien aise. J'espérais de banals adieux et n'étais guère préparé à cela. Je ne savais trop que lui dire. Je n'avais pourtant rien à déclarer, sembla-t-il, car elle n'avait point cessé de causer.

— Merci pour le café et les gâteaux. Vous m'avez emmenée dans un fort bel endroit, même si j' doute que j'y r'tourne un jour. Navrée d' vous avoir causé d' la gêne quand on est sortis.

Ce disant elle me tendit la main avec une telle promptitude et une telle vigueur que je songeai de prime abord qu'elle allait me frapper. Mais il n'en fut rien, elle souhaitait serrer la mienne ; et je me laissai faire, assez mollement, je le crains. C'était de sa part un geste irrévocable. Elle tourna les talons et gravit d'un bon pas les quelques marches du perron. Faisant fi du heurtoir, elle frappa à l'huis de son poing. Je lui tournai le dos à mon tour et la quittai.

Dans ma confusion, j'obliquai vers St. James Street, ce qui m'éloigna un peu de mon chemin. Ce ne fut qu'aux abords de ladite rue que je me retournai et regardai derrière moi. Je constatai que Jenny ne se trouvait plus devant la porte et en déduisis qu'on la lui avait ouverte. En m'engageant dans l'artère, je cheminai, tête baissée, et me demandai où et comment j'avais mal agi. Nul doute que j'avais mal agi... inutile que sir John ou quiconque m'en fît le reproche.

J'étais si absorbé par ce qui venait de se dérouler dans

l'heure et demie écoulée que je n'entendis pas le vacarme dans mon dos, jusqu'à ce que la foule se trouvât toute proche. Je fis alors volte-face, levai les yeux et découvris ces gens qui venaient avec diligence vers moi. Ils couraient, à dire vrai ; il y avait une dizaine d'hommes, voire davantage, et quelques femmes loin dans leur sillage. Tous pourchassaient un pauvre individu qui tentait de leur échapper. Ils criaient après lui, brandissaient leurs bâtons, leurs poings, une cravache, tout ce qu'ils avaient à portée de main. Que lui voulaient-ils donc ? Que pouvait-il bien avoir fait ?

Lorsque la victime de cette folle poursuite s'approcha, je vis qu'il s'agissait d'un Noir et je le reconnus dans l'instant qui suivit. C'était Frank Barber, le jeune ami de Samuel Johnson, que j'avais rencontré quelques jours plus tôt à peine. « Il me faut agir, songeai-je, et faire tout ce qui est en mon pouvoir pour l'aider. »

— Frank ! hurlai-je. Frank ! Frank ! *Frank!*

Il se tourna, m'aperçut et me reconnut lui aussi dans l'instant, alors que je lui faisais signe. Mais que pouvait-il faire ? S'il ralentissait son allure pour découvrir comment j'allais pouvoir l'aider, la foule allait le rattraper et le mettre en pièces, sait-on jamais ? Je décidai donc d'aller vers lui. Je détalai dans la rue afin de le dépasser, et, n'y parvenant pas, je pus toutefois courir à ses côtés, en suivant chacune de ses foulées... en dépit du lourd fardeau que je portais dans chaque poche. Ce ne fut qu'à ce moment-là que je me rendis compte de ce que contenaient lesdites vastes poches de mon habit vert bouteille. Ce n'était rien de moins que les deux pistolets confiés par M. Baker, la veille au soir. J'étais rentré trop tard de ma nuit à St. Bart pour les lui rendre ce matin-là et j'avais hésité à déposer des armes chargées dans ma mansarde, aussi les avais-je glissées dans mes poches, où elles giguaient à présent non sans danger. J'y flanquai mes mains pour les immobiliser, et, ce faisant, jetai un regard en arrière pour remarquer que nous avions quelque peu distancé nos poursuivants... mais ils se rapprochaient petit à petit et je n'étais pas certain que Frank maintiendrait longtemps l'allure qu'il s'était fixée.

Je sortis le pistolet de ma poche droite et le dirigeai dans une certaine direction. Frank se dit peut-être que je le menaçais, car ses yeux s'écarquillèrent à la vue de l'arme. En tout cas, il se plia à mon vœu et courut avec moi vers un côté de la rue, afin de prendre place sur le trottoir, devant l'un des hôtels particuliers. Nous nous postâmes devant une solide clôture pourvue de barreaux de fer. Mon plan initial consistait à chercher refuge chez M. Bilbo, mais Frank pour échapper à la foule avait d'ores et déjà dépassé la demeure lorsque je l'avais rejoint ; j'avais changé en quelque sorte de stratégie et celle-ci fonctionnerait aussi bien là que n'importe où dans St. James Street.

Les chefs de la bande (si toutefois il y en avait) s'inquiétèrent de la nouvelle tournure des événements, si inattendue qu'ils ralentirent et finirent par s'arrêter. Ils virent le pistolet dans ma main et ne l'apprécièrent guère.

— Frank Barber, placez-vous derrière moi. Mettez le dos à la grille et restez-y, quoi qu'il arrive.

Il obtempéra. Le malheureux était à bout de souffle. Pouvait-il me répondre ?

— Depuis combien de temps vous ont-ils pris en chasse ? m'enquis-je.

— De... depuis St. James Square... ils n'ont pas cessé.

Sa voix s'entrecoupait de halètements.

— Mais pourquoi ? Qu'avez-vous fait ?

— Je... je n'ai rien fait... *rien !* J'ai porté... une missive... à une maison de la... place.

Bien que n'étant pas satisfait alors de la réponse de Frank, j'eus tôt fait de découvrir qu'il ne disait que la stricte vérité.

Ses poursuivants s'avancèrent à pas de loup, comme s'ils espéraient qu'en empiétant peu à peu sur notre territoire ils pourraient nous anéantir à notre insu.

— Vous êtes assez loin !

Je hélai deux d'entre eux qui s'avançaient en tête de la meute, telle une sorte d'avant-garde ; c'étaient deux gars minces et noueux, guère plus âgés que moi, et chacun portait un bâton assez robuste pour être qualifié de gourdin, qu'il tentait de dissimuler dans son dos. Ils ne se trouvaient qu'à douze ou treize pieds de nous au plus.

— Vous êtes assez loin, j'ai dit !

Et, pour les en convaincre avec force, je pointai le pistolet et visai un point au-dessus — mais trop éloigné — de leurs têtes. Je libérai le chien, appuyai sur la détente, puis bénis Dieu et M. Baker pour la détonation qui s'ensuivit... à mi-chemin entre un crépitement et un éclatement.

L'effet fut immédiat et combla mes espérances. Les deux gaillards détalèrent pour se réfugier derrière le groupe ; dans sa hâte, l'un deux chut sur les pavés et perdit son bâton, mais battit en retraite plus vite que son acolyte. Tout l'attroupement, les hommes et les quelques femmes présentes, recula au moins de cinq pieds, mais non sans clabauderie, menaces et récriminations. En revanche, ils ne se dispersèrent point comme je l'escomptais.

Les deux que j'avais fait fuir à toutes jambes revinrent sur leurs pas et se mirent à haranguer ceux qui se trouvaient derrière eux.

— Et voilà ! s'écria l'un. Il avait qu'une balle dans son pistolet et maint'nant il l'a tirée !

— V'nez, attrapons ce jeune Noir !

Chacun avança d'un pas — et seulement un — vers nous. Je ne les laissai pas s'approcher davantage. Tout en exhibant d'un geste quelque peu ostentatoire le second pistolet, je visai sans l'armer l'individu situé le plus près.

— J'abats le premier d'entre vous qui s'approche encore ! tonitruai-je d'un air confiant.

J'avais peine à en croire mes oreilles.

De nouveau, ils reculèrent. Mais la foule ne manifestait

toujours pas le moindre signe de dispersion. Au contraire, si je puis dire, des badauds s'étaient rassemblés de l'autre côté de la rue. Ils paraissaient neutres dans leurs préférences, mais plutôt amusés et égayés par ce qui s'était déroulé jusque-là. Ils riaient et montraient du doigt, peu soucieux que Frank Barber, un membre de la bande, ou moi-même fussions tués, tant que le spectacle offert demeurait assez divertissant.

Quelle ne fut pas ma surprise lorsqu'un de ceux placés loin derrière la première rangée de poursuivants s'avança ! C'était un homme d'environ quarante ans, solidement charpenté et d'une digne prestance ; il parut ne point appartenir du tout au reste du groupe. Il agita la main dans ma direction, comme l'eût fait un élève pour attirer l'attention de son professeur.

— Puis-je m'exprimer ?

Je dirigeai le pistolet vers lui.

— Vous le pouvez.

— Je crois que tu méjuges de nos intentions, déclara-t-il. Nous sommes ici pour rendre justice. Ce moricaud que tu protèges fait partie de cette bande de voleurs qui pille les demeures de la petite noblesse et des aristocrates alentour. Nous autres sommes au service des grandes maisons de St. James Square. Nous avons vu ce noiraud qui se tient derrière toi en train de rôder, et quelqu'un l'a reconnu comme étant l'un des brigands.

— Qui donc l'a reconnu ?

— Peu importe. Il possède la couleur de peau requise et nous convenons tous du fait qu'il est l'un d'entre eux. Nous avons l'intention de le présenter à la justice.

— Eh bien, vous ne sauriez tous être plus chanceux, répliquai-je, car je suis l'assistant de sir John Fielding, magistrat près le tribunal de Bow Street, et si vous dites vrai, alors sir John souhaitera sans doute l'interroger. Aussi vais-je me charger de lui. Je vous sais gré de l'avoir amené jusqu'à moi.

— Mais...

— Et à présent, repris-je en lui coupant la parole, refusant d'être intimidé par cet individu présomptueux (qui sans conteste était majordome), je dois vous ordonner à tous de vous en aller, de vous disperser et de disparaître.

Qu'aurait déclaré sir John en semblable occasion? Peut-être quelque phrase plus sévère en guise d'ultime admonestation :

— Vous avez créé tous ensemble un ameutement, et cela ne saurait être toléré dans la cité de Westminster.

« Voilà qui devrait suffire », songeai-je.

Et cela aurait dû, car les membres du rassemblement se mirent à deviser, hésitants, entre eux, un ou deux commençant à s'éloigner, et leur porte-parole attitré parut, pour l'instant du moins, à court de mots. Mais, à ce moment décisif, une grosse dame joua des coudes pour se placer devant tout le monde. Elle se révélait immense à maints égards : grande, ample et massive... et sa voix n'avait rien à envier au reste.

— Qu'est-ce qui vous prend à tous? aboya-t-elle à l'endroit de ses compagnons. Allez-vous donc laisser c' jeune pisseux vous r'tourner comme des crêpes et vous renvoyer dans vos foyers? Qu'est-ce qui nous prouve qu'il vient d' Bow Street, comme il le prétend? J' gage qu'il a l'intention d'emm'ner c' nègre au coin d' la rue et d' le r'lâcher avec une tape sur son cul d' moricaud. Eh bien non, sacrebleu! Nous allons punir c' t' Africain pour l'exemple, comme on avait commencé à l' faire. Suivez-moi! Il n'osera point tirer sur une femme!

(Hélas, cher lecteur, elle avait discerné à juste titre les limites de mes implacables desseins. À dire vrai, je n'allais pas, ne pouvais pas tirer sur une femme. Peut-être aurais-je pu blesser un homme — je l'avais déjà fait, du reste —, mais n'avais jamais tiré pour abattre qui que ce soit et espérais de tout cœur ne jamais le faire. Comme vous l'avez sans doute perçu, j'usais de rodomontades... je jouais le hâbleur face à la foule.)

Elle se tourna vers moi, l'ire et le mépris se lisant sur

sa face. Que pouvais-je faire ? La menacer par un avertissement encore plus grave ? Que pouvais-je bien *faire*, grands dieux ?

Mais tandis qu'elle se dirigeait vers moi, le secours arriva d'une provenance des plus inopinées. L'agent Patley apparut tout à coup et se fraya un chemin parmi la foule des badauds ! Il se mit à courir et interrompit la femme dans son élan, ce qui fut moins le résultat de la peur que de la stupéfaction. Il se pencha, s'empara du gros bâton oublié par l'un des intrépides qui m'avaient défié les premiers. Sans un mot, il alla droit sur elle et lui assena un vif horion sur l'arrière-train.

Ce qui fit la plus grande joie des spectateurs postés sur le trottoir d'en face — des galants et leurs dames —, lesquels rirent à gorge déployée, comme à quelque farce jouée dans la rue.

— Le garçon est bien c' qu'il dit être, proclama M. Patley, et j' suis moi sergent d' ville. Si vous tous lui obéissez et vous dispersez comme il l'a dit, en f'sant place nette aussi prestement qu' possible, alors vous n'aurez plus à vous plaind' de nous. Mais si vous d'meurez ici, j' vous assomme tous l'un après l'autre.

À ces paroles, il s'adressa directement à la grosse dame qu'il avait offensée à l'aide de son bâton :

— Et vous, espèce de garce à la langue bien pendue, j' vous emmène pour incitation à l'émeute. Est-ce que j' me suis bien fait entendre ?

Il s'ensuivit un véritable torrent d'obscénités et de jurons que je n'avais jamais entendus jusqu'alors en une seule tirade, même dans les bouges les plus infâmes de Bedford Street. Toutefois, la harengère tourna les talons de bien mauvaise grâce, comme le reste de la bande, et regagna en traînant les pieds la direction de la place.

L'auditoire applaudit à tout rompre ; ce qui me stupéfia, bien que cela semblât en accord avec l'attitude de ces personnes en quête de plaisir, venues de Pall Mall. Et, pour couronner le tout, M. Patley réagit en tirant sa révérence, ce qui me confondit d'autant plus.

— Jeremy, fit une voix dans mon dos, pourrais-tu me laisser sortir, s'il te plaît ? Je suis tout comprimé entre la grille de fer et toi.

— Dieu du Ciel ! m'exclamai-je, en m'éloignant à la hâte. Frank ! Veuillez me pardonner ! J'avais complètement oublié.

— Je l'imagine sans peine, rétorqua-t-il d'un ton quelque peu cassant. Dois-je t'accompagner à présent pour subir l'interrogatoire de sir John ?

Il me considéra d'un air assez dubitatif.

— Oh, peut-être que cela vaudrait mieux, puisque c'est ce que je leur ai annoncé. Vous devriez en tout cas lui livrer votre version des faits... la foule qui vous pourchassait et le reste. Reconnaissez à l'agent Patley le mérite de nous avoir sauvés tous les deux. Je dois moi-même l'en remercier.

Je lançai alors un regard à la ronde. La rue s'était vidée en un clin d'œil. Seules quatre ou cinq personnes y étaient encore disséminées, et M. Patley ne se trouvait pas parmi elles. Il avait tout bonnement disparu... mais il ne pouvait certes être bien loin. Où nous trouvions-nous donc dans St. James Street ? La résidence de M. Bilbo n'était guère éloignée, pas plus que celle de lord Lilley, en l'occurrence ; mais plus proche encore, et entre les deux, se dressait l'hôtel particulier de M. Zondervan. Le sergent de ville y était-il entré ? Qui pouvait-il bien connaître en la demeure ? Pouvais-je le lui demander ? Me le dirait-il ?

Je soupirai.

— Allons, venez donc, Frank. M. Johnson doit se demander où vous êtes passé.

CHAPITRE VII

Où sir John commence à interroger M. Burnham

Bien qu'il eût terminé ses audiences depuis deux ou trois heures, sir John était encore debout lorsque j'arrivai au 4 Bow Street en compagnie de Frank Barber. Comme ce dernier s'était tu presque tout le long du chemin du retour, je fus tant soit peu surpris lorsque, en pénétrant dans les « coulisses » du prétoire (la chambre de sûreté, l'alcôve du greffier, le cabinet du magistrat, et cetera), il se montra tout à coup des plus loquaces en présence de sir John. Il n'attendit point que je l'annonce, mais alla tout droit vers le magistrat, lequel conversait avec M. Marsden, et se présenta tel un vieil ami.

— Sir John, déclara-t-il, c'est moi, Frank Barber. Nous nous sommes rencontrés à maintes occasions, quand j'étais plus jeune, chez M. Johnson, à Gough Square. C'était avant qu'on ne m'envoie faire mon instruction, d'où je suis récemment revenu.

Il tendit la main... disons plutôt qu'il la brandit, s'empara de celle du magistrat et la serra avec vigueur.

— Ah oui, répondit sir John, je crois me souvenir de toi, à présent. Qu'est-ce qui t'amène ici, jeune homme ? As-tu pour moi une lettre de M. Johnson ?

— Non, monsieur, il se trouve que non. Mais aussi curieux que cela puisse paraître, c'est une missive de M. Johnson, portée par mes soins à une demeure de St. James Square, qui m'amène à présent à vous.

Après quoi, Frank Barber narra son histoire, que j'entendais en grande partie pour la première fois. Il n'avait rien fait d'autre, semblait-il, que de livrer ladite missive à sir Edward Talcott, résidant de la place, lorsqu'un attroupement s'était formé autour de lui. Les gens exigèrent de savoir la raison de sa présence en cet endroit, mais refusèrent d'écouter sa réponse. Au lieu de cela, ils l'accusèrent d'appartenir à cette bande de brigands qui pillait les hôtels particuliers des environs, et ne voulurent toujours rien entendre de ses véhémentes dénégations. Ils appartenaient, semblait-il, à la domesticité des diverses résidences de la place. Comme ils malmenaient le pauvre Frank, le menaçaient, le ballottaient de-ci de-là, il comprit alors que le simple rassemblement se transformait en émeute. Ils lui voulaient du mal (il entrevit une cravache dans les mains d'un des leurs), peut-être même le tuer (un autre brandit une longueur de corde), et, dès qu'il eut l'occasion de leur échapper, il la saisit. Il courut de toutes ses forces et les entraîna autour de la place, puis dans St. James Street.

— Et là-bas, dit-il, grâce à l'appui de votre assistant, Jeremy Proctor, j'ai réussi à leur échapper tout à fait.

Il conclut ainsi son récit, ce qui me surprit et me déçut tout à la fois. N'y avait-il donc rien d'autre à ajouter? N'avais-je pas tenu en respect dix... quinze... voire trente personnes... avec un seul pistolet? Ne l'avais-je pas protégé avec mon propre corps? Et qu'advenait-il de M. Patley? N'avait-il pas fait montre d'un rare courage en intimidant la foule, avec pour seule arme un bâton? Ne nous avait-il pas sauvés tous deux, Frank et moi?

J'ouvris la bouche, songeant à rectifier la version de Frank, puis la refermai aussitôt. Car je remarquai l'expression innocente sur son visage et compris qu'il pensait réellement que cela s'était déroulé ainsi. Il s'était débrouillé seul, exception faite de la petite aide que je lui avais apportée. Tout ce que j'aurais ajouté eût paru égoïste. Même la description du rôle joué par M. Patley

— son irruption théâtrale et le reste — exigeait qu'on s'attardât en premier lieu sur la pitoyable situation dans laquelle je me trouvais. Aussi, cher lecteur, je préférai me taire.

Mais sir John, qui avait prêté l'oreille d'un bout à l'autre, dut songer que quelque chose clochait, car il s'adressa à Frank en ces termes :

— Dis-moi, jeune homme, comment es-tu parvenu à échapper à la bande, une fois dans St. James Street ?

— Ah ! Eh bien, dit-il, ce fut une affaire bien complexe. Nul doute que Jeremy pourrait mieux vous l'expliquer.

Bien que sa voix parût confiante et assurée, son regard trahissait l'hésitation, voire la crainte.

— Jeremy ?

— Si vous souhaitez des précisions, monsieur, l'exposé risque d'être long.

— Plus tard, peut-être.

— Si vous n'y voyez pas d'inconvénient.

Sir John revint alors à Frank Barber :

— Et comment cet attroupement devenu une bande d'émeutiers en est-il venu à te soupçonner d'être l'un des brigands ?

— Voyons, ce n'est qu'une question de couleur de peau, monsieur. Si j'ai bien saisi, ces voleurs se présentent sous les traits d'Africains.

— Tu doutes qu'ils le soient vraiment ?

— Je n'en suis pas convaincu.

Il y avait dans sa manière de parler un soupçon d'arrogance. Comme s'il faisait peser tout le poids des preuves sur les épaules du magistrat.

— Cela mis à part, tu es convaincu que ta seule couleur de peau t'aura valu de subir les assauts et la poursuite de la foule ?

— Ma foi... hésita-t-il. Il y a peut-être une autre raison. Je leur ai dit quelque chose qui ne leur a guère plu.

— Et qu'était-ce donc ?

Il s'éclaircit la voix, prit une profonde inspiration et se jeta à l'eau.

— Quand l'un des leurs, j'ai oublié lequel, m'a traité d'Africain, je leur ai rétorqué que je n'en étais point mais tout autant anglais que quiconque parmi eux.

— Ce qui n'a guère dû leur plaire, en effet, commenta sir John d'un ton sec.

— Cela les a mis en colère. Et quand je leur ai demandé qui parmi eux avait servi dans la marine royale, comme moi, ils redoublèrent de fureur.

Malgré lui, sir John se mit à glousser :

— Mes états de service dans la marine royale ne m'ont jamais valu un grand respect.

Tous deux auraient pu continuer ainsi, car ils commençaient à sympathiser. Mais la porte donnant sur la rue s'ouvrit à ce moment-là et, ô surprise ! M. Burnham fit son apparition en compagnie de M. Fuller. Je savais qu'en sa qualité d'homme de jour et de geôlier, M. Fuller était le seul sergent de ville dont disposait le magistrat, aussi l'envoyait-on de temps à autre au-dehors pour aller quérir des prisonniers, des individus susceptibles d'être interrogés et s'y refusant ou n'acceptant que de mauvaise grâce. Bizarrement, il semblait que ce fût l'un ou l'autre cas, cette fois-ci, car si M. Burnham n'était pas enchaîné, nul doute que l'agent Fuller le grippait au bras avec poigne. Et il portait, comme toujours, une paire de pistolets.

— Monsieur Fuller, est-ce vous ?

— En effet, monsieur, répondit l'autre.

— Vous accompagnez M. Burnham, ce me semble. Vous a-t-il causé la moindre difficulté ?

— Un peu. Il était sur le point de partir à cheval et j'ai dû le convaincre que s'entretenir avec vous était plus important qu'une promenade équestre du dimanche.

— Vous n'avez pas dû user de violence, j'espère ?

— Non, monsieur, j'ai dû seulement lui causer avec fermeté, voilà tout.

— Monsieur Burnham ?

Sir John s'adressait cette fois au précepteur en personne.

— Oui, sir John ?

— Les propos de M. Fuller sont-ils exacts ? On ne vous a point blessé ou maltraité ? Et vous êtes venu, peu ou prou, de votre plein gré ?

— Je suis là. Ni blessé ni enchaîné.

— Bien. Alors vous êtes en condition pour un petit tête-à-tête.

Au même instant, je regardai par hasard Frank Barber, qui se trouvait tout près de moi. La vive stupéfaction qu'on lisait sur son visage se révélait saisissante, car elle exprimait des sentiments personnels, une déception si profonde qu'on eût juré qu'il contemplait son capitaine mort au champ de bataille. J'ignorais, et n'avais aucune raison de deviner alors, que Frank et M. Burnham se connaissaient, mais c'était de toute évidence le cas.

— Monsieur Fuller, je dois vous demander de placer M. Burnham dans la chambre de sûreté, le temps que vous et moi devisions brièvement.

— Avec plaisir, sir John.

Si l'idée comblait M. Fuller, elle était loin de ravir M. Burnham. Il n'opposa aucune résistance, mais ses yeux protestaient avec force lorsqu'on tourna la grosse clé dans la serrure.

— Jeremy ! m'interpella sir John, debout à l'entrée de son cabinet. J'aimerais que tu viennes aussi.

Comme je marchais sur les brisées de M. Fuller pour rejoindre le magistrat, je m'interrogeais sur le statut de M. Burnham. S'il était détenu, il demeurait certes traité avec déférence par sir John. Et si on l'avait amené dans l'unique but de l'interroger davantage, pourquoi jugeait-on nécessaire de l'enfermer en cellule ?

En entrant dans le cabinet du magistrat, je regardai derrière moi la geôle aux barreaux de bois et vis Frank déjà en train de converser à voix basse avec M. Burnham.

— Viens-t'en, Jeremy.

— Oui, monsieur, répondis-je, avant de m'asseoir à ma place coutumière, face à sir John, séparé de lui par le bureau seulement.

M. Fuller préféra rester debout. Il se tint à un pas de distance, fronçant les sourcils comme à son habitude, les bras croisés sur la poitrine.

— Je n'ai pas grand-chose à dire, en vérité, déclara sir John *mezza voce*, mais je souhaite faire croire à M. Burnham que nous avons nombre de nouvelles informations dont nous devons discuter, alors inutile de nous presser. Si vous avez la moindre question, je vous en prie, ne vous en privez pas. Si vous avez quoi que ce soit à ajouter, je vous en prie, ajoutez-le. Commençons par vous, monsieur Fuller. Dites-nous, si vous le voulez bien, ce qui s'est passé, lorsque vous vous êtes rendu chez M. Bilbo pour y quérir M. Burnham.

L'agent Fuller était absolument incapable de résumer les moindres faits. Sa tendance à amplifier tout rapport était à l'opposé de la manière de l'agent Brede qui ne desserrait pas les lèvres. Où il fallait arracher des détails au second, ils coulaient à flots de la bouche du premier. Si cela convenait fort bien à sir John, notamment en la circonstance, voilà qui risquerait d'abuser de la patience du lecteur, au cas où je devrais transcrire mot pour mot les commentaires du sergent de ville. En d'autres termes : comme il se refusait à abréger, je me vois contraint de le faire comme suit.

M. Fuller avait été introduit en la demeure par Jimmie Bunkins, envers lequel l'agent nourrissait une aversion particulière, datant de l'époque où mon ami était un jeune voleur. Le sergent était certain qu'on avait donné l'alerte à M. Burnham, lequel quitta la maison alors qu'on la fouillait. Mais ni Bunkins ni les autres ne s'attendaient pour autant à ce que Fuller eût quelque connaissance des lieux (fournie par l'agent Bailey, responsable de la brigade de Bow Street)... en tout cas suffisante pour savoir où se trouvait l'écurie et comment y accéder. Il la chercha au-dehors de son propre chef et découvrit M. Burnham en train de seller la jument sans l'aide du garçon d'écurie, lequel se trouvait ce jour-là en visite chez les siens. Burnham en avait presque fini quand le sergent arriva, si bien qu'il tenta bravement de se mettre en selle et de partir à cheval. Hélas, comme il avait rarement l'occasion de seller sa propre monture, il n'avait pas assez serré la sangle, et, quand il mit le pied à l'étrier, la selle et le reste lui dégringolèrent dessus, tandis que lui s'écroulait sur son postérieur. Bien que M. Fuller l'aidât à se relever, il fut assez cruel pour le railler dans le même temps. Ce qui suscita un furieux échange de propos entre les deux hommes : M. Burnham exigea que l'agent lui prête main-forte pour remonter en selle, ce à quoi l'autre rétorqua qu'il n'avait nul besoin de le faire, car il devait se rendre au 4 Bow Street afin d'y rencontrer sir John Fielding. M. Burnham répliqua alors que la destination de sa chevauchée l'intéressait bien plus qu'une causerie avec le magistrat. Et ils continuèrent ainsi de plus belle, sans pouvoir jamais s'entendre, jusqu'à ce que M. Fuller ordonnât sans ambages à M. Burnham de rentrer la jument dans sa stalle et de le suivre à Bow Street. Il accentua sa directive en jouant avec la crosse d'un des pistolets qu'il avait sur lui, bien qu'il jurât ne jamais l'avoir sorti de son étui. Sans plus de cérémonie, on fit rentrer la monture et les deux hommes prirent le chemin du tribunal.

Narrer cette histoire à sir John — avec force détails et digressions de tout ordre — nécessita près de dix minutes. Même le magistrat, qui témoignait en apparence d'une soif inextinguible pour le moindre détail, sembla quelque peu anéanti par l'allocution, si bien qu'il n'eut qu'une seule question à me poser quand il se tourna vers moi.

— Jeremy, dit-il, que t'a donc dit précisément le garçon d'écurie au sujet de la fréquence de ces promenades équestres ? Était-ce chaque dimanche que M. Burnham chevauchait vers sa destination secrète ?

Je réfléchis afin de lui fournir une réponse explicite.

— Ce qu'il a dit, monsieur, c'était : deux ou trois fois par semaine, quatre au plus, mais toujours le dimanche.

— Hum... fit sir John, en méditant quelque peu. C'est plutôt fréquent, non ? A-t-il dit depuis combien de temps cela durait ?

— Pas à proprement parler, non, mais la portée de ses propos laissait entendre que cela durait depuis longtemps... des mois, je dirais. Après tout, quand on déclare : « *toujours* le dimanche... »

— Oui, je vois où tu veux en venir.

Il se tut un long moment et s'abandonna totalement à la réflexion. Il reprit enfin la parole :

— Une *femme* ! Nous y voilà. Ce ne peut être que cela. Il fait sa cour à une dame qui se trouve quelque peu éloignée. Mais comment savoir de qui il s'agit, s'il ne nous le divulgue point ?

Nous étudiâmes le problème tous les deux. M. Fuller y songea même peut-être aussi, mais au bout du compte rien ne fut dit, pas la moindre suggestion ne fut formulée. Sir John était, je crois, prêt à clore notre conciliabule, lorsque je décidai de lui poser la question qui m'avait taraudé plus tôt.

— Monsieur, pouvez-vous me dire quel est le statut légal de M. Burnham ? Est-il prisonnier ? Se trouve-t-il ici en vue d'être questionné ?

Il esquissa un sourire forcé.

— Ma foi, tu peux t'interroger, Jeremy. Tu ne trouveras son statut défini dans aucun ouvrage juridique de ma connaissance. En l'espèce, je puis t'affirmer que seuls deux faits s'opposent à lui, pour l'instant. Le premier réside dans l'accusation portée par M. Trezavant. D'ordinaire, elle ne serait guère suffisante pour l'envoyer à la potence, car nous savons qu'au moment de l'irruption des brigands, notre homme était ivre. *Cependant*, M. Trezavant est le coroner de la cité de Westminster et l'on ne saurait faire fi de son témoignage ; il ne sied guère que magistrat et coroner soient en désaccord. Qui plus est, on l'a nommé coroner parce qu'il est l'ami du Premier ministre, et il ne sied guère que le magistrat de Londres et le Premier ministre soient en dissension.

— Mais monsieur, répliquai-je, enhardi par mon lien avec lui en qualité d'élève à maître, ne diriez-vous point qu'il s'agit là de considérations politiques et non plus juridiques ?

— Bien sûr que oui, approuva-t-il, mais que tu le veuilles ou non, Jeremy, une grande partie de l'existence est déterminée par de telles considérations politiques... comme tu l'apprendras, mon garçon, comme tu l'apprendras.

— Oui, monsieur, répondis-je, quelque peu affligé. Alors je présume que M. Burnham est un prisonnier.

— Non, pas tout à fait, car exception faite de l'aspect politique de la situation, il n'existe aucune véritable charge qui pèse sur lui. Pour autant, il doit répondre de l'accusation portée à son encontre, et ce avec un alibi vraisemblable. Jusqu'ici, il s'y est refusé ; car tu as découvert qu'il avait menti quant à ses faits et gestes pour les nuits en question. Il ne peut se borner à refuser de répondre ou à mentir, comme il l'a fait... et ceci, pour en revenir à ce que je disais au début, n'est autre que le deuxième fait qui joue contre lui. Il faut lui faire comprendre qu'il ne doit pas prendre cette question à la légère, sinon je vais devoir le déférer à l'Old Bailey, et avec l'affaire Somerset entre les mains du président de la Haute Cour, la période semble néfaste pour tout Noir appelé à comparaître à un procès.

« En ce qui concerne la situation actuelle de M. Burnham, poursuivit sir John, je dirais qu'il est ici pour être interrogé, mais nous ferons tout ce qui est en notre pouvoir pour qu'il se croie déjà détenu. J'ai demandé à M. Fuller de faire grâce de l'aménité coutumière qui sied à toute personne destinée à un interrogatoire. Je souhaite lui inculquer toute la précarité de sa situation. Je vais le questionner d'une manière des plus inflexibles.

Il se tut alors longuement, songeant peut-être à ce qu'il dirait à M. Burnham. Puis, s'arrachant au mutisme, il se leva tout à coup et annonça :

— Je pense que nous l'avons assez fait attendre, n'est-ce pas ? Amenez-le-moi, monsieur Fuller. Et toi, Jeremy, va-t'en là-haut quérir mon écharpe, veux-tu ? M. Donnelly sera bientôt là et je ne souhaite pas l'entendre me gourmander à propos de ma blessure.

En quittant le cabinet du magistrat, j'eus la surprise de voir encore Frank Barber devant les barreaux de la chambre de sûreté, mais on ne pouvait guère affirmer que les deux hommes devisaient. M. Burnham s'adressait à Frank avec véhémence, presque en colère. Bien qu'il s'exprimât trop bas pour qu'on le comprît, je pus nonobstant affirmer au juger de sa posture et de son regard qu'il était fort bouleversé.

— Oh, Jeremy, j'aimerais te dire un mot, si tu le veux bien.

C'était M. Fuller, qui me retenait par une tape sur l'épaule. Il se montrait d'une déférence remarquable. Je ne savais trop à quoi m'attendre.

— Oui ? Qu'est-ce donc, monsieur Fuller ?

— Pour ne rien te cacher, je me sens un peu nigaud à cause de ça, mais M. Baker m'a dit que tu avais pris ma petite farce à cœur.

— Votre petite farce ?

Ce à quoi il faisait allusion était si loin de moi que j'ignorais sincèrement de quoi il parlait.

— Eh bien... Je t'ai vu descendre à la cave avec cette jeune petite qui aide lady Kate. Et pour badiner, j'ai fermé la porte et je l'ai verrouillée.

Il détourna les yeux, à l'évidence embarrassé. Ce qui m'étonna.

— Oui, c'est moi, mais je ne voulais rien faire de mal ; c'était comme une plaisanterie entre camarades. Mais M. Baker a dit que vous avez pu sortir sans peine.

— C'est vrai, dis-je, peu désireux de m'attarder sur le

sujet. Il n'y a pas de mal, toutefois la fillette a eu un peu peur.

— À son âge, c'est naturel. Présente-lui mes excuses. Mais comme tu l'as dit : « Il n'y a pas de mal. »

À ces mots, nous nous séparâmes et il me gratifia d'un petit salut, deux doigts portés au front, comme il sied en présence d'un supérieur. Ce qui m'époustoufla. Cependant, avant que je puisse comprendre ce que cela pouvait bien signifier, une querelle éclata soudain entre Frank et M. Burnham. Je n'en perçus pas l'origine, mais Frank criait à la face de l'autre moins sous l'emprise de la colère que d'une voix implorante ; il acheva cependant son discours par un cri : « Ne sois pas idiot ! » Puis il tourna les talons et s'éloigna à grandes enjambées.

Robert Burnham beugla après lui d'une voix courroucée que je ne lui connaissais pas :

— Bien mal t'en prendra si tu oses me contrecarrer, Frank Barber !

Frank n'avait aucune intention de respecter l'injonction de M. Burnham, car il ne regarda point par-dessus son épaule et franchit directement la porte donnant sur Bow Street. Lorsqu'elle se referma dans un claquement, M. Burnham, en proie à une rage manifeste, y fit écho en martelant les barreaux en bois de la geôle. Le temps que je rejoigne la chambre de sûreté, M. Fuller était parti chercher les clés, et je me retrouvai seul un instant en compagnie de ce prisonnier (qui n'en était pas tout à fait un). Il me tournait le dos, tête penchée et front plissé.

Je songeai à la possibilité de tout bonnement marcher vers l'escalier, ce qu'en un sens j'aurais préféré. Néanmoins, je me sentis tenu de lui montrer que ma sympathie allait vers lui. Y serait-il sensible ? Peut-être avait-il surtout besoin d'un peu d'encouragement pour le pousser à agir selon les desseins de sir John. Je l'interpellai donc :

— Monsieur Burnham, comment allez-vous, à présent ?

— Tu me vois tel que je suis et tu oses me poser une

telle question ? répliqua-t-il. M'est avis que tu n'es point le garçon sagace que je croyais.

La remarque me blessa un peu. Mais je n'allais pas me laisser éconduire de la sorte.

— Je crains de m'être montré insensible, monsieur. Pardonnez-moi. Mais... écoutez, si vous voulez bien aider sir John dans son enquête, alors vous ne devriez avoir aucune raison de demeurer là où vous êtes.

— À ton tour, maintenant. Dis-moi, as-tu fait la leçon à Frank Barber ? À moins que ce ne soit l'inverse ? Soudain, tous ceux que je comptais parmi mes amis ont l'air de se liguer contre moi.

Je ne sus quoi répondre à cela et j'entendis alors M. Fuller qui agitait ses clés dans mon dos. Il ne me restait plus qu'à prendre congé, semblait-il.

— Je vous conjure de croire que je ne suis pas contre vous. Je ne souhaite que votre bien, monsieur.

Sur un signe de tête et un geste d'au revoir, je le quittai sans me retourner lorsque j'entendis la clé dans la serrure et la porte s'ouvrir. Je filai d'un trait vers les marches, en vérité.

Quelle ne fut pas la scène étrange qui m'attendait en pénétrant à l'office ! Annie était assise à la table, le visage masqué par un mouchoir de lin, avec lequel elle séchait ses paupières et se mouchait bruyamment. À ses pieds était agenouillée Clarissa, laquelle lui murmurait des paroles de consolation et de réconfort. Elle tenait la main d'Annie dans les siennes.

Comme j'entrais dans la pièce et refermais la porte, je sentis les regards des deux jeunes filles sur moi. Nul doute qu'ils étaient de nature accusatrice. Je m'interrogeai, car je ne voyais pas ce que j'avais bien pu faire pour offenser l'une ou l'autre. Une forte envie de m'enfuir au plus vite s'empara de moi. À cette fin, j'inclinai la tête en guise de salutation et gagnai à la hâte les marches menant à la chambre de sir John. J'espérais ainsi échapper au piège quelconque qu'on m'avait tendu :

« Entre et sors sans demander ton reste et parle le moins possible. » Mais j'hésitai en bas de l'escalier. Lady Kate se trouverait-elle dans sa chambre à coucher ou... ? Je décidai qu'il valait mieux demander.

Lorsque je leur posai la question, Clarissa me répondit d'une voix on ne peut plus glaciale que lady Katherine avait été mandée au Foyer Marie-Madeleine. Avant qu'elle ne pût en dire davantage, je la remerciai et grimpai les marches quatre à quatre pour me ruer dans la chambre des maître et maîtresse de céans, en quête de l'écharpe de sir John.

C'était, pour ne rien vous cacher, une pièce en désordre. Les effets — ceux de lady Kate, pour la plupart — jonchaient çà et là les sièges ; une robe pendouillait dans l'armoire ouverte et le lit n'était pas fait. Il semblait clair que les deux donzelles à l'office, dont la tâche consistait à s'occuper de cette chambre, l'avaient jusqu'ici négligée. Ah certes, nous étions dimanche ; on pouvait pardonner nombre de choses en ce jour... mais un brin de rangement eût nécessité à peine une minute ou deux. Je repérai l'écharpe de fortune que M. Donnelly avait confectionnée pour le bras gauche de sir John, écharpe que le magistrat portait rarement, hormis en présence du médecin. Je la dénichai donc suspendue à la colonne de lit. Dès que je l'eus en main, je quittai prestement la chambre, en prenant soin de fermer la porte derrière moi, et descendis dans la cuisine. J'escomptais passer devant les deux filles avant qu'elles ne puissent m'attirer dans quelque querelle ou controverse, pour m'accuser de je ne sais quoi, ou m'empêcher de rejoindre le magistrat.

Vain espoir s'il en fut ! Je n'avais pas sitôt atteint la table qu'Annie bondit de sa chaise et me désigna de l'index. Puis, le visage impétueux et la voix entrecoupée de sanglots, elle déclara :

— C'est *toi*, Jeremy !

Je m'arrêtai net. Elle pointai toujours son doigt sur moi. Elle évoquait une sorcière de conte de fées en train de jeter un sort.

— C'est moi qui... *quoi* ? m'enquis-je en toute innocence.

Clarissa se redressa et se tint au côté d'Annie ; je notai qu'elle la dépassait de presque une demi-tête.

— Je pense que tu le sais fort bien, articula-t-elle, dans un hochement de tête empreint de gravité.

— Je ne sais rien de la sorte ! glapis-je, anéanti. Que diable ai-je donc fait, selon vous ?

— C'est toi qui nous as conduits dans Little Jermyn Street, afin que cet horrible gros bonhomme puisse contempler Robert et raconte ses horribles mensonges ! s'écria Annie.

— Je vous y ai peut-être conduits, mais je n'avais point de tels sombres desseins à l'esprit. Je n'avais aucun dessein du tout !

— C'est *toi* qui le dis, intervint Clarissa, d'un ton qui ressemblait étrangement au sarcasme. (Pourquoi donnait-elle toujours l'impression de discerner ce qu'il y avait de pire en moi ?) Annie jure que ton itinéraire habituel passe par Pall Mall, comme le sien.

— Eh bien, tu sais pourquoi j'en ai changé, repris-je. J'étais las de prendre le même chemin, cela m'ennuyait. C'est aussi simple que cela.

— Ce n'est pas si simple ! rétorqua Annie en tapant du pied. M. Burnham risque de mourir, parce que ton ancien itinéraire te lassait.

Exaspéré, je répliquai alors avec stupidité :

— Ma foi, s'il meurt, ce sera sa faute. Il mettra en quelque sorte lui-même fin à ses jours, comme un suicide, si tu préfères.

— Jeremy ! hurla Clarissa. Comment peux-tu dire une chose pareille !

L'espace d'un court instant, je me posai la même question. Néanmoins, je tentai de me justifier :

— J'ai déclaré cela, parce qu'il lui suffit de confier à sir John où il se trouvait cette fameuse nuit, pour être lavé de tout soupçon.

— Il a dit où il était. Pourquoi ne veux-tu point le croire ?

— Parce qu'il a menti, répondis-je.

— Qu'est-ce qui te permet de l'affirmer ? s'enquit Annie.

— Parce que j'ai pu établir qu'il avait menti.

— Alors, c'est ta parole contre la sienne ? dit Clarissa. Tu souhaites le voir inculpé afin de briller aux yeux de sir John, pour avoir clos cette affaire tout seul. C'est bien cela ?

— Non ! vociférai-je. Je désire seulement qu'il dise la vérité, au même titre que sir John. Nous le soutenons. Mais s'il s'y refuse, il se déclarera lui-même coupable. Et, à mes yeux, c'est une forme de suicide.

Annie leva la main d'un geste théâtral. Puis elle déclama à l'instar de quelque actrice :

— Peu me chaut, déclara-t-elle. Peu me chaut qu'il ait menti. Cela m'importerait peu si l'on prouvait qu'il a réellement volé ce gros bonhomme répugnant. Tout ce qui compte, c'est l'amour que je lui porte.

« Oh, mon Dieu ! songeai-je. Nul doute que la situation est plus délicate que je ne l'aurais cru. »

— Si tout ce que tu suggères est vrai, il sera reconnu coupable, dis-je, en essayant de la raisonner. Mais... mais... le cas échéant, sir John recommandera certes la transportation. Les juges suivent son conseil en pareilles circonstances.

— Alors je le suivrai partout où on l'enverra... simplement pour être auprès de lui.

Elle chemina lentement vers l'escalier qui menait à l'étage, sans doute pour rejoindre sa chambre.

— Et si — bien que cela semble peu probable — il est condamné à mort ?

— Alors je le rejoindrai dans la mort. Je ne puis vivre sans lui.

Elle se mit à gravir les marches une à une... véritable héroïne de tragédie. Ophélie, peut-être... elle incarnait le personnage d'une démente, ou du moins en avais-je l'impression. Comme elle disparaissait, je me tournai vers Clarissa avec un regard qui devait trahir toute ma confusion.

Pour sa part, la fillette avait les larmes aux yeux.

— L'as-tu entendue? demanda-t-elle. N'était-ce pas les plus belles, les plus romanesques des paroles jamais prononcées par quiconque?

Je soupirai.

— Oui, répondis-je, je suppose.

Car comment pouvais-je livrer le fond de ma pensée? Et je poussai derechef un long soupir.

Je me sauvai de l'office, avant que Clarissa ne pût m'honorer d'autres remarques, descendis l'escalier en trombe et m'arrêtai d'un bond au rez-de-chaussée. Je lançai un regard à la ronde et constatai que la chambre de sûreté était vide et que M. Fuller n'était nulle part en vue. Ce qui signifiait que le magistrat interrogeait M. Burnham comme il l'eût fait avec tout délinquant ordinaire... à savoir, en présence d'un gardien. Je gagnai son cabinet à pas feutrés... mais n'en avais nul besoin, car la voix de sir John, rarement douce en vérité, paraissait se répercuter jusqu'au bout du corridor. Je doute qu'aucun des trois individus présents dans la pièce ait pu m'entendre, quand bien même j'aurais battu la semelle tout du long. Mais je ne souhaitais pas qu'on m'entendît. Je pris place sur le banc, devant la porte close.

Après tout, sir John avait l'intention d'intimider M. Burnham, afin d'anéantir sa résistance, de le broyer — si possible — en une sorte de bouillie d'avoine toute tremblotante. Je l'avais vu et entendu agir de la sorte envers nombre de voleurs de grand chemin et d'assassins. Les scélérats censés lutter à mort, quand on les acculait, finissaient par s'effondrer totalement sous ces harcèlements; quelques-uns parmi les pires avaient même fondu en larmes. J'espérais tout à fait que sir John opérerait la même sorte de métamorphose destructrice sur la personne de Robert Burnham ; je pensais seulement qu'on recherchait en l'occurrence non pas des aveux mais un alibi. Je plaignais d'avance la victime. Mon estime pour M. Burnham était telle que je n'avais aucune envie de me trouver présent à son humiliation ; ma curiosité me poussait nonobstant à tendre l'oreille.

À ma grande surprise, le précepteur s'avérait d'une trempe plus coriace que je ne l'aurais imaginé. En semblables situations, sir John avait usage de commencer de manière assez affable et de devenir peu à peu plus grave et plus sévère, de feindre la colère, pour finir par tempêter en proférant une accusation et exiger la vérité. Le plus souvent, on la lui livrait. En raison de mon retard causé à l'étage par Annie et Clarissa, j'avais, semblait-il, manqué le préambule, car, à mon arrivée, il était entré dans la seconde phase plus sévère. Assis sur le banc, sans voir à travers la porte, je pouvais aisément imaginer son visage farouche, lorsqu'il demanda : « Quand avez-vous appris à monter à cheval ? Cela vous plaît-il ? Avez-vous continué à chevaucher depuis que vous êtes à Londres ? Vous affirmez "sortir à cheval à l'occasion", mais tout de même, deux ou trois fois par semaine et *toujours* le dimanche, cela paraît plus fréquent qu'"à l'occasion", non ? »

M. Burnham s'était montré plutôt coopératif jusque-là, mais lorsque le magistrat lui demanda où il se rendait lors de ces « sorties occasionnelles qui avaient lieu deux ou trois fois la semaine et toujours le dimanche », il lui opposa un silence absolu. « Qui allez-vous voir ? » Silence. « Quel est le but de ces promenades à cheval ? » Silence.

Sir John se chargea alors d'expliquer en termes on ne peut plus logiques pourquoi il était dans le propre intérêt de M. Burnham de répondre à ces questions, afin de pouvoir établir un alibi à sa décharge et contrer ainsi l'accusation portée par M. Trezavant.

— Voyez-vous, lui dit-il, nous savons que le récit selon lequel vous seriez resté à la maison ce soir-là, à en arpenter les pièces, pour y lire des passages de l'ouvrage de M. Goldsmith à qui voulait bien vous entendre, n'est que pure invention fabriquée à la sauvette pour nous satisfaire. De telles billevesées nous offensent, monsieur, car voyez-vous, nous *savons* que vous êtes parti à cheval en fin d'après-midi et n'êtes point revenu avant minuit environ. C'est ainsi que vous avez passé la soirée en question, n'est-ce pas ? Une longue chevauchée vers quelque destination mystérieuse, afin de visiter quelque mystérieuse personne, pour quelque mystérieuse raison. Vous voyez, monsieur, pourquoi il convient de nous révéler ce que nous souhaitons savoir? Sans les faits manquants, tout cela ressemble à un conte pour enfants, n'est-ce pas? Dites-nous ce que nous désirons savoir, monsieur Burnham. Votre vie risque de...

À ce moment-là, sir John s'interrompit car il avait entendu claquer la porte donnant sur la rue et des pas dans le couloir.

— Euh... ce sera tout pour l'instant, monsieur, reprit-il. Monsieur Fuller, veuillez le ramener à la chambre de sûreté, voulez-vous.

— Vous souhaitez que je le persuade à ma façon? s'enquit le geôlier.

— Non, il est un peu tôt pour cela. Je suis certain qu'il coopérera avant que l'on prenne des mesures extrêmes. Jeremy? Es-tu là? Entre donc et aide-moi à passer cette chose, veux-tu?

Le chemin était long de la porte d'entrée au cabinet du magistrat... et heureusement ! car je n'avais pas sitôt fini de guider son bras dans l'écharpe et de passer celle-ci par-dessus sa tête que la silhouette familière de M. Donnelly apparut, sourire aux lèvres et trousse à la main.

— Eh bien, sir John, Jeremy, dit-il, je vous félicite. Vous vous êtes débrouillés pour mettre cette chose à l'instant, n'est-ce pas?

La visite de M. Donnelly, durant laquelle il changea le

pansement, ne dura guère et ne mérite point qu'on s'y attarde, hormis pour la mise en garde qu'il fit au magistrat.

— Laissez-moi vous dire, monsieur, que si vous ne prenez pas au sérieux le port de cette écharpe, alors ce bras vous gênera pour le restant de vos jours. Cela ne fait aucun doute.

Bien que sir John chassât l'idée d'une main désinvolte, les paroles du praticien se révélèrent prophétiques.

Lorsque ce dernier se fut éclipsé, je m'attendais à ce que sir John me dépêchât auprès de M. Fuller, afin qu'il ramène le prisonnier. J'allai même jusqu'à le lui suggérer. Il réfléchit un instant, puis, d'un air austère, secoua la tête en signe de dénégation.

— Non, je ne pense pas, dit-il. Je lui ai expliqué la situation. Et s'il n'a montré aucune volonté à répondre à mes questions en substance, je crois qu'après une nuit passée à la chambre de sûreté, en compagnie de tout ce que la moisson nocturne nous aura permis de glaner, il risque de se montrer plus loquace.

— Mais sir John, répondis-je, quelles étaient donc ces « mesures extrêmes » dont vous parliez à M. Fuller ? Vous n'allez tout de même pas...

— Nous mettre à torturer M. Burnham ? Non, je suppose que non. Nous pensions seulement lui suggérer cette possibilité. Voilà qui devrait lui offrir matière à réfléchir, hum ?

Il évalua la situation plus avant.

— Non, je crois que ce qui me plairait davantage, Jeremy, c'est ton compte rendu des événements que tu as vécus dans le quartier de St. James Street.

Je les lui relatai donc et j'occultai la majeure partie de l'épisode entre Crocker et moi, en disant simplement que la promenade n'avait guère porté ses fruits. Il réagit par un haussement d'épaules. Je lui précisai toutefois que j'avais appris pourquoi Arthur avait fait mention des « carabiniers du roi ».

— Oh ? Qu'était-ce donc ?

— Ma foi, j'ai découvert à ma grande surprise qu'Arthur Robb avait servi voilà quelque temps dans ce régiment.

— Vraiment ? Un majordome qui était autrefois soldat ? C'est pour le moins singulier. Ah... mais, Jeremy ?

— Oui, sir John ?

— Je crains de devoir te corriger. Tu as dit — si je puis te citer — que tu avais « appris pourquoi Arthur Robb avait fait mention des carabiniers du roi ». Mais tu n'as rien appris, à dire vrai.

— Non ?

— Non, en fait. Tout ce que tu as appris, c'est la signification du régiment à ses yeux. Ce qu'il nous reste encore à découvrir, et peut-être n'y parviendrons-nous jamais, c'est pourquoi il l'a mentionné, quand tu lui as demandé ce qu'il a vu en ouvrant la porte et en offrant la possibilité aux brigands de pénétrer dans la résidence des Trezavant. *Pourquoi* a-t-il nommé les carabiniers du roi ? Et que signifiaient-ils pour lui en ce qui concerne le cambriolage ?

Il s'interrompit et se frotta le menton.

— Tu vois où je veux en venir ? C'est intéressant, hein ?

— Eh bien, répondis-je, peut-être aura-t-il vu quelqu'un qui lui rappelait ...

— Non, fit-il en me coupant la parole, jouer aux devinettes ne sert à rien. C'est inutile dans ce cas. Mais... peut-être que ce petit détail finira par nous aider. À présent, Jeremy, je crois que tu peux toutefois m'éclaircir au sujet de ce Frank Barber qui aurait échappé à sa meute de poursuivants. Je crains qu'il ne soit précédé par la réputation d'exagérer et de glorifier sa propre personne.

N'ayant besoin d'aucun ordre plus explicite de la part de sir John, je m'attelai à la tâche qui m'incombait. J'étais décidé à lui narrer la stricte vérité dans le cas présent, car Frank en avait fait un infâme salmigondis.

J'agis ainsi, malgré ma certitude que sir John réprouverait le rôle tenu par les armes à feu dans mon récit. Je lui livrai donc toute l'histoire par le menu, pistolets compris. Et je ne négligeai pas non plus le rôle clé joué par le sergent Patley pour éloigner la foule.

— Tu dis qu'il vous a sauvés tous deux, Frank Barber et toi ?

— Je dirais, sir John, que cela ne serait point exagérer les faits.

— Et a-t-il alors tout bonnement disparu, avant que tu ne puisses le remercier comme il sied ?

— C'est exact, monsieur.

— Et tu n'as point vu dans quelle demeure il est entré ?

— Eh bien, non, mais je suppose que ses pas auront pu l'entraîner vers Pall Mall.

— C'est peu vraisemblable, si ?

— Non, en effet.

— Hum... Pour autant, je dois avouer que je suis ravi d'avoir de bons échos au sujet de ce Patley ; en tout cas, quelque chose qui compense les choses négatives entendues jusqu'ici. Mais réponds à la question que je vais te poser, mon garçon.

— Oui, monsieur, vous pouvez tout me demander.

(Je savais fort bien la nature de sa question et j'appréhendais la suite.)

— As-tu pris l'habitude d'avoir sur toi des pistolets chargés, quel que soit l'endroit où tu te rends dans Londres ?

— Oh, en aucun cas, monsieur !

— Alors, par quel miracle les avais-tu sur toi au cours de l'après-midi, dans l'un des quartiers les plus prestigieux de la ville ?

— Il se trouve que, la veille au soir , M. Baker m'avait donné les armes pour me protéger en chemin jusqu'à St. Bartholomew.

— Ah certes, il est vrai que les alentours de St. Bart et

de l'Old Bailey ne sont guère sûrs. Mais dis-moi, pourquoi ne pas avoir rendu ces pistolets à ton retour ?

— Parce que M. Baker n'était plus de service, monsieur.

— Ah, en effet. Tu n'es pas rentré avant le lendemain matin. Tu t'es querellé avec Kate à ce propos, n'est-ce pas ?

— Eh bien, je... je...

— Tu aurais pu les rendre à M. Fuller, non ?

Cette question était peut-être la plus difficile de toutes. Stupidement, sans doute, j'eus recours à quelque échappatoire.

— J'aurais pu, certes, dis-je, mais je craignais qu'il ne réprouve le fait que je me déplace avec des pistolets chargés et qu'il ne me sermonne à ce sujet.

(La vérité, cher lecteur, c'est que M. Fuller me déplaisait et que j'avais décidé d'avoir le moins possible affaire à lui.)

— Enfin, reprit sir John, tu songeais peut-être que *moi* j'approuvais le fait que tu te déplaces armé ?

— Non monsieur, je...

Il haussa le ton et s'élança :

— En vérité, je ne l'approuve *point*, même s'il est vrai qu'à certaines occasions, lorsque tu as dû remplir des missions particulières, j'ai permis, même spécifié, que tu aies des pistolets sur toi, en vue de faire fuir les fauteurs de troubles. As-tu besoin qu'on te sermonne à ce propos, Jeremy ?

— Non, monsieur.

— Dans ce cas, considérons que tu as retenu ta leçon et que tu l'as prise à cœur, et rendons grâce à Dieu ensemble que tu n'aies ni tué ni estropié quiconque dans cette foule turbulente. J'admets que pour avoir les pistolets à portée de main, tu en as fait bon usage.

— Oui, monsieur.

Pareil commentaire m'égaya au plus haut point.

— Jeremy ? Encore un détail.

— Quel est-il, monsieur ?

— Tâche de t'accorder avec M. Fuller, veux-tu ? Tu n'as pas besoin de t'en faire un ami... essaye seulement de t'entendre avec lui. C'est tout ce qui nous incombe dans nos relations avec la plupart de ceux que nous voyons chaque jour.

Ayant promis à sir John de faire de mon mieux, je quittai son cabinet et, en quête de M. Fuller, je trouvai M. Baker. Pendant que j'étais occupé à causer avec le magistrat, le soir était tombé. Comme M. Fuller était venu plus tôt ce matin-là, M. Baker fut le premier à arriver dans la soirée. Je lui rendis donc en l'occurrence les pistolets.

Il s'en empara sourire aux lèvres, en gloussant, et me demanda aussitôt :

— Quel est celui qu'on doit fourbir ?

Je le dévisageai d'un air médusé. Comment l'aurait-il su, après tout ?

Lisant le trouble sur mon visage, il me fournit des explications :

— J'ai croisé par hasard ce Patley, en chemin, et il m'a raconté ce que tu avais fait... tu as tenu en respect une bande d'émeutiers à l'aide d'une paire de pistolets. M'est avis que t'en as dans la culotte, mon gars.

Ce compliment malséant me fit rougir, mais je me demandai s'il avait eu vent de l'histoire au complet.

— M. Patley vous a-t-il parlé du rôle qu'il a joué ? m'enquis-je.

— Certes non, qu'a-t-il fait ?

Je lui narrai alors toute l'affaire : comment, lorsque j'avais dû choisir entre tirer sur une femme ou être anéanti par la foule, M. Patley était entré en scène et avait renvoyé celle-ci et toute la bande d'émeutiers dans leurs foyers ; et puis comment il avait disparu, avant que je ne puisse au moins le remercier.

— Il a fait tout cela ?

— Parfaitement.

— Je suis ravi d'entendre qu'il est enfin capable d'agir en bien. Les sergents de ville en étaient presque à souhaiter le retour de Cowley l'unijambiste. Il était lent, bien sûr, mais plein de bonne volonté. Ce Patley est peut-être le plus cossard qui ait jamais existé.

— Je me suis promis de le juger moins sévèrement, dis-je. Je n'ai aucun droit de le faire.

— Aucun parmi nous n'en a le droit, je suppose.

— À mon grand regret, je dois dire que j'ai même mis cette petite farce — qui consistait à verrouiller la porte de la cave — sur le compte de M. Patley. Il s'est avéré que le coupable n'était autre que M. Fuller. Il me l'a avoué tantôt.

Puis j'ajoutai sans réfléchir :

— Il était du reste assez bizarre.

— Bizarre ? fit M. Baker en me dévisageant d'un regard perçant. Comment cela ? Que veux-tu dire ?

— Eh bien, répondis-je, c'est la manière dont il s'est excusé... plus que nécessaire, m'a-t-il semblé.

— C'est bien ce que j'ai cru comprendre, dit-il. Je crois savoir comment cela s'est produit. Je me trouvais au-dehors avec M. Bailey et M. Fuller s'en allait au même instant, et nous étions tous près de la porte donnant sur la rue. C'est à ce moment-là que je t'ai entendu tambouriner la première fois à celle de la cave. Je m'en souviens fort bien, car ce que disait Bailey m'intéressait. Il parlait de toi, pardi. Il me causait de la façon dont sir John étudiait le droit avec toi et il a parié que tu deviendrais le prochain magistrat du tribunal de Bow Street. C'est ce qui m'a frappé, ma foi... et qui a dû frapper Fuller aussi, au point qu'il a dû y réfléchir en rentrant chez lui. Il a dû se dire qu'il avait mal agi en t'enfermant dans la cave, tu ne crois pas ?

CHAPITRE VIII

Où sir John met M. Trezavant à l'épreuve

J'ai eu l'occasion d'observer qu'on pouvait errer pendant des jours, voire des semaines, dans une sorte de brouillard... c'est-à-dire sans trop savoir où l'on va, avec le sentiment de n'avoir rien accompli. Et puis, un beau jour, on se réveille et tout a changé. D'une certaine façon, on sait que les choses se remettent en place ; le rythme de la journée s'accélère ; on se sent capable d'établir les rapprochements et les liens qui, jusque-là, nous échappaient.

Je ressentis ce changement le lendemain matin et je suis certain que sir John eut la même impression. Alors qu'il gardait sa réserve depuis plusieurs jours, voilà qu'il arpentait le couloir à grandes enjambées pour accueillir les sergents de ville qui revenaient un à un de leurs patrouilles de nuit. Il s'était levé de bonne heure, plus tôt que moi, et était descendu au rez-de-chaussée bien avant son heure coutumière. Dès que j'eus allumé le feu à l'office et avalé quelques tranches de pain beurré, je descendis à mon tour, pour voir si je pouvais offrir mon aide.

Sir John conversait à voix basse avec les agents Brede et Perkins. Bien que j'eusse donné cher pour connaître le sujet de leur conciliabule, les trois hommes étaient si absorbés que je ne pus me résoudre à tendre l'oreille d'une manière commune et grossière. Je me tins à distance respectueuse et me contentai de brûler de curiosité.

Ce ne fut qu'à la fin de tout cela que je parvins à percevoir des paroles dignes d'être entendues.

M. Perkins s'était éloigné des deux autres et gagnait la porte d'entrée, lorsqu'il se tourna et leur lança :

— Vous pouvez compter sur moi, bien sûr ! Mais monsieur, dites-moi, quand souhaitez-vous me voir commencer là-bas ?

— Un peu plus tôt que M. Brede, je pense, répondit sir John. Peut-être une heure avant, si cela ne vous dérange pas, monsieur Perkins. Je dois au préalable prendre quelques dispositions.

— Pas du tout. J'habite à un jet de pierre.

— C'est bien entendu la raison pour laquelle on vous a choisi, dit le magistrat.

— Et non pas à cause de ma nature farouche ? Mon cœur de lion ?

— Certes aussi.

Les deux hommes se détournèrent en riant. M. Brede ne resta pas plus longtemps que nécessaire. De nature taciturne, il marmonna à peine quelques mots, fit un signe de tête à sir John, puis emboîta le pas au sergent Perkins pour franchir la porte donnant sur la rue.

— À toi, maintenant, Jeremy, reprit sir John en agitant une main vague dans ma direction.

— Moi, monsieur ? Comment saviez-vous que je me trouvais ici ?

— Oh, j'avais idée que tu étais dans les parages. Je l'espérais, en tout cas.

Comme je m'approchais de lui, il fourragea dans la vaste poche de son habit et en extirpa une missive ; elle était bien scellée et l'on ne pouvait guère y jeter un œil.

— C'est une lettre des plus importantes, poursuivit-il en me la tendant, que j'ai dictée à M. Marsden, quand tu folâtrais dans St. James Park en compagnie de la femme de chambre.

— Mais monsieur, je...

— Oh, peu importe. Je te taquine, mon garçon. Tu ne t'en rends donc pas compte ?

— Je suppose que si, monsieur.

J'étais souvent beaucoup trop sérieux.

— Fort bien, je souhaite que tu la remettes sur-le-champ.

Je m'emparai du pli et constatai que le nom du destinataire n'était autre que celui de lord Mansfield, le président de la Haute Cour.

— Tu t'y es rendu maintes fois et connais le chemin, continua le magistrat. Ce qui est capital, c'est de la lui transmettre avec diligence, avant qu'il ne s'en aille pour l'Old Bailey. Mais celle-ci, ajouta-t-il en sortant une nouvelle lettre de son autre poche, peut être remise plus tard. Comme tu le vois, elle est adressée au grand prévôt de la Tour de Londres. Il ne te fournira point une réponse immédiate, mais lord Mansfield le fera... un simple oui ou non. Bien compris ?

— Tout à fait, sir John, dis-je en prenant le second pli.

Je connaissais en effet la route. J'avais si fréquemment porté des lettres à la prestigieuse demeure de Bloomsbury Square que je pouvais trouver mon chemin un bandeau sur les yeux... mais je ne devais jamais faire semblable remarque à sir John. Et bien qu'il fût fort tôt, je dois avouer que j'appréciai la promenade à vive allure dans Drury Lane et au-delà. Je me surpris même à attendre avec impatience le duel sur le perron avec l'arrogant majordome de lord Mansfield. Dieu merci ! songeai-je, j'avais eu la présence d'esprit de porter mon plus bel habit, ce matin-là.

Le maître d'hôtel, qui s'appelait Egbert, répondit un peu tardivement à mes coups impérieux frappés à l'huis, mais il l'ouvrit néanmoins. Il se tenait debout dans l'entrée, m'obstruant le passage, comme par crainte que je ne le bouscule pour faire irruption en la demeure. Il était grand, mesurait plus de six pieds et me regarder de haut semblait le réjouir.

— Encore toi, dit-il.

Aucune preuve d'émotion sur son visage, certes aucun témoignage de plaisir à ma visite.

— Oui, en effet, répondis-je tout sourire et le plus plaisamment du monde à son regard sinistre. J'ai une missive pour lord Mansfield qui émane de sir John Fielding, magistrat près le tribunal de Bow Street.

— De quoi s'agit-il ?

— Je ne le sais pas, car on ne me l'a pas dictée, et ne vous le dirais pas de toute manière, car la teneur de ce pli tombe sous l'égide des affaires de justice officielles.

— Hummpf... fit-il, comme s'il eût éructé, bien que le son évoquât une toux étouffée.

— Lord Mansfield se trouve-t-il encore là ? m'enquis-je. Ou bien est-il parti au palais de justice ?

— Oh, il est toujours là. Donne-moi la lettre et je la lui transmettrai.

— Je crains que cela ne me soit impossible, rétorquai-je. Une réponse est requise.

— Comme à l'accoutumée, n'est-ce pas ? Eh bien, dit-il en ouvrant la porte en grand, avant de s'écarter, entre, dans ce cas. Monsieur le Juge est en train de déjeuner. Ne l'interromps pas plus que nécessaire.

Je suivis le majordome à bonne distance, jusqu'à ce qu'une idée me traversât l'esprit. Je le rattrapai ensuite au petit trot.

— Monsieur, lui demandai-je, puis-je vous poser une question ?

— Tu peux.

— Avez-vous ces temps-ci ajouté à votre domesticité une camériste du nom de Pinkham ?

Le maître d'hôtel me lorgna par-dessus son épaule :

— J'ai la charge de tous les serviteurs, dit-il. Je m'occupe de les engager. Je puis t'assurer que personne, aucune femme de chambre dénommée Pinkham, ni qui que ce soit, n'est venu compléter la domesticité depuis des années.

— Merci.

Il me conduisit à une pièce étonnamment petite, à l'arrière de la maison. La lumière du jour passait au travers de ses fenêtres orientées à l'est. Je songeai que cette salle de déjeuner s'avérait une adjonction tardive.

Coiffé d'un bonnet de nuit et vêtu d'une robe de chambre, lord Mansfield donnait tout à fait l'impression d'être tombé de son lit; il leva le nez de sa bouillie d'avoine rustique et me scruta avec méfiance.

— Ah, dit-il, c'est toi, n'est-ce pas? Le garçon de sir John. Tu as une missive pour moi, non?

— Oui monsieur, en effet.

Et j'exhibai le pli que je lui remis.

— Il souhaite une réponse, n'est-ce pas? C'est son habitude.

— Un oui ou un non de vive voix suffira, selon lui.

— Hum...

Il brisa alors le sceau, ouvrit la lettre et commença à lire. Ce faisant, il se mit à papillonner de ses paupières lourdes de sommeil, puis les frotta avec vigueur jusqu'à ce qu'elles fussent bien écarquillées. Dans le même temps, il se redressa sur son siège et secoua la tête comme pour manifester sa surprise et sa confusion. Il tint la feuille ouverte devant lui pendant si longtemps que j'étais sûr qu'il avait pris la peine de la lire deux fois de bout en bout. J'aurais alors donné cher pour connaître le contenu de la missive remise à lord Mansfield.

Lorsqu'il la reposa enfin, il me regarda droit dans les yeux et déclara :

— Tu peux dire à sir John : « Oui... absolument. »

— Merci, lord Mansfield, je transmettrai comme il se doit votre message.

Je m'inclinai et pris la direction de la porte.

— Joseph, dit-il au majordome, veuillez raccompagner ce jeune homme et revenez ici incontinent. Nous avons beaucoup à causer avant que je ne parte au tribunal ce matin.

Mon trajet vers la Tour de Londres me rapprocha du bureau de M. Moses Martinez, dans Leadenhall Street.

Comme on ne m'avait pas limité dans le temps, je songeai à passer le voir. Après tout, il avait pu glaner quelque information à Amsterdam, à propos des bijoux volés à lady Lilley. À moins que je ne péchasse par excès d'optimisme ? Cela faisait moins d'une semaine que je lui avais rendu visite, sur le conseil de sir John, afin de solliciter son aide en la matière. Quoi qu'il en fût, je remontai la rue, où se dressait l'imposant siège de la Compagnie des Indes orientales, puis poursuivis jusqu'à la bâtisse plus modeste abritant à la fois les bureaux et le domicile de M. Martinez.

De nouveau, un jeune assistant s'empressa de me conduire à son cabinet. (Il me suffit de mentionner le nom de sir John.) M. Martinez se leva, m'accueillit avec civilité, bien que sa mine arborât une expression curieuse et légèrement confuse, comme il me désignait un siège.

— S'agit-il d'une nouvelle requête de la part de sir John ? s'enquit-il d'une voix quelque peu incertaine.

— Euh... non monsieur, répondis-je, mais je me demandais si la moindre nouvelle vous était parvenue d'Amsterdam. Je sais bien qu'il n'y a pas très longtemps que...

— Longtemps ? Jeune homme, deux lettres ont été postées mercredi à peine. Il se peut fort qu'elles ne soient pas encore arrivées. Je te rappellerai que la Hollande se trouve à quelque distance.

— Je... je sais, monsieur. Navré de vous avoir dérangé.

Je me levai de mon siège, tout à coup mortifié de ma propre impatience, de mon incapacité à laisser les choses se dérouler en temps voulu. Nul doute que l'enthousiasme, qui semblait posséder sir John ce matin-là, avait tant soit peu déteint sur moi.

— En vérité, monsieur Martinez, je ne suis pas dépêché par sir John... pas aujourd'hui. Je suis venu de mon propre chef. Comme vous avez dû l'apprendre, un autre cambriolage a eu lieu, et j'espérais seulement le genre de renseignement qui pourrait faire progresser l'investigation à plus vive allure. Encore une fois, pardonnez-moi.

Lorsque j'eus conclu mon discours, j'avais regagné la porte, non sans moult courbettes, et je m'apprêtais à filer lorsque M. Martinez s'exprima avant que je puisse m'esquiver.

— Reste ! Reste donc ! dit-il. Quand j'étais jeune, j'étais comme toi. Je ne pouvais tolérer le rythme du monde... toujours trop lent, jamais assez véloce à mon gré.

Il dressa l'index d'un air assez sentencieux ; il évoquait un maître d'école, un vicaire peut-être.

— Comme je le disais, poursuivit-il, je me souviens d'avoir éprouvé le même sentiment que toi aujourd'hui, et, comme je m'en souviens bien, je m'en vais te livrer une anecdote qui risque de t'intéresser.

— Oh, narrez-la-moi, je vous en prie.

— Cela s'est passé hier et c'est pourquoi je m'interroge. Il existe un homme que je connais de réputation... à savoir de *mauvaise* réputation. On me l'a désigné du doigt l'an dernier dans les rues de Rotterdam et nombre de récits hauts en couleur m'ont été contés au sujet de ses infâmes agissements en Europe. Je dois ajouter, à ce propos, que ses visées criminelles constituaient sa *seconde* activité, car il se présentait en qualité de négociant prospère en biens ordinaires — boussoles, lentilles, draperies —, le genre de produits qui ont fait la réputation des Hollandais.

— Il avait donc cette nationalité ?

— Certes oui, n'ai-je pas été clair ? Il réussissait assez bien dans son premier métier, pour parvenir à garder secret le second.

— À savoir... ?

— Le commerce de biens volés.

— Des bijoux ? Des tableaux ?

— Cela et bien plus encore.

— Et vous avez vu ce même homme ici à Londres, n'est-ce pas ?

— Pas plus tard qu'hier.

— Quel est son nom, monsieur ?

— Oh, je ne pourrais te le dire.

Pourquoi donc ? Selon moi, il venait tout bonnement de me décrire M. Zondervan de St. James Street. Et voilà qu'il refusait de dire son nom ? Cela n'avait aucun sens. Mais je m'abstins de toute remarque. J'avais appris que les témoins récalcitrants se traitaient de manière plus subtile.

— Dans ce cas, monsieur, vous devez dicter une lettre destinée à sir John, dans laquelle vous lui direz tout ce que vous m'avez raconté au sujet de cet individu, en y ajoutant son nom. J'attendrai dans la pièce voisine, afin que je n'en sache rien, et vous pouvez apposer un double cachet à la missive, pour que je ne puisse pas jeter un œil à l'intérieur.

— Cela ne servirait à rien, répondit-il. Je ne puis divulguer le nom, pas même à sir John.

— En toute honnêteté, je ne saisis pas, dis-je. N'avez-vous pas confiance en sir John ?

— Bien sûr que si ! Et à cet égard, j'ai également confiance en toi.

— Craignez-vous des représailles de la part de ce négociant inconnu ?

— Je n'en crains aucune.

— Alors, monsieur, expliquez-moi, je vous prie, la raison de votre refus.

M. Martinez opina du chef, puis se tut pendant un long moment, tandis qu'il envisageait la suite. Il poursuivit enfin :

— Es-tu chrétien ?

— Ma foi, oui... je m'y efforce.

— Et tu sais que je suis juif et m'y efforce aussi. Nos deux religions possèdent nombre de points communs. Parmi les plus importants : nous vénérons le même dieu et suivons les mêmes règles de vie.

Cette phrase me parut quelque peu obscure.

— Pardon, monsieur ?

— Le Décalogue, expliqua-t-il.

— Pardon ?

— Les dix commandements.

— Ah oui, bien sûr.

— L'un de ces commandements — le neuvième — prohibe le faux témoignage. Il nous invite à ne pas dire d'autrui ce que nous savons être fallacieux. Dans l'exégèse, on a étendu l'idée au point que nous devons certes ne pas dire de mensonges, mais aussi dire d'autrui uniquement ce que nous connaissons comme étant la vérité. À présent, en ce qui concerne l'homme dont je parlais, il se peut fort que tout ce que je t'ai dit sur lui soit vrai, mais je ne puis en être certain. Je n'en ai pas fait moi-même l'expérience, donc je tais son nom, afin de ne pas porter de faux témoignage à son encontre.

J'admis en mon for intérieur que son raisonnement était d'une logique sans faille. Toutefois, je me sentis contraint de l'attaquer.

— Mais monsieur, repris-je, vous avez dit que l'homme en question était hollandais. Voilà qui offre tout de même un sérieux indice quant à son identité.

— Certes, reconnut-il, mais il doit y avoir des centaines de Hollandais à Londres, peut-être plus d'un millier.

— Eh bien... hésitai-je, en quête d'inspiration, cela peut vous intéresser de savoir que le peu que vous m'avez confié me suggère déjà un nom qui correspond en bien des points.

— Excellent ! Je l'avais espéré et c'est pourquoi je me suis hasardé aussi loin en la matière.

À ces mots, il claqua dans ses mains d'un geste qui signifiait, selon moi, que le temps qui m'était imparti s'achevait. J'aurais pu, je suppose, l'embobeliner et le supplier, mais j'étais sûr que cela n'aurait servi à rien sinon à réduire l'estime qu'il me portait. Ma décision étant prise, je remerciai civilement M. Moses Martinez et pris congé de lui.

J'étais si exalté par ce que j'avais appris de la bouche de M. Martinez (ou du moins par ce que je croyais avoir appris) qu'en apportant la lettre au grand prévôt de la Tour de Londres j'établis un itinéraire pour mon retour à Bow Street qui m'entraînerait à la maison de café *Lloyd*.

Comme je l'escomptais, M. Alfred Humber se trouvait à sa table habituelle, sirotant le puissant mélange torréfié qu'on avait coutume d'y servir. Il était seul, c'est-à-dire sans son jeune assistant... sans doute parti faire une course commandée par son chef. Comme toujours à cette heure, le brouhaha de paisibles conversations régnait dans l'établissement, que seuls les courtiers interrompaient de temps à autre, lorsqu'ils s'adressaient au commis préposé au tableau noir. M. Humber me vit entrer et fit aussitôt signe au serveur le plus proche. On me versa donc mon café au moment même où j'atteignais la table. Bien que j'eusse hâte de regagner Bow Street, je ne pouvais guère refuser la tasse fumante qui m'attendait. En m'asseyant auprès de M. Humber, j'eus toutefois l'inconvenance de lui annoncer que je ne pouvais m'attarder.

— Ah, ma foi... me répondit-il, je ne t'ai jamais vu repousser une tasse de café.

— C'est bien vrai, monsieur, admis-je, et je vous en remercie.

Puis j'ajoutai :

— Je me demandais, monsieur, si vous aviez le moindre renseignement pour sir John, qui pourrait concerner les brigandages de la semaine passée.

— Fort bien, dit-il. J'ai en effet des informations qui peuvent être utiles à l'investigation.

Il plongea la main à l'intérieur de son habit et dans une poche dissimulée, d'où il sortit une missive assez identique à celle que j'avais remise au président de la Haute Cour. Seule différait la couleur de la cire du cachet.

— Tout est là-dedans.

Il me prit pour le moins au dépourvu, alors que je buvais ma première gorgée du café qu'il m'avait aimablement fait apporter. Je l'avalai bien vite... trop vite, je le crains, car je fus pris sur-le-champ d'une quinte de toux.

— Tu vas bien ?

Je le rassurai dès que je pus articuler comme il sied. Ce ne fut qu'à cet instant que je me risquai à reprendre du café... une faible gorgée, cette fois. Après m'être derechef éclairci la voix, je questionnai M. Humber :

— Pourrais-je savoir quelle information vous apportez à sir John ?

Il se pencha vers moi et, baissant le ton, me répondit :

— Je crains que non. Il y en a un peu trop alentour qui seraient intéressés par tout ce que je pourrais déclarer à ce sujet.

En regardant à la ronde, je vis qu'il disait sans doute vrai. Les conversations avaient cessé à certaines tables voisines. Deux hommes assis à la plus proche regardaient alors sans vergogne dans notre direction.

— Je comprends tout à fait, monsieur, dis-je en masquant ma déception par une nouvelle lampée de café. Je crois que je dois m'en aller. Pardonnez-moi, monsieur Humber.

Je pris une autre gorgée de ce sublime breuvage et me levai.

— Sir John aura grande hâte de connaître les nouvelles que vous lui avez fournies. Avec votre permission, alors.

Je m'inclinai avec tant soit peu de cérémonie et, apercevant une dernière goutte au fond de la tasse, je pris congé, non sans l'avoir avalée.

Bien sûr, je *supposais* que sir John brûlait de connaître le contenu de la missive de M. Humber, mais je *savais* que j'étais moi-même plus qu'impatient. Je me hâtai donc de rejoindre Bow Street, afin d'avoir le temps de livrer mon compte rendu au magistrat et lui remettre la lettre, avant qu'il n'entame ses audiences. De toute évidence, je serais celui qui lui en ferait lecture.

À mon arrivée, je vis qu'une voiture de quatre chevaux

fort imposante (et familière) s'était arrêtée devant le numéro 4. Il s'agissait à n'en point douter de celle de lord Mansfield, président de la Haute Cour, à qui je venais de porter le pli un peu plus tôt. Était-il venu en réponse à ce message qui l'avait personnellement bouleversé ?

Non, à l'évidence, non, car lorsque le valet de pied descendit pour ouvrir la portière, ce ne fut pas lord Mansfield qui sortit, mais des jeunes femmes sans conteste de qualité. Toutes deux étaient bien mises ; ni l'une ni l'autre ne semblait guère plus âgée que moi. La seule différence que je pouvais discerner entre elles (et, curieusement, c'était à mes yeux d'importance moindre) résidait dans leur carnation ; la seconde à mettre pied à terre avait le visage et les mains d'une intense nuance chocolat. Je m'étais arrêté brusquement, dans l'attente de voir apparaître lord Mansfield et afin de ne pas entraver son passage ; j'aperçus donc les deux jeunes filles à quelque distance, lesquelles ne perdirent pas de temps pour s'engouffrer dans la bâtisse. J'étais néanmoins certain de ce que j'avais vu. Une fois ces dames à l'intérieur, le valet de pied s'adossa à la portière de la voiture et le cocher se mit à descendre. Nul doute qu'ils étaient censés demeurer un assez long moment. Je me dis qu'il était alors temps pour moi de suivre les jeunes filles.

Elles n'étaient guère allées loin... pas plus loin, en fait, que la chambre de sûreté, où chacune avait pris place. La plus basanée des deux s'était placée devant les barreaux et s'adressait à M. Burnham en chuchotant avec gravité, tandis que sa compagne se tenait en retrait. Aussi vigilante qu'une sentinelle, elle gardait l'œil sur les deux jeunes gens.

Je passai devant eux d'un pas alerte, encore que je prisse le temps de noter quelques détails. Si les voix étaient si étouffées que je ne pouvais saisir le moindre mot chuchoté, je constatai néanmoins que la plus sombre des deux se trouvait si près du prisonnier qu'ils pouvaient joindre leurs mains, à travers les barreaux ; je vis aussi qu'en dépit de ses larmes elle se révélait d'une grande beauté. Sa peau était d'un brun éclatant et satiné, moins foncé que celle de M. Burnham. Les traits de son visage évoquaient aussi un mélange. Elle possédait les lèvres charnues propres aux nègres, mais son nez s'avérait long et étroit, comme tous ceux qu'on pouvait apercevoir dans la cité de Londres.

Sa compagne, blonde et d'un teint nettement rosé, me considéra d'un air plus ou moins hostile à mon passage. Toutefois je la trouvai fort avenante. En dépit d'une beauté moins frappante que celle de son amie, elle était d'une certaine façon plus jolie et nombre de gens l'auraient sans doute jugée séduisante.

Tout cela fut le fruit de quelques coups d'œil que je lançai à la dérobée en passant. Un peu plus loin, les regards de grands benêts de MM. Fuller et Marsden me prirent quelque peu de court. Pourtant, ils étaient à leur tour surpris, plus que surpris, en réalité, par les deux visiteuses. On eût juré qu'ils n'en avaient jamais vu auparavant... et peut-être était-ce le cas.

Je gagnai prestement le cabinet de sir John. Je le trouvai debout à son bureau, la tête tournée vers la porte ouverte, sur laquelle je frappai.

— Qui est-ce ? Est-ce toi, Jeremy ?

— En effet, sir John.

Comme j'entrais, je découvris Clarissa dans un coin, en train d'apposer le sceau officiel du magistrat sur une lettre... qu'il venait visiblement de lui dicter. J'en fus choqué. S'appropriait-elle à présent ma charge de scribe auprès de sir John ?

— Ah, fit-elle en regardant dans ma direction, le commissionnaire est arrivé !

Serait-ce là ma seule fonction ? Certes non !

— Oui, Jeremy, je viens à l'instant de dicter une missive à Clarissa, qui doit être transmise de toute urgence. Je comprends que tu rentres à peine d'une de ces courses, mais il est d'une importance extrême que M. Trezavant l'ait entre les mains.

— Mais, sir John, me défendis-je, M. Martinez m'a confié quelque chose que je dois vous rapporter, ce me semble.

— Cela peut attendre, n'est-ce pas ?

— Ma foi... répondis-je de mauvaise grâce. Je suppose que oui. Mais j'ai aussi une lettre pour vous de la part de M. Humber.

— Oh, dépose-la donc. Nous y viendrons plus tard.

Je n'avais guère le choix, bien sûr. Je lui remis le pli. Au même moment, une plainte désespérée s'éleva dans le couloir.

— Qu'est-ce donc ? s'enquit le magistrat d'un air irrité. Avant ta venue, Jeremy, j'ai cru entendre une femme qui pleurait. Et ceci, à présent.

— Vous avez fort bien entendu, dis-je.

— Oh ?

— En effet, monsieur. Vous vous rappelez avoir émis des hypothèses quant à la destination des longues chevauchées de M. Burnham ? Deux ou trois fois la semaine et *toujours* le dimanche ?

— Eh bien, oui, répondit-il. Je me souviens d'avoir hasardé une idée quelconque.

— Ma foi, votre idée s'est avérée la bonne, monsieur. Cette femme et une amie sont arrivées dans la voiture à quatre chevaux de lord Mansfield.

— Vraiment, dis-tu ? Pourquoi ne pas les inviter ici dans mon cabinet ? J'aimerais rencontrer la jeune femme qui a tant fait tourner la tête de M. Burnham, à tel point qu'il semble préférer aller à la potence plutôt que de révéler son nom.

— Ce ne sera pas nécessaire, sir John Fielding.

Toutes les têtes se tournèrent en direction de cette voix... féminine à n'en pas douter. C'était, comme je m'y attendais, celle de la jeune fille à la peau claire. Elle parlait pour toutes les deux. Sa compagne était en tout cas bien trop bouleversée pour s'exprimer avec aisance ; elle pleurait dans son mouchoir et se tamponnait les yeux.

— Vous avez l'avantage sur moi, reprit le magistrat. Vous savez qui je suis, mais j'ignore qui vous êtes.

— Nous allons facilement y remédier, dit-elle. Je suis lady Elizabeth Murray et voici ma cousine, Dido Elizabeth Belle.

— Pourquoi, je vous prie, deux jeunes femmes ontelles décidé de s'en venir ici ? Tout de même pas uniquement pour réconforter notre prisonnier ?

— Non, monsieur, répondit Dido, qui avait à présent recouvré son sang-froid et prenait la parole pour la première fois.

— Oh ? fit-il. Pourquoi, alors ?

— Ma cousine et moi sommes toutes deux pupilles du comte de Mansfield, qui se trouve être président de la Haute Cour de justice. Je crois que vous le connaissez bien.

— Disons que nous entretenons des liens professionnels.

— Comme il vous agrée, dit-elle. Je voulais seulement vous signifier que, par son entremise, nous nous y entendons quelque peu en matière de loi. Nous sommes ici pour faire une déposition officielle.

— Une seule déposition pour vous deux ?

Les deux cousines se dévisagèrent en fronçant les sourcils. Lady Murray s'éclaircit alors la voix et reprit :

— Deux dépositions, je présume, seraient plus appropriées : une pour chacune de nous. Elles soutiendront M. Burnham. Nous désirons uniquement qu'elles soient rédigées en bonne et due forme, selon les règles de la justice, afin qu'elles puissent être lues au tribunal.

— Je vous assure, mes jeunes dames, que je vais remplir mon rôle.

Le magistrat se tourna alors vers nous, Clarissa et moi.

— Veux-tu aller mander M. Marsden, Clarissa ? Dislui d'apporter une plume et du papier. Et toi, Jeremy, es-tu encore là ?

— Certes oui, monsieur.

— Pourquoi diable ? Ne t'ai-je point spécifié que la lettre à M. Trezavant devait être portée sans tarder ?

— Euh... oui, monsieur.

— Alors, va-t'en, mon garçon. Prends un fiacre, au besoin, si cela te fait gagner du temps. Tu seras remboursé.

Je quittai la pièce au petit trot, Clarissa sur mes brisées.

— Tiens, Jeremy ! me cria-t-elle. Tu auras besoin de ceci, non ?

Je m'arrêtai, fis volte-face, et vis qu'elle agitait la missive destinée à M. Trezavant, que sir John lui avait dictée. C'était des plus embarrassants !

— Oui, bien sûr.

Et je la lui arrachai vivement des mains.

— Maintenant que je t'ai évité de te couvrir de ridicule, tu peux au moins répondre à quelques questions.

— Oh, soit, mais vite. Tu as entendu ce que sir John a dit.

— Quelle est donc cette affaire mystérieuse entre lui et toi, au sujet des longues promenades à cheval de M. Burnham ?

J'y réfléchis un instant. Rien ne s'opposait à ce que Clarissa fût au courant.

— Eh bien, lui répondis-je, sir John a deviné dès le début que l'explication la plus plausible concernant les fréquentes chevauchées de M. Burnham, c'était qu'il courtisait une dame.

— Et tu penses qu'il s'agit de l'une des deux, n'est-ce pas ?

— Bien sûr... la plus belle, celle qui a la peau sombre.

— Oh, mais c'est terrible !

— Terrible ? Pourquoi donc ? Elle va faire une déposition qui accréditera l'alibi de M. Burnham. Il sera relâché.

— Je sais, admit Clarissa, mais songe un peu à cette pauvre Annie ! Que va-t-elle devenir ?

— Que va-t-elle devenir ? Ma foi, elle va poursuivre son existence, tout comme moi mon chemin pour me rendre chez M. Trezavant.

Et, à ces paroles, je l'abandonnai sur place.

Quelques minutes plus tard, assis à l'arrière d'un fiacre, je méditais sur la puérilité des femmes. Nul doute que Clarissa et même Annie préféraient voir M. Burnham puni pour un crime dont il était innocent, afin de préserver leurs rêves extravagants. Mais M. Burnham n'était-il pas tout aussi déraisonnable ? Ne s'était-il pas lui-même placé dans une situation fort périlleuse, tout cela parce qu'il jugeait nécessaire de protéger la vertu d'une jeune fille ? Quelle ânerie romanesque !

Bien que rédigée selon les règles de l'urbanité et troussée avec joliesse, la lettre à M. Trezavant n'en demeurait pas moins une convocation. Sir John n'avait pas ménagé ses peines pour expliquer qu'en dépit de son caractère impressionnant, l'accusation portée contre M. Burnham ne détenait aucune valeur légale en dehors d'un prétoire. Par conséquent, même si sir John répugnait à le demander, il serait nécessaire à M. Trezavant de se présenter au tribunal à midi ce même jour pour réitérer son accusation. Dans le cas contraire, sir John devrait relâcher le détenu.

M. Trezavant ne chercha pas à dissimuler son déplaisir devant la tournure des événements, bien au contraire. Il s'en prit aux règles et procédures qui permettaient à d'innombrables malfaiteurs de récidiver en toute liberté. Celle-ci et d'autres récriminations me furent destinées, comme si j'étais en défaut et que j'avais le pouvoir de changer la situation. Mais il finit par mettre un terme à ses vitupérations et convint d'agir selon les vœux du magistrat. Satisfait, je lui souhaitai le bonjour et pris congé de lui.

Comme Arthur l'avait fait avant lui, M. Collier m'accompagna jusqu'à la porte d'entrée. Il se montrait toutefois plus bavard que son prédécesseur... et bien plus inquisiteur.

— Mossman m'a dit que tu te trouvais auprès de M. Robb, lorsqu'il est mort, là-bas, à St. Bart, me déclara-t-il. Qu'avait-il à dire ?

— Oh, rien qui soit important.

— Il a tout de même dit *quelque chose*.

Sans réfléchir, je tentai de lui expliquer que, si je me trouvais en effet au chevet d'Arthur dans les dernières heures de son existence, j'étais alors la plupart du temps paisiblement assoupi sur mon siège. Les rares paroles qu'il avait prononcées auparavant s'avéraient sans valeur.

Mais il insista de plus belle :

— Comme... quoi, par exemple ?

Nous nous tenions à la porte donnant sur Little Jermyn Street ; je désirais la franchir et fuir ses questions indiscrètes. En n'ayant que cela à l'esprit, je répondis :

— Oh, c'était au sujet de Crocker et...

Je m'interrompis alors que j'allais mentionner les carabiniers du roi. L'idée m'avait soudain traversé qu'il n'avait aucun droit d'être au courant. Une sorte d'alarme s'était mise à sonner en moi.

— Tu veux parler de la petite Crocker, la cameriste ? s'enquit-il, impatient. Qu'a-t-il dit ?

— Cela ne vous regarde en rien, monsieur, répliquai-je en me rengorgeant, pour lui décocher un regard glacial. Et je dois dire, monsieur Collier, que je m'étonne de votre intense curiosité en la matière, puisque vous connaissiez à peine Arthur Robb.

— Oh... ma foi, je le connaissais, vois-tu... d'une certaine manière. Je l'avais vu chaque jour... je lui avais parlé.

— Au revoir, conclus-je.

Et, ce disant, je saisis le gros heurtoir de cuivre et ouvris la porte. Je ne l'entendis point se refermer derrière moi, bien que je sois sûr que ce fut le cas.

Il y avait foule dans la salle d'audience, ce jour-là. Le phénomène était rare pour un tribunal d'instance, encore que le nombre de personnes réunies ne pût se comparer au public de l'un ou l'autre des prétoires de l'Old Bailey.

Outre les « habitués » — grues, catins, portefaix et

autres vauriens qui faisaient une halte à Bow Street pour leur divertissement de midi —, beaucoup étaient présents car la rumeur courait selon laquelle on avait procédé à une arrestation, dans ce que la populace appelait désormais l'affaire des « brigandages de St. James ». Certains avaient même entendu dire que le voleur en question était un « vrai moricaud » ; ils souhaitaient le voir avant qu'on ne le déférât à l'Old Bailey et ne le confiât aux bons soins de l'exécuteur des hautes œuvres.

Comme beaucoup étaient venus guigner M. Burnham, ils commencèrent à s'agiter lorsque sir John entendit deux autres affaires de moindre importance, portées au tribunal en vue d'un accord. Elles appartenaient à la routine : deux maraîchers de Covent Garden réclamaient le même emplacement pour leur étal (il s'avéra que l'un d'eux était simplement arrivé plus tôt un matin et s'arrogeait un droit sur la place en vertu du privilège du premier venu). La deuxième affaire, tout aussi insignifiante, traitait de la découverte d'une certaine somme d'argent dans la rue, par deux hommes qui prétendaient être amis ; chacun affirma avoir repéré la bourse de pièces d'or le premier et une rixe s'était ensuivie ; ce qui attira un troisième larron, négociant de son état, lequel se disait le véritable propriétaire de ladite bourse. (Sir John attribua celle-ci au troisième homme, après que ce dernier eut donné la somme exacte qu'elle contenait, mais le magistrat l'enjoignit ensuite de verser une guinée à chacun des deux autres, pour les récompenser d'avoir découvert le pécule dans la rue.)

Comme ils s'éloignaient d'un pas traînant, sir John se tourna vers M. Marsden et lui demanda d'annoncer l'affaire suivante, puis de faire amener le prisonnier à la barre.

Le greffier obtempéra, appela Robert Burnham de vive voix et s'orienta vers la porte que le détenu franchirait, escorté par M. Fuller. Lorsqu'elle s'ouvrit, un tumulte envahit le public, car le geôlier amenait non point un seul, mais quatre individus. Chacun avait la même couleur de peau brune, arborait des effets identiques et mesurait environ la même taille ; et tous avaient des menottes aux poignets.

On les dirigea vers le banc des accusés, à la droite de sir John, où ils demeurèrent debout.

Le magistrat s'exprima d'une voix grave et solennelle :

— Monsieur Burnham, on vous accuse d'avoir pris une part active dans le brigandage perpétré avec force et violence dans la résidence des Trezavant, dans Little Jermyn Street, cité de Westminster, voilà trois soirs. Que plaidez-vous, monsieur... coupable ou non coupable ?

Il se passa alors un événement étrange : en réponse à la question de sir John, les quatre hommes parlèrent d'une seule voix :

— Non coupable.

Ils s'assirent ensuite sur le banc et écoutèrent M. Marsden lire la description du cambriolage, accompagnée de la liste des biens dérobés : tableaux et meubles, argenterie de table et objets variés réalisés en or. En annexe fut exposé le « trouble apoplectique » de M. Arthur Robb, occasionné par le pillage, et la cause même de son décès, le lendemain, à l'hôpital St. Bart.

Bien qu'assis, les quatre hommes prêtèrent à tout cela la plus grande attention. Et tandis qu'ils étaient ainsi occupés, je parvins en les observant à en identifier deux sur quatre. Je reconnus tout au bout M. Burnham et le plus proche n'était autre que le jeune homme dont le Dr Johnson avait la charge, Frank Barber. Mais qui étaient les deux individus placés entre eux ? Je n'aurais su le dire, encore que chacun présentât à mes yeux quelque chose de familier.

Lorsque le greffier en eut terminé, sir John entonna (de nouveau avec gravité) :

— Nous disposons d'un témoin. Il s'agit de M. Thomas Trezavant. Venez à la barre, monsieur, je vous prie.

Fort de cette invitation, M. Trezavant se leva du premier rang où il était assis et s'avança avec toute la prestance et la détermination que sa corpulence pouvait lui permettre. Lorsqu'il s'arrêta, il se trouvait directement devant le magistrat, avec M. Burnham et ses compagnons à une bonne quinzaine de pieds, voire davantage, à sa droite.

— Veuillez nous dire, monsieur Trezavant, reprit sir John, ce que vous avez vu le soir où l'on a pillé votre domicile de la manière décrite à l'instant par M. Marsden.

— Je vais m'y employer de ce pas et de bonne grâce, mais souffrez de prime abord que je vous félicite, monsieur. Je croyais que vous n'aviez arrêté qu'un seul de cette bande de Noirs, mais je constate que vous les avez tous capturés.

— C'est fort possible, répondit sir John. Ou plutôt, disons que là n'est pas la question, car la tâche qui vous incombe consiste à décrire ce que vous avez vu de vos propres yeux et entendu de vos propres oreilles, le soir de ce grand cambriolage.

M. Trezavant tenta bien de s'exécuter, mais il se perdit à maintes reprises dans les ouï-dire et la conjecture. Plusieurs fois, le magistrat dut l'enjoindre de rapporter uniquement ce qu'il avait vu ou entendu lui-même.

— Je commence à croire, dit sir John, que vous vous trouviez en sécurité, séquestré dans votre bureau, pendant tout le déroulement des événements.

— Non point, monsieur. J'ai certes été fait prisonnier dans mon propre bureau, mais je n'étais guère « en sécurité », comme vous l'affirmez.

— Oh ? Que s'est-il donc passé ?

— On m'a torturé.

— Oui, je me souviens que vous y avez fait allusion. De quelle façon vous a-t-on torturé ? Et à quelle fin ?

— Eh bien... ils ont fait irruption dans mon bureau, sans même frapper à l'huis. Ils n'étaient alors que deux sur le lot, mais fort effrayants et la mine redoutable. Ils m'ont pris tout à fait par surprise.

— Permettez-moi de vous interrompre, monsieur, aviez-vous conscience, avant leur apparition, que votre demeure était envahie, pour ainsi dire, par cette bande de voleurs ?

— Euh... non, monsieur. Je l'ignorais.

— Comment ont-ils su qu'ils vous trouveraient là ?

— Je ne saurais vous le dire. Ils semblaient en vérité connaître leur chemin dans la maison. Peut-être que l'un des domestiques les aura dirigés vers moi.

— Savez-vous de qui il s'agissait ?

— Non, mais je nourris quelques soupçons.

— Gardez-les par-devers vous. Une cour de justice n'est pas un lieu où faire parade de soupçons.

Tout en réfléchissant, sir John se frotta le menton et plissa le front d'un air réprobateur.

— Revenons à cette affaire de torture, dit-il. Que désiraient-ils savoir ?

— L'emplacement des bijoux de mon épouse.

— Et comment s'y sont-ils pris pour vous torturer, monsieur Trezavant ?

— Ma foi... hésita-t-il, comme son regard balayait la salle d'audience, à l'évidence fort embarrassé. Ils m'ont exposé leurs intentions.

Un murmure de commentaires parcourut l'auditoire. Mais sir John ne prit pas la peine de les calmer, tant il avait à cœur de bien saisir ce qu'il venait d'entendre.

— Ils vous ont exposé leurs intentions ? répéta-t-il. Est-ce donc... *tout* ?

— Certes, répondit l'autre, mais je jouis d'une vive imagination.

Le brouhaha s'amplifia au point d'exploser en une tempête d'éclats de rire. Bien que le magistrat lui-même sourît à belles dents de la confession de M. Trezavant, il dut songer que pareille hilarité débridée aux dépens du témoin s'avérait des plus malséantes, car il joua de son maillet lui tenant lieu de marteau et, de sa voix tonitruante, rappela le public à l'ordre.

Mais le mal était fait. M. Trezavant se retourna et, pétri d'indignation, fit face à la salle.

— Vous ne trouveriez pas cela amusant, s'écria-t-il, si l'on vous décrivait avec force détails les différentes étapes que ces fripouilles noires avaient l'intention de franchir pour *vous* castrer... hein ! Qu'en dites-vous ?

Les rires cessèrent aussitôt, hormis quelques ricanements étouffés et quelques gloussements, parmi les femmes assises dans le fond ; elles se calmèrent à leur tour, comme sir John martelait encore plus fort la table devant lui.

— Je suis certain que nous ne jugerions pas cela amusant du tout, reprit-il quand le silence revint. Je présume, monsieur Trezavant, que vous avez confié aux brigands ce qu'ils souhaitaient savoir.

— Non, monsieur, je les ai dirigés vers l'une des domestiques ayant une meilleure connaissance en la matière que moi. En l'occurrence, ma femme avait emporté ses bijoux avec elle, pour son séjour chez son père dans le Sussex.

— Vous auriez donc pu être châtré en vain.

— Je n'y avais point songé.

— En effet, monsieur, vous avez sans doute préféré ne point y penser. Mais revenons-en à présent à l'affaire qui nous occupe, voulez-vous ? Vous avez indiqué tantôt que l'homme qui vous a fait ces menaces, à savoir le chef de la bande de voleurs, se trouvait ici en ce prétoire, n'est-ce pas ?

— Certes oui, sir John.

M. Trezavant paraissait s'exprimer avec un soudain regain de confiance.

— L'avez-vous vu ici ? Vous avez ma parole, monsieur, qu'il compte parmi les quatre que vous avez remarqués plus tôt. Pouvez-vous le désigner ?

Le magistrat fit signe aux quatre individus :

— Levez-vous tous les quatre, je vous prie.

— Je... suis sûr de pouvoir l'identifier.

— Fort bien, prenez votre temps.

Non seulement il le prit, mais il décida aussi de s'approcher des prévenus. S'il avait été en sa capacité de se déplacer à pas feutrés, il eût agi de la sorte... en raison de la cécité de sir John. Néanmoins, comme il pesait dans les deux cent quarante livres, il eût été tout à fait incapable de marcher sur la pointe des pieds. Un individu de la corpulence de M. Trezavant ne pouvait qu'aller d'un point à un autre avec fracas.

Il se trouva donc que le témoin n'avait pas sitôt fait quelques pas que sir John l'enjoignit de regagner sa place.

Le témoin protesta :

— Comment suis-je censé les voir distinctement, si je ne les regarde pas de près ?

— Monsieur, dit le magistrat, je sais de source fiable que, le soir en question, vous ne pouviez y voir clair, en raison de votre état d'ébriété. Comme cela prendrait du temps et ne conviendrait guère de vous remettre dans cet état, faisons en sorte que la distance serve d'équivalent.

L'air farouche, M. Trezavant revint à son point de départ. Bien qu'il ne soufflât mot à ce sujet, il était évident qu'en ce qui le concernait l'affaire n'était point établie.

Il lui fallut peu de temps pour se décider. Si l'on avait ébranlé sa confiance, il n'en laissa rien paraître lorsque, la main droite sur ses bajoues, la gauche posée sur son ample panse, il examina les quatre hommes.

— C'est le deuxième en partant de la droite, déclara-t-il avec une grande certitude.

— Ce qui, bien entendu, ne signifie rien pour moi, répondit le magistrat. Puisque mon infirmité m'empêche de voir l'homme que vous avez désigné comme étant le chef des brigands, peut-être pourrait-il s'avancer et décliner son identité.

L'individu choisi par M. Trezavant obtempéra.

— Je m'appelle Philip Rumford, monsieur, comme vous devez fort bien le savoir.

— Oh ? Et pourquoi le devrais-je ?

— Parce que je vous sers en qualité de sergent de ville.

— Ah oui, en effet. M. Marsden, voulez-vous aller quérir la serviette que vous avez apportée à la cour aujourd'hui, dans l'optique d'une telle éventualité ?

Tout sourire, le greffier quitta sa place à la table, au côté du magistrat. Il tenait certes une serviette à la main, qu'il avait dû poser sur ses genoux pendant l'audience. Il rejoignit M. Rumford et la lui tendit.

Quant à ce dernier, il s'en empara et se mit à se frotter la face.

Des « Ooooh ! » et des « Aaaah ! » fusèrent ici et là dans le prétoire bondé, car, tandis que l'homme s'affairait, la couleur de sa peau passa du noir (ou du moins de la nuance de brun communément appelée ainsi) au blanc (ou à la pâleur jaunâtre et rosée ainsi désignée). Je connaissais l'agent Rumford, bien sûr, mais moins bien que ses collègues. Il adorait jouer un bon tour et celui-ci devait grandement le ravir. Lorsqu'il eut fini de s'essuyer le visage, les applaudissements crépitèrent dans l'auditoire. En réponse, il salua à gauche, à droite, puis au centre.

— Tout le mérite en revient à M. Fader, qui applique cosmétiques et fards au théâtre de Drury Lane. Il nous a bien noircis, pas vrai, Ben ?

Il lança la serviette à celui qui s'était tenu à sa droite, au banc des accusés. Et comme ce dernier commençait à changer la couleur de sa peau, je vis à mon grand étonnement que l'homme qui tenait ladite serviette n'était autre que Benjamin Bailey, brigadier des sergents de ville et mon ami proche depuis toutes mes années passées à Londres. Je constatai avec stupéfaction — et nombre d'autres personnes présentes sans doute aussi — combien il était aisé de se faire passer pour autrui, en modifiant sa carnation.

Sir John s'était montré laxiste jusque-là. Il avait laissé rires et applaudissements se propager dans l'assistance et le sergent Rumford s'exprimer sans vergogne. Mais l'heure était venue pour lui de mettre un terme à semblable frivolité. Il martela sa table sans merci et ordonna :

— Silence ! Silence !

Il obtint enfin gain de cause : la salle recouvra le calme, il s'éclaircit la voix et s'apprêta à parler.

Avant qu'il ne le pût, toutefois, M. Trezavant vociféra :

— Sir John, je crois bien que vous m'avez joué un tour !

— Rien de la sorte, monsieur. L'homme que vous avez à l'origine désigné comme étant le chef de ceux qui ont pillé votre résidence se trouve bel et bien présent. Monsieur Burnham, veuillez approcher et décliner votre identité.

Ce dernier obéit, quoique d'assez mauvaise grâce (ou du moins me sembla-t-il). Il considéra M. Trezavant d'un air soupçonneux, sentant peut-être qu'il avait encore à craindre de lui, et, s'il s'agissait de ce qu'il craignait, il avait sans doute tout lieu d'avoir raison.

— Je l'ai d'ores et déjà identifié en son temps et cela devrait suffire, déclara M. Trezavant. Déférez-le à l'Old Bailey. J'ai hâte qu'il soit pendu haut et court à Tyburn Hill.

— Je n'en ai ni la capacité ni la volonté, répliqua sir John. M. Burnham est à présent un homme libre. Il dispose d'un alibi pour toute la soirée durant laquelle on vous a cambriolé. Il peut quitter ce prétoire quand bon lui semble.

— Dans ce cas, nous n'avons plus rien à nous dire.

Et, sur ces paroles, M. Trezavant sortit du tribunal de Bow Street en tapant du pied... ce qui, du strict point de vue de la loi, équivalait à un outrage à la cour.

CHAPITRE IX

Où survient un surprenant cambriolage en un lieu inattendu

À l'issue de cette audience, une grande allégresse régnait dans le cabinet de sir John. Dido et sa cousine Elizabeth avaient attendu dans la pièce que le verdict fût prononcé. (Il eût été inconvenant qu'elles apparussent en un lieu aussi tumultueux, aussi *public* que le tribunal de Bow Street.) Lorsque le jugement fut rendu — Frank Barber accourut en tête le leur annoncer —, elles se mirent à danser, au comble de la liesse. C'est en tout cas l'impression que j'eus en entrant derrière sir John et M. Burnham. Le magistrat eut un sourire indulgent pour de semblables transports ; M. Burnham conserva en revanche la même expression sombre qu'il arborait encore peu de temps auparavant, lorsqu'il s'était avancé et avait décliné son identité au sieur Trezavant. Nul doute qu'il était heureux — plus qu'heureux, même — de se voir quitte de la menace du bourreau. La leçon qu'il avait apprise semblait avoir des effets dégrisants sur sa personne ; à savoir que pour un Noir, aussi aisée que fût sa situation, Londres se révélait plus dangereux que tout ce qu'il aurait pu supposer jusque-là.

Bien que je n'eusse pas assisté à leur réconciliation, il était clair que M. Burnham avait pardonné à Frank Barber (mais qu'avait-il à lui pardonner, au juste ?) d'avoir pris l'initiative d'informer Dido de la fâcheuse situation dans laquelle son soupirant s'était placé, à cause de ces fréquentes visites qu'il lui rendait. Sa cousine et elle avaient donc agi pour le sauver de cette terrible conjoncture malheureuse. Elles eurent néanmoins l'amère déception d'apprendre que leurs dépositions préparées avec l'aide de sir John n'avaient pas été lues à la cour.

— C'était inutile, leur dit-il, car, au moment où elles auraient pu se révéler pertinentes, ce nigaud de Trezavant avait déjà désigné à tort l'agent Rumford comme chef de cette bande de brigands. Quand je lui ai présenté M. Burnham comme l'individu qu'il avait accusé en premier lieu, je pouvais d'ores et déjà lui affirmer, grâce à vous deux, qu'il avait un alibi pour toute la soirée où la résidence Trezavant avait été pillée.

— Mais n'auriez-vous pas pu *prouver* son innocence en lisant nos dépositions devant tout un chacun ? s'enquit Dido.

— Oui, n'est-ce pas ? renchérit Elizabeth. C'est si regrettable !

— Oh, j'aurais pu certes demander qu'on en donne lecture, mais je crains que lord Mansfield n'eût guère apprécié qu'on associât vos deux noms à cette audience, d'autant plus qu'il est en train de juger cette affaire Somerset.

Dans un soupir, Dido l'approuva :

— J'ai bien peur que vous n'ayez raison, sir John.

Puis, à l'adresse d'Elizabeth :

— J'ai bien peur aussi que nous ne devions prendre le chemin du retour pour Kenwood.

— Certes, oui. Notre oncle aura besoin de sa voiture.

Les deux femmes, qui évoquaient quelques visiteuses venues d'un autre monde, firent leurs adieux et se tinrent prêtes à s'envoler sous la voûte éthérée.

— Mais où est Robert ? demanda Dido à sa compagne, tout en regardant alentour.

— Oh, le voilà ! Tu le vois ? En train de bouder dans son coin ?

Elles coururent vers le précepteur qui, sans bouder

réellement, eût certes pu afficher une mine plus réjouie, compte tenu des circonstances.

— Robert ! fit Dido. Nous t'avons sauvé du bourreau. Ne pourrais-tu point au moins nous sourire et nous dire gentiment au revoir ?

Bien que cela parût lui coûter de gros efforts, il parvint à accéder à sa requête. Encouragée, Dido se haussa sur la pointe des pieds (car M. Burnham était grand et elle non) et le gratifia d'un baiser sur la joue. Sa cousine et elle s'empressèrent ensuite de franchir la porte et de traverser le long corridor menant à la rue. Mais au bout de celui-ci Annie et Clarissa se trouvèrent sur leur passage. Les yeux écarquillés, la cuisinière avait l'air surprise, blessée, totalement anéantie. Clarissa semblait simplement triste. Elles avaient tout vu. J'eus envie de leur lancer : « Ne soyez pas si abattues ! Les cousines portent peut-être de somptueuses toilettes, elles ont sans doute l'air plein d'entrain et se révèlent (dans une certaine mesure) fort avisées, mais elles n'en demeurent pas moins de sottes jeunes filles. » Au moment même où j'y songeais, l'idée me vint que peu de temps auparavant je pensais la même chose d'Annie et Clarissa. Peu importe la condition sociale, la niaiserie est de mise chez les filles de cet âge.

Ce ne fut qu'après leur départ que cessèrent les réjouissances impromptues dans le cabinet de sir John. Frank Barber et Robert Burnham quittèrent ensemble le 4 Bow Street, offrant l'image réconfortante que tout allait de nouveau bien entre eux. Ce qui me laissa seul en compagnie de sir John et m'offrit enfin l'occasion de lui livrer mon rapport. Je le lui rappelai.

— Oui, oui, je t'en prie. Asseyons-nous afin que je puisse t'accorder toute mon attention.

— Vous avez pris connaissance de la lettre de M. Humber, je présume ? répliquai-je dans l'espoir qu'il me mît un peu au courant de son contenu.

— Oh, tout à fait, dit-il. Clarissa me l'a lue dès que tu es parti chez M. Trezavant. Nul doute que tu es curieux de savoir de quoi il retourne. Eh bien, c'est précisément le genre de missive qu'on peut attendre de lui : remplie de détails concernant les bateaux, les dates de départ, les cargaisons, ce genre de choses. À dire vrai, Jeremy, je crois que je mourrais d'ennui, si d'aussi fastidieuses affaires devaient occuper mon existence.

— Lorsque je l'ai visité tantôt, déclarai-je, il m'a signalé que nous pourrions bel et bien nous méfier si un vaisseau était assuré au-delà de sa valeur et de son fret déclaré. A-t-on découvert semblable disparité ?

Le magistrat ne répondit pas aussitôt. Il gonfla les joues, rentra la tête dans les épaules de telle sorte qu'on eût dit qu'il faisait la moue, mais j'écartai incontinent cette possibilité, bien sûr.

— Hum... eh bien, il y fait mention, dit-il. Mais toi, Jeremy, je crois t'avoir entendu annoncer que M. Martinez t'avait confié des renseignements que tu jugeais importants.

— Certes, il m'a dit quelque chose.

— Alors raconte-moi, mon garçon. J'ai hâte de l'entendre.

Nul doute que je n'en saurais pas plus au sujet de la lettre de M. Humber. Je chassai donc cela de mon esprit et me concentrai sur la souvenance en détail de ma conversation, qui s'était déroulée plus tôt ce jour-là, avec Moses Martinez. Comme nombre d'événements avaient eu lieu dans l'intervalle, je crois que je livrai un bon compte rendu de mes questions et de ses réponses... jusqu'à un certain point. Lorsque j'y parvins, je répétai à sir John la réponse formulée par M. Martinez, quand je lui avais demandé le nom de l'infâme Hollandais. Le magistrat devint alors celui qui interroge et moi celui qui répond.

Il me demanda en premier lieu de réitérer ce que M. Martinez m'avait dit.

— Il a déclaré, monsieur : « Oh, je ne pourrais te le dire. »

— Mais pourquoi donc ? Quelle raison a-t-il donnée pour ne pas divulguer le nom ?

— Eh bien, je le lui ai demandé. Craignait-il des représailles ? Il a répondu que non. N'avait-il pas confiance en vous ou en moi, au point de garder le nom secret ? Il a affirmé avoir confiance en nous. Mais j'ai insisté, avant qu'il n'explique enfin que sa religion l'en empêchait.

— Sa *religion* ? (Sir John semblait sérieusement fâché.) Que pouvait-il bien vouloir dire ainsi ?

— Il a cité le neuvième des dix commandements. Et il a dit que nous devrions comprendre son aversion, car juifs et chrétiens honorent les dix.

— Voyons, quel est donc le neuvième ?

S'étant posé la question à lui-même, il se mit à compter sur ses doigts :

— « Aucun autre dieu tu n'adoreras », c'est le premier. « Aucune image sculptée », c'est le second.

Et ainsi de suite. Il marmonna *in petto* jusqu'à ce qu'il parvînt au neuvième, puis il parla à voix haute :

— « Tu ne porteras point de faux témoignage à l'encontre de ton prochain » ? Qu'a-t-il donc bien pu vouloir dire ? Je ne lui demanderais pas de porter un faux témoignage contre quiconque, certes pas à l'encontre de son prochain.

— Ma foi, monsieur, c'est ainsi qu'il l'a expliqué, dis-je. D'une certaine façon, on a étendu le précepte à l'idée qu'on devait seulement dire d'autrui ce qu'on savait par expérience être vrai : ce que nous avons vu nous-mêmes ; ce que nous avons pu entendre dire par la personne en question. Puisqu'il ne pouvait offrir une telle garantie, il a refusé de nommer l'individu.

— Hum... A-t-il dit qui avait formulé une interprétation aussi large du neuvième commandement ? Encore que cela n'ait guère d'importance.

— Non... simplement que... il a utilisé une expression. Voyons, comment était-ce ? Cela avait un lien avec « l'exégèse ». Il a dû déclarer : « Selon l'exégèse », je crois.

Sir John fit un geste désinvolte de la main et reprit :

— Ce n'est qu'une question de probité judaïque, je suppose.

Il réfléchit un moment, puis me surprit en gloussant :

— Oh, peut-être que Dieu se révèle meilleur avocat que je ne l'aurais jamais cru. Tout cela revient à dire, Jeremy, qu'il faut bannir l'ouï-dire. En ma qualité de magistrat, je puis l'accepter et ne saurais reprocher à M. Martinez de demeurer fidèle à ces valeurs élevées.

— Sans conteste, admis-je. Toutefois, l'homme qu'il a décrit est le portrait craché de celui qu'on trouve en marge de cette affaire. Je crains de n'avoir pris en mauvaise part le fait qu'il ait refusé de fournir un nom.

— Tu es sérieux? répliqua sir John. En ce qui concerne le portrait craché, je veux dire?

— Peut-être que j'ai un peu exagéré. Je n'ai jamais vu l'individu en question, à vrai dire.

— Alors comment peux-tu être aussi affirmatif? En fait, si ton compte rendu est exact, M. Martinez n'a donné aucune description physique. Comment s'appelle notre homme?

— Zondervan, dis-je. Quant à son prénom, je l'ignore.

— Oh? C'est tout ce que nous avons, pourtant je jurerais que ce nom me dit vaguement quelque chose. Et qu'est-ce qui te porte à croire que l'homme décrit par M. Martinez soit... comment déjà?... Zondervan, c'est cela?

— Oui, Zondervan. D'abord, c'est un Hollandais. Et négociant, de surcroît.

— Il en existe tant comme lui à Londres!

— C'est vrai, mais il réside à St. James Street, entre les domiciles de lord Lilley et de M. Bilbo.

— Sans doute une pure coïncidence.

— Peut-être, mais quand M. Collier, le majordome renvoyé par lord Lilley, a cherché un refuge, il s'est rendu directement à la résidence de M. Zondervan. Et je soupçonne Miss Pinkham, elle-même congédiée pour avoir divulgué la cachette des bijoux de lady Lilley, de s'y être réfugiée aussi.

— Mais tu n'en es pas sûr ?

— Eh bien... non.

— En tout cas, Miss Pinkham ne vient pas de compléter récemment la domesticité de lord Mansfield ?

— Non, monsieur, je me suis renseigné sur place et j'ai découvert que nul ne la connaissait.

Il haussa les épaules.

— Qui sait où vont ces jeunes femmes ? Nul doute qu'elle aura reçu une meilleure offre autre part. Mais non, Jeremy, ce Zondervan ne...

— Enfin, monsieur, interrompis-je avec insistance, il possède dans sa demeure une galerie remplie de nombreux tableaux... dont je suis certain qu'ils sont d'une grande valeur.

— Et qu'est-ce qui te le fait croire ?

— Ils sont tenus sous clé.

— Comment sais-tu cela ?

— Je l'ai visitée le jour où je suis allé chercher M. Collier, pour nous rendre à Field Lane, afin de faire la tournée des prêteurs sur gages. Il m'avait laissé entrer, de sorte que je puisse admirer la collection de M. Zondervan. Il raffole de ce genre de peintures et m'a laissé entendre qu'il s'agissait d'œuvres de qualité.

— Hum... ma foi, cela ne manque certes pas d'intérêt. On a aussi dérobé des tableaux. Mais je ne crois pas que le fait que ce Hollandais possède toute une série d'œuvres de prix suffirait pour obtenir un mandat nous permettant d'envahir les lieux et de perquisitionner, en quête d'objets volés. Tout cela reste cependant digne d'intérêt, comme je l'ai dit. Nous devrions peut-être tâcher d'en savoir plus au sujet de cet individu.

Il se tut alors, sombrant dans ce genre de silence qui signifiait que mon temps de présence arrivait à terme. Je me levai à contrecœur et m'apprêtai à partir. Mais il avait encore quelque chose à déclarer.

— À propos, Jeremy, j'espère que tu n'as pas oublié que c'est ce soir que M. Johnson s'en vient souper à notre table.

— Oh, certes non, sir John.

(En réalité, cher lecteur, je l'avais bel et bien oublié !)

— Mets tes plus beaux effets. Rase-toi, au besoin.

Il se passa la main sur le menton et les joues.

— Du reste, j'aimerais aussi que tu me rases. Ah, mais attends un peu, mon garçon. Tu dois dire à Annie qu'il y aura encore un convive en sus au repas.

— Oh ? Et de qui s'agira-t-il, sir John ?

— Voyons, nul autre que M. Burnham, répondit le magistrat. Je l'ai invité dans les minutes qui ont suivi la fin de l'audience d'aujourd'hui. Je désirais ainsi lui présenter nos excuses pour la manière dont nous l'avions traité. Et, en toute franchise, je crois qu'il aurait décliné mon offre, si je n'avais précisé que Johnson serait aussi présent. Ce dictionnaire qu'il a rédigé en a fait une grande célébrité. On requiert son opinion sur tous les sujets. Jadis, ce n'était qu'un simple auteur... et il est inutile de te dire combien le public leur témoigne peu d'estime.

Je ne jugeai pas nécessaire de commenter sa réflexion. Cependant, j'avais besoin de glisser à sir John une dernière information. Aussi, à mi-chemin de la porte, je me retournai et lui lançai tout à trac :

— Encore un détail, monsieur. C'est en rapport avec la lettre que vous m'avez demandé de porter à lord Mansfield.

— Oui, bien sûr, et l'as-tu fait ?

— Certes oui. Je la lui ai remise en main propre.

— Et qu'a-t-il dit en guise de réponse ?

— Il a déclaré, je le cite : « Oui... absolument. »

— Fort bien, conclut sir John. C'est tout à fait la réponse que j'escomptais.

Nombre de choses se passèrent dans les heures qui suivirent, avant que nous ne nous retrouvions tous à table. Il s'agissait toutefois de banals préparatifs qui ne méritent pas d'être détaillés dans un semblable récit. Disons simplement que tout fut réalisé avec grâce et diligence par nous trois, Clarissa, Annie et moi, quand une bonne dizaine de personnes s'en seraient chargées dans l'une des maisons prestigieuses de St. James. Et notons aussi au passage que celle qui présida à tous nos efforts n'était autre que notre chère cuisinière. Elle n'était plus désormais la sotte jeune fille qui parlait de se suicider ou de suivre son bien-aimé en exil, mais bel et bien un parangon de sang-froid ; cela ne fit aucun doute qu'au moment où les mets furent disposés sur la table elle maîtrisait tout à fait la situation. En d'autres termes, non seulement sir John et lady Katherine, mais aussi MM. Burnham et Johnson étaient si enchantés du rôti de bœuf qu'ils lui rendirent le plus bel hommage qui fût en dévorant en silence la première portion.

Pas même M. Johnson ne s'exprima, alors qu'il avait la réputation de parler à table, avec force reniflements, grognements, mastications, et autres bruits malséants de l'acte de manger. Lorsqu'il eut fini, il demeura un moment immobile, en nage, le couteau à sa main droite et la fourchette à sa gauche. Puis il expulsa une formidable éructation, qui surprit tant Clarissa qu'elle porta aussitôt la main à sa bouche pour réprimer un gloussement ; il ne lui prêta aucune attention.

— Je n'ai jamais mangé un rôti de bœuf mieux cuisiné, avoua-t-il. Dites-moi, jeune fille (à l'adresse d'Annie), il a une saveur différente, nouvelle pour mes papilles. Qu'y avez-vous ajouté ?

Malgré elle, Annie détourna son regard de M. Burnham et gratifia M. Johnson d'un sourire qui feignait la modestie.

— Vous êtes bien magnanime, monsieur, répondit-elle. En réponse à votre requête, sachez que j'use de l'ail à profusion. C'est sans doute la raison de cette « saveur différente » dont vous parlez.

— L'ail... médita-t-il. C'est un condiment étranger, n'est-ce pas ?

— Pas étranger à *ma* cuisine, répliqua-t-elle, un éclair de malice dans les yeux.

Il s'esclaffa en signe d'appréciation, tandis que M. Burnham en demeurait bouche bée, sans doute déconcerté par le choix des mots et la parfaite diction de la cuisinière. (Ni Clarissa ni moi n'étions le moins du monde surpris par Annie, car nous l'avions vue maintes fois se comporter ainsi des heures entières durant ; c'était un personnage qu'elle s'était créé.)

— Peut-être souhaiteriez-vous que Jeremy vous en découpe une autre tranche ? proposa lady Katherine.

M. Johnson y consentit et me demanda d'y ajouter du pudding[1] et de la graisse de rôti. Tandis que je le resservais, il accepta volontiers un autre verre de vin de Bordeaux, proposé par sir John. Je m'empressai de le lui verser aussi.

Le silence ayant été rompu, la conversation débuta. Il suffit d'une question et ce fut M. Burnham qui la posa.

— Monsieur Johnson, dit-il, que pensez-vous de l'affaire Somerset, que doit juger à présent lord Mansfield ?

— Ce que j'en pense ? Eh bien, monsieur, je crois qu'il s'agit d'un gros enjeu. À tout le moins, cela signifierait la liberté pour un certain homme noir et, au mieux, la fin de l'esclavage dans nos colonies britanniques.

— Vraiment ? fit lady Katherine. Autant que cela ? De quel côté penses-tu que la balance va pencher, Jack ?

— D'une certaine manière, entre le moindre et le meilleur, répondit le magistrat d'un ton sec.

M. Burnham continua à s'adresser à M. Johnson :

— Je suis moi-même des plus intéressés par cette affaire, car à certains égards cela ressemble à ma propre expérience.

1. Sans doute du *Yorkshire pudding*, à savoir de la pâte à choux traditionnellement servie avec du rosbif. *(N.d.T.)*

— Vraiment ? Mais c'est captivant. Je vous écoute.

(Puisque vous êtes déjà au courant, cher lecteur, des circonstances de l'affranchissement de M. Burnham, il se révélerait plus utile de vous apprendre, ou de vous remémorer, les faits concernant l'affaire Somerset, dont ils débattaient. James Somerset était un esclave noir, propriété d'un certain Stewart, résidant au Massachusetts. Stewart emmena Somerset avec lui en Angleterre, où ce dernier demeura pendant deux ans en état de servitude, avant de s'enfuir. Lorsqu'on le captura, Stewart, furieux et désireux de se venger, livra l'esclave à un capitaine de vaisseau dénommé Knowles, en partance pour la Jamaïque, où il revendrait Somerset. À l'évidence, Knowles et Stewart partageraient les bénéfices de la vente. Mais il se trouva des témoins au moment de la reprise de Somerset, lesquels certifièrent sous serment la nature de celle-ci ; on utilisa ces déclarations pour l'obtention d'un jugement d'*habeas corpus*[1], que lord Mansfield, président de la Haute Cour de justice, rendit en personne. Knowles s'opposa à l'arrêt avec une déclaration sous serment de son cru, laquelle faisait retomber le blâme sur Somerset, pour avoir cherché sa liberté. Lord Mansfield fixa une date d'audience et fit le vœu d'entendre lui-même l'affaire. Celle-ci suscita l'intérêt de Granville Sharp, abolitionniste zélé, s'il en fut ; il appointa un avocat pour représenter Somerset dans sa quête de liberté, et l'affaire passa au tribunal. Le procès était en cours, au moment de cette discussion.)

Ayant écouté M. Burnham et appris les détails de sa libération, M. Johnson prit le temps de réfléchir. Il livra alors l'opinion suivante : à savoir qu'en toute honnêteté le seul lien qu'il voyait entre l'affaire Somerset et le récit qu'il venait d'entendre résidait dans le fait que tous deux avaient profité de leur présence en Angleterre pour réclamer leur liberté.

1. Loi anglaise, votée en 1679, qui garantit les libertés individuelles et protège des arrestations arbitraires. *(N.d.T.)*

— Bien sûr, répondit M. Burnham, il reste la contradiction de la loi anglaise : comment l'esclavage peut-il être prohibé ici, alors qu'il est permis dans les colonies britanniques, et que toutes les lois de ce pays s'appliquent là-bas ?

— Et comment se peut-il, reprit M. Johnson, que lorsqu'un individu noir, homme ou femme, se rend disons... de la Jamaïque à Londres, il ou elle ne soit pas, comme on pourrait s'y attendre, assujetti aux lois d'Angleterre ?

Et M. Burnham de poursuivre sa pensée :

— Mais curieusement, sa condition demeure définie par les lois de la contrée qu'il a quittée. Tout à fait !

Samuel Johnson se tut pendant un très long moment. Il s'employa plutôt à mastiquer avec la même profonde gravité qu'il avait témoignée quelques minutes plus tôt, comme il venait à bout de la première portion du rôti de bœuf d'Annie.

Clarissa, assise en face de moi, le regarda d'abord, puis revint sur moi, en me signifiant par ses sourcils haussés qu'elle craignait que notre distingué convive n'eût pris quelque remarque en mauvaise part.

Redoutant sans doute la même chose, M. Burnham se pencha et, avec force urbanité, s'enquit :

— Que penseriez-vous donc, à présent, monsieur... si je puis toutefois vous le demander ?

— Oh, vous le pouvez, tout à fait, vous le pouvez, monsieur. Je n'ai pas la réputation de garder mes pensées pour moi... certes pas.

Il hésita un bref instant, puis déclara :

— Je n'ai pu m'empêcher de noter parmi les détails du passé de Somerset qu'il a été tenu en esclavage au Massachusetts par cet Écossais qui l'a amené en Angleterre.

— Et qu'en est-il de cela, monsieur ?

— Voyons, n'en percevez-vous pas toute l'ironie, aussi involontaire qu'elle puisse être ? Ce sont ces mêmes « fils de la liberté » des colonies d'Amérique du Nord qui la clament haut et fort, tout en voulant protéger à tout prix leur droit putatif à conserver des esclaves.

— En effet, monsieur, approuva M. Burnham, je vous saisis fort bien. Nul doute qu'il y a là une certaine incohérence, pour ne pas dire plus.

— Pour ne pas dire plus, répéta M. Johnson avec fermeté. J'ai lu ici ou là qu'il y avait un flux continuel de nègres vers le nord et le Canada, où l'esclavage n'est point toléré, et, en vérité, je les applaudis. J'ai eu vent de rébellions d'esclaves dans diverses îles des Antilles. À ma connaissance, aucune n'a abouti et je le déplore.

Lady Katherine émit alors une sorte de petit cri étouffé qui exprimait son émoi. Mais la plus grande émotion restait à venir.

M. Johnson se leva et, verre en main, déclara :

— Je propose un toast pour que triomphe la prochaine insurrection d'esclaves aux Antilles.

M. Burnham l'imita aussitôt, de même qu'Annie et Clarissa, en levant haut leurs verres. Seuls sir John, lady Katherine et moi demeurâmes assis, sans toucher aux nôtres. Bien que cette dernière eût manifesté son sentiment en la matière, je restai assis par solidarité avec son époux, lequel refusait de se joindre au toast porté par son invité. Celui-ci fut néanmoins porté, puis les verres retrouvèrent la table et chacun se rassit. Les yeux se baissèrent ensuite et chacun des convives arbora un air penaud.

Même M. Johnson, dont on songerait qu'il n'avait jamais ressenti la moindre gêne de sa vie, considéra le magistrat avec un soupçon d'hésitation.

— J'espère, sir John, ne pas vous avoir offensé, dit-il.

— Pas le moins du monde, monsieur Johnson.

— Je n'ai pu m'empêcher de noter que vous ne vous êtes pas joint à nous.

— Non, en effet.

— Puis-je vous demander pourquoi, monsieur? Je brûle de l'apprendre.

Et nul doute qu'en projetant sa grosse tête en avant, il paraissait impatient. Il posa même son couteau et sa fourchette, pour prêter toute son attention à sir John.

— Pour parler net, répondit ce dernier, ma situation de magistrat ne le permettrait point. Un magistrat s'avère, en toute modestie, un juge, mais aussi responsable du maintien de l'ordre. Et permettez-moi de vous dire, monsieur Johnson, et à vous aussi, monsieur Burnham, que j'attache une grande importance à l'ordre.

— Ah, sir John, répondit M. Burnham à la manière du précepteur qu'il était, mais l'ordre prime-t-il à vos yeux sur la justice ?

— Non, je vous accorde, monsieur, qu'en ce qui concerne le sujet dont nous causons, cela ne fait aucun doute que d'énormes préjudices ont été causés aux Africains, arrachés à leur foyer, transportés en mer, et vendus en qualité d'esclaves, et les préjudices se perpétuent. Mais je crois que les réparations viendront bientôt ou dans quelque temps, non pas grâce à la révolte, l'insurrection, la rébellion, ou quelque violence que ce soit. Je suis opposé à ces méthodes. Elles heurtent mon sens de l'ordre. Et qui plus est, elles donnent lieu à des résultats imprévisibles et atteignent rarement leurs desseins. Le plus souvent, elles aboutissent au chaos et à une situation pire encore que celle qui suscita la violence. Bref, je m'oppose à de telles méthodes, car elles ne fonctionnent pas. Elles endurcissent le cœur de ceux qui ont le pouvoir face aux injustices mêmes auxquelles ils étaient censés remédier. Non, les grandes injustices sont mieux traitées par la législation ou les tribunaux. Et l'on y accorde davantage une attention bienveillante lorsque l'ordre prévaut. Je me tiens donc du côté de l'ordre.

Si je m'attendais un peu à ce que tout le monde applaudît à ses paroles de conclusion, j'entendis plutôt M. Burnham qui s'éclaircissait discrètement la voix, tandis que M. Johnson toussotait. J'avais hâte de savoir si quiconque pouvait répliquer à ces mots. Cependant, je dus quitter la table. Juste après la question de M. Burnham adressée à sir John, j'avais perçu une série de coups frappés à la porte de l'office, insistants, certes, mais respectueux. Je ne pouvais tarder davantage. Je m'excusai donc en bredouillant quelque chose au sujet de « la porte » et courus vers la cuisine.

J'ouvris l'huis à la volée et découvris Benjamin Bailey. Je savais qu'il ne viendrait pas frapper pour quelque nouvelle futile à rapporter. (À ce propos, aucun sergent de ville n'eût agi de la sorte, pas même la dernière recrue, l'agent Patley.)

— Je commençais à me demander s'il y avait quelqu'un, dit-il.

— Navré, monsieur Bailey. Nous avons des invités, Sir John s'adressait à la tablée et je ne voulais pas me lever, pendant qu'il s'exprimait.

— Oh, je n'aurais pas souhaité que tu le fasses, dit-il, tout confondu.

— Qu'avez-vous donc à annoncer ? Je lui transmettrai le message.

— Ah oui... c'est assez singulier, ma foi, mais il y a eu un nouveau cambriolage.

— Dans le même quartier ? Avec les mêmes brigands ?

— C'est ce qui est étrange. Il s'agit de la même maison que la dernière fois.

— La même ? La résidence des Trezavant ?

— Oui, dit-il, oh oui, mais ce ne sont pas les mêmes voleurs... pas les Africains, en tout cas. Ou du moins, il n'y a eu aucun signe de leur présence, cette fois. Non, la dame de la maison est allée voir ses bijoux... et ils ne se trouvaient pas à l'endroit où elle les entreposait. Ils avaient disparu.

— Un vol avec effraction ?

— Je ne sais pas. Personne n'a l'air de savoir à quel moment on les a volés... ni qui les a dérobés.

Il s'interrompit et fronça les sourcils.

— Un des domestiques est absent, malgré tout.

— Lequel ?

— Je l'ignore. Un des valets de pied est venu me prévenir, puis s'en est allé avant que je puisse en savoir plus.

— Eh bien, dis-je, laissez-moi une minute. Je vais en informer sir John et je prends mon couvre-chef.

Il s'avéra que le trajet jusqu'au domicile des Trezavant s'effectua dans un fiacre rempli de passagers. M. Bailey et moi étions non seulement assis à gauche et à droite, sur la banquette, juste derrière le cocher, mais M. Burnham se trouvait aussi entre nous deux, ne cessant de se plaindre qu'on ne le laisserait pas entrer avec les autres dans la demeure du coroner. En face de nous trois M. Johnson et sir John occupaient la totalité de leur banquette.

Le magistrat s'était levé d'un bond, quand je lui avais appris les circonstances bizarres du vol dans Little Jermyn Street, et s'était déclaré en état de mener l'enquête. M. Johnson s'était levé à son tour et avait voulu nous accompagner. Mais lorsque M. Burnham tenta de faire de même, il se trouva en butte à la vive résistance de sir John.

— Ne voyez-vous point, dit le magistrat, que cela équivaudrait à un camouflet que d'amener dans la demeure de M. Trezavant celui-là même qui avait tantôt été la cause de son humiliation ?

— Cela lui donnerait une bonne leçon, déclara le précepteur.

— En effet, admit sir John, mais ni vous ni moi ne sommes à même de la lui donner.

Jusqu'à ce que nous parvenions à la voiture qui nous attendait dans Bow Street, il fit la sourde oreille aux protestations de M. Burnham. Et même lorsque nous atteignîmes notre destination et mîmes pied à terre, on entendait encore grommeler. Sir John le fit taire enfin.

— Monsieur Burnham, dit-il, rentrez chez vous, je vous en conjure. Vous n'êtes qu'à une rue et à quelques maisons du domicile de M. Bilbo. N'est-ce pas le cas? Monsieur, je regrette que notre soirée ait été en quelque sorte écourtée. Et je regrette d'autant plus d'avoir eu besoin de vous garder à Bow Street pendant près de deux jours, mais si vous vous étiez montré plus coopératif...

— C'est à moi de regretter à présent *ma* façon d'agir, monsieur.

— Bien. Alors, il est peu probable que vous recommenciez.

Et sir John de tendre vivement la paume dans la direction de M. Burnham.

— Allons, serrons-nous les mains et séparons-nous en excellents termes. Visitez-moi la semaine prochaine, dans l'après-midi, et nous continuerons nos causeries.

Apaisé et réconcilié avec le magistrat, M. Burnham s'empara de sa main et la lui serra avec chaleur. Puis, en prenant congé de M. Johnson, il bénit l'occasion ayant permis leur première rencontre. Pour sa part le lexicographe lui assura que d'autres suivraient dans le futur. À ces mots, après avoir échangé moult saluts avec tout le monde, M. Burnham s'en alla dans Little Jermyn Street pour rejoindre St. James.

— Un curieux individu, ne trouvez-vous pas? commenta M. Johnson en regardant la silhouette du précepteur disparaître dans la rue. Du genre irritable mais assez peu sûr de lui.

— Certes, mais intelligent, contra sir John. Vous pouvez me croire sur parole.

— Et bon professeur... à en croire Frank Barber.

Cela me parut étrange d'entendre les deux hommes juger M. Burnham de la sorte. Je me demandai ce qu'ils pourraient bien dire de moi, en mon absence.

— Eh bien, soupira sir John, entrons, voulez-vous? Plus tôt nous commencerons, plus tôt nous en aurons terminé. Frappez avec vigueur à la porte, monsieur Bailey.

Et le brigadier obtempéra, en battant la retraite à l'aide de son gourdin. À l'intérieur, nul ne pouvait ne pas l'avoir entendu.

— Vous êtes fort bon de me laisser vous accompagner, dit M. Johnson. Il y a belle lune que je m'interroge sur ce qui peut bien se passer lors de telles sorties nocturnes.

Il semblait prêt à poursuivre dans cette veine, mais on entendit derrière la porte des voix se quereller. L'une d'entre elles — sans conteste celle de M. Collier, le majordome — s'opposait vivement à... quoi, au juste ? Puis une seconde, tout aussi familière : « Oh, ça suffit ! » On tira les verrous, on ôta les barres et l'huis finit par s'ouvrir. L'agent Patley apparut, avec dans son dos M. Collier qui tremblait.

— Ah, je savais qu' c'était vous, déclara le sergent de ville, comme il ouvrait la porte en grand et reculait. Cette poule mouillée, ajouta-t-il en tapotant l'épaule de M. Collier, craignait qu' les Africains s'en r'viennent, mais j'étais paré pour les accueillir !

Il agita son gourdin.

— Entrez donc. J' les ai réunis tous les deux et ils sont prêts à vous parler, sir John.

Une fois dans la demeure, l'huis se referma derrière nous et sir John se tourna vers l'agent Patley.

— Deux ? dit-il. Vous avez dit deux ? Et qui sont-ils ?

— Le maître et la maîtresse.

— Ah, fort bien. Nous allons enfin la rencontrer, pas vrai ?

— Vous y survivrez aisément, monsieur. Mais par ici, suivez-moi.

Notre groupe chemina prestement dans le long corridor. Je compris que les Trezavant nous attendaient dans la pièce qu'on désignait toujours du nom de « bibliothèque ». Lorsque nous y parvînmes enfin, sir John s'arrêta et nous fit signe de nous approcher.

— À présent, messieurs Bailey et Patley, dit-il à voix basse, j'aimerais que vous descendiez au sous-sol et que vous devisiez avec tous ceux qui le voudront bien. Quelles personnes nous suggérerais-tu en particulier, Jeremy ?

Je pris la peine d'y réfléchir.

— Je dirais que Maude Bleeker, la cuisinière, et Mossman, le portefaix, conviendraient le mieux.

— Parfait. Vous avez saisi, n'est-ce pas ? Tâchez de découvrir quel domestique manque à l'appel. Fouillez sa chambre. Entre-temps, l'un de vous devra chercher à l'extérieur de la bâtisse tout ce qui pourrait nous aider.

Il marqua une pause, peut-être pour ménager ses effets, ou simplement pour vérifier qu'il n'avait rien omis dans ses instructions, puis conclut :

— Entendu, filez maintenant.

Les deux sergents de ville s'en allèrent de conserve, prêts à remplir leur besogne.

— Monsieur Johnson ? Allons-nous découvrir ce qui nous attend ? Jeremy, frappe à la porte, veux-tu.

J'accédai à sa requête et assenai quelques coups étouffés à l'huis, puis l'ouvris aussitôt pour sir John et M. Johnson, sans que M. Trezavant les invitât à entrer. Une fois tous deux dans la pièce, je refermai la porte et m'empressai de me placer devant le magistrat, afin qu'il pût poser sa main sur mon épaule et se laisser guider en territoire inconnu.

Et je pus enfin contempler le maître et la maîtresse de céans. Ils étaient aussi différents l'un de l'autre qu'on pouvait l'être en l'occurrence. J'ai souvent décrit le premier comme étant gras. Mais, en vérité, ces quatre lettres — G,R,A,S — ne faisaient pas honneur à la silhouette de notre homme ; disons plutôt qu'il était éléphantesque ou volumineux comme une montagne, et ainsi la description serait fidèle. Quant à Mme Trezavant, elle serait l'antithèse des qualificatifs que j'ai employés pour son mari. Si lui était gras, elle se révélait mince (osseuse, même) ; s'il était éléphantesque, elle s'avérait serpentine ; et s'il évoquait une montagne, alors elle faisait songer (quelle comparaison choisir ici ? Si vous avez déjà visité une vaste grotte, cher lecteur, cette image devrait convenir) à un stalagmite.

Certes, ce contraste saisissant ne me sauta pas aussitôt aux yeux, car tous deux étaient assis derrière un grand bureau qui dominait ce coin de la pièce. Curieusement, ils arboraient des effets pour la nuit, alors qu'il n'était pas si tard dans la soirée ; ils portaient chacun une robe de chambre avec le bonnet de nuit adéquat.

— Ah oui, sir John, dit M. Trezavant, d'une voix affectée, empreinte de dédain, vous êtes venu, n'est-ce pas ? Quel dommage de vous avoir attiré ici ! Nous n'avons en l'espèce nul besoin de vous pour démêler cette affaire.

— Oh ? Et pourquoi donc, monsieur ?

— Eh bien, le coupable du vol est tout désigné. Mais... s'interrompit-il, je vois qu'on vous accompagne.

— Certes, vous avez souvent croisé Jeremy, bien sûr.

— Bien sûr, mais...

— Puis-je vous présenter M. Samuel Johnson ?

Grand comme il l'était, M. Johnson n'aurait guère pu se dissimuler derrière sir John. Toutefois, il s'était plus ou moins recroquevillé, de sorte qu'il jouait jusqu'ici les anonymes dans la pièce. Il leva ensuite la tête pour regarder les Trezavant, puis s'inclina, certes sans ostentation, mais comme il sied en la circonstance.

— Pour vous servir, monsieur et madame, dit-il.

Ce qui eut un effet remarquable sur le couple. Tous deux se levèrent d'un bond, une courtoisie dont aucun n'avait gratifié le magistrat. Pour sa part, M. Trezavant ne dit rien d'intelligible et se borna à balbutier avec gaucherie pendant près d'une minute. Son épouse alla toutefois puiser sa voix dans sa silhouette gracile (et elle était grave et majestueuse).

— Samuel Johnson ? C'est donc vous qui avez rédigé le dictionnaire ?

— Hélas, madame, pas tout à fait. Je ne suis qu'un pauvre homme de peine inoffensif qui a écrit un dictionnaire. Rien de plus.

Mais cela suffit à Mme Trezavant pour qu'elle se mît à

roucouler et à gazouiller à n'en plus finir, le tout entrecoupé de phrases d'une abjecte idolâtrie.

M. Johnson s'en réjouit-il ? Était-il sous le charme ? Impossible d'en juger, car son visage s'était mû en une sorte de masque, avec l'esquisse d'un sourire et un regard opaque, absolument impénétrable. Sa face resta ainsi quasi immobile, tandis que les époux ne cessaient de parler, de s'excuser pour leur tenue négligée, de vanter le vaste champ de ses connaissances, de lui demander par quel miracle il pouvait connaître autant de mots, et ainsi de suite. De toute évidence, ils en savaient peu à son sujet... si ce n'est que son dictionnaire lui valait encore une grande renommée ; qu'il avait reçu des récompenses, des honneurs, et une pension pour son œuvre, et même un sobriquet : « Thesaurus » Johnson.

Même si, par l'entremise de sir John, j'avais rencontré quelques personnalités, c'était la première fois que je pouvais voir l'effet de la célébrité sur ceux qui vivaient dans la crainte révérencielle des gens illustres. M. Trezavant, dont on disait qu'il se mêlait à d'éminents politiciens, se débrouilla pour garder tous ses esprits. Sa femme, en revanche, semblait comme prise de démence. Elle voulut sur-le-champ improviser un dîner en l'honneur du lexicographe — « juste quelques-uns de nos amis les plus proches et les plus chers » —, si ce dernier leur laissait quelques minutes pour se vêtir comme il sied.

— Navré, madame, mais je viens à l'instant de souper avec sir John... et fort bien, qui plus est.

— Oh, fit-elle, quel dommage ! Il est si rare que notre demeure soit visitée par des hommes de lettres. Il est regrettable de galvauder votre présence ici.

Elle porta aussitôt la main à sa bouche, telle une enfant coupable.

— Oh, mon Dieu ! Je crains de m'être mal exprimée, n'est-ce pas ?

— Ne vous en souciez pas, madame. À dire vrai, je suis certain que ma présence ici n'est pas galvaudée. Je me trouve céans en qualité d'observateur.

— Observateur ? répéta-t-elle.

— Oui, je souhaite observer les méthodes d'investigation de sir John.

— Ah... eh bien, reprit M. Trezavant, comme je l'ai dit tantôt, il n'y a guère besoin de mener une investigation.

— Certes, c'est ce que vous avez dit, n'est-ce pas ? déclara sir John. Mais que vouliez-vous dire au juste ?

— Voyons, que les bijoux de mon épouse ont disparu, de même qu'une des domestiques. Il vous incombe de la retrouver ou de mettre la main sur celui à qui elle les aura apportés.

(Souffrez, cher lecteur, que je précise ici que le ton du babil de M. Trezavant ne me plaisait guère ; j'en tirais des conclusions qui me laissaient mal à l'aise.)

— Soyez plus explicite, enfin, dit le magistrat. Vous n'avez nul besoin de dissimuler un nom.

— Soit, répondit M. Trezavant, en relevant le défi. C'est Jenny Crocker, la cámériste, qui n'est plus ici. Je l'ai soupçonnée dès la première fois où les bijoux ont disparu.

— La première fois ? glapis-je, incapable de me retenir. Votre femme les avait alors emportés avec elle dans le Sussex !

Il grommela à part lui :

— Certes oui, mais elle était toujours à l'étage et nul doute qu'elle savait où les bijoux se trouvaient cachés.

— Mais vous aviez décrété qu'elle était une criminelle, avant même qu'un crime n'ait été commis ! repris-je de plus belle.

— Sir John, dit-il, je m'oppose avec véhémence au ton employé par votre garçon. Il semble m'accuser de quelque inconvenance.

— Mais, monsieur Trezavant, dit le magistrat, je crois qu'il a soulevé un point qui mérite la considération. Pourquoi étiez-vous si sûr de sa culpabilité ?

— Pourquoi ? Pourquoi ? Ma foi, elle avait l'allure d'une criminelle. Tout comme, permettez-moi de vous le dire, cet individu noir que vous avez congédié avec tant de légèreté cet après-midi même. Il se peut qu'elle lui ait déjà transmis le butin. Je n'ai aucune...

— Ah monsieur, intervint Samuel Johnson à l'adresse de M. Trezavant, alors je crois pouvoir vous tranquilliser. Robert Burnham, à qui vous faites allusion, se trouvait en notre compagnie toute la soirée. Nous l'avons quitté devant votre porte, voilà quelques minutes.

— *Comment?* Vous l'avez laissé s'échapper?

— Je vous en prie, monsieur, reprit sir John. Je crois que votre esprit s'égare. Ne parlez pas avec tant d'imprudence. Comme M. Johnson vient à l'instant de l'expliquer, M. Burnham était en notre compagnie pendant tout ce temps.

Puis, se tournant vers Mme Trezavant :

— Madame, n'avez-vous point une femme de chambre?

— Oui, en effet.

— Sait-elle où vous dissimulez vos bijoux?

— Assurément.

Elle hésita ensuite.

— Eh bien... c'est en réalité ma femme de chambre qui a découvert que les bijoux avaient disparu.

M. Trezavant fustigea son épouse d'un regard à la fois sévère et réprobateur.

— Tu ne m'as pas dit cela, déclara-t-il. J'ai cru que c'était toi qui t'en étais rendu compte.

— Peu importe, lui répliqua-t-elle, car j'ai une entière confiance en elle. En outre, si je te *l'avais* dit, tu aurais fait peu de cas de mes propos, tant tu étais certain de la culpabilité de Crocker.

— Mais... je... je...

Sir John s'interposa, afin de mettre un terme à cette chamaillerie.

— C'est un point important, madame, dit-il. Quand vous a-t-elle confié que les bijoux manquaient?

— Ma foi, je ne sais plus trop. J'avais eu une journée

éreintante, alors je me suis vêtue pour aller au lit de bonne heure. Quelle heure est-il, à présent ?

Je jetai un regard sur la grande horloge, qui se dressait dans un coin de la pièce.

— Tout juste dix heures, annonçai-je.

— Une heure environ s'est écoulée depuis, je dirais, ou peut-être un peu moins.

— Fort bien, dit sir John. A-t-elle eu la moindre raison de se rendre dans la cachette ? Pour y remiser un bijou que vous aviez porté et souhaitiez voir rangé dans votre collection ?

— Oui, une bague... une bague en rubis avec une pierre assez imposante.

— Et où se trouve-t-elle, maintenant, votre femme de chambre personnelle ?

— Au sous-sol dans sa chambre, je suppose. Je l'ai envoyée au lit. Elle était terriblement bouleversée.

— Nous devons lui parler, déclara sir John d'un ton ferme. Jeremy, descends la quérir. Si elle est couchée, alors arrache-la à son lit. Si elle dort, eh bien, réveille-la.

— Est-ce bien nécessaire ? s'enquit M. Trezavant.

— Tout à fait. Vous devez nous dire son nom.

— Hulda. C'est à l'évidence la meilleure domestique que j'aie jamais eue. Elle est hollandaise et son patronyme est tout à fait imprononçable.

— Hum... Hollandaise, dites-vous ? Mets-toi en route, Jeremy.

Je les quittai sans plus tarder. Comme je connaissais le chemin pour être venu auparavant, je descendis l'escalier en un clin d'œil, mais j'eus néanmoins le temps de réfléchir à la participation inattendue des Hollandais dans cette affaire. Qu'est-ce que cela pouvait bien signifier ? Plus grave encore, le fait que Crocker ait, selon toute vraisemblance, quitté la maison laissait-il supposer qu'elle avait emporté les bijoux de sa maîtresse ? J'espérais bien que non, en vérité, car je l'avais jugée plus estimable que cela.

Comme je pénétrais à l'office, je trouvai le brigadier Bailey assis à un bout de la longue table, en conciliabule avec Maude Bleeker, la cuisinière. Le porteur rôdait non loin. M. Bailey leva la tête à mon arrivée et perçut à juste titre que j'étais dépêché par le magistrat. Il leva la main et fit ainsi taire Bleeker, laquelle se retourna pour connaître la raison de cette interruption.

— Oui, Jeremy, qu'y a-t-il ?

— On m'envoie chercher Hulda, dis-je à la cuisinière.

Puis à l'adresse de M. Bailey :

— C'est la personne qui a découvert la disparition des bijoux.

— C'est ce qu'on vient de me confier, répondit-il. Miss Maude, pourriez-vous aller la réveiller ?

— Oh, non seulement je le pourrais, mais je vais le faire, répondit-elle.

Elle se leva et me fit un signe de tête.

— À mon avis, il est temps que quelqu'un lui pose des questions.

Sans préciser la teneur des questions susceptibles d'être posées à Hulda, la cuisinière franchit la porte d'un pas lourd et passa dans la pièce commune.

Je regardai Mossman à la dérobée dans son coin et décidai qu'il se trouvait assez loin pour que je puisse parler sans qu'il m'entendît. Je baissai néanmoins la voix et murmurai presque :

— Les interrogatoires se déroulent-ils bien, monsieur Bailey ?

Il fit une grimace affligée et répondit sur le même ton :

— Jusqu'ici, personne n'a rien vu, mais ils ont tous leur petite idée quant à celui qui aurait commis le vol.

— Où se trouve l'agent Patley ?

— Au-dehors. Il a préféré me laisser conduire les interrogatoires.

Et comme si ma question avait sollicité sa présence, M. Patley entra par la porte de service restée ouverte. Il tenait une lanterne à la main et son visage était empreint d'une infinie gravité ; ses yeux, en dépit de leur froideur, semblaient étinceler de colère. Je ne l'aurais même jamais imaginé dans un tel état. Il ne dit rien mais balaya la pièce de son regard.

Il s'exprima enfin :

— J'ai qu'ê'qu' chose à vous montrer.

M. Bailey et moi échangeâmes des regards consternés ; le brigadier se leva et nous gagnâmes tous deux la porte, suivis par M. Mossman.

— Pas vous ! lança le sergent Patley avec rudesse au porteur. Vous restez ici.

Mossman obéit. Nous emboîtâmes le pas à M. Patley et gravîmes l'escalier, pour arriver dans le jardin de derrière. Je l'avais peu remarqué auparavant, mais l'endroit était couvert d'épais buissons et de plantes qui offraient déjà leur floraison printanière. Il nous mena hors de l'allée dans un coin qui, même sous la pleine lune, paraissait plus sombre et moins à ciel ouvert que le reste. Nous nous appuyâmes contre les buissons. Les branches revinrent brusquement nous fouetter cuisses et chevilles.

— Encore un peu, dit M. Patley. Sous c't arbre, là d'vant.

Et nous découvrîmes enfin ce pourquoi on nous avait conduits jusque-là. Sous ledit arbre, presque obscurci par le taillis à sa base, gisait une forme humaine, un corps de femme vêtu d'un jupon.

M. Patley s'agenouilla, écarta le buisson, et baissa sa lanterne, afin que nous puissions voir le visage. Ce fut celui de Jenny Crocker que nous aperçûmes : blême, dépourvu de toute vie, la couleur de la mort. Ses yeux étaient ouverts. Elle semblait nous fixer de son regard glacial, comme pour nous accuser de cet acte violent. Sous son menton on distinguait la blessure sanguinolente qui l'avait arrachée à la vie. Sa gorge était tranchée de part en part.

CHAPITRE X

Où sir John et M. Zondervan finissent par se rencontrer

La découverte du cadavre de Crocker créa un véritable tumulte au cœur de l'enquête. Devait-on la déplacer ? M. Patley souhaitait à tout prix « la débarrasser de ces saletés » et porter la dépouille à l'office. J'insistai pour qu'on la laissât sur place, car c'est ainsi que sir John procéderait. L'agent Patley répliqua que l'abandonner reviendrait à manquer de respect envers la défunte, et M. Bailey dut se ranger de mon côté pour que j'obtienne gain de cause. Dans les derniers propos que je les entendis échanger, M. Patley jurait solennellement qu'il attraperait « le fils de catin » qui avait fait cela, « pour le conduire tout droit en enfer ! ». La réponse de M. Bailey m'échappa cependant, car, lorsque je descendis en trombe l'escalier, je manquai trébucher sur M. Mossman, avant de heurter la cuisinière et me cogner la tête avec une femme blonde en mules et robe de chambre, que je tins pour être Hulda, la caméristé hollandaise.

— Vous tous, à l'intérieur ! fis-je avec toute l'autorité que je pus rassembler.

— Qu'est-ce qui s' passe ? demanda la cuisinière.

— Qu'est-ce qu'ils ont trouvé ? s'enquit presque en même temps le portefaix.

La Batave ne souffla mot et se contenta de me dévisager d'un air suspicieux.

— On répondra bientôt à toutes vos questions, dis-je, mais je dois vous demander de rentrer dans la cuisine.

Ils reculèrent contre leur gré, hormis Hulda. Elle me lorgna de haut en bas et n'apprécia guère ce qu'elle vit.

— Qui es-tu donc pour nous dire ce qu'il faut faire? répliqua-t-elle. Tu n'es qu'un garçon.

— C'est fort possible, lui répondis-je, mais je parle au nom de sir John Fielding et suis sous ses ordres. Si vous souhaitez passez la nuit dans votre lit plutôt que sur le sol glacial de la geôle du 4 Bow Street, afin qu'il puisse vous questionner demain comme bon lui semble, alors je vous conseillerai d'agir selon ses vœux... et selon ce qu'il m'aura demandé de vous dire.

Elle ne regimba point, mais me considéra d'un œil critique, puis regagna l'office.

Je marchai sur ses brisées, refermai l'huis derrière nous, et gagnai les marches menant au rez-de-chaussée.

— Gardez-la ici, dis-je à la cuisinière et au porteur. Sir John ne va pas tarder à descendre.

Et je les quittai ainsi.

De retour dans la bibliothèque, je constatai que l'interrogatoire avançait. Mme Trezavant énumérait, décrivait, et évaluait chaque bijou de sa collection, sans conteste sur la requête de sir John. Qu'il le lui eût demandé ou non, il parut fort las de cet inventaire. Désormais assis, il remuait la tête à hue et à dia, de haut en bas... selon un exercice dont il faisait parfois usage afin de tenir le sommeil en échec; M. Johnson, menton sur la poitrine, y avait à l'évidence déjà succombé.

J'allai tout droit vers le magistrat, sans prendre la peine de marcher sur la pointe des pieds ou à pas feutrés. Il se tourna dans ma direction, tandis que Mme Trezavant levait la tête, agacée, et cessait de parler.

— Oui, Jeremy, qu'est-ce donc?

Je me penchai à son oreille et lui chuchotai la nouvelle, certes sans grand luxe de détails, mais fidèle aux événements qui s'étaient déroulés. Il hocha la tête en guise d'acquiescement et se leva.

— Monsieur et madame Trezavant, j'ai le regret de devoir vous quitter, car certaines affaires m'appellent au sous-sol.

— Que pourriez-vous donc apprendre de nos domestiques que vous ne pouvez savoir auprès de nous? demanda-t-elle.

— Beaucoup, je le crains. Vous ignoriez, j'en suis sûr, qu'un cadavre gisait dans votre jardin de derrière.

— Comment cela? Comment cela? Un cadavre? s'écria M. Johnson, soudain éveillé et se levant d'un bond avec une surprenante agilité.

— C'est exact, monsieur, dit sir John à son compagnon. Désirez-vous nous accompagner?

— Mais certainement, allons-y de ce pas, répliqua le lexicographe, enthousiaste.

— Absolument, et nous vous suivrons, intervint M. Trezavant. Nous devons savoir qui est mort.

— Oh, je ne pense pas, dit sir John. Vous le découvrirez assez tôt. Et je sais par expérience que les domestiques sont bien plus enclins à s'exprimer librement en l'absence de leurs maîtres.

— Puis-je vous rappeler, monsieur, que ce sont *nos* domestiques?

— Je n'en disconviens pas, monsieur Trezavant, mais si vous insistez pour vous interposer de la sorte, alors vous me contraindrez à les emmener l'un après l'autre à Bow Street, afin que je puisse leur causer en privé. Ce qui perturberait votre maisonnée, tout en s'avérant ennuyeux pour moi.

Il s'interrompit un instant, puis ajouta :

— Je vous en prie, monsieur, accédez à ma requête par pure complaisance.

Il s'ensuivit un long silence. Mari et femme échangèrent des regards, puis il répondit enfin à la supplique du magistrat :

— Eh bien, vous l'emportez sur moi, monsieur, comme souvent dans le passé. Allez-vous avoir encore besoin de nous?

— Je ne pense pas.

— Alors Mme Trezavant et moi nous retirons. Bonne nuit à vous.

À ces mots, nous quittâmes aussi la pièce. J'ouvris la marche avec sir John à mon côté, sa main à peine posée sur mon avant-bras. Samuel Johnson nous suivit de près ; nous nous trouvions, je le crains, encore à portée de voix, lorsque ce dernier s'avança et, dans un murmure un peu trop fort, déclara :

— Bien joué, monsieur, bien joué !

Quand nous parvînmes à l'office, il fut décidé de m'envoyer quérir M. Donnelly, le médecin, et de prendre les dispositions pour qu'un haquet transportât la dépouille de Crocker à son cabinet.

— Ne souhaitez-vous point que j'inspecte les lieux autour du corps et vous décrive son état ?

— Non, répondit sir John dans un soupir, nul doute que vous trois avez d'ores et déjà foulé aux pieds les alentours. Quant à la description du cadavre, peut-être m'en remettrai-je à M. Johnson. On dit qu'il a de grandes facultés d'observation, et puisqu'il nous accompagne, autant qu'il paie ainsi son écot.

Il interpella alors notre invité, lequel était à la traîne dans l'escalier.

— Je présume que vous m'avez entendu, monsieur ?

— Oh, certes, et je vous assure que je suis prêt à faire tout ce qu'on pourra me demander.

L'affaire étant arrangée, je confiai le magistrat aux bons soins de M. Bailey et m'apprêtai à partir. Comme je faisais mes adieux, sir John me saisit par le poignet et m'attira à lui.

— Jeremy, dit-il, la jeune fille qui est étendue morte dans le jardin, c'est bien celle avec qui tu es allé en baguenaude dimanche dernier, n'est-ce pas ?

— En effet, monsieur.

— Ma foi, j'ignore si elle te plaisait comme cela arrive souvent aux garçons de ton âge, mais peut-être t'attiraitelle. Le cas échéant, si tu éprouves un sentiment de perte, sache que tu as toute ma compassion.

— Oui, monsieur, répondis-je, docile. Merci, monsieur.

J'étais si troublé par ces paroles d'au revoir que je les ruminai tout le long du trajet jusqu'au cabinet de M. Donnelly. Qu'éprouvais-je à l'endroit de Jenny Crocker ? M'avait-elle plu comme Annie paraissait plaire à tous les gars de Covent Garden ? Peut-être, car notre conversation avait abordé des questions intimes dont je n'avais jamais débattu avec la moindre femme ; ce qui, je l'admets, m'avait alors émoustillé quelque peu... voire plus qu'émoustillé. Qu'elle fût séduisante, avec sa beauté empreinte de coquetterie, cela ne faisait aucun doute. Elle s'avérait sémillante et d'un commerce agréable. Mais nous nous étions quittés en mauvais termes... pourquoi donc ? Je me rappelai qu'elle s'était offensée de mes questions, lesquelles avaient trait au cambriolage ; des questions somme toute banales, me semblait-il. Il y avait pourtant autre chose, non ? Elle voulait de moi quelque chose que j'étais incapable de lui offrir... et je ne pouvais saisir de quoi il s'agissait. Peut-être étais-je par trop borné ou n'avais-je tout bonnement pas assez d'expérience pour lire dans ses pensées.

En fait, je méditais encore sur le sujet après mon arrivée au cabinet de Drury Lane. En l'occurrence, M. Donnelly n'y était point quand je frappai à sa porte. Je n'eus d'autre choix que de l'attendre sur les marches de son perron et de songer encore à Jenny Crocker.

M'étais-je montré sans cœur envers elle ? Je ne le croyais pas, bien que son opinion eût fort bien pu diverger de la mienne. Étais-je navré de la tournure fatale qu'avait pris son destin ? Bien sûr, mais j'éprouvais de la tristesse comme tout un chacun, face au corps inerte d'une personne que la mort avait emportée aussi jeune. Et mourir d'une manière aussi sordide ! *Pourquoi* l'avait-on assassinée ? Que faisait-elle donc en jupon, là-bas dans le jardin ? Éprouvais-je un sentiment de perte, comme sir John l'avait suggéré ? Non, juste de l'incompréhension.

Tandis que je me posais semblables questions et tentais d'y voir clair, afin de résoudre l'énigme entourant le décès de Crocker, mes yeux perçurent l'étrange animation qui s'offrait à moi dans Drury Lane. Bien que le théâtre (de l'autre côté de la rue, à main droite) se fût vidé de son public un peu plus tôt, nombre de piétons grouillaient sur les trottoirs. La plupart donnaient l'impression d'être de simples promeneurs, cheminant avec désinvolture de haut en bas de la rue. Cependant, pour moi qui vivais depuis des années tout près de Covent Garden, je savais fort bien qu'en dépit de leur air si insouciant ce n'étaient qu'une bande d'escrocs, souteneurs, catins, et autres voleurs à la tire en maraude nocturne et à la recherche de pauvres bougres qui constituaient autant de proies faciles. D'un soir à l'autre, les mêmes visages réapparaissaient ; nombre d'entre eux, hommes et femmes, avaient passé une nuit dans la chambre de sûreté du 4 Bow Street.

Et, tandis que ce petit monde flânait et allait l'amble, les sabots et fers des montures martelaient les pavés. Fiacres et voitures privées, avec des attelages de deux ou quatre chevaux, caracolaient le long du chemin. J'étais comme hypnotisé par le tableau. Je continuai à regarder en patientant. Et au fur et à mesure, ma tête commença à se pencher, mes paupières à s'affaisser. J'aurais pu m'endormir ainsi, sur le pas de la porte de M. Donnelly (et l'on m'aurait dérobé jusqu'à mon dernier farthing[1] pendant mon sommeil), mais par chance le médecin choisit le moment où j'allais choir dans les bras de Morphée pour s'en revenir.

Et croyez-moi, cher lecteur, il s'en revint non sans panache. Il n'arriva pas dans quelque fiacre commun mais dans un carrosse de quatre chevaux peint en noir et

1. Quart de penny. *(N.d.T.)*

pourvu d'une sorte d'emblème orange sur la portière. Ainsi, je ne pus être certain que M. Donnelly l'occupait qu'au moment où le valet de pied fit le tour de la voiture et vint lui ouvrir. Et malgré cela, seule une jambe apparut. Comme je n'avais jamais prêté une attention particulière à la forme de celles de M. Donnelly, je n'étais guère plus avancé. Je reconnus pourtant sa voix qui me parvint par la portière ouverte. Je ne saurais dire les paroles qu'il prononça, mais je connaissais fort bien le rire qui les accompagna. En revanche, à qui appartenait donc cette autre voix retentissante à l'intérieur de la voiture ? Je n'en avais jamais entendu de telle qui l'égalât en volume comme en hilarité. Semblable rire eût fait sourire une personne endeuillée ou déridé un juge écossais d'aspect revêche.

Je me levai pour manifester ma présence et m'avançai, afin d'entrevoir le compagnon de M. Donnelly. Je ne pus en l'espèce que l'entr'apercevoir, car M. Donnelly finissait de faire ses adieux et mettait pied à terre, comme j'arrivais assez près pour jeter un coup d'œil à l'intérieur ; et le valet de pied ferma la portière dans un claquement.

— Jeremy ! s'exclama-t-il. Est-ce toi ? Quelles nouvelles m'apportes-tu ? Rien de néfaste, j'espère.

— Ah, ma foi, un cadavre à examiner, je le crains. Nous devons nous rendre à la résidence des Trezavant dans Little Jermyn Street.

— La résidence des Trezavant ? Est-ce mon employeur que l'on a assassiné ?

— Non, monsieur... un des domestiques, plutôt.

— Eh bien, laisse-moi juste un instant. Je vais au premier quérir ma trousse.

À ces mots, il disparut dans la bâtisse. Je l'entendis monter l'escalier quatre à quatre et, guère plus d'une minute après, il le descendait en trombe.

Comme je l'ai décrite plus tôt, Drury Lane était si animée à cette heure que nous n'eûmes guère de mal à trouver un fiacre disponible. Nous étions donc en route vers l'écurie de chevaux de louage, où je pourrais éventuellement affréter un tombereau et son roulier, avant de regagner Little Jermyn Street.

Une fois dans la voiture qui nous cahotait de-ci de-là, M. Donnelly me fit observer que nous devions à la bonne fortune le fait qu'il fût rentré chez lui si tôt.

— La bonne fortune de qui donc? répliquai-je d'un ton railleur.

— La tienne, voyons, si tu étais décidé à attendre, et la mienne, puisqu'on m'a offert la possibilité d'échapper à un dîner des plus ennuyeux.

— Oh? Chez qui se déroulait-il donc?

— Chez lord Mansfield.

— Vraiment? J'avais toujours cru que le président de la Haute Cour de justice était tout sauf un morne causeur... grossier, peut-être, voire dictatorial à l'occasion, mais jamais lassant.

— Oh, je sais, dit le médecin, mais il avait lancé les invitations voilà un mois, et depuis lors il a pris en charge cette maudite affaire Somerset, dont tout Londres fait des gorges chaudes. Tout Londres, à l'exception de lord Mansfield.

— Je ne vous suis guère, avouai-je.

— Eh bien, puisqu'il préside les débats, et comme le procès est toujours en cours il se refuse absolument à en causer, pas plus qu'il ne permettrait qu'on en devise à sa table.

— Mais monsieur Donnelly, c'est tout à fait courant!

— Ma foi, je sais, mais l'affaire Somerset, c'est le sujet dont tous ses invités désiraient parler. N'aurait-il pu atténuer ses réserves, ne fût-ce que pour une soirée?

— Je ne pense pas. C'eût été peu convenable.

— Eh bien, peut-être, répondit-il, l'exaspération qu'il avait ressentie prêtant un certain ton à sa voix, mais à vrai dire, nous étions une bonne vingtaine de convives et tu n'as pas idée de la manière pitoyable avec laquelle nous tentâmes de trouver des sujets de discussion. La soirée eût été un échec total, s'il n'y avait pas eu ce Hollandais.

— Hollandais ?

— En effet, dit-il. Il s'appelle Zondervan. Il a commencé par nous conter les anecdotes les plus gaies et les plus drôles que j'aie jamais entendues. Nous devions nous imaginer en ce lieu — sans doute de sa propre invention — aux Pays-Bas. Oh, comment s'appelait-il, déjà ? Dingendam, ou quelque chose dans ce goût-là. Mais il narrait les histoires et en jouait tous les rôles, même les femmes. Oh, il parvenait fort bien à les imiter, le tout avec une voix de fausset. Dieu du Ciel, cet homme était si divertissant !

(C'étaient de véritables louanges, puisqu'elles émanaient de M. Donnelly, car il se révélait lui-même l'un des individus les plus distrayants que j'aie jamais connus à une tablée. Nombreuses avaient été les soirées où nous nous étions tordus de rire, grâce à ses propres histoires de Dublin, de Vienne, et de la marine royale.)

Nous nous approchions de l'écurie, mais je tenais à poursuivre sur ce sujet, afin d'obtenir ma réponse le plus vite possible.

— Monsieur Donnelly, repris-je, ce nom, Zondervan, est assez courant parmi les Hollandais ?

Il prit le temps de réfléchir, puis répondit :

— Ma foi oui, sans doute. J'en ai connu quelques-uns à mon époque : un à Vienne, un autre à New York — qu'on appelait alors New Amsterdam, le savais-tu ? Elle appartenait jadis aux Hollandais. Tu savais cela, Jeremy ?

— Euh, oui monsieur, certes, mais...

— Pourquoi posais-tu cette question ?

— Eh bien, j'ai moi-même entendu ce nom au cours de mes investigations dans St. James Street. Serait-ce le même M. Zondervan ?

— Oh, je gage que oui ! En fait, c'est lui qui m'a raccompagné chez moi.

— L'homme qui riait si fort ?

— Il possède assurément un gros rire éclatant, n'est-ce pas ? Lorsqu'il s'est levé de la table de lord Mansfield et a annoncé qu'il devait s'en aller aux entrepôts pour vérifier le manifeste d'un bateau arrivé aujourd'hui, j'ai à mon tour présenté mes excuses, en disant que je devais me rendre au chevet d'un de mes patients, à St. Bart. On nous a donc laissés nous éclipser ensemble. Il a proposé de me déposer à Drury Lane, en affirmant que c'était sur son trajet, puis n'a cessé de me faire rire en chemin avec une autre histoire de ces idiots de Dingendam.

— Il est donc négociant ?

— Oh oui et fort prospère de surcroît, j'en suis sûr. Et il doit bel et bien s'agir du même individu, car je me souviens à présent qu'il a déclaré résider dans St. James Street.

Notre fiacre s'arrêta. Un coup d'œil par la vitre m'assura que nous étions parvenus à l'écurie. J'ouvris la portière et promis au médecin que je n'en aurais que pour quelques instants. Et il s'avéra que la location du haquet, de l'attelage et du roulier me prit moins de cinq minutes en tout.

Les événements qui survinrent pendant le reste de cette longue soirée ne méritent guère d'être décrits. Malgré tout, il me sembla avoir vécu maintes fois cette expérience durant mes années auprès de sir John Fielding. L'interrogatoire, que le magistrat fit passer à la femme de chambre de Mme Trezavant, Hulda, ne nous apprit rien de concluant. Tout ce qui ressortit de l'examen préliminaire de M. Donnelly sur le cadavre de Crocker, c'était qu'on ne l'avait point assassinée à l'endroit où elle gisait, sous l'arbre, mais qu'on l'avait traînée jusque-là depuis un lieu plus proche de la maison. La lanterne de M. Patley fit apparaître du sang dans l'allée, non loin de la porte de service. Lorsque le tombereau arriva de l'écurie de louage, l'agent Patley et moi portâmes le corps de Crocker à l'avant de la demeure et le plaçâmes dans le véhicule. J'eus l'impression qu'à chacun de ses pas, le sergent marmonnait quelque nouvelle insulte ou menace dans sa barbe, à l'endroit de ceux qui avaient accompli cet acte funeste. Le roulier recouvrit la silhouette de la jeune fille à l'aide d'une toile et s'apprêta à partir. M. Donnelly grimpa à ses côtés et ils se mirent en route pour son cabinet de Drury Lane, où il pourrait se livrer à une autopsie. Ce ne fut qu'à ce moment-là que notre groupe, lequel comprenait aussi les deux sergents et M. Johnson, quitta la résidence des Trezavant et s'aventura dans la rue en quête d'un fiacre. La soirée s'achevait enfin. J'étais si las de cette longue journée et des nombreuses nuits récentes où j'avais peu dormi qu'une fois dans ma petite mansarde je parvins à peine à ôter mes souliers, avant de m'effondrer sur le lit et glisser aussitôt dans un profond sommeil.

Et ce fut ainsi, cher docteur, qu'Annie me découvrit le lendemain matin. Elle me réveilla en me secouant. Mais je refis surface de bien mauvaise grâce, en sortant d'un sommeil sans songes, comme d'un étang sombre et profond, au creux d'une forêt. Je m'assis dans mon lit, le souffle coupé, et fis de mon mieux pour m'acclimater à cet état de veille dans lequel on m'avait placé sans ménagement.

— Quoi... Qu'est-ce que... Je...

Je ne puis que conjecturer sur ce que je tentai alors de lui dire, mais il m'est avis que cela avait trait à l'heure tardive. Les deux fenêtres diffusaient suffisamment de lumière pour que je comprenne enfin que j'avais dormi plus que de coutume. L'usage voulait que je me lève le premier dans la maisonnée, car il m'incombait d'allumer le feu, afin qu'Annie pût jouir à son lever d'une belle flambée pour préparer le déjeuner. Il en était ainsi avant même qu'elle ne nous rejoignît dans la maison... à savoir depuis l'époque où Mme Gredge régnait sur la cuisine. Et pendant toutes ces années — près de quatre, à présent — je pouvais compter sur les doigts d'une seule main les fois où j'avais dormi au-delà de l'heure habituelle (et manqué ainsi à ma besogne). C'était, je crois, la troisième.

— Allons, réveille-toi, Jeremy, je t'en prie, insista Annie.

— Je... je suis réveillé maintenant, répondis-je. C'est vrai. Je vais t'allumer un feu en un tournemain.

Je lançai mes jambes hors du lit et me mis debout de toute ma hauteur, comme pour lui prouver que j'étais capable de faire ce qu'on me demandait.

— Ne sois pas niais, je l'ai allumé. Je suis tout à fait apte à le faire toute seule. Mais je dois te causer, à présent... pendant que c'est encore calme et que tout le monde dort.

— Ah ! fis-je, un peu dérouté, c'est bien.

Suivant ses instructions, je ramassai mes souliers et ne les enfilai pas mais les gardai en main, comme je descendais l'escalier sur la pointe des pieds, uniquement chaussé de mes bas. Lorsque j'arrivai à l'office, je découvris que le feu se consumait à merveille et que la bouilloire fumait.

— Veux-tu une tasse de thé, Jeremy ?

— Oui, volontiers.

Puis, tout en inspectant la table, alors qu'elle versait l'eau bouillante dans la théière en porcelaine, je vis qu'elle avait aussi cuit des scones.

— Tu es debout depuis plus d'une heure, n'est-ce pas ? m'enquis-je. Des scones pour le déjeuner ? Que nous vaut cet honneur, Annie ?

— Ah, ma foi, j'ai pensé vous offrir de quoi vous souvenir de moi.

— Nous souvenir de toi ? Je ne comprends pas.

— Je m'en vais, Jeremy. Ce sera mon dernier jour ici, au 4 Bow Street.

Je la regardai alors, scrutai son visage. Je vis qu'elle ne badinait point.

— Mais pourquoi ? Quelle est ta raison ?

— Oh, dit-elle un peu tristement. Je pense que tu la connais bien... ou sinon tu peux la deviner.

— Tu veux parler de cette affaire avec M. Burnham ? Enfin, Annie, ce n'est rien, rien du tout. Seuls Clarissa et moi en avons eu connaissance, et tu sais que nous sommes tes amis. Nous n'irions rien dévoiler de ton embarras.

— C'est exactement ce qu'a dit Clarissa... et presque mot pour mot.

— Alors tu en as devisé avec elle ?

En guise de réponse, elle hocha la tête, mais une pensée terrible me traversa soudain l'esprit :

— Tu n'es pas... (Comment formuler cela ?) Tu n'es pas...

— Non, je ne suis pas enceinte, dit-elle. Et M. Burnham s'est toujours conduit en gentleman à mon égard. Jeremy, j'y ai beaucoup réfléchi — ainsi qu'à cette fâcheuse histoire avec Tom Durham, voilà quelques années —, et il me semble que ces deux fois, quand je me suis ridiculisée, c'était moi, et personne d'autre, qui étais à blâmer.

— Eh bien, je vois où tu veux en venir, mais...

Elle m'interrompit :

— Laisse-moi te conter une histoire. Quand j'avais douze ans, dans le Kent, et que ma mère allait céder à ma requête et me placer dans une maison, à Londres, elle m'a prise à part et m'a déclaré : « Ma fille, permets-moi de te montrer la face de la seule personne qui puisse t'attirer des ennuis. » Elle a ensuite brandi le miroir qu'elle cachait derrière son dos pour le placer devant moi. Et bien sûr, c'est mon visage que j'ai vu.

— Certes, convins-je, je crois percevoir le sens de son geste. Elle a dû vouloir dire que...

Annie leva la main et me fit taire.

— Mais elle n'en avait pas fini, car elle a dit alors : « Maintenant, laisse-moi te montrer la face de la seule personne qui puisse te tirer du pétrin. » Et elle a placé derechef le miroir devant moi, et j'y ai de nouveau vu mon visage.

Elle marqua une pause, afin que je puisse mieux saisir le sens de son anecdote. Elle prit même le temps de me verser une tasse de thé. Puis elle reprit enfin :

— Pendant des années, j'ai cru qu'elle me disait qu'elle se laverait les mains de mes actes, dès lors que je l'aurais quittée. Mais ce n'était pas cela, pas vraiment. Elle voulait dire qu'après mon départ elle ne pourrait guère agir pour moi, j'étais la seule à pouvoir me maîtriser et à être responsable de mes actes. Ma foi, pendant mes premières années, comme tu le sais, je n'ai guère été responsable et ne me suis pas trop contrôlée non plus. J'espérais sans cesse que quelqu'un viendrait à ma rescousse. J'ai cru d'abord que ce serait Tom Durham, puis j'ai songé que ce serait M. Burnham. Mais non, je suis la seule à pouvoir le faire... et, que Dieu m'en soit témoin, je vais m'y efforcer. Je vais me sauver moi-même.

C'étaient des paroles pleines de courage, mais elle était une jeune fille vaillante. Je la connaissais depuis assez longtemps pour l'attester. Toutefois, cela n'atténuait en rien mes inquiétudes.

— Comment as-tu l'intention d'agir pour ta propre sauvegarde ? demandai-je.

— Oh, j'ai un plan. Mais je préfère simplement ne pas en parler pour l'instant.

— Il te faudra de l'argent, n'est-ce pas ? Peut-être pourrais-je en rassembler un peu pour toi si...

Et elle me coupa de nouveau la parole, en riant cette fois :

— Jeremy, tu es bien trop bon. Mais non, je n'en aurai pas besoin, pas pendant un certain temps. Hier, en fin de journée, quand j'ai eu l'occasion de songer à tout cela, je suis descendue visiter sir John et je lui ai dit que je m'en irais. C'est... ça m'a fait du bien de lui causer. Il m'a donné un peu d'argent pour chaque année de travail ici. Il m'a aussi promis un excellent certificat... « Le meilleur qui soit », a-t-il déclaré.

— J'ai l'impression d'être le dernier au courant, commentai-je.

— Oh, mais ce n'était pas mon intention. De tout le monde, c'est toi qui m'as aidée plus de fois que je ne saurais en dénombrer. Tu m'as fait venir céans et as convaincu lady Katherine que je m'y entendais en cuisine, alors même que tu n'en savais rien toi-même. Et pendant tout le temps que je suis restée ici, tu as été comme un frère. Et... et... c'est grâce à toi si j'ai appris à lire et à écrire.

— J'étais incapable de t'instruire.

— Non, mais tu as veillé à me diriger vers celui qui savait.

Nous cessâmes alors de parler... marquâmes une pause l'espace de quelques instants. Puis nous nous dévisageâmes avec tristesse, mais toujours sans souffler mot, jusqu'à ce qu'Annie fît le tour de la table et me prît dans ses bras, posant sa joue contre la mienne.

— Tu vas me manquer terriblement, me confia-t-elle.

— Eh bien, certes, tu vas me manquer aussi, répondis-je, en particulier à l'heure des repas.

Elle éclata de rire, comme je l'avais espéré.

— Mais écoute, Annie, poursuivis-je, ta mère m'a l'air d'une femme fort judicieuse. Pourquoi ne vas-tu point lui rendre visite et lui demander conseil ? Même les personnes responsables en demandent parfois. Je serais ravi de t'offrir le voyage en diligence. De la sorte, tu pourrais conserver pour plus tard ce que t'a donné sir John.

— Ah, c'est très gentil de ta part, mais ne te l'ai-je jamais dit ? Ma mère est décédée la même année où je suis venue à Londres. Emportée par une tumeur. Je pense qu'elle devait savoir qu'elle n'avait plus guère de temps à vivre, lorsque je m'en suis allée.

— Oh... non, je l'ignorais.

Elle se recula alors dans un soupir.

— Je dois préparer mes bagages, dit-elle, avant de tourner les talons.

Puis, comme si elle se rappelait quelque chose, elle revint vers moi.

— Jeremy, encore un détail.

— Et quel est-il ?

— Clarissa.

— Qu'en est-il d'elle ?

— Tu devrais essayer d'être plus chaleureux avec elle. Elle te voue une véritable admiration.

— C'est ce qu'on m'a dit... encore qu'elle ait une curieuse manière de la témoigner, si j'ose dire.

— Oh, c'est juste sa manière à elle ! N'y prête pas attention.

— Alors à quoi suis-je censé prêter attention ?

— À elle, à son bon sens. Il y a certaines filles, tu sais, qui souhaitent être connues pour leur esprit et non pour leur minois. Elle en fait partie.

— Je m'en souviendrai.

Elle agita un index menaçant :

— Tâche de t'en souvenir, dit-elle et elle me quitta en riant.

Plus tard, dans la matinée, quand toute le monde eut déjeuné et vaqué à ses occupations, je m'en revins avec un présent d'adieu pour Annie. Il s'agissait d'un recueil de poésie d'Elizabeth Rowe, l'une des poétesses qu'elle admirait le plus, semblait-il ; je l'avais sauvé du rebut, devant une librairie, juste à l'est de Grub Street.

En entrant dans la cuisine, je regardai alentour mais ne la vis point, pas plus qu'elle ne répondit à l'appel que je lançai. Par acquit de conscience, je montai l'escalier au trot et allai jusqu'à la chambre qu'elle partageait avec Clarissa. On avait ôté les draps de son lit et les couvertures étaient empilées au pied de celui-ci ; les portes de la garde-robe étaient béantes et celle-ci à demi vidée. Je compris qu'Annie était bel et bien partie.

La course qui m'avait conduit aux abords de Grub Street m'entraîna à la Tour de Londres et à l'état-major du régiment des carabiniers du roi. Je n'avais pas visité la Tour si souvent, au point d'être habitué aux exercices militaires se déroulant dans ses murs. Et comme les carabiniers constituaient une troupe à cheval, je fus captivé par la maestria avec laquelle ils montaient sur la place d'armes. Les membres quadrupèdes du régiment se révélaient à tout le moins aussi aguerris que les autres : ils allaient au pas en formation, puis au petit galop, tournoyaient à hue et à dia. J'aurais pu les guigner bouche bée toute la matinée durant, mais je devais me rendre à certains endroits et j'avais des tâches à accomplir.

Je me dirigeai tout droit à l'état-major, tel qu'on m'en avait instruit. Une fois sur place, je demandai à voir le colonel, mais on me rabattit sur l'un de ses adjoints. Ce dernier, un certain lieutenant Tabor, me rappelait un peu le lieutenant Thomas Churchill, de la Garde, avec lequel sir John avait eu maille à partir dans le passé ; Tabor et Churchill présentaient tous deux les mêmes joues roses et rebondies, la même arrogance. L'officier adjoint m'arracha la missive des mains avec une rudesse inutile, lorsque je la lui tendis, et la déchira aussitôt en brisant du même coup le sceau. Son regard parcourut la page à la hâte. Je n'avais aucune idée du contenu de la lettre, car M. Marsden l'avait rédigée sous la dictée du magistrat. Je me surpris à songer que le lieutenant lisait mal et que je pourrais peut-être l'aider à comprendre les mots qu'il déchiffrait en marmottant à part lui. Hélas non : il était aussi chevronné et silencieux que quiconque... et lisait mieux que la plupart.

Lorsqu'il releva les yeux et se mit à parler, ce fut comme s'il dictait une réponse et attendait de moi que je joue le rôle de scribe.

— Tu peux dire à ton magistrat que nous sommes conscients de la situation. Le colonel offre sa garantie que le petit détachement que ton sir John sollicite sera présent au lieu et à l'heure qu'il souhaite. J'en assurerai moi-même le commandement.

Tout cela m'intéressait au plus haut point. J'espérais grandement pouvoir récupérer le message, afin de découvrir quel sorte de détachement sir John avait demandé et à quelle fin.

— Lieutenant, répondis-je, il y a, je crois, de la place au bas de la lettre pour que vous rédigiez votre réponse. Voulez-vous bien vous en charger, monsieur ?

— En aucun cas. Il y aura bientôt un dossier ouvert au sujet de cette affaire, si le grand prévôt ne l'a pas déjà fait. J'aurai besoin de l'original, afin d'en rédiger des copies.

Il me décocha ensuite un regard dubitatif.

— Mais peut-être auras-tu quelque peine à te rappeler la réponse que je t'ai livrée. M'est avis que tu n'as pas l'air particulièrement éveillé.

Son nez semblait se plisser un brin, alors qu'il me considérait, comme s'il venait de remarquer à quel point j'avais l'air niais. Ce qui me contraria quelque peu. Je n'avais nulle envie de passer pour abruti aux yeux de quiconque.

— Je crois que je n'aurai aucune peine à le faire, repris-je.

Et, ce disant, je lui réitérai ce qu'il venait de formuler, mot pour mot.

— Oui, eh bien, cela ira, je suppose.

Il me regarda de haut en bas et ajouta :

— Tu peux disposer, à présent.

Ce que je fis — et avec joie —, en exécutant une volte-face avec la même maestria que tout soldat de son régiment, du moins à mes yeux. Je quittai son petit bureau à grandes enjambées et continuai du même pas jusqu'à ce que je franchisse la grille s'ouvrant sur Thames Street.

Ensuite, après avoir effectué mon détour vers Grub Street, où je dénichai l'ouvrage d'Elizabeth Rowe, je filai, aussi promptement que le permettaient ces rues sinueuses, vers Drury Lane et le cabinet de M. Donnelly. Bien que la matinée fût bien avancée, il n'y avait pas encore de patients dans la salle d'attente. Il m'ouvrit lui-même la porte et me reçut.

— Tu n'auras pas à patienter, me déclara-t-il. Je viens d'achever le rapport. Le garçon de l'apothicaire est allé quérir le fourgon mortuaire.

— Elle aura droit à un enterrement à l'église ?

— Sir John a dit qu'il demanderait à Trezavant de payer pour des funérailles dignes de ce nom, même s'il devait lui arracher l'argent.

— Trezavant peut tout de même se le permettre, dis-je.

— En vivant dans une telle demeure ? Bien sûr qu'il le peut !

Le médecin hésita, puis s'enquit :

— Voudrais-tu la voir ?

J'eus tôt fait de considérer la question.

— Non, je ne pense pas, répondis-je. Voyez-vous, monsieur, je la connaissais.

— C'est toute la différence, n'est-ce pas ? Mais... eh bien, laisse-moi une minute, le temps de t'apporter mon compte rendu.

Il m'abandonna alors et passa dans la pièce attenante. Il n'avait pas dû beaucoup dormir la veille au soir ; son autopsie et la rédaction de son rapport avaient dû lui prendre des heures. Il n'avait pas l'air de s'en trouver plus mal pour autant. Je me doutais que ses années de service en qualité de médecin de bord dans la marine royale l'avaient préparé à œuvrer dans les circonstances les plus malaisées. Il paraissait toujours disposer d'une ressource de vigueur dans laquelle il puisait en cas d'urgence. Et ce qui me surprenait encore davantage c'était sa remarquable bonne humeur constante.

Tandis qu'il sortait de la pièce voisine, j'entrevis une silhouette recouverte d'un drap, allongée sur la table d'examen. « Pauvre Jenny Crocker, songeai-je, la vie ne lui a point offert un vaste choix d'opportunités, et elle n'a pas vécu assez longtemps, ne fût-ce que pour saisir l'une d'entre elles. »

M. Donnelly agita le rapport dans ma direction.

— Il comprend tout ce que tu pourrais supposer, dit-il. Heure approximative du décès : dix heures du soir. Cause du décès : blessure profonde à la gorge, qui aura sectionné la veine jugulaire et l'artère carotide. On a sans doute assailli la victime par-derrière. Arme probable : un long couteau ou une épée de petite taille. Et ainsi de suite.

— Aura-t-elle beaucoup souffert ? questionnai-je.

— J'en doute. Le choc aura anéanti toute sensation. La mort n'a pas été instantanée, même si elle n'a pas tardé à survenir... non, elle n'a pas dû tarder. Cela n'en reste pas moins une atroce manière de mourir, surtout pour quelqu'un d'aussi jeune et d'aussi joli.

Je pris le rapport des mains de M. Donnelly, le remisai dans ma poche et m'apprêtai à partir. Il posa la main sur mon épaule et fit avec moi les quclques pas jusqu'à la porte donnant sur le couloir.

— Encore une chose, Jeremy. C'est dans le compte rendu, alors autant en faire mention.

— Oh ? Et de quoi s'agit-il, monsieur ?

— La jeune fille était enceinte... de moins de trois mois, je dirais, mais en tout cas enceinte.

Il me dévisagea avec curiosité, puis ajouta :

— Tu n'as pas... ? Tu n'es pas... ?

— Euh... non, monsieur, cela faisait une semaine à peine que je la connaissais.

— Ah, bien, alors dans ce cas...

— Oui, monsieur. Au revoir, monsieur.

Je m'en allai, en proie à un grand malaise.

Je rentrai donc au 4 Bow Street, constatai *de visu* qu'Annie était partie, puis me mis en quête de sir John dans son cabinet. Je lui annonçai que j'avais porté la missive à la Tour et lui narrai ce qui s'y était passé. D'une manière générale, il parut satisfait de savoir que le lieutenant rassemblerait un petit détachement de carabiniers à cheval, que ce dernier dirigerait lui-même.

— Il a donc donné son accord quant au moment et au lieu que j'ai stipulés ? s'enquit le magistrat.

— En effet, sir John.

— Eh bien, nous devons alors lui accorder toute notre confiance. Qu'as-tu d'autre pour moi ?

— Le rapport d'autopsie de M. Donnelly concernant Jenny Crocker.

À ces mots, sir John soupira si fort qu'on eût dit un gémissement.

— Lis-le-moi, ma foi. Autant prendre connaissance de ce qu'il peut nous révéler.

Je sortis le compte rendu de ma poche et me mis à le lire à haute voix, tandis que le magistrat, assis à son bureau, les mains jointes devant lui, me prêtait toute son attention. J'avais déjà été impressionné par les facultés de concision de M. Donnelly. Bien qu'ils fussent plus détaillés dans la description et la présentation, les points soulevés dans le rapport correspondaient peu ou prou à ceux qu'il avait abordés avec moi, lors de notre entretien dans son cabinet. Et comme tantôt, le dernier avait trait à la grossesse de Crocker.

Sir John remua sur son siège et se pencha en avant, m'indiquant à tout le moins que cette nouvelle information le captivait. Lorsque j'eus terminé, il s'adossa à son fauteuil et se frotta un peu le menton, comme il se concentrait.

— Eh bien, déclara-t-il enfin, c'est tout à fait intéressant. Voilà qui change la situation, n'est-ce pas ?

— Comment cela, monsieur ?

— Voyons, la femme célibataire qui se retrouve enceinte est, dans la plupart des cas, simplement la victime de celui qui l'a mise dans cet état. Il existe toutefois des exceptions. Lorsqu'elle est assez courageuse, elle peut chercher à obtenir de l'argent auprès du père pour elle-même et l'enfant qu'elle porte... ou auprès du père présumé. Elle le menace de tout divulguer s'il refuse de payer. Les hommes se trouvant en fâcheuse posture — mariés, membres du clergé, d'autres encore qui ne souhaitent pas un scandale pour une raison quelconque — sont particulièrement vulnérables.

— Mais, monsieur, il s'agit de chantage, ni plus ni moins !...

— Certes, Jeremy. Dans bien des cas, cependant, d'aucuns pourraient affirmer que c'est un chantage justifié, car, après tout, qui prendra soin de la mère célibataire et de son bébé, si elle ne le fait elle-même ?

— Malgré tout, monsieur...

— Malgré tout, c'est un parcours semé d'embûches. Tu te souviens que j'ai dit que la femme qui tentait pareille manœuvre devait être téméraire. C'est parce que l'homme victime de ce chantage dispose de trois manières d'agir.

— Oh ? Pas seulement deux ?

— Payer, tu veux dire, ou affronter la révélation ?

— Exact, monsieur.

— Non, il existe une troisième possibilité. Il y a toujours le risque que la future victime se retourne contre celle qui le fait chanter et la tue, ou la fasse assassiner.

— Croyez-vous que ce soit le cas, en l'occurrence ?

— Pas nécessairement. Je dis que c'est une probabilité que nous devons prendre en compte... une parmi d'autres. Mais permets-moi de te poser la question, Jeremy : penses-tu que cette jeune fille, cette Jenny Crocker, ait été capable de chantage ?

J'y accordai quelque réflexion, en songeant à la relation assez singulière qu'elle entretenait avec Arthur Robb, feu le majordome de la résidence des Trezavant. Mais après tout, me dis-je, l'écart était de taille entre ces petits jeux somme toute innocents et le chantage. Ayant ainsi médité, je livrai à sir John une réponse fort judicieuse :

— Peut-être.

— Ah, merci, Jeremy. *J'apprécie* les opinions bien tranchées.

— Euh... je...

— Peu importe. J'ai eu tort de te poser la question. Je ne souhaite pas te voir jeter la pierre à quelqu'un qui ne peut pas se défendre.

Comme je ne voulais pas achever notre entretien sur cette note plutôt acide, je me torturai l'esprit en quête d'une information qui pouvait l'intéresser, quelque futilité en rapport avec l'enquête en cours, mais la seule idée qui me vint c'est ce que M. Donnelly m'avait confié la veille au soir, au sujet de M. Zondervan, le négociant hollandais.

Je glissai la nouvelle avec désinvolture, car elle ne méritait guère mieux sans doute.

— Oh, à propos, sir John, dis-je en me levant pour partir, M. Donnelly vous a-t-il parlé de son dîner chez lord Mansfield et de la personne qu'il y a rencontrée ?

— Non, qui était-ce, dis-le-moi, je te prie ? répondit le magistrat, à l'évidence peu captivé. Quelque duc ou comte, je présume ?

— En aucun cas. Il s'agissait de ce Zondervan, qui réside dans St. James Street.

Le changement qui s'opéra en sir John fut aussi immédiat qu'impressionnant. Il se pencha en avant avec une telle vigueur qu'il parut presque bondir sur moi pardessus le bureau.

— Répète-moi cela, Jeremy. Zondervan se trouvait chez lord Mansfield, hier au soir ?

— En effet, monsieur, mais...

— Peut-être serait-il préférable que tu me narres toute l'histoire.

Puisque j'ignorais quelle partie l'intéressait le plus, je fus contraint d'obtempérer et de tout lui raconter, comme M. Donnelly l'avait fait avec moi.

Quand j'en eus fini, le magistrat réfléchit un long moment, sans piper mot, en tripotant un peu son alliance. Je me dis que je l'avais peut-être tant ennuyé avec ma narration maladroite que son esprit vagabondait vers des sujets plus engageants. Le cas échéant, je décidai qu'il valait mieux battre en retraite sans tarder.

— Ce sera tout, monsieur ? demandai-je.

— Pour le moment, oui, dit-il, mais j'aimerais rencontrer ton M. Zondervan. Il se pourrait qu'il ait des choses dignes d'intérêt à nous confier. Pourquoi ne pas passer chez lui et l'inviter ici, afin que je puisse lui causer ?

— Et s'il refuse de venir ou diffère le rendez-vous ?

— Alors tu dois agir comme tu l'as fait avec M. Burnham.

— Et qu'ai-je donc fait avec lui, monsieur ?

— Tu l'as persuadé.

Sans trop savoir comment m'y prendre et en proie à une certaine trépidation, je me présentai à la résidence de M. Zondervan tôt dans l'après-midi ; sir John avait demandé que je ramène l'individu à l'issue des audiences de ce jour-là. Qu'étais-je censé faire ? Comment allais-jc persuader notre homme ?

Je frappai à la porte à l'aide du gros heurtoir en forme de marteau, suspendu au milieu. Le majordome vint ouvrir, celui-là même qui m'avait accueilli par deux fois, quand j'étais venu chercher Collier. Il me regarda en plissant le front, non par hostilité, mais comme s'il réfléchissait. Tout à coup, il sourit en me reconnaissant.

— Je me souviens de toi, à présent, déclara-t-il. Tu es le jeune homme venu enquêter pour le compte du tribunal de Bow Street, n'est-ce pas ?

— En effet, répondis-je. Et j'ai besoin de parler à votre maître aujourd'hui.

— Mon maître ? Tu veux dire M. Zondervan ? Eh bien, il vient juste de s'en revenir de Hollande. Il n'était même pas présent au moment de ce cambriolage.

— Il y en a eu d'autres depuis, précisai-je, et, en tout cas je ne suis pas venu l'interroger, pas plus que je ne me permettrais de le faire.

— Oh, fit le majordome. C'est à quel sujet, alors ?

— J'ai une invitation pour lui.

— Donne-la-moi et je la lui transmettrai.

(Tous les maîtres d'hôtel agissent de même.)

— Je dois la lui présenter en personne.

— Oui... certes... en effet.

J'avais au moins réussi à le troubler.

— Entendu, reprit-il, entre donc et reste à la porte. Je m'en vais en informer M. Zondervan.

Je m'exécutai et le vis disparaître dans le long corridor central. Ce faisant, je constatai qu'une grande activité régnait dans la demeure. Des voix, des bruits de pas, même des coups de marteau et les grincements d'une scie résonnaient depuis le cœur de la maison. Cela provenait-il de l'étage ou du sous-sol, je n'aurais su le dire, en vérité.

Je n'attendis guère, car le majordome réapparut bientôt. Je ne sus à son expression si j'étais censé m'en aller ou me retrouver en l'éminente présence de son maître, car il arborait, selon moi, un visage de marbre. Il s'arrêta à quelque distance de ma personne.

— Si tu veux bien me suivre, je te prie.

Ce que je fis volontiers. Il avançait d'un bon pas, mais je n'eus aucune peine à le suivre. Restant un peu en retrait, j'eus tout loisir de regarder à droite et à gauche dans les pièces, à mesure que nous passions devant. Je ne sais trop comment l'exprimer, mais une atmosphère de départ, de changement subit semblait avoir envahi les lieux. Au début, rien ne semblait différent d'aspect, hormis les draps recouvrant les meubles damassés dans une des pièces. Mais dans une autre, je fus pour le moins stupéfait : il s'agissait de la salle où j'avais pu voir la collection de peintures de M. Zondervan. La porte était ouverte (ce qui, m'avait-on dit, demeurait fort rare) et la lumière de l'après-midi se répandait à profusion sur les murs qui se révélaient tout nus. La pièce qui, une semaine plus tôt, regorgeait encore de toiles s'en trouvait désormais dépourvue.

Était-ce possible ? Je désirais m'y arrêter et inspecter l'endroit de plus près, mais, bien sûr, je ne pouvais le faire. Je jetai un regard par-dessus l'épaule et comptai à la hâte les pièces que nous avions dépassées ; oui, c'est bien ce que je pensais, il y en avait trois de ce côté du couloir, et celle-ci était la quatrième, ce qui correspondait exactement au souvenir que j'en avais. Mais peut-être ma mémoire m'abusait-elle.

— Par ici, je te prie.

C'était le maître d'hôtel, debout devant la porte face à la galerie de peintures vide. Je l'avais devancé tout en passant les lieux en revue.

C'était fort embarrassant. Toutefois, j'étais décidé à tirer l'affaire au clair.

— Les toiles, murmurai-je au majordome, en désignant la pièce d'en face, que leur est-il arrivé ?

— On les a déplacées, répondit-il, le visage toujours aussi impénétrable. Le nettoyage de printemps, tu sais.

Puis, en inclinant à peine la tête, il m'indiqua la porte ouverte et j'entrai dans la pièce.

M. Zondervan ne ressemblait pas à l'image que je m'en faisais. M. Gabriel Donnelly m'avait dit combien l'homme s'avérait divertissant et j'avais entendu son grand rire éclatant, aussi je crois que je pensais trouver un Hollandais comme on en fait souvent la caricature ; à savoir quelqu'un de corpulent, hâbleur et jovial. Au lieu de cela, je découvris un homme mince, mesurant près de six pieds, et dont la physionomie rivalisait en grâce avec la prestance. Bref, il évoquait l'image à laquelle tout Anglais espère ressembler. Il se tenait près de la cheminée, le coude sur le linteau, et examinait un vase de porcelaine fine, qui, à mes yeux du moins, paraissait provenir de Chine. Il ressemblait fort à celui que Thomas Roundtree avait dérobé chez lord Mansfield et qui lui avait valu ensuite tant de vicissitudes.

M. Zondervan leva les yeux, me toisa, et me surprit par l'ample salut dont il me gratifia ; je ne pus que lui rendre la pareille.

— J'aime tes manières, jeune homme, prononça-t-il de façon assez distincte, bien qu'avec une pointe d'accent. Viens par ici et laisse-moi te montrer ce vase.

Je m'approchai (tout en observant que le majordome restait à l'entrée) et contemplai avec quelque intérêt l'objet entre les mains de M. Zondervan. Il me surprit une seconde fois en me le tendant.

— Sois prudent, bien entendu, dit-il, comme s'il m'eût donné un ordre. Tu es sans doute étonné par sa légèreté.

Et j'en pris soin en effet, mais son poids dérisoire ne m'étonna guère. À cet égard et à bien d'autres, c'était la réplique de celui qui appartenait à lord Mansfield. Seul différait le motif que le vase portait sur le côté. Si celui que j'avais en main représentait une patricienne qui exécutait un geste d'apaisement, l'autre, dans ma souvenance, montrait un dragon dans une posture inhabituelle : tête baissée, ses pattes squameuses étendues devant lui en une attitude d'obéissance. Nul doute qu'il illustrait quelque conte bien connu des Chinois.

— Oui, dis-je, c'est d'une merveilleuse légèreté. Mais sa beauté se révèle encore plus frappante.

Je lui rendit le vase.

— Ah, un véritable connaisseur, commenta-t-il en le prenant.

— Je suis flatté.

— Tu peux l'être. Je suis le plus grand des connaisseurs. À mes yeux, te définir comme tel te place de fait en excellente compagnie.

À ces paroles, il partit d'un grand rire sonore. Je ne crois pas qu'il jugeât sa saillie si cocasse. Peut-être souhaitait-il seulement me signaler qu'il s'agissait d'un trait d'esprit et ne parlait-il pas sérieusement. Lorsque son accès d'hilarité cessa enfin, il plaça l'objet vénéré sur le manteau de la cheminée et l'examina un instant.

— Ce vase possède un pendant. Le savais-tu ?

Je m'étais promis de plaider l'ignorance en la matière et je tins ma promesse.

— Eh bien non, dis-je, l'avez-vous vu ? Comment savez-vous qu'il existe ?

— Je l'ai tenu en main hier au soir, répondit-il avant de hausser les épaules. Mais même auparavant, je savais que ce pendant existait, qu'il *devait* exister.

— Oh ? Pourquoi donc, monsieur ?

— Eh bien, vois-tu, il existe un proverbe chinois... est-ce bien le mot, « proverbe » ?

J'acquiesçai d'un hochement de tête pour le rassurer.

— Et le proverbe dit quelque chose comme : « Même la fureur du dragon peut toujours être calmée par les paroles de réconfort d'une belle femme. »

— Vous possédez la belle femme, donc le pendant de votre vase doit représenter...

— Le dragon, oui, tout à fait. C'est un dragon des plus inhabituels, car il se prosterne devant elle. Pour le reste, le vase est l'exacte réplique de celui-ci, sur ma cheminée. Même taille, même forme... *Och*, j'aimerais le posséder !

— Voyons, pourquoi ne pas l'acheter ? Faire une offre ?

Mes questions demeurèrent sans réponse. Tout à coup, il se retourna et me décocha un regard pénétrant.

— Charles m'a dit que tu viens du tribunal de Bow Street et que tu souhaites me présenter une invitation.

Ses yeux se portèrent au-dessus de moi et il haussa la voix :

— Est-ce exact, Charles ?

— En effet, monsieur, répondit le majordome.

— Ainsi, jeune homme, reprit M. Zondervan à mon adresse, de quelle sorte d'invitation s'agit-il ? À dîner ? À boire le café ? À Newgate ?

Certes, il m'avait bien attrapé.

— Newgate, monsieur ? répliquai-je en riant. Oh non, pas à Newgate. J'ai cru comprendre que sir John voulait seulement vous rencontrer.

— Me *rencontrer* ? Ma renommée est-elle si étendue ? Comment aurait-il pu entendre parler d'un simple négociant hollandais tel que moi ?

— Voyons, grâce à M. Gabriel Donnelly, monsieur. Je crois que vous avez fait sa connaissance hier soir, n'est-ce pas ? À un dîner.

Son visage s'éclaircit à la réminiscence de l'événement.

— *Oh, ja !* Le médecin irlandais ! Je l'ai raccompagné chez lui hier soir.

— Et moi je l'ai contraint à ressortir.

— *Toi ?* Je ne comprends pas.

— C'est fort simple, dis-je. Il y a eu un meurtre hier soir, et sir John m'a envoyé quérir M. Donnelly pour qu'il vienne sur les lieux du crime. Vous l'ignorez peut-être mais il est l'expert médical du coroner.

— Ah, fit M. Zondervan, je crois bien l'avoir entendu.

— Certes, monsieur, et, au retour de votre dîner, il n'avait de cesse de vanter vos histoires et votre talent pour les conter. Je crois qu'il s'agissait d'anecdotes d'une certaine ville de Hollande, avec un nom assez comique. Je ne sais plus très bien...

— *Ja, ja, Dingendam !*

— C'est cela même, bien sûr. Mais M. Donnelly ne pouvait s'en souvenir avec exactitude, pas plus qu'il ne pouvait faire honneur à la narration.

— J'imagine, dit-il avec une once de forfanterie.

— Mais sir John en a suffisamment entendu pour être impatient de vous rencontrer.

— Afin que je lui conte les histoires ?

— Oh, peut-être une ou deux, mais simplement pour faire votre connaissance, monsieur. Le pauvre homme mène une existence assez monotone. Nous le poussons sans relâche à étendre son cercle de connaissances, mais il renâcle à le faire... son infirmité, vous savez.

— Infirmité ?

— Peut-être ne le saviez-vous point, monsieur, mais il est aveugle.

— Oui, oui, j'en ai entendu causer.

Il se tut alors, parut méditer. Puis il se ressaisit :

— Charles, avons-nous la moindre raison de douter que ce jeune homme soit ce qu'il affirme être ?

— Pas que je sache, monsieur, répondit le majordome dans mon dos.

— Dans ce cas, je crois que nous pouvons offrir une heure ou deux de notre temps à sir John Fielding, n'est-ce pas.

— Comme il vous agrée, monsieur.

— Faites amener la voiture. J'ai une question à régler, avant que nous y allions.

Puis, à mon adresse :

— Tu acceptes que je te dépose à Bow Street, je présume ?

— Avec plaisir, monsieur, répondis-je.

— Bien. Si cela ne te dérange pas de m'attendre à la porte, je t'y rejoindrai.

À ces mots, Charles, le maître d'hôtel, m'entraîna dans le couloir et nous regagnâmes l'entrée donnant sur la rue. Au passage, je ne pus m'empêcher de noter qu'on avait comme par miracle — et sans un bruit — fermé l'huis de la pièce d'en face, à savoir l'ancienne galerie de peintures. En chemin, je remarquai ensuite que toutes les portes, dont certaines étaient ouvertes au préalable, se trouvaient elles aussi closes désormais.

Le majordome me laissa dans le vestibule, avec l'assurance que son maître ne tarderait point.

— Je dois aller prévenir le cocher, sinon mon maître et toi allez devoir attendre.

Puis il tourna les talons et s'en alla.

Quelques minutes plus tôt, au même endroit, j'avais perçu des bruits, témoins d'une intense activité dans une ou plusieurs pièces des profondeurs de la demeure. Et cela recommençait. Les coups de marteau, de lourds objets qu'on déplaçait au sol, autant de sons qui, même confus, me laissaient entendre que toute la maisonnée de M. Zondervan se préparait à déménager fort loin. J'entendais aussi des voix, bien sûr, mais si étouffées et indistinctes que ce qu'elles disaient ne pouvait avoir le moindre sens. Tout en écoutant, je me souvins que sir John disait souvent que chacune portait en elle sa propre musique, sa propre hauteur, sa propre tonalité. Et il me sembla connaître la musique de l'une de ces voix. C'était un air que j'avais déjà entendu. Il provenait cette fois du sous-sol, et si je ne pouvais saisir grand-chose de ce qu'elle disait, je percevais en revanche l'émotion qu'elle exprimait ; c'était de la colère, à n'en pas douter... et elle paraissait justifiée. Où l'avais-je entendue ? Qui était-ce ? D'où provenait ce courroux ?

J'ignore combien de temps je restai là, plongé dans ma concentration, à tenter de répondre à ces interrogations. Mais quand j'entendis des pas dans le couloir, je levai la tête, sourire aux lèvres, pour retrouver M. Zondervan. Il avança d'un pas alerte dans mon champ de vision, l'image même de l'élégance masculine ; il portait une cape sur les épaules et, à la main, son tricorne et ses gants.

Bien que le majordome fût absent, je jugeai inutile de l'attendre pour qu'il ouvrît la porte à son maître. Je m'en chargeai donc. Elle était fort lourde.

— Grands dieux, où *est donc* Charles ? s'enquit M. Zondervan plus ou moins pour la forme.

En guise de réponse, on entendit quelqu'un courir et le maître d'hôtel apparut au petit trot, comme si cela en valait la peine.

— Trop tard, Charles, ce jeune homme vous a remplacé, je le crains. Il ouvre la porte avec une grande compétence.

— Navré, monsieur, j'étais retenu à l'arrière par les portefaix.

— Ah, eh bien, la voiture devrait bientôt apparaître.

— D'un instant à l'autre, monsieur.

Et celle-ci vint en effet l'instant d'après, dans le cliquetis de l'attelage et le martèlement des sabots sur le pavé. Le cocher fit arrêter les quatre chevaux devant la maison et le valet de pied bondit à terre en un clin d'œil pour ouvrir la portière. M. Zondervan passa devant moi à grandes enjambées et se trouvait déjà en bas du perron, avant de se retourner pour me chercher.

— Viens-t'en, jeune homme... à moins que tu ne préfères marcher.

— Pas du tout, monsieur, répondis-je, et je m'empressai de le rejoindre.

Je n'ai aucune idée de la manière dont cela me revint en tête à ce moment-là, ni quelle subtilité de l'esprit entra alors en jeu, mais ce fut précisément en grimpant tant bien que mal dans la voiture que je saisis quelle voix j'avais perçue dans le vestibule. Elle n'appartenait à nulle autre personne qu'à l'agent Will Patley, soit la plus récente recrue des sergents de ville.

La rencontre entre sir John et M. Zondervan se révéla en l'espèce assez décevante... à mon sens, du moins. Les deux hommes s'entendirent comme larrons en foire. Alors que j'imaginais le magistrat se lancer dans un interrogatoire sans merci du Hollandais, tout ce qui me parvint du cabinet se borna à de l'hilarité. Comment pouvait-il se laisser berner de la sorte ?

Plus tard, l'idée me vint que mes espérances confinaient à l'illusion. Après tout, sur quoi pouvait-il s'appuyer si ce n'était que je soupçonnais M. Zondervan d'être en réalité l'impitoyable négociant hollandais que Moses Martinez m'avait décrit de façon si singulière ? (Et par la suite, beaucoup plus tard, qu'il avait plus ample matière à laquelle se fier... mais j'anticipe quelque peu.) Restons-en au fait qu'ayant joué mon rôle pour persuader M. Zondervan de visiter sir John, j'avais de piètres raisons d'espérer que l'entrevue porterait largement ses fruits. Aussi, comme je me sentais désarmé, j'éprouvai quelque soulagement à percevoir enfin les signes du départ imminent du Batave ; les chaises raclèrent le sol quand leurs occupants se levèrent ; les rires cessèrent ; leurs voix baissèrent tandis qu'ils échangeaient de chaleureux au revoir.

Lorsque les deux hommes apparurent à la porte du cabinet du magistrat, je me levai du banc situé non loin. Sir John m'appela à eux.

— Jeremy, me dit-il, veux-tu bien accompagner ce gentleman à sa voiture ?

Le gentleman en question fit donc ses ultimes adieux

en usant de phrases si obséquieuses et affectées que je découvre à présent que je les ai totalement effacées de ma mémoire. Tout ce dont j'ai désormais souvenance, c'est de la profonde envie de rendre gorge qui me saisit alors.

Je la réprimai toutefois et, dans un silence respectueux, conduisis notre hôte à la porte, puis dans la rue. Il s'arrêta alors devant sa voiture qui attendait et me gratifia d'un sourire.

— Je désire te remercier, jeune homme. J'ai passé une heure agréable avec ton sir John Fielding. J'ai trouvé en lui un vieux bonhomme charmant, pas le moins du monde gêné par... comment dis-tu?... son infirmité.

Nous nous dîmes au revoir et, comme de nouveau le haut-le-cœur me revenait, je battis prestement en retraite en franchissant la porte. Lorsque je retrouvai sir John, il gloussait encore à son bureau.

— Jeremy, entre donc, entre donc, dit-il. Qu'as-tu pensé de lui... de ce Zondervan? Fort amusant, fort divertissant, ne dirais-tu pas?

— Ma foi, vous l'avez sans doute jugé ainsi, rétorquai-je, un peu fâché. J'ai rarement entendu de tels rires en provenance de cette pièce.

— Je crois avoir ri autant de notre situation que de ce qui s'est dit.

— Et quelle était la situation?

— Chacun de nous tentait de convaincre l'autre qu'il était différent de ce qu'il pouvait paraître.

— Je ne vous suis guère.

— C'est fort simple. Il m'a paru être assez imposant... grand, à tout le moins. Ai-je raison jusqu'ici?

— Certes oui.

— Et sa voix portait en elle un soupçon de vanité, qu'il ne pouvait contrôler. Et je dirais qu'il est plutôt bel homme, ou se juge ainsi. Dans l'ensemble, il se croit supérieur à nous tous. As-tu vu en lui certains de ces traits de caractère?

— En effet. Je dirais que vous venez de brosser son portrait craché.

— Et pourtant ce grand et bel homme qui se considère comme une merveille de Dame nature se présente à moi et cherche à me convaincre qu'il n'est ni plus ni moins qu'un Hollandais jovial. Et moi, dans le même temps, je fais de mon mieux pour le persuader que je ne suis rien d'autre qu'un... qu'un...

— Un vieux bonhomme charmant?

— Tu l'as dit! Un vénérable personnage, un excentrique...

Il s'interrompit.

— Mais d'où vient cette expression « vieux bonhomme charmant »?

— Enfin, voyons! Mais de la bouche même de M. Zondervan, au moment où il s'en allait.

— Parfait! jubila le magistrat, qui se serait presque frotté les mains de joie. Mais je l'ai surpassé! Il a lâché deux ou trois choses qu'il n'aurait point confiées à quelqu'un qu'il aurait traité avec moins de mépris.

J'en déduisis que sir John le considérait sérieusement comme suspect. Le moment était donc venu pour moi de lui livrer mes observations, quand je me trouvais en la demeure de St. James Street. Je m'y employai donc, en décrivant la galerie de tableaux vide et les draps recouvrant les meubles, l'atmosphère générale d'une maisonnée en plein déménagement.

— On entendait marteler et scier, ainsi que le bruit de caisses que l'on déplace, dis-je. Le majordome a affirmé que ce n'était rien de plus que le nettoyage de printemps. Pourtant, je suis certain qu'ils se préparaient à déménager.

— Oui, ma foi, c'est fort intéressant, je dois l'admettre, répondit-il de cette manière rêveuse, désinvolte, qui m'horripilait au plus haut degré.

Aussi je me promis de lui présenter l'information suivante de telle sorte qu'il fût incapable de l'écarter comme à son accoutumée. Je songeai au meilleur moyen de susciter son intérêt.

— Sir John, commençai-je d'un ton pénétré de gravité, vous ne devinerez jamais qui se trouvait là-bas au domicile de M. Zondervan.

— Tu as raison, Jeremy, je ne le devinerai jamais, car, comme tu le sais — ou devrais le savoir à présent —, je ne m'adonne jamais à pareilles pratiques infantiles telles que les devinettes. Maintenant, si tu as quelque chose à me dire, je t'en prie, fais-le donc. Tu as toute mon attention.

— Voulez-vous que je vous le dise ou non ?

Je crains d'avoir trahi quelque peu mon irritation, car j'étais alors assez affligé.

— J'ai répondu par l'affirmative, n'est-ce pas ? reprit-il.

Puisque je m'étais ainsi avancé, je n'avais d'autre choix que de poursuivre. Aussi lui décrivis-je l'endroit où je me trouvais, lorsque j'avais entendu la voix de l'agent Patley, et de quelle façon je l'avais perçue ; c'est-à-dire, comme une chanson sans paroles. Sir John m'écouta en effet avec attention, et, quand j'en eus fini, il parut l'espace d'un instant à court de mots. En de telles rares occasions, il s'avérait malaisé de deviner ce qu'il pouvait bien penser.

Mais il haussa alors les épaules avec ostentation et je pus en déduire qu'il avait décidé de traiter la question avec le plus de légèreté possible.

— Ah, ma foi, ces vieilles demeures, tu sais, dit-il, elles jouent des tours à tes oreilles. Si tu t'étais trouvé en quelque autre endroit, la même voix eût pu te sembler la réplique de celle de Clarissa ou même de la mienne.

Ce qui provoqua en lui un éclat de rire soudain, comme si l'idée même était si incongrue qu'elle l'amusait grandement.

— Je ne crois pas, monsieur, que la maison de M. Zondervan soit particulièrement ancienne.

— Eh bien, certaines des plus récentes ne sont pas sans pareils défauts. Mais passons à des choses plus sérieuses, n'est-ce pas ? J'ai ici une lettre qui doit partir à la levée d'aujourd'hui. En ton absence, M. Marsden l'a rédigée sous ma dictée. Veux-tu l'apporter au bureau de la malle-poste, Jeremy ?

Nous en avions terminé avec nos échanges verbaux.

— Bien sûr, monsieur.

Il la poussa vers moi sur le secrétaire. Je m'en emparai, la retournai et vis qu'elle était adressée au douanier en chef, Gravesend, Kent. Au-dessous, à l'encre rouge, comme M. Marsden l'affectionnait si souvent, était inscrit le simple mot : « Urgent. » Je n'étais pas à même de deviner, ni même d'imaginer, quelle affaire sir John pouvait avoir à traiter avec le douanier en chef, à l'embouchure de la Tamise. Mais je n'allais pas poser davantage de questions. Je me rendrais simplement où l'on me dépêchait, et ferais ce qu'on me demandait, tel un brave garçon de courses.

Je dis au revoir et me dirigeai vers la porte, mais il me rappela.

— À propos, Jeremy, tu n'as pas par hasard mentionné à M. Zondervan — ou à quiconque, du reste — que tu pensais avoir entendu la voix de l'agent Patley dans la maison, n'est-ce pas ?

Où voulait-il en venir, à présent ?

— Non monsieur, je n'en ai parlé qu'à vous.

— C'est aussi bien, dit-il. Fais en sorte que cela demeure ainsi.

Comme nombre de commissionnaires avant moi, je boudai tout le long du chemin jusqu'à ma destination et lambinai au retour. Je lanternai à dessein et non sans raison, en inspectant rues et échoppes qui n'avaient pas jusque-là reçu toute mon attention. Je perdis tant de temps que le soir tomba, avant que je ne m'en rende compte. Lorsque je constatai enfin qu'il faisait noir alentour, je me dis que j'étais sans doute en retard pour le souper. Mais, en l'absence d'Annie, y aurait-il seulement un souper ?

Quoi qu'il en fût, je me hâtai de regagner le 4 Bow Street et arrivai à temps pour voir les derniers sergents de ville disparaître dans le cabinet de sir John, au bout du long couloir Une opération d'envergure était en préparation.

Comme je pressais le pas, je fus arrêté dans mon élan par M. Baker, qui vérifiait son armurerie.

— Qu'est-ce qu'on mijote ? lui demandai-je.

— Quelque chose d'important, me dit-il. Pistolets et coutelas pour tout le monde, et l'on m'a invité. Il t'a demandé, Jeremy. Tu ferais mieux d'aller voir.

Tandis que je pénétrais dans le cabinet du magistrat, je promenai un rapide regard sur les sergents de ville présents et n'en dénombrai que neuf. Les agents Perkins, Brede et Patley manquaient à l'appel.

Sir John se tenait debout devant ses hommes.

— ... et bien que cela me déplaise fort, il va être nécessaire de diviser nos faibles troupes...

CHAPITRE XI

Où l'on apporte une conclusion stupéfiante à l'affaire

Il y aurait peu d'intérêt à vous présenter, cher lecteur, uniquement ce que j'ai vu ou entendu au cours de cette soirée cruciale, car si j'y ai participé en grande partie avec sir John, je n'ai pas tout vu. Ce fut, si j'ose dire, l'entreprise la plus ambitieuse et de la plus grande envergure jamais tentée par le magistrat et ses sergents de ville. Elle se révéla si hardie, en vérité, que l'assistance conjointe de l'armée et des gardes-côtes fut requise.

Selon le plan exposé par sir John à ses propres troupes, en début de soirée, il était nécessaire que celles-ci se répartissent en trois sections plus restreintes. Des agents de Bow Street devaient se trouver à la résidence de lord Mansfield, à Bloomsbury Square, au domicile de Zondervan, dans St. James Street, et au bassin de Bermondsey, où un vaisseau hollandais du nom de *Dingendam* se préparait à appareiller... et toutes les troupes devaient se trouver quasi au même moment à leur poste.

— Cela ne marchera pas, expliqua sir John, si un ou plusieurs venaient à passer entre les mailles de notre filet, pour aller prévenir ses complices en un autre lieu, avant que ledit filet ne se soit refermé sur eux. Voyons, vous avez tous une montre, n'est-ce pas ?

Un murmure d'assentiment parcourut la pièce. Peut-être étais-je le seul à ne pas en avoir une.

— Soyez à vos postes à huit heures. Restez cachés

jusqu'à ce qu'il y ait du mouvement dans les deux demeures que j'ai décrites. Ceux parmi vous qui sont assignés au dock de Southwark, contentez-vous d'attendre, mais s'ils essaient de profiter de la marée pour filer, arrêtez-les. Vous ne pourrez peut-être pas agir ainsi, et, le cas échéant, votre tour sera passé. M. Bailey aura en charge le groupe de Bermondsey et il prendra toutes les décisions qui s'imposent. Si vous avez des questions, hâtez-vous de les poser sur-le-champ.

Il y en eut quelques-unes. Les plus décisives émanèrent de M. Bailey en personne :

— Combien d'hommes nous est-il permis d'utiliser, monsieur ?

— Autant que nécessaire, répondit le magistrat. S'il doit y avoir des blessés, faisons en sorte de ne pas en compter parmi les sergents de ville. Je ne saurais être plus clair à ce sujet. Pistolets et coutelas sont à votre disposition. Faites-en bon usage.

Plus d'une heure s'était écoulée, lorsque sir John et moi nous retrouvâmes dans la voiture prêtée par Black Jack Bilbo. Celle-ci était arrêtée à quelques maisons de l'imposante bâtisse de lord Mansfield, à Bloomsbury Square. Avec la portière ouverte, j'avais une bonne vue sur la demeure. M. Rumford était assis à mes côtés, ainsi que l'agent Queenan, et, en face de nous, tout à fait détendu, le magistrat était confortablement pelotonné dans le vaste espace de la cabine. Il avait le sourire aux lèvres. On eût dit qu'après avoir préparé cette opération avec autant de précision, il était certain qu'elle s'était déjà déroulée et avait abouti selon ses vœux. Toutefois rien n'avait encore commencé et l'heureuse conclusion que l'on espérait appartenait au domaine des probabilités. Nous n'avions plus qu'à attendre le bon déroulement des événements.

— Vois-tu quelque chose ? s'enquit le sergent Rumford.

C'était en fait la troisième fois qu'il me posait la question.

Et une fois de plus, je lui répondis :

— Toujours rien.

Le cocher et le valet de pied de M. Bilbo semblaient s'impatienter, de même que l'attelage de quatre chevaux. Je connaissais ces animaux. Ils avaient un tempérament nerveux. Dès lors qu'ils étaient harnachés, ils voulaient s'en aller au galop. Une telle inactivité, à laquelle ils n'étaient pas habitués, les rendait agités et irritables.

La nuit était tombée depuis longtemps, bien sûr, et, si la place était bien éclairée par des réverbères, la lune ne brillait pas encore. Nombreux étaient les endroits sombres où beaucoup pouvaient se dissimuler. Je prêtais une attention toute particulière à ces coins-là, guettant le moindre mouvement. J'en aperçus enfin, tandis qu'une silhouette en noir débouchait d'un trottoir qui paraissait longer la maison sise juste au-delà de celle de lord Mansfield. Comme ladite silhouette s'approchait du lampadaire voisin, je la distinguai mieux; c'était une femme, laquelle portait une jupe immense, un châle, ainsi qu'un fichu fort prude sur la tête. Elle me sembla familière.

Bien sûr! J'avais oublié que le dernier brigandage semblable avait débuté par l'intervention d'une femme qui cherchait à échapper à son assaillant. C'était de cette manière que les voleurs avaient embobeliné Arthur, le majordome de M. Trezavant, pour qu'il leur ouvre la porte. Nul doute qu'il s'agissait de cette femme. De loin, elle ressemblait tout à fait à Mary Pinkham, l'ancienne caméristе attitrée de lady Lilley. J'en étais venu à la soupçonner d'avoir joué ce rôle auparavant. Elle scruta la rue dans les deux sens, ne prêta guère d'intérêt à la voiture de M. Bilbo, car le cocher s'était arrêté de façon telle qu'elle ne voyait que l'arrière; il paraissait simplement attendre que quelqu'un sorte de la maison. Une fois satisfaite, la femme ôta son châle et l'agita à plusieurs reprises en direction de Great Russell Street. De l'endroit où je me tenais, il était impossible de distinguer à qui ou à quoi elle faisait signe, sans descendre de la voiture. Je n'avais aucune intention de le faire.

Avant d'apercevoir leur charrette, j'entendis le bruit des sabots et le grincement des roues. Puis elle apparut enfin. La carriole était d'un genre bâché, peu courant, si bien qu'elle pouvait transporter plusieurs hommes à l'arrière sans qu'on les vît.

— Ils sont là, annonçai-je d'une voix fort tranquille.

L'agent Queenan se ressaisit, remua et trépigna ; il était presque sorti de la voiture quand le sergent Rumford l'agrippa et le retint.

— Ne te précipite pas au-dehors, lui dit-il. Ils ne sont pas censés savoir qu'on est ici.

— Oh... oh oui, désolé, dit M. Queenan.

Sir John intervint :

— L'idée consiste à les attraper entre vous deux, à l'extérieur, et MM. Perkins et Bride, à l'intérieur. Vous comprenez ce que je veux dire, n'est-ce pas, monsieur Queenan ?

— Oui, monsieur, tout à fait.

— Prenez garde à ne pas blesser nos hommes avec une balle ou un coup de couteau, n'est-ce pas ?

— Oh, j'y veillerai, monsieur.

Tandis que cette discussion à voix basse se poursuivait, je gardais les yeux rivés sur la curieuse charrette, comme elle s'arrêtait devant le domicile de lord Mansfield. Cinq hommes surgirent de l'arrière, bien armés, tout de noir vêtus, et tous avec le visage peint en noir. L'un d'entre eux, que je considérai comme le chef, tint un conciliabule empressé avec la femme... Miss Pinkham ? Ils se séparèrent, hochant mutuellement la tête en signe d'acquiescement, et le chef supposé fit signe aux autres de le suivre.

— Ils sont sur le point d'entrer, prévins-je tout bas.

Une fois de plus, l'agent Queenan s'agita nerveusement.

— Combien sont-ils ? s'enquit le sergent Rumford.

— Il y en a cinq, répondis-je.

Je voyais la femme en train de parler à travers l'huis. Était-elle en train de pleurer ? Pinkham pouvait-elle faire une chose pareille ? Quelle que fût la femme, c'était une véritable comédienne. Les brigands étaient alignés derrière elle, de part et d'autre de la porte ; dans leur impatience à entrer, ils se penchèrent en avant.

Puis tout à coup, l'huis s'entrouvrit à peine. La femme demeura un instant sur le seuil, puis fut bousculée par ses cinq compagnons qui pénétrèrent tous en trombe. La porte se referma dans un claquement sur leur passage, tandis que la complice regagnait la carriole.

— Ils sont entrés ! hurlai-je presque, en proie à l'excitation.

— Entendu, messieurs, prenez vos places sur le perron de lord Mansfield.

Ce fut la ruée pour sortir de la voiture. J'ouvris la portière de mon côté et descendis d'un bond, afin de permettre à l'agent Rumford de gagner le trottoir. Le sergent Queenan se trouvait déjà dehors et courait vers la charrette, pistolet en main. Rumford se plaça directement derrière la porte du domicile du président de la Haute Cour. Debout sur le trottoir, j'avais une meilleure vue de la situation et constatai qu'une faille s'était insinuée dans le plan, en raison de l'emplacement de la carriole des voleurs. Elle était arrêtée un peu à l'écart de l'entrée de la demeure, ce qui empêchait ainsi Queenan de veiller en même temps sur la porte et sur la charrette.

— Sir John, dis-je, en me penchant dans la voiture, je vois qu'il y a une erreur à réparer. Ne vous inquiétez pas. Je serai prudent.

Comme je me précipitais vers M. Queenan pour le relever, j'entendis le magistrat m'appeler par deux fois, mais je continuai malgré tout, certain que, s'il y voyait comme moi, il m'aurait diligenté lui-même sur place.

(Ne craignez rien, cher lecteur, j'étais armé. Bien que

je n'eusse pas de coutelas à mon côté, M. Baker m'avait ceint d'une paire de pistolets. Il ne m'aurait pas permis de m'aventurer la nuit sans arme, et, ce soir-là, en particulier, il jugeait qu'il était de mon devoir de protéger sir John. J'espérais qu'en prêtant main-forte aux sergents de ville, je n'en négligeais pas pour autant leur chef.)

Quand je parvins à hauteur de M. Queenan, il avait déjà ordonné au cocher et à la femme de descendre de la carriole ; furieux et tenaces, ils ne se pressaient guère et semblaient prêts à s'enfuir à la première occasion. J'expliquai à Queenan mon intrusion et il me sut gré de mon aide. Il rejoignit ensuite Rumford à la porte.

Mes soupçons se révélèrent fondés : la femme en noir, qui avait joué sa petite comédie sur le perron, était bel et bien Miss Pinkham. Elle écarquilla les yeux en me reconnaissant, comme je sortais les deux pistolets et les armais. Le cocher, un vieux charretier, visage rude et taciturne, donnait l'impression d'avoir roulé plus d'une lieue en parfaite illégalité dans son existence.

Guère plus d'une minute s'était écoulée jusque-là.

On entendit des coups de feu dans la demeure. Bien qu'ils ne parussent pas plus mortels que ceux d'un jouet d'enfant, leur bruit avait pénétré l'épaisseur d'une porte en chêne : l'échauffourée avait vraiment débuté.

Quelques instants plus tard, ladite porte en chêne s'ouvrit à la volée et les brigands sortirent en désordre. Je n'en dénombrai que quatre ; un des leurs était tombé à l'intérieur de la maison. À leurs trousses et non sans tumulte apparurent le sergent Perkins, pistolet en main et couteau entre les dents, ainsi que l'agent Brede qui fendait l'air de son coutelas, hurlait et pointait son pistolet d'un geste terrifiant sur le bandit le plus proche.

Cher lecteur, vous ne sauriez imaginer la consternation de cette bande de voleurs aux faces peintes en noir, lorsque, en surgissant dans la rue, ils découvrirent quatre pistolets, chargés et armés, visant leur poitrine et tenus par Rumford et Queenan. L'ennui fut que moi-même, voyez-vous, je n'imaginai pas ce regard consterné mais le constatai *de visu*. Et, ce faisant, je détournai mon attention de mes deux prisonniers, l'espace d'un coup d'œil. Cela leur suffit pour semer la panique parmi nous.

En premier lieu, j'avais commis l'erreur de laisser Miss Pinkham et le charretier à six pieds à peine, ce qui était trop près. (« Jeremy, me sermonna M. Perkins par la suite, tu ne dois jamais les laisser s'approcher autant, à moins que tu n'aies l'intention de les abattre sur-le-champ. ») Dans cc bref laps de temps, Pinkham couvrit d'un bond cette courte distance, s'agrippa d'une main à ma nuque, de l'autre me saisit le poignet droit, et tenta en vain de m'arracher le pistolet. Ne pouvant mieux faire que de se cramponner à moi, elle s'accommoda de la situation et s'accrocha à moi telle une lamproie. Puis elle se mit à s'égosiller, déchirant la nuit de ses effroyables hurlements.

Entre-temps, le charretier échappa à ma vigilance et gagna sa place, sur la banquette de la carriole, tandis que l'un des quatre acolytes sur les marches du perron abandonnait les autres et détalait pour le suivre.

Ce que je fis alors, aucun gentleman ne l'eût fait, mais je n'en étais point un, pas plus que je n'en suis devenu un depuis : je frappai Miss Mary Pinkham sur la tête à l'aide du pistolet resté dans ma main libre. Je lui assenai un violent horion avec le canon, ce qui la stupéfia mais sans plus. Il lui fallut encore deux coups intenses et une caboche ensanglantée pour qu'elle perdît connaissance. Elle s'effondra avec une bosse sur le trottoir, m'offrant ainsi la première vision globale de la situation, depuis l'assaut que j'avais subi.

Le charretier contraignit les chevaux rétifs à avancer, tandis que celui qui avait sauté dans la carriole, derrière lui, pointait son pistolet pour nous viser. Voyant cela, je braquai le mien et tirai sur lui. J'ignorais alors si je l'avais touché, mais il hésita et laissa le cocher exposé. Je m'apprêtais à faire de nouveau feu avec mon second pistolet, au moment même où les chevaux tirèrent la carriole devant moi, ôtant ainsi le charretier de mon champ de vision. Sur ces entrefaites, dans mon dos, un dernier coup retentit. Je fis volte-face et m'aperçus qu'il provenait de l'agent Perkins, lequel affichait un calme olympien, le bras toujours tendu, le pistolet encore fumant dans sa main.

Nous attendîmes un long moment, en retenant notre souffle comme un seul homme, tandis que les chevaux galopaient de plus belle et passaient devant la voiture de M. Bilbo, pour gagner Hart Street. Nous savions que si la carriole négociait le coin de rue en bonne et due forme l'attelage était sous contrôle. Si, au contraire, elle n'y parvenait pas, alors celui qui tenait les rênes était sérieusement blessé, mort, ou à l'agonie. Et en chœur, nous poussâmes un soupir de déception, lorsque la charrette disparut à l'angle, telle une frégate montée sur roues.

Si sir John se félicitait plutôt d'avoir quatre des bandits (y compris Pinkham qui avait maintenant recouvré ses esprits) sous bonne garde et un cinquième blessé au sol, dans la demeure de lord Mansfield, il avait peu de temps à consacrer aux rapports de ses sergents de ville sur le déroulement des événements. Pour ma part, j'appréciai certes l'intervention de l'agent Rumford ; à l'aide d'une serviette, il avait nettoyé les visages des prisonniers et tous se révélaient blancs, hormis l'individu blessé dans la maison. Dès que je retrouvai sir John dans la voiture, il signala au cocher de M. Bilbo qu'il était temps de nous rendre au prochain arrêt de notre itinéraire. Comme la voiture s'ébranlait, je fus surpris en train de recharger le pistolet que j'avais utilisé. Besogne délicate s'il en fut : tenter de l'accomplir alors que nous cahotions sur les pavés et que le magistrat me tançait pour ce qu'il nommait mon « penchant infantile à m'attirer les pires ennuis ».

Il poursuivit sur sa lancée :

— Et qu'as-tu fait de bien ? L'un de ceux que tu avais en charge s'est échappé. L'autre... une femme, je te prie ! Tu as dû la frapper de manière insensée pour la maîtriser. Quelle aide as-tu donc apportée, en vérité ?

Continuant dans cette veine, il meubla le temps que nécessita le trajet de Bloomsbury Square à St. James Street... une faible distance. Je ne fis aucun effort pour me défendre et le laissai simplement parler... car, après tout, que pouvais-je répliquer pour ma défense ?

Enfin, comme nous nous arrêtions devant la résidence de M. Trezavant, je déclarai à sir John :

— Vous ne sauriez me reprocher, monsieur, ce que je me suis déjà reproché moi-même plus d'une dizaine de fois.

Et c'était la vérité.

(J'étais nonobstant parvenu à recharger le pistolet.)

Alors que nous descendions de la voiture, le cocher nous demanda si nous aurions encore besoin de ses services.

— Nous sommes à un jet d' pierre d' la maison, dit-il.

— Je sais cela, cocher, répondit le magistrat, mais je crains que nous n'ayons encore une halte à faire ce soir, et cela nous emmènera jusqu'à Bermondsey.

— Ma foi, monsieur, ça nous dérange point. Le spectacle qu'ont donné vos gaillards à Bloomsbury, ça nous a bien divertis.

Il gloussa, satisfait de son petit trait d'esprit.

— Pas vrai, Charlie ?

— Oh, pour sûr ! approuva le valet de pied. J'ai pas vu pareils feux d'artifices d'puis l'anniversaire du roi, je l' jure.

Sir John ne répondit pas. Cela ne l'amusait guère. Il préféra se tourner vers moi :

— Eh bien, me glissa-t-il à peine plus haut qu'un murmure, à quoi ressemblent les alentours ?

— Que voulez-vous dire, monsieur ?

En toute franchise, sa question me déconcertait.

— Je veux dire, reprit-il, vois-tu le moindre bandit caché ici ou là ? Aucun de nos gredins ?

— Pas le moindre, monsieur, mais j'aperçois l'agent Sheedy posté à la porte du domicile de Zondervan.

— Cela signifie donc qu'ils ont investi les lieux. Viens-t'en, Jeremy, mène-moi à lui.

À ces mots, il battit l'air de sa main, indiquant ainsi qu'il souhaitait être guidé jusqu'à la porte. Je tendis mon bras gauche et il y plaça sa paume. Nous franchîmes ainsi le portail ouvert et gravîmes deux marches peu élevées, où le sergent Sheedy nous accueillit avec enthousiasme.

— Bienvenue dans votre nouveau foyer, sir John, dit-il.

— Que voulez-vous donc dire par là, monsieur Sheedy ?

— Je veux dire, monsieur, qu'elle est vide et proprette comme un sou neuf, et elle vous appartient, si vous la voulez. Le premier qui y pénètre peut se l'approprier.

— Hum... fit sir John en se frottant le menton. Vous avez suivi mes instructions, n'est-ce pas ?

— Oh oui, monsieur, on a attendu que cette bande aux visages noirs sorte de la maison et monte dans la charrette.

— Et vous avez aussi attendu le départ de Zondervan ?

— Le grand Hollandais ? Oh oui, monsieur, mais c'était plus tôt. Sa voiture s'est arrêtée devant la porte et lui est sorti, sans dire un mot au cocher ou au valet de pied ; il est monté dedans et ils sont partis... comme si tout était préparé à l'avance.

— Je suis sûr que c'était le cas, dit sir John. Mais, dites-moi, l'agent Patley les a-t-il suivis de près ?

— Oh oui, monsieur, exactement comme il était censé le faire. Je ne sais pas où il a déniché son cheval, mais pour sûr qu'il sait le monter.

Je n'en croyais pas mes oreilles. J'avais certes observé que M. Patley était absent de la réunion des sergents de ville dans le cabinet du magistrat, à l'instar des agents

Perkins et Brede ; mais je le soupçonnais à demi d'être passé dans l'autre camp, car j'étais certain d'avoir entendu sa voix, lors de ma dernière visite dans cette demeure. Serait-il un renégat, un espion à la solde du Batave ? De telles choses pouvaient-elles arriver ?

— Il a trouvé sa monture, monsieur Sheedy, au même endroit où nous avons pris notre voiture... c'est un prêt de M. John Bilbo, à quelques maisons d'ici, en bas de la rue. Mais est-ce bien tout ce qui s'est passé ?

— Euh... non, monsieur, ce n'est pas tout. Juste avant votre arrivée, la même carriole s'en est revenue, celle qui est partie avec la bande de visages noirs il y a environ une demi-heure.

— Oh ? Qui la conduisait ?

— Pas celui qui tenait les rênes tantôt. Celui-là était un vieux bougre, le genre au regard dur, si vous voyez ce que je veux dire.

— Oui, tout à fait, répondit sir John. Mais le vieux bonhomme n'était donc *point* le charretier ?

— Non monsieur, c'était un gaillard bien plus jeune... pas un des moricauds, vous comprenez. Celui-là était aussi blanc que vous et moi.

— Et que s'est-il passé ? Vous trouviez-vous à la porte, à ce moment-là ? Vous a-t-il vu ?

— Oui, j'étais à la porte, monsieur, et il m'a bel et bien vu. Et alors il a juste fouetté l'attelage et s'en est allé de nouveau.

— Vous êtes certain qu'il vous a vu, qu'il a reconnu votre gilet rouge ? Et que c'est pour cette raison qu'il s'est enfui ?

(Le gilet rouge, cher lecteur, constituait la seule pièce de vêtement commune à tous les sergents de ville, en guise d'uniforme.)

— Aussi sûr que je vous le dis.

— Fort bien, monsieur Sheedy. Voilà ce que j'appelle un excellent rapport. À présent, où se trouvent MM. Baker et Kelly ?

— Oh, ils pourraient être n'importe où, dit le sergent de ville. Ils allaient passer dans toutes les pièces de la maison, pour s'assurer qu'elle était bien aussi déserte qu'on le pensait.

— Entendu, dit sir John, nous les trouverons. Viens-t'en, Jeremy.

Et nous y parvînmes, non sans avoir inspecté plus d'une pièce vide, à force de les appeler et de n'avoir pour toute réponse que l'écho de nos pas. Je n'avais jamais vu demeure si vaste et si déserte.

— C'est un peu comme cheminer dans une maison hantée, non, monsieur? déclarai-je.

— Je pensais justement la même chose, admit-il. Toutefois les fantômes ne sont pas tout à fait dans mes croyances.

Ce ne fut qu'à l'arrière du rez-de-chaussée, à hauteur des marches menant à l'office, que nous perçûmes des voix; je reconnus celle de M. Baker et, avec quelque difficulté, celle de M. Kelly; mais la troisième, quoique familière, m'échappait totalement.

Sir John et moi descendîmes l'étroit escalier comme à notre accoutumée, à savoir qu'il posa une main sur mon épaule, tandis que l'autre tâtonnait le long des murs, à mesure que nous pivotions vers le bas. Les voix se turent quand nous parvînmes au pied des marches. Je dus prendre cela comme une menace, car j'effleurai aussitôt la crosse du pistolet que je venais à peine de recharger. Mais j'ôtai aussitôt ma main lorsque je compris que la voix que je n'avais pu identifier n'était autre que celle de M. Collier, ancien majordome des Lilley et désormais celui des Trezavant.

— C'est donc vous, sir John, dit M. Baker. J'ai ici un individu que vous connaissez peut-être.

— Il s'appelle Collier, répondit le magistrat. Je l'ai croisé chez lord Lilley, qui l'a congédié à l'issue du premier cambriolage. Ces temps-ci, Jeremy l'a rencontré à maintes occasions chez les Trezavant.

— Je crois que j'avais raison. Vous le connaissez, en effet.

— Sa voix est assez significative... plaintive, des plus irritantes. Je l'ai identifiée aussitôt que je l'ai entendue.

— On l'a retrouvé caché dans le réduit à provisions, intervint l'agent Kelly. Il y a encore quelques aliments : des pommes de terre, des pommes, et le reste. Peut-être bien qu'il avait faim.

— Peut-être. Qu'en est-il, monsieur Collier ? Que faisiez-vous dans la réserve ?

Le majordome lança des regards à droite et à gauche, de prime abord à sir John, puis à moi, et de nouveau au magistrat.

— Je me cachais, dit-il enfin.

— Allons, monsieur Collier, je vous ai connu plus coopératif. Vous vous cachiez de qui ? Enfin, vous pouvez certes vous montrer plus explicite, monsieur !

— Eh bien... sans doute, monsieur, mais vous répondre en toute franchise et selon vos vœux m'engagerait dans des questions que je ne souhaite pas aborder. Elles sont bien trop personnelles.

— Trop personnelles ? répliqua sir John d'un ton sceptique. Ou bien se pourrait-il que d'aborder franchement ces sujets-là vous incriminerait vous-même ?

M. Collier nous gratifia d'une expression qui trahissait l'innocence bafouée.

— Voyons, monsieur, dit-il, j'ignore ce que vous pouvez bien vouloir dire par là !

— Ma foi, je n'en doute pas, rétorqua le magistrat en s'avançant vers le maître d'hôtel avec une telle force qu'il manqua le heurter à la tête. Je crois que c'est vous qui avez dérobé les bijoux de lady Trezavant.

— Ce... c'est faux. J'ignorais même jusqu'à l'endroit où ils étaient dissimulés. Comment pourrais-je connaître de tels secrets de maisonnée, quand je n'y ai séjourné qu'un jour ou deux ?

— Parce que vous vous êtes rendu là-bas en connaissant ce secret-là. C'était bien trop commode, votre arrivée après l'attaque d'apoplexie de l'ancien majordome des Trezavant... et si tôt après, de surcroît.

— Je vous ai dit...

Mais M. Collier se rendit compte de son erreur et me désigna :

— Non, je *lui* ai dit que j'avais appris la nouvelle dans la rue. D'une maison à l'autre, tout le monde discute de semblables événements.

— Monsieur Collier, qui vous a mis au courant ?

— Comme je vous l'ai déclaré, j'en ai entendu parler dans la rue.

— *Qui donc vous a mis au courant ?* réitéra sir John d'un ton des plus sévères.

Le pauvre diable... malgré moi, je le plaignais. Il balaya la pièce du regard : ses yeux se posèrent sur moi, les deux sergents de ville, partout, hormis sur sir John. Il respirait la peur.

— C'est Charles, le majordome de céans, qui me l'a appris, avoua-t-il enfin.

— Et peut-être pas à ce moment-là, mais par la suite, avez-vous appris — par M. John Abernathy, que vous connaissez sans doute sous le nom de Johnny le Farceur, ou plus vraisemblablement par M. Zondervan lui-même — où se trouvaient les bijoux, à quelle occasion vous pourriez les subtiliser, et enfin quelle serait la nature de votre rémunération.

Ce disant, le magistrat marqua une pause, puis insista :

— Quelle était donc la nature du paiement, monsieur Collier ? Je crois que vous êtes venu ici le récupérer.

Aucune réponse.

— Sergent Baker, avez-vous fouillé cet individu ? Vous en aviez le droit, vous le savez.

— Je l'ai fait, monsieur. Je n'ai trouvé sur lui qu'une poignée de pence et de shillings, un mouchoir en lin, quelques bouts de ficelle et des clés.

— Pas de bourse remplie de souverains ?

— Non, monsieur.

— Ma foi, les clés s'avèrent peut-être d'un quelconque intérêt. Avez-vous vu la moindre porte verrouillée ?

— Pas encore. On a trouvé la porte ouverte en grand, mais on n'a pas inspecté les chambres des domestiques.

— Eh bien, faisons-le à présent, n'est-ce pas ?

Puis, à l'adresse de M. Collier :

— Qu'en dites-vous, monsieur ?

Le majordome n'avait rien à en dire, mais il suivit de bonne grâce. Moi, en revanche, je souhaitais rester, car une idée venait de me traverser l'esprit... et elle s'avérait des plus logiques, du moins à mes yeux.

— Sir John, dis-je, pourrais-je demeurer ici et chercher un peu de mon côté ?

— Certes tu le peux, répondit-il. Si tu es visité par une quelconque inspiration, de grâce, suis-la !

Je pris une chandelle éteinte sur son bougeoir et l'allumai à l'aide du candélabre que tenait M. Kelly. Tandis qu'ils s'éloignaient de conserve, M. Collier me lança un regard inquiet, alors que dans le même temps sir John se mettait à discourir sur la manière dont l'emplacement de la cachette était venue aux oreilles du majordome.

— C'est cette pauvre enfant, Miss Crocker, qui a divulgué le secret à Abernathy, le chef de la bande, lors de leur visite. Ils ont menacé Crocker et elle leur a aussitôt cédé. Mais Mme Trezavant avait alors emporté les bijoux dans ses bagages. C'était un endroit stupide pour dissimuler des objets de valeur, en tout cas. Après tout, juste au-dessus du réservoir du cabinet de toilette... avec des gens qui entrent et sortent toute la journée. On ne peut pas espérer que...

Et il continua ainsi, mais en dépit de mon intérêt je m'attelai à ma recherche... j'étais non point en quête d'or ou de papier-monnaie, mais plutôt d'un tableau. C'était, me semblait-il, le genre de rétribution que M. Collier aurait sollicité de M. Zondervan. Il pouvait fort bien voler pour obtenir une pièce de la collection du Hollandais.

En vérité, j'espérais que sir John se fourvoyait. Selon moi, le haut du réservoir du cabinet de toilette eût constitué une excellente cachette... encore qu'on eût pu fort bien en changer, dès lors que Jenny Crocker avait vendu la mèche. Avait-elle aussi prévenu son maître ? S'était-elle confiée à sa maîtresse ? Avait-elle soufflé mot de sa trahison du secret à la revêche Batave qui servait en qualité de cariériste attitrée de Mme Trezavant ? Peut-être que non. Peut-être seulement à moi. Et Mme Trezavant en avait sans nul doute informé sir John.

Par ailleurs, je jugeais le dessus du réservoir excellent pour dissimuler des objets de prix tels que des bijoux, car c'était tout à la fois banal et inconvenant. Je résolus donc de chercher le tableau — si tant est que Collier eût été rémunéré de la sorte — dans les endroits les plus triviaux. Je calculai que le maître d'hôtel n'était pas dans la demeure depuis longtemps quand les agents Baker et Kelly étaient descendus au sous-sol. Comme on l'avait découvert dans le garde-manger, ce fut là que je commençai ma recherche.

En fouillant dans la réserve, je constatai qu'il n'existait guère de place où l'on aurait pu remiser un tableau de bonne taille dans son cadre, et toutes les peintures que j'avais vues dans la galerie de M. Zondervan se révélaient plutôt grandes. Je regardai derrière les deux fûts (l'un rempli de pommes et l'autre de pommes de terre), mais ne vis pas le moindre objet dissimulé. Je me juchai tant bien que mal sur le baril de pommes et inspectai chaque tablette, tout en me sentant assez niais d'agir ainsi, car l'espace manquait pour y loger un paquet aussi imposant. Je quittai le réduit.

Peut-être se trouvait-il depuis plus longtemps dans la maison que je ne le supposais. Dans ces conditions, le tableau pouvait se trouver n'importe où. Peut-être me trompais-je au sujet du mode de paiement. C'était peut-être bel et bien une bourse remplie de souverains que je devais chercher. Le cas échéant, il aurait pu l'enfouir parmi les pommes ou les pommes de terre. Contrarié, je me mis à parcourir l'office, à ouvrir les tiroirs à toute volée, à chercher derrière les portes, dans le moindre recoin sombre, même dans des endroits où je savais qu'un tableau encadré, tel que je l'imaginais, ne pouvait être caché.

Il me vint soudain une idée qui me paraissait convenir, en dépit de son extravagance. Pour remplir la pierre à eau, où on lavait plats, marmites et casseroles, il y avait une grosse citerne en plomb sans doute fort commode. Et si l'on avait déposé la rémunération de M. Collier au-dessus de celle-ci, à l'instar des bijoux censés avoir été laissés sur le réservoir du cabinet de toilette des Trezavant ? Pourquoi pas, après tout ? Dans ce cas, la toile en guise de rétribution devait être bien plus petite que dans mon esprit... mais peu importe, je jugeai bon de tenter ma chance.

Je dénichai un seau sous l'évier et le déplaçai jusqu'à un endroit pratique, puis le retournai pour en faire un excellent tabouret. Je grimpai dessus et scrutai ce qu'il y avait là-haut. Au début, je fus bien déçu, car il n'y avait nul objet en vue, tel qu'une toile encadrée, sur la citerne, qu'elle fût enveloppée ou non.

Mais il y avait certes quelque chose d'enroulé, tout au fond, sur le haut du réservoir. Je descendis du seau, l'avançai, puis j'y grimpai derechef. Je tendis ensuite le bras au maximum et réussis à m'emparer de l'objet et à l'attirer à moi. Je mis pied à terre et examinai ma trouvaille.

C'était en réalité une grande toile mais non encadrée et roulée sur elle-même, puis maintenue à l'aide de trois bouts de ficelle. Elle mesurait deux pieds et demi, voire trois pieds, de haut. Impossible de deviner ce qu'elle représentait ou s'il y en avait plusieurs, mais je brûlais de le découvrir.

Comme dans nombre de ces offices en sous-sol, il existait une grande table disposée un peu à l'écart du coin où l'on cuisinait. Elle occupait presque toute la longueur de la pièce. Je pouvais y dérouler la toile et voir ce qu'elle contenait. J'entrepris avec exaltation de défaire ses liens de ficelle. J'en avais ôté un et m'appliquais à enlever le second, quand j'entendis le magistrat rudoyer M. Collier, alors que les quatre hommes s'approchaient de la porte ouverte.

— Sir John ! m'écriai-je. J'ai ici quelque chose qui va vous intéresser.

Au moment même où il allait me demander de quoi il s'agissait, M. Collier se rua dans la pièce, les yeux exorbités, furieux, et s'attendant au pire.

— Comment oses-tu ! beugla-t-il. Cela ne t'appartient point. Je te conseille de lâcher cela sur-le-champ.

À ces paroles, il fondit sur moi et tenta de m'arracher la toile enroulée des mains. Sous l'effet de surprise, il y parvint presque. Les agents le repoussèrent aussitôt après, mais il fut impossible de le faire taire.

— Vous n'avez pas le droit ! lança-t-il, courroucé. Cette peinture n'appartient qu'à moi et à moi seul.

— Mais quelle est donc cette peinture ? s'enquit sir John. Est-elle d'une grande beauté ? D'une grande valeur ?

— Monsieur, intervins-je, c'est l'une de celles que je vous ai décrites, lesquelles étaient suspendues dans la galerie, à l'étage au-dessus.

Je l'avais suffisamment déroulée pour reconnaître le tableau des paysans en train de jouer.

— Je crois qu'elle a tenu lieu de règlement entre M. Zondervan et M. Collier.

— Une toile ? fit le magistrat, dont l'étonnement confinait à l'incrédulité.

— M. Collier l'apprécie hautement.

— Tu n'y vois qu'une valeur en livres et shillings, rétorqua le majordome avec dédain. Il existe d'autres modes plus élevés d'appréciation.

— Ma foi, je suppose, dit sir John, de même qu'il existe d'autres manières d'apprécier la valeur d'une vie humaine. Aux yeux de la plupart d'entre nous, la vie d'autrui vaut fort cher, et à ceux de Jenny Crocker, sa propre existence n'avait pas de prix. Mais vous la lui avez ôtée, comme s'il s'agissait de quelque vétille, n'est-ce pas ? Vous lui avez volé sa vie, comme vous avez volé les diamants, perles, et autres rubis des Trezavant.

— Vous m'accusez de meurtre ?

— À quoi d'autre devrais-je songer ? Elle est sortie en courant à votre poursuite, en soupçonnant ce que vous aviez fait, et vous l'avez simplement assassinée afin de dissimuler votre crime.

— Où sont vos preuves ?

— Oh, nous trouverons un couteau maculé de sang dans le jardin, que quelqu'un identifiera comme vous appartenant. Peut-être y a-t-il aussi du sang sur certaines pièces de vos vêtements. Il se pourrait aussi qu'un ou une domestique autre que Crocker vous ait vu quitter le jardin en arrière-cour et qu'il ou elle ait vu la jeune fille vous suivre. Notre enquête n'en est qu'à ses balbutiements. Nul ne sait ce qu'on peut découvrir.

M. Collier médita avec crainte les propos tenus par sir John. Il parut sur le point de causer, quand le magistrat lui-même reprit :

— Sachez, monsieur — car vous devez sans doute l'ignorer —, que nous avons réussi à tendre un piège à la bande de brigands au domicile du président de la Haute Cour. Nous en avons arrêté quatre, voire cinq, si ce dernier survit à ses blessures. À présent, je doute fort que lord Mansfield leur témoigne la moindre miséricorde, puisque c'est son domicile qui a fait l'objet de leur assaut, mais si l'un d'entre eux témoigne contre les autres, il peut bénéficier de la transportation et échapper ainsi au gibet. Mais vous, monsieur, vous trouvez dans une situation pire que n'importe lequel d'entre eux, car vous avez commis un meurtre pour masquer votre larcin. Je ne vois guère d'indulgence possible à votre endroit.

M. Collier semblait désormais si dévasté par l'émotion qu'il était à l'évidence sur le point de fondre en larmes. De nouveau, il parut vouloir s'exprimer, mais sir John reprit la parole.

— À moins que...

Ces simples mots offrirent au majordome des raisons d'espérer. Il joignit les mains et marmonna une réponse empreinte de sincérité :

— Oui ?

— À moins que vous ne soyez prêt à admettre le rôle que vous avez joué dans le vol, à me convaincre que vous n'avez point tué Crocker, et à témoigner contre celui qui en est en l'auteur. Le cas échéant, je pourrais peut-être alors vous avoir la vie sauve.

— Je... je crois pouvoir m'acquitter de tout cela, mais...

— Mais quoi, voyons ?

La patience de sir John avait atteint ses limites.

— Pouvez-vous aussi sauvegarder la toile pour moi ?

— Je puis essayer.

— Alors... entendu.

Et, ce disant, il nous livra le récit de ce qui s'était passé la veille au soir. Sir John, semblait-il, ne s'était pas trompé : M. Zondervan et John Abernathy, alias Johnny le Farceur, l'avaient informé de la cachette et s'étaient mis d'accord avec lui sur le mode de rémunération, en lui précisant même le moment idéal pour accomplir le vol, puisque Abernathy attendrait dans le jardin de derrière. Le rôle de M. Collier consistait somme toute à retirer les bijoux du cabinet de toilette de l'étage et à les sortir pour les remettre à John Abernathy.

Mais, en l'occurrence, Maude Bleeker, la cuisinière, aperçut Collier, comme il franchissait la porte pour gagner le jardin, et elle courut prévenir Crocker ; car elle savait, comme tous les domestiques, que si les bijoux de la maîtresse étaient volés, c'est Crocker que l'on blâmerait. C'est pourquoi, lorsqu'on avait découvert cette dernière, elle ne portait qu'une chemise de corps et un jupon. Elle s'était mise à pourchasser Collier, sans prendre la peine de se vêtir. C'est là qu'elle avait vu le majordome avec la cassette contenant les bijoux. Elle ne vit pas cependant John Abernathy venir par-derrière. Il la saisit, plaqua une main sur sa bouche, et lui trancha la gorge.

La voix de Collier chevrotait tandis qu'il décrivait son épouvante à la vision du crime perpétré sous ses yeux. Je le croyais et savais qu'il pouvait éprouver de l'horreur. Ce n'était pas un homme violent. Néanmoins, lorsqu'on avait découvert le corps, et que Maude l'avait menacé de rapporter ce qu'elle avait vu, il l'avait mise en garde, lui faisant entendre qu'elle risquait de subir le même sort que Crocker; c'était assez pour la faire taire, en la circonstance.

— Et vouliez-vous dire que vous-même l'auriez assassinée, si elle s'avisait de dévoiler ce qu'elle avait vu?

— Non, monsieur, répondit Collier au magistrat. Je voulais la prévenir qu'Abernathy pourrait bien s'en prendre à elle.

— En avait-elle conscience?

Il poussa un profond soupir :

— Non, sans doute. Elle a fort bien pu songer que j'avais tué Crocker.

— Mais vous être prêt à témoigner que c'est Abernathy qui a assassiné la jeune fille?

— Je suppose que... oui.

Puis, réalisant que cela ne suffirait peut-être pas, il déclara avec franchise :

— Oui, je suis prêt à en témoigner.

— Entendu, monsieur Baker, vous pouvez l'emmener, dit sir John. Enfermez-le dans la chambre de sûreté avec les autres de Bloomsbury Square. Laissez les agents Sheedy et Kelly se charger de clore cette demeure. Jeremy et moi devons traverser le fleuve et nous rendre à Bermondsey.

— Mais... qu'en est-il de la toile? pleurnicha M. Collier.

— Ah... eh bien, répondit sir John, vous feriez mieux de ne pas l'emporter avec vous parmi cette bande de voleurs. Nous la conserverons par-devers nous, monsieur, jusqu'à ce que votre avenir soit plus certain.

Le trajet jusqu'à Bermondsey ne dura pas aussi longtemps que je l'aurais cru. C'était en partie dû à l'heure tardive et aussi à la célérité avec laquelle les hommes de M. Bilbo nous conduisirent là-bas. Bien qu'il n'eût point recours au fouet, le cocher n'en épargna pas les chevaux pour autant. Il semblait tout bonnement savoir comment obtenir le meilleur de l'attelage. Et brimbalés comme nous l'étions, nous avions peu de chances de bavarder, mais ce que me confia sir John me surprit infiniment.

— C'est toi, Jeremy, qui as été la cause de tous ces événements.

— Oh ? dis-je. Que voulez-vous dire, monsieur ?

— Il n'aurait pas cédé comme il l'a fait, si tu n'avais pas découvert la toile. Comment as-tu su que c'était ce qu'il fallait chercher ?

— Une conjecture avisée, monsieur. Il révérait les tableaux de cette galerie chez Zondervan, les traitait presque comme des objets sacrés.

— Il semblait en effet y tenir plus qu'à sa propre vie. Qui l'a peinte, le sais-tu ? Quel en est l'artiste ?

— Collier me l'a bien dit, monsieur, mais je l'ai oublié.

— Ah, certes, cela ne signifierait rien pour moi, de toute façon.

En arrivant au quai, je vis un énorme groupe de personnes — et de chevaux — rassemblé autour d'un poste d'amarrage désert. Il y avait cinq sergents de ville, toute une escouade de carabiniers du roi — chacun au garde-à-vous près de son cheval —, quelques débardeurs, des galopins, et un ramassis d'arsouilles errant sur les quais, venus par curiosité. Je décrivis la scène pittoresque à sir John, comme nous descendions de voiture. M. Bailey nous repéra et s'empressa de nous rejoindre, nous accueillant d'un ton des moins encourageants.

— Ah, monsieur, dit-il, en saluant pour la forme, nous sommes dans un beau pétrin, j'en ai bien peur. J'espère seulement que Baker et Perkins ont eu plus de succès que nous.

— Ils ont fort bien réussi leur mission, merci, répondit sir John. Mais quel est donc le problème, ici ?

C'était le suivant : à l'arrivée des sergents de ville, le capitaine du *Dingendam* avait eu tôt fait de comprendre la situation ; il renvoya le dernier arrimeur et retira la passerelle de débarquement. M. Bailey, en sa qualité de chef du détachement, fut contraint de négocier pour obtenir la permission de monter à bord. Il se rendit compte que ces pourparlers n'étaient destinés qu'à gagner du temps. Le capitaine attendait quelque chose ou quelqu'un, tout en insistant sur le fait que si le bateau battait pavillon hollandais, les sergents de ville britanniques n'avaient aucun droit d'y monter et d'inspecter la cargaison.

— Pures sottises ! commenta sir John.

— C'est bien ce que je pensais, monsieur, et je le lui ai bien fait comprendre... mais j'ai dû avoir quelques paroles un peu rudes.

Quoi qu'il en fût, le capitaine du *Dingendam*, un dénommé Van Cleef, continua d'ergoter au-delà du sens commun... jusqu'à ce qu'il entendît un bruit qui l'alerta vivement. M. Bailey le perçut aussi et crut en premier lieu que cela provenait d'un coche, puis de toute une procession d'attelages, car un grand nombre de sabots caracolaient sur les pavés. Ce n'était autre que l'escouade des carabiniers du roi, avec le lieutenant Tabor à sa tête. Si le capitaine Van Cleef avait pu résister à M. Bailey et à sa poignée d'agents, la seule vue du contingent de soldats à cheval suffit à le faire fuir sur le pont principal, où il se mit à aboyer des ordres à l'équipage (en néerlandais, bien sûr, donc incompréhensibles aux oreilles non aguerries). Il tenta de traiter avec le lieutenant, mais Tabor ne voulut rien entendre. Le jeune officier se borna à rassembler ses troupes le long du quai, face au vaisseau, puis sortit un document de sa botte droite et le lut à voix haute, toujours à califourchon sur sa monture. C'était en effet un avertissement qui venait soutenir les sergents de ville ; si le capitaine et l'équipage du *Dingendam* refusaient de coopérer, alors l'escouade avait la permission de détruire le bateau (sans préciser que cela était censé s'accomplir à l'aide de carabines). La sommation portait l'impressionnante signature du colonel William Trotter, commandant en chef du sixième dragons de la Garde (les carabiniers du roi), ainsi que le paraphe du major Francis Hughes, grand prévôt de la Tour.

Pour toute réponse, le capitaine batave lança de nouveaux ordres (en hollandais) et s'apprêta à appareiller en toute hâte. Les amarres furent larguées et les voiles mises, puis le vaisseau commença à s'éloigner du quai. Le lieutenant ordonna à ses hommes de mettre pied à terre. Il leur commanda ensuite de sortir leurs carabines de leurs étuis de selle, et ils s'exécutèrent. Ils visèrent le navire et firent feu, au moment où le lieutenant abaissa son épée.

En vérité, la salve ne causa guère de dommages au *Dingendam*. L'équipage eut le bon sens de se baisser et leur capitaine d'entraîner son vaisseau dans le courant. Ils auraient tous pu s'échapper s'ils étaient partis à la marée, mais, à quelque distance du quai, il ordonna à ses hommes de jeter l'ancre. Aussi mouillaient-ils dans la quasi-obscurité, pas tout à fait hors de portée des carabines, mais assez loin pour ne pas être atteints.

— Depuis quand vous trouvez-vous dans une telle impasse ? demanda sir John à M. Bailey.

— Trop longtemps, répondit-il. Ils vont manquer la marée, s'ils attendent davantage.

— C'est sans doute Zondervan qui les retient. Je me demande où il peut être.

— Et d'ailleurs où est passé le sergent Patley ?

— Je lui ai ordonné de ne pas perdre le Hollandais de vue, déclara sir John.

— Vous ne croyez pas qu'on l'aura soudoyé, si ?

— Non, répondit le magistrat d'un air certain. Certes pas.

J'avais, je pense, une vision plus perçante que celle de M. Bailey. Et sans conteste meilleure que celle du lieutenant Tabor. Je discernai donc certains mouvements sur le fleuve. Ce n'était point le *Dingendam* qui remuait, hormis le fait qu'il flottait à son point de mouillage. Non, c'était le petit canot d'un batelier qui s'en allait lentement mais sûrement rejoindre le grand vaisseau. Je m'avançai sur le quai et, au bout d'un moment, pus distinguer dans la pénombre trois hommes dans l'embarcation : le rameur et ses deux passagers. Je tournai alors les talons pour informer sir John de ce que j'avais vu.

Toutefois, il n'était plus où je l'avais laissé. Je regardai alentour, sans trop savoir où il avait bien pu s'en aller, puis découvris que M. Bailey l'avait conduit auprès du lieutenant et d'un autre individu — en civil —, lequel, bien que de dos, me semblait quelque peu familier. En vérité, ce n'était autre que le sergent Patley, qui se confondait en excuses pour avoir perdu M. Zondervan dans la grande cohue des attelages et fiacres, devant le théâtre de Drury Lane.

— Je crois bien qu' Zondervan a sauté d' voiture, pendant que mon ch'val se r'trouvait au beau milieu des attelages, d'vant le théâtre, et n' pouvait plus avancer, car lorsque j' suis arrivé à sa hauteur, j'ai fait arrêter l' cocher et j'ai r'gardé à l'intérieur, il y était plus du tout.

Puis, avant que je ne puisse prononcer ne fût-ce qu'un mot, le lieutenant Tabor fit une remarque qui me déconcerta grandement.

— Vous n'avez jamais excellé en poursuite, n'est-ce pas, Patley ? ricana-t-il. Si j'ai bonne souvenance, vous avez fini par perdre la trace de ces prisonniers en fuite, avant même qu'ils n'en laissent une à proprement parler.

Quels prisonniers ? Comment pouvait-on perdre une trace avant qu'on ne l'ait laissée ? Quel passé avaient-ils en commun ?

— Bref, sir John, reprit M. Patley en ignorant complètement le lieutenant, j'ai perdu c' Zondervan.

Je ne pus me retenir davantage :

— Monsieur, je crois savoir où il est.

Tous les visages se tournèrent vers moi. Patley me grippa au bras.

— Où donc ? Dis-moi où.

— Presque au bateau, à présent, dis-je. Si vous...

Patley me relâcha soudain avec une telle force qu'il manqua me faire choir à la renverse. Puis il bondit par-delà le lieutenant et s'empara de la carabine de l'un des soldats, qui fut bien trop stupéfait pour réagir.

Il me cria :

— Viens-t'en ! Montre-moi !

Comme j'avais aperçu le fuyard et l'avais annoncé, je sentis que je n'avais d'autre choix que de le lui montrer. Nous courûmes ensemble jusqu'au bout du quai, tandis que le lieutenant, le soldat et M. Bailey nous appelaient.

— Là-bas, dis-je en pointant l'index en direction du *Dingendam.* Vous voyez ? Ils ont déjà lancé l'échelle par-dessus bord.

Et c'était bel et bien le cas. Une échelle de corde se balançait sur le flanc du navire. Il m'apparut que l'un des passagers du canotier avait déjà grimpé à bord, puisqu'il n'en restait plus qu'un dans la barque, et ce dernier se préparait à monter à l'échelle.

Je tentai d'attirer l'attention de l'agent Patley sur ce point, mais il ne me prêta pas le moindre intérêt. Il s'était mis en position de tir, le coude reposant sur son genou à terre, afin que sa main puisse maintenir le canon. Il semblait si préparé que je fus pour le moins surpris lorsqu'il hurla une sommation :

— Arrêtez ou j' tire !

Mais l'homme sur l'échelle refusa d'obtempérer. Il y grimpa au contraire avec une maladresse décuplée, tant et si bien qu'elle se mit à osciller de plus belle contre la coque du vaisseau et empêcha, en apparence, qu'on fît feu sur lui.

C'est du moins ce que je pensais. M. Patley libéra le chien, étira la gâchette et appuya sur la détente. L'individu s'arrêta net comme le coup retentissait. Pendant un long moment, il demeura suspendu au barreau en bois au-dessus de lui. Puis sa prise se relâcha et il tomba dans le fleuve. Il ne fit pas le moindre mouvement pour tenter de surnager ou de flotter. Il sombra simplement.

M. Patley se releva et se tourna, tandis qu'un groupe de soldats, de sergents de ville, et les acteurs principaux du drame précédent se rassemblaient autour de lui. Il rendit l'arme à son détenteur, en le remerciant un peu avec ironie d'avoir pu en faire usage. Et au lieutenant, il déclara :

— Comme soldat, je n' valais p't'ê't' pas grand-chose, mais j'ai toujours su tirer.

Aucune réponse ne vint en retour.

Sir John, présent parmi l'attroupement, annonça qu'il entendait le bruit du cabestan qui tournait.

— Ils lèvent l'ancre. Ils seront partis et en aval du fleuve en un clin d'œil, lieutenant Tabor. Je vous conseille ainsi qu'à vos hommes de vous mettre en selle et de détaler. Une longue chevauchée vous attend.

— Oui, monsieur, c'est d'accord, acquiesça l'officier.

Puis il beugla aux hommes de son escouade de récupérer leurs montures. Au moment de prendre congé, il tendit la main à l'agent Patley.

— Joli coup, caporal. Je n'ai jamais douté de votre adresse.

Sur un autre commandement, la troupe monta à cheval comme un seul homme, et Tabor prit la tête au petit galop.

— Où s'en vont-ils ? s'enquit M. Bailey.

— Au poste de douane de Gravesend, répondit le magistrat. Je les ai prévenus qu'un bateau hollandais rem pli de biens de contrebande risquait de croiser dans leurs eaux ce soir. Le lieutenant et son détachement partent en avance, afin de dire aux douaniers qu'ils devront peut-être envoyer un vaisseau des gardes-côtes, pour faire barrage aux escrocs à l'embouchure de la Tamise.

— Vous avez tout prévu, n'est-ce pas, monsieur ?

— J'ai essayé, dit sir John. J'ai essayé, en effet. Mais,

monsieur Patley, j'aurais espéré vous voir faire preuve d'un soupçon de mesure.

— Oh ? Comment cela, monsieur ? J'ai lancé une sommation.

— Je vous ai entendu, et cela fut accompli dans les règles, mais il eût été plus aisé de régler tout cela, si j'avais pu soumettre M. Zondervan à un interrogatoire.

— Oh, vous pouvez fort bien l'y soumettre encore, monsieur. C'est pas Zondervan qu' j'ai abattu.

— Ah bon ?

— Ah non, monsieur. C'est John Abernathy.

— Vous en êtes sûr, monsieur Patley ?

— Certain, monsieur.

CHAPITRE XII

Où tout s'explique et où Annie apporte de bonnes nouvelles

— N'as-tu point saisi la nature de la situation, Jeremy ? Je l'aurais pourtant cru. M. Patley était mon espion. Oui, tout à fait, là-bas dans ce repaire de voleurs.

— Alors je n'ai été d'aucune utilité, n'est-ce pas ? Je veux parler de toutes ces allées et venues dans St. James Street, à interroger les témoins chez Trezavant. J'aurais pu tout aussi bien aller cueillir des pâquerettes dans le parc.

— Oh, mais en aucun cas ! répliqua sir John. Tu m'as rapporté une abondance de bons renseignements de tes investigations.

C'était le lendemain de cette grande soirée, où l'on avait fait moult prisonniers et collecté de nombreuses preuves. Le lieutenant Tabor et ses hommes avaient ramené de Gravesend M. Zondervan et le capitaine Van Cleef. Le *Dingendam* était en quarantaine et son équipage en détention. Sir John avait vidé la chambre de sûreté à l'issue de ses audiences et envoyé M. Collier et le capitaine à la prison de la Fleet, le reste étant incarcéré à Newgate. (« C'est assez bien pour eux », déclara-t-il.) Les procès à l'Old Bailey auraient lieu dès que les dates seraient fixées.

Quant à moi, je me réjouis moins de ce dénouement que je ne l'aurais dû. Je passai ma journée à bouder au 4 Bow Street, en songeant que tout avait été accompli sans mon aide. Tard dans l'après-midi, sir John, comme il en avait souvent l'habitude, perçut à juste titre mon état d'esprit, m'appela dans son cabinet, et alla droit au but.

Mais encore lui fallait-il me convaincre.

— Pourriez-vous être plus précis ? lui demandai-je. S'il y avait une telle profusion de précieuses informations, il devrait être facile de me citer un exemple ou deux.

(Si le magistrat me pardonnait ces accès fortuits de suffisance et d'amour-propre, vous-même aurez peut-être le cœur d'agir comme lui, cher lecteur.)

— Je puis le faire sans peine, répondit-il. Prenons l'exemple du piège que nous avons pu tendre aux brigands, à la résidence de lord Mansfield. Ce fut largement grâce aux renseignements que tu as fournis.

— Oh ? Comment... comment cela, monsieur ?

— Tu te souviens sans doute qu'en te rendant chez M. Bilbo pour vérifier le récit de M. Burnham auprès des résidants de la demeure, tu t'es senti découragé parce que tu savais qu'il leur serait inévitable de mentir pour le protéger. Te rappelles-tu ce que je t'ai dit alors ?

— Ma foi... oui. Je crois que vous m'avez conseillé de leur prêter la plus grande des attentions, car c'est souvent au travers des mensonges qu'on découvre la vérité... ou de la teneur des paroles prononcées.

— Fort bien, dit-il. J'ignorais que tu m'écoutais avec tant de soin. À présent, réfléchis, Jeremy, qui as-tu croisé par le plus grand des hasards, ce jour-là ?

— Eh bien, c'était Mary Pinkham, dis-je, surpris de cette souvenance.

— En effet, et que t'a-t-elle déclaré ?

— Qu'elle cherchait une place.

— Où cela ?

— Mais bien sûr ! Comment cela a-t-il pu m'échapper ? Chez lord Mansfield, à Bloomsbury Square.

— Et lorsque tu l'as revue, c'est là qu'elle se trouvait.

— Et agissant pour le compte des voleurs.

— Comme de juste ! Mais entre-temps, tu as vérifié ses dires et découvert qu'elle n'était point employée dans cette maisonnée et n'y avait même pas proposé ses services. Je l'ai prévu et me suis dit que si elle était bien comme on le soupçonnait la femme en détresse ayant persuadé le majordome de lui ouvrir la porte chez Trezavant, elle avait à l'évidence entendu dire que la résidence du président de la Haute Cour serait la prochaine demeure à cambrioler. Cela m'a suffi pour demander à lord Mansfield l'autorisation de placer deux hommes dans sa maison afin de la surveiller.

— Les agents Perkins et Brede.

— Tout à fait ! Tu as toi-même apporté la lettre à lord Mansfield. Je ne pouvais laisser le président de la Haute Cour se faire dépouiller aussi brutalement. Le cas échéant, c'eût été une offense à tout le système judiciaire. J'ai donc posté Perkins et Brede sur place, quand bien même j'ignorais à quel moment aurait lieu l'assaut. Mais tu m'as renseigné à cet égard aussi.

— Vraiment ?

— Certes. Te rappelles-tu quand tu es allé quérir M. Donnelly, afin qu'il examine le corps de la jeune fille, dans le jardin des Trezavant ?

— Oui, bien sûr. J'ai dû attendre, car il se trouvait à un dîner chez lord Mansfield.

Et, tout en me remémorant l'épisode, j'ajoutai, enthousiaste :

— M. Zondervan y était aussi. En fait, il a ramené M. Donnelly chez lui, dans sa propre voiture. Lorsque je vous en ai causé le lendemain, cela vous a fort intéressé et vous m'avez dépêché chez le Hollandais pour l'inviter à venir bavarder avec vous céans.

— Ah oui, et pendant que tu te trouvais là-bas, tu as noté l'intense activité régnant dans la demeure, laquelle pouvait évoquer les préparatifs d'un déménagement de la maisonnée... et du maître de maison. Et tu as jugé que le départ serait proche, voire aurait lieu le même soir. Tu as aussi entendu M. Patley dans la bâtisse et cela m'a un peu effrayé. Mais lui, à propos, avait confirmé tes soupçons et pensait qu'un départ de bonne heure était prévu.

— Pourquoi « de bonne heure », sir John ? m'enquis-je.

— Eh bien, oui, pourquoi ? Parce que, vois-tu, cette missive que tu m'as rapportée de la part de M. Humber contenait des informations fort intéressantes. En premier lieu, elle m'apprenait qu'il y avait un vaisseau à l'évidence beaucoup trop assuré pour la cargaison qu'il transportait... du moins à en croire ce qui est consigné sur son manifeste. Il s'agissait d'un navire immatriculé aux Pays-Bas, le *Dingendam*, lequel devait embarquer le 21 de ce mois pour quelque port des colonies d'Amérique du Nord... Boston, ce me semble.

Il sourit alors à belles dents.

— En effet, Jeremy, c'est la date d'aujourd'hui. En d'autres termes, en profitant de la marée, comme ils l'ont fait hier au soir, ils quittaient nos côtes un jour plus tôt que celui qu'ils avaient déclaré aux autorités du port de Londres. Ah... oui ! Ce qui est peut-être le plus important, c'est que le propriétaire du *Dingendam* était inscrit sous le nom de Hans Zondervan. Voilà qui confirmait ta présomption eu égard aux indices fournis par M. Martinez... Une présomption avisée, si je puis dire.

« Voyons... où en étais-je ? Ah oui ! quand Zondervan est arrivé, vois-tu, je n'ai jamais pu deviner par quelle miracle tu l'avais persuadé de venir.

— Je vous ai décrit comme quelqu'un d'assez pitoyable, qui serait heureux d'avoir la visite d'un individu du grand monde.

— Excellent ! Nous étions alors en parfaite harmonie, dit le magistrat, car pour ma part, dans mon rôle de vieux bonhomme excentrique, je lui ai soutiré les noms de quelques membres de la haute société, dans les grandes maisons desquels il avait dîné... comment on l'avait reçu avec ces stupides anecdotes bataves, et cetera. Et parmi ceux qui l'avaient accueilli à leur table se trouvaient lord Lilley et notre ami le coroner, M. Trezavant. Autrement dit, il était allé en reconnaissance dans ces demeures et avait décidé de ce qu'elles renfermaient et de ce qui méritait d'être volé. Comme il venait à peine de visiter lord Mansfield et avait charmé la haute société présente, et puisque M. Patley et toi vous accordiez à penser que Zondervan se préparait à partir un jour plus tôt que prévu, selon les informations dont nous disposions, j'en ai déduit que le brigandage du domicile du président de la Haute Cour aurait lieu ce même soir... et ce fut le cas.

C'était, je dus l'admettre, un compte rendu fort complet. Et nul ne pouvait douter que j'avais en réalité joué un rôle prépondérant dans la collecte de renseignements. Cependant...

— Certes, ce n'est qu'un exemple. Il y en a eu d'autres, reprit sir John. Souhaites-tu en entendre davantage ?

— Eh bien... non, hésitai-je. Je me demande seulement pourquoi vous ne m'avez pas fait part de l'importance de ces bribes d'information, lorsque je vous les ai apportées. Bref, pourquoi ne pas m'avoir mieux tenu au courant ?

Il sombra dans un silence confus. Je devinai qu'il désirait répondre, mais ne savait trop comment formuler sa phrase. Pourtant, je tenais à l'entendre de sa bouche et je poursuivis donc sur ma lancée.

— Ne me trouvez-vous point fiable, monsieur, au point de me refuser vos confidences ?

— Oh, mais bien sûr que non ! s'empressa-t-il de répondre. C'est juste que... ma foi, laisse-moi te conter une histoire.

Puis, après avoir pris une profonde inspiration, il commença :

— C'était lorsque j'avais environ ton âge et servais en qualité d'aspirant dans la marine. Nous faisions alors partie d'une escadre, à battre notre pavillon dans les eaux de la Méditerranée. Nous avons fait escale à Naples, qui, par tradition, entretient des liens amicaux avec l'Angleterre. Pour le prouver, le duc de Naples nous a envoyé une troupe d'artistes qui nous a offert une représentation à bord. Il y avait des acrobates et des jongleurs, tous plus experts les uns que les autres dans leur compétence. Mais aucun n'aurait pu vraiment être qualifié d'artiste, à l'exception d'un seul : un magicien. À dire vrai, j'ignore pourquoi ce serait le cas — sans doute est-ce en rapport avec le talent des Napolitains pour le vol —, mais on prétend qu'ils engendrent les meilleurs magiciens du monde, bien qu'on entende çà et là que les Orientaux font des merveilles en la matière. Je n'ignore pas qu'il n'existe rien de comparable à la vraie magie. Ce n'est qu'illusion et tours de passe-passe. Néanmoins, lorsque c'est accompli avec grande connaissance, talent, et habileté, cela confine sans conteste à l'art le plus pur. Et le magicien qui nous divertissait ce jour-là à Naples possédait toutes ces qualités : c'était un authentique artiste. Il ne prononça pas une seule parole au cours de son numéro, ce qui rendait son tour d'autant plus mystérieux. Pour autant que je sache, l'homme aurait pu tout aussi bien être muet. Mais je n'ai eu aucune peine à comprendre quand il m'a désigné du doigt, alors que j'étais assis au premier rang, et m'a fait signe de me placer à son côté, devant tout le monde, capitaine et équipage. Il a présenté un chapeau à large bord et m'a fait signe de m'en coiffer, ce que j'ai fait. J'ai découvert qu'il était beaucoup trop grand. Il me recouvrait complètement les yeux, ce qui suscita une grande hilarité à mes dépens, mais je ne m'en souciais guère, car nous étions tous à la fête. Quoi qu'il en fût, il m'a exhibé ainsi et a montré à tous qu'il s'agissait, hormis sa taille, d'un couvre-chef des plus banals. Puis, alors qu'il me renvoyait à ma place, je me suis donc assis et je l'ai regardé accomplir quelque chose de tout à fait prodigieux. Il a retourné le chapeau et l'a couvert d'un linge. Puis, après quelques tours de passe-passe, il a retiré l'étoffe, plongé la main dans le couvre-chef, et en a ressorti... un *lapin* !

(Cher lecteur, j'avais alors assisté plusieurs fois à ce tour, le dimanche, à Covent Garden, mais c'était la première et la dernière fois que sir John en avait été le témoin oculaire, et, même lorsqu'il en parlait, il semblait en avoir conservé un souvenir assez impressionnant.)

— Jeremy, reprit-il sur une note plus légère, ce n'est pas un hasard si je t'ai narré cette anecdote, car depuis lors j'ai toujours cherché à étonner les autres comme ce mage napolitain m'a étonné. Autrement dit, j'adore sortir des lapins d'un chapeau ! J'adore collecter toutes les bribes d'information, les mélanger, les remettre en ordre, et ainsi de suite, jusqu'à ce que je parvienne à une solution stupéfiante, la plus pertinente, la seule et unique qui soit. Mais, pour stupéfier, j'ai besoin d'un public... et toi, Jeremy, tu es mon public. Si je t'avais tenu informé de chaque étape du parcours, il n'y aurait eu aucune surprise, aucun étonnement, aucun lapin sorti du chapeau. Ou pis encore, si tu avais tout su, alors tu aurais pu trouver la solution avant moi, et j'aurais été celui qu'on stupéfie. Non seulement je n'aurais plus eu le plaisir de faire apparaître le lapin du chapeau, mais j'aurais été de surcroît embarrassé.

— Alors... hésitai-je, alors je dirais que tout cela n'est qu'une sorte de jeu pour vous. N'est-ce pas, monsieur ?

Il y réfléchit avec gravité et parut prêt à réfuter la conclusion que j'avais tirée de ses propos. En fait, il secoua la tête, puis se pinça les lèvres judicieusement et déclara :

— Cela *ressemble* peut-être à un jeu, mais ce n'est pas tout à fait cela. Appelons plutôt cela un amusement fort sérieux.

Je n'étais pas certain d'avoir saisi ce qu'il entendait par là, mais je ne jugeais pas le moment bien choisi pour le lui demander. Mieux valait, songeai-je, me retirer, afin qu'il méditât seul sur le sujet. Je me levai du siège où j'étais resté assis pendant notre longue conversation, et m'apprêtai à prendre congé. Une dernière question me traversa l'esprit.

— Monsieur, dis-je, si le sergent Patley était votre espion là-bas, dans le camp ennemi, comment s'est-il débrouillé pour s'insinuer dans les bonnes grâces d'une telle bande de coupe-jarrets ?

Puis, me rappelant la malheureuse Crocker, j'ajoutai :

— Oui, c'est le mot qui leur convient le mieux.

— Il y est parvenu en les convainquant qu'il serait *leur* espion dans *notre* camp, répondit le magistrat. Mais c'est beaucoup plus complexe que cela et l'histoire n'en est que plus fascinante. Tu ferais mieux de lui poser toi-même la question.

Je gravis l'escalier qui menait à notre office, conscient qu'il était assez tard et que je devais charger le four pour lady Katherine. Elle avait bien entendu pris la place d'Annie en qualité de cuisinière, jusqu'à ce qu'on en trouvât une nouvelle. L'idée qu'on pût la remplacer me serrait le cœur, à dire vrai. Comment eût-elle pu être remplacée ? Elle était devenue un membre de la famille... et un membre plus important que Clarissa ou moi, car elle remplissait une fonction bien plus essentielle. Que pouvaient accomplir la secrétaire de lady Kate ou l'assistant de sir John qui pût rivaliser avec l'art culinaire, lequel remplissait nos estomacs de mets délicieux ? Famille bien nourrie, famille ravie, dit-on.

Comme j'arrivais en haut des marches, j'entendis des voix de femmes par-delà la porte. Songeant qu'il s'agissait de Clarissa et de lady Kate, je ne pris pas la peine de frapper. J'ouvris l'huis et entrai sans préambule. Ce que je vis me fit croire un instant que j'avais en quelque sorte remonté le temps d'une journée, d'une semaine, voire d'une année, car à la table de la cuisine Clarissa et Annie riaient et bavardaient, telles deux sœurs. Elles se tournèrent vers moi.

— Annie ! m'écriai-je. Tu es revenue !

Elle bondit de sa chaise, me sauta au cou, et alla même jusqu'à me planter un baiser sur la joue.

— Oui, dit-elle, mais juste pour ce soir.

— Oh, Jeremy, chantonna Clarissa, à présent debout aussi, tu n'as pas idée de la nouvelle qu'elle nous apporte. Dis-le-lui, Annie, dis-le-lui !

— Oui, répliquai-je, je t'en prie, dis-le-moi. Allons !

— S'il existe bien une personne qui se souvienne de ce qui m'a donné envie d'apprendre à lire, c'est bien toi.

— Bien sûr, c'est cettc représentation d'*Othello*, au théâtre de Drury Lane. Je me rappelle fort bien comme nous nous sommes tous rassemblés ensuite, pour aller féliciter M. Garrick[1].

— Et moi, reprit-elle, j'ai eu l'audace de lui annoncer qu'il m'accueillerait un jour au sein de sa compagnie.

Elle marqua une pause, pour ménager son effet, je présume, puis, en proie à l'allégresse, se mit à clamer :

— Et c'est ce qu'il a fait !

Il me fallut un instant pour bien saisir ce qu'elle avait déclaré :

— Oh, Annie, veux-tu vraiment dire que... ? Est-ce donc vrai ?

Et, avec l'aide de Clarissa, sous la forme d'interruptions, rappels et autres commentaires, Annie commença son histoire. Elle avait pris elle-même son destin en main, le soir du dîner où MM. Johnson et Burnham étaient présents. Elle resta éveillée, cette nuit-là, à se sermonner au sujet de M. Burnham. L'avait-il encouragée ? Non, il s'était comporté dans les limites imposées à un précepteur et son élève. S'était-elle alors abusée ? Oui, en effet, tout comme elle l'avait fait plus tôt avec Tom Durham, le fils de lady Katherine. Elle se sentait gênée, honteuse, humiliée même, en songeant aux circonstances qui l'avaient conduite à cet état.

1. Célèbre acteur shakespearien du XVIIIe siècle, qui donna ses lettres de noblesse au théâtre de Drury Lane. *(N.d.T.)*

Mais elle eut alors un regain de courage, au souvenir de la joie de sa première soirée au théâtre... et de la promesse qu'elle avait faite à elle-même et à David Garrick. Elle avait tout abandonné, pour quelque stupide rêve puéril d'amour éternel avec M. Burnham. Enfin, on pourrait penser qu'elle avait été inspirée par l'un des récits romanesques de Clarissa ! Annie s'en voulut d'avoir remisé son ambition par-devers elle de manière aussi mesquine. Mais elle se rappela alors que M. Burnham avait attiré son attention sur une affiche à la porte du théâtre de Drury Lane, laquelle annonçait que M. Garrick auditionnerait des candidats sur rendez-vous, en vue d'un apprentissage. Et sous le communiqué était inscrit : « Beaucoup sont appelés, mais peu sont élus. » M. Burnham lui assura qu'elle était prête et serait choisie. À ce moment-là, tout l'indifférait, hormis son précepteur, aussi avait-elle eu tôt fait d'oublier Drury Lane et David Garrick. Mais, à présent, ces pensées-là lui revenaient.

Le lendemain matin, elle se rendit au théâtre pour solliciter un rendez-vous et on la présenta sans tarder à M. Garrick en personne. Il l'avait regardée de haut en bas, avant de déclarer :

— Autant battre le fer quand il est chaud.

Et, à ces mots, il l'avait emmenée sur la scène vide du théâtre désert.

— Avez-vous préparé quelque chose ? s'enquit-il.

Elle hocha la tête et il alla s'asseoir sur une chaise, en coulisses. Il lui fit un signe de la main, indiquant qu'elle pouvait commencer.

Annie connaissait de nombreux passages de Shakespeare par cœur et, à ses yeux, le monologue d'Ophélie de l'acte III de *Hamlet* (qui commence par : « Oh ! que voilà un noble esprit bouleversé[1] ! ») était celui qui lui convenait le mieux. Elle ne le récita point, mais l'incarna avec force gestes et mouvements, ignorant M. Garrick, pour jouer devant la salle déserte et assombrie.

1. Traduction de François-Victor Hugo. *(N.d.T.)*

Lorsqu'elle eut terminé, elle se tourna et le trouva tout près d'elle, la dévisageant avec intensité. Il lui demanda si elle connaissait la chanson de l'acte IV. Comme elle lui répondit par l'affirmative, il lui demanda de la chanter. Ce qu'elle fit, sur un air qu'elle avait adapté de *Lord Randall*[1], qui convenait à merveille. Une fois qu'elle eut fini, il lui demanda de la rechanter, ce qu'elle fit pour la plus grande satisfaction de l'acteur. Il la pria ensuite de marcher sur la scène et de revenir vers lui, ce qu'elle fit aussi, mais cela plut moins à M. Garrick. Il lui dit qu'elle avait besoin de travailler sur le mouvement, mais il poursuivit en l'informant des conditions de l'apprentissage, lesquelles étaient censées paraître assez harassantes, bien qu'elles ne le parussent pas à Annie. Il lui demanda enfin son nom complet, avant de lui annoncer que les documents seraient préparés incontinent et qu'elle devait venir le lendemain les signer.

— Cela signifie-t-il... ?

— Cela signifie que vous serez une modeste apprentie, rien de plus... nonobstant membre de notre compagnie.

L'histoire contée par Annie nous fit une fois encore glousser d'enthousiasme, Clarissa et moi. Il paraissait quasi impossible qu'elle eût triomphé avec autant d'éclat des circonstances et du hasard, ainsi que d'elle-même... mais c'était pourtant le cas. Et nul n'était plus heureux pour elle que nous deux, si ce n'étaient sir John et lady Katherine, qui nous rejoignirent un peu plus d'une heure plus tard. Ils découvrirent un grand repas de fête, préparé pour eux par Annie et Clarissa. Sir John demanda qu'on serve une bouteille de bordeaux, et l'on porta des toasts au succès d'Annie dans sa nouvelle carrière. (Comme vous le savez peut-être, cher lecteur, elle réussit.) Ce fut un moment des plus heureux, mais aussi une triste occasion, car c'était la dernière fois que nous étions tous les

1. Chanson populaire écossaise, inspirée d'une ballade italienne du XVIIe siècle et encore chantée de nos jours. *(N.d.T.)*

cinq rassemblés au 4 Bow Street, et je crois que nous le pressentions tous peu ou prou.

Il me fallut attendre quelques jours, avant de pouvoir m'entretenir autrement que de façon fugace avec l'agent Patley. M. Bailey l'avait pris sous sa responsabilité et lui enseignait tout ce qu'il fallait savoir pour devenir un parfait sergent de ville. Patley était fort apprécié de M. Bailey et de ses collègues. Le seul domaine où il manquait à sa tâche demeurait ses rapports écrits. Et l'on me manda enfin — ainsi que je m'y attendais — pour l'aider dans cette besogne. Il apprenait assez vite, mais avait peu de connaissances en matière d'orthographe anglaise et ignorait comment mettre à profit son usage. M. Marsden m'accorda une somme suffisante, puisée dans notre fonds en espèces, pour l'achat du dictionnaire de Samuel Johnson, et, quant à l'usage, d'un exemplaire de *Robinson Crusoé*. Tous deux étaient assez abîmés mais lisibles. Je les lui offris non sans un certain apparat, en lui affirmant que je ne connaissais aucun individu qui pouvait lire la plus grande œuvre de Defoe et y rester indifférent. C'était une histoire grandiose, lui dis-je, et si bien écrite que, s'il la lisait jusqu'au bout, cela ne pourrait qu'améliorer sa façon de rédiger. Et le dictionnaire lui fournirait la signification et l'orthographe correcte de chaque mot, qui ne causèrent pas à Defoe le moindre ennui. Il accepta tout cela d'une âme égale, sans prononcer la moindre parole qui pût laisser entendre qu'il lirait l'un et utiliserait l'autre pour faciliter sa lecture.

Je fus donc quelque peu surpris lorsque, au bout d'une semaine environ, il m'attira dans une causerie qui, si elle ne portait pas directement sur l'ouvrage, s'en inspirait certes plus ou moins.

— Tu sais, dit-il, j'ai lu l' livre que tu m'as offert et j' dirais qu'il est point lassant. Mais il m'a fait r'viv' en pensée la période où j'ai vécu sur l'île.

— Quelle île? questionnai-je, comme je n'avais rien entendu de tel auparavant. Avez-vous fait naufrage comme lui?

— Oh non, rien d' tout ça, bien qu' j'en sois v'nu à penser qu'on m'avait abandonné là-bas, pour êt' honnête. L'île, c'était la Jamaïque. Et ils avaient dépêché not' régiment là-bas — les carabiniers du roi, autrement connus sous l' nom de « sixième dragons de la Garde » — pour maint'nir l'ordre en général et réprimer toute rébellion parmi les esclaves, au cas où ça s' produirait.

— Alors vous étiez parmi les carabiniers, n'est-ce pas ? C'est la raison pour laquelle vous vous connaissiez si bien, le lieutenant Tabor et vous.

— On s' connaît, pour sûr, mais on n'est pas amis, précisa-t-il. Mais on est restés trois ans là-bas, et j' peux bien t' dire qu' ces années ont été les pires de ma vie. Ça m'a mis dans un tel état !... J'ai voulu quitter l' régiment, dès mon r'tour.

Je comprenais mieux ; plus il parlait, plus je désirais en savoir.

— Qu'est-ce qui vous a si profondément affecté, monsieur Patley ?

— Tu veux causer de c' que j' n'arrivais pas à accepter là-bas ? Eh bien, c'était certes pas l' paysage. Pour sûr que c'était époustouflant, y avait d' si jolis coins. C'est bien l' plus étrange... de voir cette sorte de cruauté là où y avait qu' des fleurs, d' la verdure et un ciel si bleu qu' tu jurerais qu' on n'a pas l' même ici au-dessus d' nos têtes.

Il hésita ensuite un long moment, mais j'avais le sentiment qu'il allait poursuivre, aussi je me tus. Il me lança un regard pénétrant, comme pour jauger mes facultés d'auditeur, et reprit son récit.

— C'étaient les esclaves, dit-il, la façon dont on les traitait... comme des animaux, pardi. Ou pire encore, en vérité, car les planteurs traitaient mieux leur bétail et leurs ch'vaux. J' pouvais vraiment pas en croire mes yeux, la première fois qu'on est arrivés. On m'a dit que j'allais m'y habituer... mais j'ai jamais pu. Ça n'a fait qu'empirer. La dernière année, c'était la plus terrible.

— Pourquoi donc ? demandai-je.

— Ma foi, y avait alors beaucoup d'« agitation », comme ils disaient, parmi les esclaves... c'était l'an dernier, quand j'y r'pense, mais ça m'paraît bien plus ancien. En tout cas, les choses allaient vraiment mal dans trois des plantations, alors le colonel s'est fait embobeliner pour placer un p'loton à chacune d'elles... qui vivait sur place, dans les plantations. Il s' trouve que Tabor était l' chef de not' p'loton. Faut qu' tu saches que ni l' planteur et sa famille, ni l' contremaît' et sa famille, ni aucun des Blancs qui dirigeaient l'endroit avaient affaire à nous aut' soldats... seul'ment à Tabor. Alors, on pouvait causer à personne, sauf entre nous ou aux esclaves. On est dev'nus rud'ment proches d'eux, d' cette façon. Et on a compris qu' si cette plantation connaissait plus d'« agitation » qu' les aut', c'est parce qu' les esclaves y étaient encore plus mal traités. N'importe quel niais s'en s'rait aperçu.

« Alors, comme j' te l' disais, on s'entendait vraiment bien avec eux et on était même comme qui dirait des amis. Tu peux p't'ê't' pas t'en rend' compte — ou p't'ê't' que si, comme tu besognes pour le magistrat et tout ça —, mais tous les esclaves n'étaient pas des Africains noirs. Y avait aussi un certain nombre d'Anglais, comme toi et moi, qu'avaient été jugés coupables et condamnés à la transportation, plutôt qu'à la corde. Ils en étaient ravis, sur l' moment, mais, par la suite, j' me d'mande bien s'ils l'étaient encore. Y en avait plus dans cette plantation-là qu' dans la plupart, mais on les traitait pas mieux qu' les Africains... même pire, j' dirais. En tout cas, j' suis dev'nu très lié avec un des leurs, appelé Johnny l' Farceur. C'était un gars d' Londres et un voleur — il s'en est jamais caché —, mais un joyeux drille, pardi. J' lui ai d'mandé comment qui f'sait pour garder sa bonne humeur dans c' t' endroit horrible. Et il m'a répondu qu'un d' ces jours, il s'échapperait. Il en était sûr, et c'était ça qui l'aidait à vivre. J' me rappelle lui avoir dit alors que, s'il devait déguerpir, alors autant qu'il le fasse après mon départ, car j' voulais pas êt' celui qui l' ramèn'rait. Il s'est contenté d' sourire et de hocher la tête, et on en est restés là. Ou moi, en tout cas.

« Alors il a pas tardé, bien sûr, à s'enfuir, et il était pas seul. Il a emm'né les Noirs les plus robustes et quelques Blancs qui travaillaient dans l' champ du sud avec lui. Y avaient quat' soldats qui patrouillaient à ch'val dans les plantations d' café. L'un d'entre eux a vu les trois aut' s' faire descend' de leurs montures, alors il a r'broussé ch'min et il est parti au galop prév'nir le reste du p'loton, comme s'il avait l' diable à ses trousses. Tous les esclaves auraient pu atteindre les montagnes, où les autres se cachaient, si le carabinier n'était pas rev'nu prév'nir le lieutenant de c' qui s'était passé. En fait, on a fini par récupérer la plupart d'entre eux, mais pas tous. Les chefs s' trouvaient tous à l'avant avec nous aut' qu'étions pas nombreux : le lieutenant, moi, et p't'ê't' encore six hommes. J'étais d'vant parce que j'étais l' meilleur traqueur du p'loton. Tabor s' trouvait juste derrière moi, faut dire. On les a r'trouvés en haut d'une colline. Ils étaient tout près du sommet. On les voyait bien et ils étaient pas si loin d' nous, pis v'là Tabor qui m'crie d' m'arrêter pour tirer sur l'un des gars. Alors, j'ai pas l' choix, j' fais arrêter mon ch'val, j' descends, j' sors la carabine de l'étui d'selle, et j'mets un genou à terre pour tirer. Le lieutenant était descendu d' cheval et les aut' soldats s'arrêtaient... y avait beaucoup de bruit et d' confusion à c' moment-là. J' vise un d' ceux qui s' trouvent sur la colline, mais Tabor qu'est juste dans mon dos aperçoit l' canon d'mon fusil. Et il me crie d'sus pour me dire : "Non, tirez sur le Blanc. C'est l' chef. Ils reviendront tous, si vous l'abattez." Il parlait de Johnny l' Farceur, bien sûr, alors j' l'ai mis en joue. C'était pas un coup difficile, mais il était tout près du sommet d' la colline, alors j' avais qu'une seule chance de l'atteindre... mais, après tout, j'étais l' champion du régiment, le roi des tireurs d'élite, pas vrai ?

« Alors, j'ai visé, j'ai tiré, et j' l'ai manqué. Le lieutenant a ordonné aux autres de tirer une salve et ils ont obéi. Deux ou trois Noirs sont tombés, mais deux ou trois autres, ainsi qu' Johnny l' Farceur, sont passés sur l'aut' versant, dans les buissons, où nos ch'vaux pouvaient pas aller et nos carabines serviraient pas à grand-chose. J'ai perdu leurs traces, de toute manière. Le lieutenant a prétendu qu' j'avais fait exprès de perd' celle de Johnny, il m'a accusé d'vant l' colonel. J'ai pas cessé de nier, de nier et encore de nier. Bien sûr, ça m'a pas aidé quand Johnny s'est tourné et a fait signe, juste avant d' disparaître. Il savait bien qu' c'était moi qu' avais tiré et manqué. Pourtant, il s' passait tellement d' choses dans mon dos, avec le lieutenant qui braillait dans mes oreilles, les soldats qui descendaient d' leurs montures... qui pouvait dire que j'avais pas tout bonnement manqué ma cible ?

— Et c'était le cas ? m'empressai-je de lui demander.

— Non, j' l'ai fait à dessein. Le lieutenant avait raison. Mais le colonel a dit qu' c'était impossible de traduire en cour martiale un homme qu'avait manqué sa cible, sinon les trois quarts du régiment y passeraient. Alors, on m'autoriserait à démissionner, dès mon r'tour en Angleterre.

— Eh bien, c'est... c'est une fameuse histoire, commentai-je.

— Attends, j'ai pas encore fini, dit-il en reprenant sa respiration. En tout cas, j'ai démissionné. Ben Bailey et sir John m'ont engagé ici, et ça f'sait pas un mois qu' j'avais pris cette place que la d'meure de lord Lilley a été cambriolée, et environ deux jours après, qui c'est que j' rencont' dans Bedford Street, Johnny l' Farceur, qui maint'nant veut qu'on l'appelle John Abernathy, même qu'il jure que c'est son vrai nom. J' peux pas dire que j'étais surpris d'le voir. D'abord, il était londonien et un voleur doit bien connaît' une ville pour bien œuvrer. Et puis y avait c' pillage de la maison des Lilley. C'était exactement comme ceux qu' lui et sa bande avaient effectués v'là quelques années, avant qu'on l'arrête et qu'on l'envoie à la transportation, jusqu'au terme de son existence.

— À un détail près, cependant, intervins-je. Un homme fut assassiné.

— En effet, et j'y viendrai un peu plus tard. Alors, comme j'disais, j'étais pas trop surpris quand j'l'ai croisé là-bas. J'étais en r'vanche étonné qu'il en sache autant sur c' qui m'était arrivé... qu'on m'avait plus ou moins expulsé du régiment et qu' j'étais désormais un sergent d' ville... mais lui était au courant. C'était comme s'il admettait que lui et quat' de ses acolytes, y compris celui d' la plantation Burnham, avaient effectué l' pillage chez lord Lilley. Et il a conclu en me d'mandant si j'avais un endroit où gîter. « Pourquoi qu' tu viens pas vivre avec nous dans l'château du Hollandais ? » qu'il me d'mande, et j' lui réponds que j' vais y réfléchir, mais qu' ça pourrait m'causer des ennuis dans mon métier d'sergent d'ville. Mais lui dit qu' non. « Les deux peuvent fort bien s'accorder. Retrouve-moi ici, d'main. »

« Alors, j' suis allé prév'nir sir John et il m'a répondu que j' devrais y aller et lui servir d'espion. Ça n' me tentait guère, jusqu'à c' qu'il me rappelle le porteur qu'on avait abattu sans appel.

— Et lui-même a été blessé ce soir-là, dans St. James Street, dis-je. Ce devait être Abernathy.

— Oh, c'était lui ! reprit le sergent Patley. Tu lui as sacrément flanqué la frousse en ripostant par un coup d'feu. Il s'y attendait pas. Et puis y a eu les trois carabiniers qu'on avait fait descend' de ch'val. J' les connaissais tous. Forcément. Ils étaient dans mon p'loton. On leur a tranché la gorge. Si c'est pas lui qui l'a fait, c'est lui qui l'a ordonné. Alors, tu vois bien, j'allais pas trop m' poser d' questions pour jouer les espions d' la justice. Le plus drôle, c'est qu' Johnny n'a jamais douté qu' j'étais d' son côté, car j'avais tiré sur lui mais j' l'avais manqué exprès, là-bas en Jamaïque. Il a même justifié l' meurtre du portefaix chez lord Lilley. Il m'a dit qu' la chance avait voulu qu' ce gaillard soit un membre d' son ancienne bande de voleurs, celui qu'avait témoigné contre lui et l'avait envoyé en Jamaïque. « C'était juste pour lui rendre la monnaie d' sa pièce », qu'il a dit. J' sais pas pourquoi, mais il tenait à m' faire bonne impression.

« Je n' sais pas trop si j'ai été un bon espion. T'as l'air d'avoir obtenu plus d'informations qu' moi. Tout c' que j' pouvais faire, c'est d' dire oui ou non sur c' que tu découvrais. Mais Zondervan m'a payé en souverains et y avait des choses qu' le Hollandais voulait savoir, comme le nombre de sergents d' ville qu' y avait à Bow Street, qui était l'chef. Tu vois, il pouvait pas vraiment croire qu'un aveugle soit capable de tout diriger, comme sir John l'a fait. C' qu'ils voulaient surtout savoir, c'est qui ils risquaient d' croiser dans les parages de Bloomsbury Square et combien ils s'raient. Sir John m'a dit c' que j' devais leur raconter, alors y avait plus qu'à les attendre.

« Mais, j' vais t' dire une chose, jeune homme, j'avais p't'ê't' encore un peu d'affection pour John Abernathy, car j' savais c' qu'il avait fui, et j' savais aussi c' que c' genre de mauvais traitements peut causer à un homme. Mais quand j'ai découvert qu'il avait tué cette pauv' fille enceinte, tout a été fini entre lui et moi. J'ai compris qu'il était dev'nu comme un chien enragé, alors il a été abattu comme tel.

— J'ai une ou deux questions à poser, dis-je.

— Pose-les donc.

— Pourquoi la bande de brigands d'Abernathy accomplissait-elle toujours ses méfaits le visage peint en noir ?

— Parce que John disait qu'en besognant à la plantation, il avait appris qu' les Blancs arrivent point à distinguer les Noirs entre eux. Tout c' qu'ils voient, c'est la couleur d' la peau. De plus, un des bandits était un vrai Africain ; il s'appelait Osili. Il m'a mis en rage en portant mon habit d' dragon lors de ce s'cond pillage. Ça lui plaisait, ma foi. Il avait l'habitude de se r'garder dans l' miroir en l' portant, quand il le pouvait.

— C'est celui qui est mort de ses blessures, là-bas, chez lord Mansfield ?

— Celui-là même.

— Encore une question. Vous ai-je bien entendu, quand vous avez dit que la plantation où vous étiez la dernière année c'était la « plantation Burnham » ?

— Celle-là même. C'est bien c'nom-là. C'était un Gallois, qui prenait d'l'âge ; elle lui appartenait et il la dirigeait. Mais il s'est marié à une veuve avec quatre enfants. J'ai entendu dire qu'son propre fils vivait à Londres. Tu ne l'connaîtrais pas, par hasard, hein ?

Je n'ai jamais répondu franchement à M. Patley. J'ignore en vérité si ce fut par respect ou couardise, mais je ne fis jamais mention à Robert Burnham de ce que le sergent m'avait appris. Quant à ce qu'il advint de ceux que l'on mit sous les verrous lors de ce grand soir, tous furent pendus pour vol, à l'exception de Miss Pinkham, laquelle fut condamnée à la transportation aux colonies d'Amérique du Nord, et de M. Collier qui, en échange de son témoignage à l'encontre de M. Zondervan, se vit généreusement octroyer une seule année à la prison de Newgate. On retint le capitaine et l'équipage du *Dingendam* pendant près d'un mois, pendant que le navire était fouillé de fond en comble. La cour maritime tenta de décider quelles lois avaient été bafouées, mais, en définitive, sous les protestations réitérées de l'ambassadeur de Hollande, on laissa partir le capitaine et son équipage à bord de leur vaisseau. J'appris par hasard que le corps de John Abernathy, repêché dans la Tamise, fut réclamé par une femme, en vue de l'enterrer. Bien que je n'en aie point la certitude, j'ai toujours présumé que Maude Bleeker elle-même veilla à ce qu'il repose en paix dans sa dernière demeure.

Les choses évoluent ainsi ; des vies s'achèvent, les gens s'en viennent et s'en vont. Seules les lois de notre pays et de nos colonies restent inchangées, semble-t-il. La contradiction à l'égard de l'esclavage demeure. Le procès Somerset se poursuivit jusqu'en automne et le président de la Haute Cour eut maille à partir avec l'instruction. Au bout du compte, elle triompha de lui. Si M. Somerset, l'ancien esclave, se vit accorder sa liberté, le verdict fut rendu de telle manière que cela ne changea rien d'autre. Il incombe toujours au Parlement de retirer ce cancer qui ronge le corps politique.

Cet ouvrage a été réalisé par

FIRMIN DIDOT

GROUPE CPI

Mesnil-sur-l'Estrée

pour le compte des Éditions 10/18
en décembre 2001

Imprimé en France
Dépôt légal : janvier 2002
N° d'édition : 3323 – N° d'impression : 57893